GESETZGEBUNG, RECHTSPRECHUNG UND VERWALTUNG

Eine Zusammenstellung
der wichtigsten geltenden Gesetze,
Verordnungen, Anordnungen und Befehle,
insbesondere für Groß-Berlin, sowie ein Streifzug
durch die aktuellen Fragen der heutigen Zeit

von

LUDWIG MOHN

Rechtsanwalt und Notar,
Richter am Landgericht Berlin

Berlin

WALTER DE GRUYTER & CO.

vormals G. J. Göschen'sche Verlagshandlung
J. Guttentag, Verlagsbuchhandlung
Georg Reimer, Karl J. Trübner
Veit & Comp.

1948

Archiv-Nr. 22 40 48

9762 (895) Druck: A. W. Hayn's Erben, Berlin SO 36.

Inhaltsverzeichnis.

Abkürzungen.

V. 1	= Verordnungsblatt der Stadt Berlin, 1. Jahrgang, 1945
V. 2	= Verordnungsblatt der Stadt Berlin, 2. Jahrgang, 1946
V. 3	= Verordnungsblatt für Groß-Berlin, 3. Jahrgang, 1947
A.	= Anordnung
B.	= Bekanntmachung
Bef.	= Befehl
K.	= Alliierte Kontrollbehörde, Kontrollrat
D.	= Direktive
G.	= Gesetz
V.	= Verordnung
RGBl. I	= Reichsgesetzblatt Teil I
BGB	= Bürgerliches Gesetzbuch
HGB	= Handelsgesetzbuch
StrGB	= Strafgesetzbuch
RG	= Reichsgerichtsentscheidungen
ZPO	= Zivilprozeßordnung
ZwG	= Zwangsversteigerungsgesetz

Das Verordnungsblatt wird vom Magistrat von Groß-Berlin herausgegeben.

Das „Amtsblatt des Kontrollrats in Deutschland" enthält die laufende Veröffentlichung aller vom Alliierten Kontrollrat in Deutschland erlassenen Gesetze, Befehle Verordnungen usw. in deutscher, englischer, französischer und russischer Sprache.

Vorwort.

Das vorliegende Werk entsprang einem Bedürfnis, welches ich selbst in meiner Praxis als Rechtsanwalt und Richter in der Beschwerdekammer des Landgerichts Berlin (für Freiw. Gerichtsbarkeit) empfand, da es häufig nicht ganz einfach ist, die in verschiedenen Blättern und Gesetzessammlungen veröffentlichten Gesetze, Verordnungen, Befehle usw. zu finden. Ich hoffe, damit auch den Kollegen eine Erleichterung verschafft zu haben.

Einige Abschnitte sind meinen Zusammenstellungen in den Klausurarbeiten der Berliner Referendarprüfung entnommen.

Der Abschnitt über das Theaterwesen entstammt meinen „Rechtsfällen des öffentlichen Rechts".

Der Abschnitt über die Schwarzmarktpreise ist bei Erscheinen des Buches sicher zum Teil überholt. Das liegt in der Natur der Sache, aber es ist immerhin ein interessantes kulturhistorisches Gebiet. Möge die Zeit nicht mehr allzufern sein, wo die Schwarzmarktpreise der Vergangenheit angehören.

Ich darf bitten, mich auf etwaige Druckfehler und Verbesserungsvorschläge für die 2. Auflage aufmerksam zu machen.

Ludwig Mohn.

Berlin-Nikolassee, im Februar 1948.
Pfeddersheimer Weg 11.

I. Die Regierung in Deutschland.
Besteht Deutschland noch?

1. Die oberste Gewalt in Deutschland wird nach einer Feststellung (Statement, Inter-Allied Declaration) vom 5. 6. 1945 seitens Großbritannien, der Vereinigten Staaten von Amerika, der Union der sozialistischen Sowjet-Republiken sowie der Provisorischen Französischen Republik über das Kontrollverfahren in Deutschland (Amtsblatt des Kontrollrats in Deutschland, Ergänzungsblatt Nr. IV) von den Oberbefehlshabern der genannten vier Großmächte auf Anweisung ihrer Regierung ausgeübt, von jedem in seiner eigenen Besatzungszone und gemeinsam in allen Deutschland als ein Ganzes betreffenden Angelegenheiten. Die vier Oberbefehlshaber bilden zusammen den **Kontrollrat**, der von einem politischen Berater unterstützt wird.

2. Die Entscheidungen des Kontrollrates müssen einstimmig getroffen werden. Er trägt für eine angemessene Einheitlichkeit des Vorgehens der einzelnen Oberbefehlshaber in ihren entsprechenden Besatzungszonen Sorge und trifft in gegenseitigem Einvernehmen Entscheidungen über alle Deutschland als Ganzes betreffenden wesentlichen Fragen.

3. Unter dem Kontrollrat sind ein ständiger **Koordinationsausschuß**, der sich aus je einem Vertreter der vier Oberbefehlshaber zusammensetzt, und ein **Kontrollstab** tätig, der aus folgenden Abteilungen besteht (wobei auf Grund praktischer Erfahrungen vorgenommene Änderungen zulässig sind): Heer, Marine, Luft, Transport, Politik, Wirtschaft, Finanzen, Reparationen und Wiedererstattung, Innere Angelegenheiten und Nachrichtenwesen, Rechtswesen, Kriegsgefangene und Zwangsverschleppte.

Jede Abteilung hat vier Leiter, von denen einer von jeder der vier Mächte ernannt wird.

4. Die Funktionen des Koordinationsausschusses sowie des Kontrollstabes bestehen in der Beratung des Kontrollrates, der Ausführung seiner Beschlüsse und deren Weiterleitung an die entsprechenden deutschen Behörden sowie in der Überwachung und Kontrolle der laufenden Tätigkeit dieser Behörden.

5. Die Verbindung zu den anderen hauptsächlich interessierten Regierungen der Vereinten Nationen wird durch Ernennung von Militärmissionen bei dem Kontrollrat seitens dieser Regierungen hergestellt.

6. Organisationen der Vereinten Nationen[1]), sofern sie von dem Kontrollrat zur Bestätigung in Deutschland zugelassen wurden, sind dem alliierten Kontrollapparat untergeordnet und ihm gegenüber verantwortlich.

---

[1]) Die neue Liste der Vereinigten Nationen steht im Nachtrag Nr. 2 zum Handbuch für Gesetzgebung und Gesetzesvorschriften auf S. 31. Diese sind: Argentinische Republik, Australien, Belgien, Bolivien, Brasilien, Bjelorussische Sozialistische Sowjetrepublik, Kanada, Chile, China, Columbien, Costa Rica, Kuba, Tschechoslowakei, Dänemark, Dominikanische Republik, El Salvador, Ecuador, Ägypten, Äthiopien Frankreich, Griechenland, Guatemala, Haiti, Honduras, Indien, Iran, Irak, Libanon, Liberien, Luxemburg, Mexiko, Niederlande, Neuseeland, Nicaragua, Norwegen, Panama, Paraguay, Peru, Philippinen, Polen, Saudiarabien, Syrien, Türkei, Ukrainische Sozialistische Sowjetrepubliken, Vereinigtes Königreich, Vereinigte Staaten von Amerika, Uruguay, Venezuela, Jugoslawien.

7. **Die Verwaltung des Gebietes von Groß-Berlin** wird von einer interalliierten Behörde geleitet, die unter der Leitung des Kontrollrates arbeitet und aus vier Kommandanten besteht, deren jeder abwechselnd als Hauptkommandant fungiert. Sie werden von einem Stab von Sachbearbeitern unterstützt, der die Tätigkeit der örtlichen deutschen Behörden bewacht und kontrolliert.

8. Die vorstehende Regelung gilt für die der deutschen Kapitulation folgenden Besatzungszeit, innerhalb welcher Deutschland die sich aus der bedingungslosen Kapitulation ergebenden grundlegenden Forderungen erfüllt. Eine Regelung für die darauf folgende Zeit wird Gegenstand einer **Sondervereinbarung** bilden.

Eine weitere Feststellung vom 5. 6. 1945 (Amtsblatt des Kontrollrates in Deutschland, Ergänzungsblatt 1 VI) teilt Deutschland innerhalb seiner Grenzen vom 31. 12. 1937 für Besatzungszwecke in vier Zonen auf, von denen eine jeder der vier Mächte wie folgt zugeteilt wird:

Eine östliche Zone der Union der Sozialistischen Sowjet-Republiken;
eine nordwestliche Zone dem Vereinigten Königreich;
eine südwestliche Zone den Vereinigten Staaten von Amerika;
eine westliche Zone Frankreich.

Die Besatzungstruppen in jeder Zone unterstehen einem von der verantwortlichen Macht bestimmten Oberbefehlshaber. Jede der vier Mächte darf nach ihrem Ermessen in die unter dem Befehl ihres Oberbefehlshabers stehenden Besatzungstruppen Hilfsverbände aus den Streitkräften irgend einer anderen alliierten Macht, welche an den militärischen Operationen gegen Deutschland aktiv beteiligt war, aufnehmen.

Das **Gebiet von Groß-Berlin** wird von Truppen einer jeden der vier Mächte besetzt. Zwecks gemeinsamer Leitung der Verwaltung dieses Gebietes wird eine interalliierte Behörde (russisch: Kommandatura) errichtet, welche aus vier von den entsprechenden Oberbefehlshabern ernannten Kommandanten besteht.

Über die Akte der Gesetzgebung und andere Akte des Kontrollrats hat der Kontrollrat die Direktive Nr. 51 erlassen: Vgl. Amtsblatt des K. in Deutschland, Nr. 15 vom 31. 5. 1947, S. 90:

Direktive Nr. 51.

Akte der Gesetzgebung und andere Akte des Kontrollrats.

Der Kontrollrat erläßt hiermit folgende Direktive:

1. Der Kontrollrat übt seine gesetzgebende Tätigkeit in einer der folgenden Formen aus:
   a) Proklamationen, die dem deutschen Volk Angelegenheiten oder Handlungen von besonderer Wichtigkeit verkünden;
   b) Gesetze, die wichtige Angelegenheiten von großer Tragweite behandeln, die von dauernder oder zeitweiliger Anwendbarkeit sind oder bestehende gesetzliche Bestimmungen aufheben, ändern oder zeitweilig außer Kraft setzen. Gesetze sind in der Regel bindend für alle in Deutschland wohnhaften Personen;
   c) Befehle, die Angelegenheiten von begrenzter Anwendbarkeit oder vorübergehenden Charakters behandeln. Befehle sind in der Regel bindend für alle in Deutschland wohnenden Personen.
2. Gesetze und Befehle sind die einzigen Akte der Gesetzgebung, die Strafbestimmungen enthalten können. Jedoch können Direktiven solche Strafvorschriften erlassen, die von den Zonenbefehlshabern in den von ihnen zu erlassenden Durchführungsbestimmungen in Kraft zu setzen sind. Enthält ein Gesetz oder ein Befehl eine Strafbestimmung, so ist, wo immer möglich,

der Strafrahmen anzugeben. Bei der Vorbereitung von Entwürfen zu Gesetzen oder Befehlen nach Maßgabe der Kontrollratdirektiver Nr. 13 hat das Direktorium, von dem der Gesetzgebungsvorschlag ausgeht — mit Ausnahme des Justizdirektoriums —, seinen Standpunkt hinsichtlich des angemessenen Strafrahmens darzulegen; indessen wird das Justizdirektorium an einer unabhängigen Erwägung der Sache nicht gehindert.

3. Bei der Ausarbeitung von Gesetzgebungsvorschlägen gemäß Direktive Nr. 13 obliegt es dem Justizdirektorium, vorbehaltlich abweichender Anordnungen des Koordinierungsausschusses oder des Kontrollrats, zu bestimmen, welche Form der Gesetzgebung für den betreffenden Text zu wählen ist. Das Justizdirektorium hat die Gesichtspunkte des Direktoriums, von dem der Gesetzgebungsvorschlag ausgeht, zu berücksichtigen, ohne jedoch an sie gebunden zu sein.

4. Neben den in Absatz 1 aufgezählten Gesetzgebungsakten kann der Kontrollrat zwecks Bekanntgabe seiner Entscheidungen Direktiven und genehmigte Dokumente herausgeben. Direktiven und genehmigte Dokumente sind keine Akte der Gesetzgebung.

5. **Direktiven** können erlassen werden, um grundsätzliche Richtlinien oder verwaltungsmäßige Entscheidungen des Kontrollrats bekanntzugeben. Direktiven sind nicht bindend für die deutsche Bevölkerung in ihrer Gesamtheit, sondern nur für diejenigen Personen, an die sie gerichtet sind.

6. Unterzeichnung von Akten des Kontrollrats:
   a) Proklamationen und Gesetze werden von den Mitgliedern des Kontrollrats unterzeichnet.
   b) Befehle werden von den Mitgliedern des Kontrollrats bzw. des Koordinationsausschusses unterzeichnet.
   c) Direktiven werden von den Mitgliedern des Koordinationsausschusses unterzeichnet.
   d) Bei Abwesenheit eines Mitgliedes des Kontrollrats bzw. des Koordinationsausschusses kann sein Stellvertreter für ihn unterzeichnen.

7. Jede Entscheidung des Kontrollrats trägt die Überschrift „Kontrollrat". Entscheidungen des Kontrollrats sind zu bezeichnen als „Proklamation", „Gesetz", „Befehl", „Direktive" oder „genehmigtes Dokument", unter Beifügung der laufenden Nummer und des Titels, der tunlichst kurz zu fassen ist. Akte der Gesetzgebung müssen am Schluß den Zeitpunkt des Inkrafttretens angeben.

8. Der Hauptsekretär oder ein von ihm bevollmächtigter Stellvertreter kann die Richtigkeit von Abschriften einer Proklamation, eines Gesetzes, eines Befehls, einer Direktive oder eines genehmigten Dokumentes beglaubigen, eine so beglaubigte Abschrift erteilen, und ferner einen Auszug aus dem Protokoll der Sitzung, in welcher der Text ganz oder teilweise genehmigt wurde, in beglaubigter Abschrift herstellen.

9. Direktive Nr. 10 des Kontrollrats vom 22. September 1945 wird hiermit aufgehoben. Sie wird durch diese Direktive ersetzt. Diese Direktive tritt am 1. Mai 1947 in Kraft.

Ausgefertigt in Berlin, den 29. April 1947.

Zur Zeit besteht Deutschland weder als Bundesstaat, noch als Staatenbund, noch als föderalistischer Staat. Die staatsrechtliche Natur des Deutschen Reichs ist schwer zu bestimmen. Deutschland steht unter der Oberhoheit der vier Großmächte, ist im übrigen eine Demokratie, man kann es mit einem „monstro aliquid simile" vergleichen, was v. Pufendorf von der alten deutschen Reichsverfassung gesagt hatte. Zunächst ist der Staat Preußen, seine Zentralregierung und alle nachgeordneten Behörden nach dem G. Nr. 46 des K. aufgelöst (V. 3 S. 68). Die Gebiete, die ein Teil des Staates Preußen waren, sollen die Rechtsstellung von Ländern erhalten oder Ländern einverleibt werden, wobei Staats- und Verwaltungsfunktionen, sowie Vermögen und Verbindlichkeiten des früheren Staates Preußen auf die beteiligten Länder übertragen werden, vorbehaltlich etwaiger Abkommen, die sich als notwendig herausstellen sollten und von der Alliierten Kontrollbehörde getroffen werden. Durch die Auflösung des Preußischen Staates muß auch das Staatseigentum Preußens neu geregelt werden. In Berlin handelt es sich hierbei allein beim bebauten und unbebauten Grundbesitz um rund 400 Objekte, die ehemals einen Wert von mehreren hundert Millionen Reichsmark hatten. Zu den bekanntesten dieser Werte gehören das frühere Kaiserschloß mit Marstallgebäude, Schloß Bellevue, Schloß Charlottenhof, Universität, Staatsbibliothek, Staatsoper, Schauspielhaus, Zeughaus, Technische Universität, Hochschule für Bildende Künste, Hochschule für Musik, Charité, Abgeordnetenhaus und Herrenhaus, einige Palais in der Wilhelmstraße und am Wilhelmplatz, das frühere Finanzministerium, das jetzige Kammergericht und Amtsgericht Berlin-Mitte, die Staatliche Porzellanmanufaktur, die ehemalige Krolloper, der Friedhof an der Heerstraße, die Ulap am Lehrter Bahnhof, die Domäne Dahlem, die Siegessäule, der Große Tiergarten, die Trabrennbahn Ruhleben und das Restaurant in Nikolskoi. Einstweilen haben die Besatzungsmächte das gesamte Reichs- und Staatseigentum beschlagnahmt und den Leiter des Finanzamtes für Liegenschaften als Treuhänder mit der Aufgabe verpflichtet, das öffentliche Eigentum in Groß-Berlin sicherzustellen, zu verwalten und möglichst ertragbringend zu nutzen. Die Einnahmeüberschüsse werden auf Sperrkonten beim Stadtkontor eingezahlt, über deren Verwendung sich die Besatzungsmächte gleichfalls die Entscheidung vorbehalten haben.

In Gesetzen, Verordnungen usw. bezeichnet der K. das ehemalige Reichsgebiet noch als „Deutschland", das mithin nach Ansicht der vier Großmächte weiterhin als solches noch besteht.

Das Obergericht des Kantons Zürich hat in einer Entscheidung vom 1. 12 1945, abgedruckt in der Schweizerischen Juristen-Zeitung 1946 S. 89ff und in der Deutschen Rechts-Zeitschrift vom Januar 1947, Heft 1 Jahrg. 2, S. 31, ausgeführt:

Die Völkerrechtslehre unterscheidet im wesentlichen zwei Stadien der Eroberung: Die kriegerische Besetzung (occupation de guerre, occupatio bellica transitoria) und die Annexion. Bei der Prüfung der Frage, ob Annexion vorliegt, sind vorerst die Erfordernisse derselben abzuklären. Nötig ist einmal die vollständige Besetzung des zu annektierenden Gebietes und das vollständige Erlöschen jeglichen Widerstandes des Gegners und seiner Verbündeten ... Diese Voraussetzung ist hinsichtlich Deutschlands, zum mindesten seit der Kapitulation Japans, erfüllt.

Damit ist aber die Annexion selbst noch nicht vollzogen, sondern erst die Voraussetzung dafür gegeben. Daß dazu noch der Wille zur Annexion, der sich in der Regel in einer ausdrücklichen Annexionserklärung zu äußern hat, hinzukommen muß, kann auf Grund der Äußerungen in der Völkerrechtsliteratur nicht zweifelhaft sein, auch wenn dies — offenbar weil selbstverständlich — nicht überall ausdrücklich gesagt wird ... (wird näher ausgeführt). Den Willen, das besetzte Gebiet zu behalten, es sich anzugliedern, darin dauernd die Herrschaft auszuüben, haben die Besatzungsmächte, von einzelnen Randgebieten abgesehen, bisher nicht geäußert. Sie zeigen keinerlei Lust, das Kerngebiet Deutschland zu englischem, französischem, amerikanischem, russischem Gebiet zu machen. Ihre Verwaltungspraxis weist denn auch in einer ganz anderen Richtung.

Liegt keine Annexion vor, so kann der gegenwärtige Zustand nur derjenige der kriegerischen Okkupation sein, auch wenn objektiv bereits der Tatbestand der Debellation vorliegt. Es fragt sich deshalb nur noch, ob nicht trotzdem die völkerrechtlichen Verträge mit Deutschland dahingefallen sind, weil es, im Gegensatz zum Normalfall der kriegerischen Okkupation, seine Regierung und damit seinen Charakter als Staat, d. h. als Subjekt des Völkerrechts eingebüßt habe.

Regel ist, daß die Regierung Dönitz bedingungslos kapituliert hat und durch Gefangennahme abgesetzt worden ist. Die Besatzungsmächte hatten aber nicht die Absicht, damit Deutschland die Staatsgewalt zu nehmen, sondern sie wollten lediglich dessen Regime beseitigen.

Das war das Hauptziel des ganzen Krieges. Sie haben denn auch nach Maßgabe der Möglichkeit wieder deutsche Regierungen zugelassen und gefördert, und damit zum Ausdruck gebracht, daß sie die deutsche Staatsgewalt nicht als untergegangen betrachten. Ein Regimewechsel, auch ein solcher durch revolutionäre Umwälzung, bewirkt aber nicht den Untergang des Staates. Daß die neuen Regierungen in ihren Entscheidungen weitgehend nicht frei sind, ändert daran nichts. Der Regierung eines besetzten Landes — sofern sie nicht Exilregierung ist, die dann aber nicht die Möglichkeit des Vollzuges besitzt —, fehlt stets sehr weitgehend die Freiheit des Entschlusses — man denke z. B. an die Vichyregierung —, ohne daß deswegen der Staat seinen Staatscharakter einbüßen würde. Gäbe es keinen deutschen Staat mehr, so beständen auch keine deutschen Staatsbürger und keine deutschen Gesetze mehr. Tatsache ist aber, daß die Besatzungsmächte, wie dies dem Zustand der vorübergehenden kriegerischen Besetzung entspricht, vom Weiterbestehen der deutschen Gesetzgebung und des deutschen Staatsbürgerrechts ausgehen; sie heben denn auch die nationalsozialistischen Gesetze speziell auf.

Mit Recht macht die Vorinstanz darauf aufmerksam, daß das Völkerrecht gerade dazu geschaffen ist, das Entstehen eines völligen Chaos zu vermeiden. Dies kommt z. B. in Art. 43 des Haager Abkommens betr. die Gesetze und Gebräuche des Landkrieges vom 18. Oktober 1907 deutlich zum Ausdruck, wo es unter dem Titel „Militärische Gewalt auf besetztem feindlichem Gebiete" u. a. folgendes bestimmt wird: „Nachdem die gesetzliche Gewalt tatsächlich in die Hände des Besetzenden übergegangen ist, hat dieser alle von ihm abhängenden Vorkehrungen zu treffen, um nach Möglichkeit die öffentliche Ordnung und das öffentliche Leben wieder herzustellen und aufrechtzuerhalten, und zwar, soweit kein zwingendes Hindernis besteht, unter Beachtung der Landesgesetze." Wenn aber nach Völkerrecht ein staatsgewaltleerer Raum durch Okkupation nicht entstehen soll, die Staatsgewalt aber, weil kein Gebietserwerb vorliegt, nicht diejenige des Eroberers ist, so folgt daraus, daß die Besatzungsmächte kraft Völkerrechts deutsche Staatsgewalt ausüben.

Es ist zugegeben, daß dieses Resultat die Tatsache nicht aus der Welt schafft, daß keine deutsche Reichsregierung vorhanden ist. Nicht bestritten werden kann aber, daß in Deutschland Staatsgewalt ausgeübt wird, und wenn dies nach dem Gesagten die deutsche ist, so spielt es keine Rolle, daß gegenwärtig eine deutsche Reichsregierung fehlt. Die Staatsgewalt kann auch durch eine andere Stelle als durch eine Regierung verkörpert sein. So hatte kürzlich Frankreich während einiger Zeit weder Regierung noch Staatsoberhaupt und die verfassunggebende Versammlung war Trägerin der Staatsgewalt. In Deutschland müssen gegenwärtig die alliierten Militärstellen als Träger der deutschen Staatsgewalt betrachtet werden. Richtig mag sein, daß darin ein völkerrechtliches Novum liegt. Das Völkerrecht bedarf aber ohnehin stets wieder der Ergänzung, und angesichts eines neuartigen Tatbestandes gilt es, auch die diesem Tatbestand am ehesten gerecht werdenden Rechtsfolgen zu finden. Der heute in Deutschland herrschende Zustand kommt nun am ehesten einer Art treuhänderischen Verwaltung der deutschen Staatsgewalt durch die Besetzungsmächte gleich; es kann aber auch gesagt werden, der deutsche Staat sei zwar rechts-, aber nicht handlungsfähig und bedürfe deshalb eines Vertreters.

Ebenso sprechen sich Prof. Geiler in „Die gegenwärtige völkerrechtliche Lage in Deutschland", 1947, F. Trüjen, Bremen, und nach ihm das Gutachten des Reichsfinanzhofs vom 27. 2. 1945, Prof. Laun (Hamburg), Dr. Loening (Weimar), Justizminister Zinn (Wiesbaden) und Präsident Dr. Franz Scholz (Berlin) für den völkerrechtlichen Fortbestand Deutschlands aus.

A. A. nur Kelsen (Prof. an der Universität California), der darauf hinweist, daß das gesamte Gebiet seine eigene Souveränität endgültig verloren habe und daß an Stelle dieser die Souveränität der Siegermächte getreten sei in der Weise, daß Deutschland zu einem Condominium dieser Siegermächte geworden sei. Sicher ist allerdings, daß zur Zeit von den Siegermächten eine Herrschaft über Deutschland ausgeübt wird, die über die Haager Landkriegsordnung hinausgeht, z. B. dadurch, daß diese eine Gesetzgebungsbefugnis ausüben (Kontrollrat).

Was den **staatsrechtlichen** Zustand Deutschlands betrifft, so gilt zunächst das Verfassungsrecht des Nationalsozialismus nicht, wie ja auch ein Teil dieser Gesetze durch das Kontrollratsgesetz Nr. 1 ausdrücklich aufgehoben ist. Dazu sind ferner unzweifelhaft aufgehoben: das Ermächtigungsgesetz vom 24. 3. 1933, das Neuaufbaugesetz vom 30. 1. 1933, besonders dessen Artikel 2, wonach die Hoheitsrechte der Länder auf das Reich übergehen.

Dagegen ist die Weimarer Verfassung von 1919 nicht aufgehoben. Solange aber, als eine deutsche Verfassung nicht vorhanden ist, ist sie nach Geiler, S. 25 a. a. O., suspendiert, da die Regierungsgewalt in Deutschland durch die vier Siegermächte ausgeübt wird. Deutschland ist zur Zeit kein souveräner Staat. Angelegenheiten, die Deutschland als Ganzes betreffen, werden vom Kontrollrat nach dem Einstimmigkeitsprinzip geregelt.. Im übrigen kann jeder Oberbefehlshaber nach den Weisungen seiner Regierung handeln.

Die Länder können sich eigene Verfassungen geben, aber nur im Sinne der Weimarer Verfassung. Es gilt also: Reichsrecht geht vor Landesrecht.

In Deutschland gilt heute folgendes Recht nach Geiler a. a. O. S. 21/22:

1. Völkerrecht.
2. Nichtdeutsches Recht des Kontrollrats.
3. Nichtdeutsches Zonenrecht als das von der jeweiligen Besatzungszone für die Zone gesetztes Recht.
4. Deutsches Recht in vierfacher Gestalt:
   a) altes, noch bestehendes Reichsrecht, wie z. B. das BGB. und HGB.; neues Reichsrecht kann nur durch den **Kontrollrat** gesetzt werden,
   b) deutsches Landesrecht, sowohl altes wie neues,
   c) deutsches Zonenrecht als das für eine Zone deutscherseits einheitlich gesetztes Recht, wobei in der amerikanischen Zone diese Einheitlichkeit über den Länderrat erreicht wird, in anderen Zonen, z. B. in der britischen, durch Zonenzentralinstanzen,
   d) das bizonale deutsche Recht, das jetzt durch den neugebildeten Wirtschaftsrat für die amerikanische und britische Zone einheitlich gesetzt werden kann.

Im übrigen bestehen in Deutschland noch folgende Länder und Provinzen oder sind neugebildet worden: Bayern, Württemberg-Baden, Württemberg-

Hohenzollern, Südbaden, Rhein-Pfalz, Saargebiet, Hessen, Thüringen, Bundesland Sachsen, Provinz Sachsen-Anhalt, Land Brandenburg, die Stadt Berlin, Mecklenburg-Vorpommern, Schleswig-Holstein, Niedersachsen, Nordrhein-Westfalen.

Die Grenzen weder im Osten (besonders die von Polen bisher besetzten Gebiete) noch die Abgrenzungen gegenüber der Tschechoslowakei (die Zittau, Glatz und Ratibor fordert), noch die im Westen, stehen noch nicht endgültig fest, da auch Belgien, die Niederlande und Luxemburg auf gewisse Grenzregulierungen Anspruch erheben, über die auf der Friedenskonferenz entschieden wird.

Das gesamte Staatsgebilde ist also zur Zeit staatsrechtlich nur ein Konglomerat von Ländern, Provinzen, und der Stadt Berlin, deren endgültige Gestaltung noch bestimmt werden wird.

Das Gesetzgebungsrecht der einzelnen Länder ist auf das Landesgebiet beschränkt, nur der Kontrollrat in Berlin hat das Recht, für das ganze Reichsgebiet Gesetze, Verordnungen, Befehle usw. zu erlassen. Vgl. OLG Braunschweig in der „Neuen Textilzeitung" Nr. 35 und vom 29. 8. 1947, auch LG. Berlin, B. vom 3. 11. 1947, 24. T. 576, 24. T. 1303. 47.

So ist auch z. B. ein Landesgesetz über die Einschränkung des Postgeheimnisses (zur Bekämpfung des Schwarzhandels) unzulässig, da es gegen Artikel 117 der Weimarer Verfassung von 1919 verstößt, der die Pressefreiheit ausdrücklich aufrecht erhält, ebenso gegen das weiter geltende Gesetz über das Postwesen des Deutschen Reiches vom 2. 10. 1871, das nicht durch Kontrollratsgesetz oder durch G. Nr. 1 desselben aufgehoben ist. Vgl. den Aufsatz des Präsidenten der Zentralverwaltung für das Post- und Fernsprechwesen in der sowjetischen Zone, Dr. W. Schröder in der „Berliner Zeitung" vom 31. 10. 1947. Das ergibt sich auch aus dem Befehl des Obersten Chefs der Sowjetischen Militärverwaltung vom 22. 10. 1945, inhaltsdessen die Länder der sowjetischen Besatzungszone Gesetze und Verordnungen mit Gesetzeskraft erlassen dürfen. In dem Befehl heißt es: „Auf Grund des mir durch das Abkommen der vier Mächte über den Kontrollmechanismus in Deutschland und die Deklaration über die Niederlage Deutschlands vom 5. 6. 1945 zustehenden Rechte, die Funktionen der obersten Gewalt in der sowjetischen Besatzungszone Deutschlands ausüben, befehle ich: 1. den Provinzialverwaltungen und den Verwaltungen der föderalen Länder das Recht einzuräumen, Gesetze und Verordnungen, die Gesetzeskraft haben, auf dem Gebiete der gesetzgebenden, richterlichen und vollstreckenden Gewalt zu erlassen, wenn sie den Gesetzen und Befehlen des Kontrollrats oder den Befehlen der Sowjetischen Militärverwaltung nicht widersprechen.

Das gleiche gilt für Beschlagnahmen und Enteignungen wie für die Schließung der Privatbanken, die letzten Endes eine Enteignung darstellen. Vgl. auch B. des LG. Berlin vom 3. 11. 1947, 24. T. 576, 24. T. 1303. 47. Die Zweigniederlassung sächsischer Banken, deren Vermögen von der Regierung des Landes Sachsen auf die Sächsische Landeskreditbank (früher Sächsische Landesbank) übertragen wurde, kann nicht das in Groß-Berlin vorhandene Vermögen der Bank in Anspruch nehmen, denn die Privatbanken sind in Berlin geschlossen, werden aber tatsächlich auf Weisung der SMA. weiter verwaltet. Grundbesitz der Sächsischen Landesbank kann daher in Groß-Berlin nicht umgeschrieben werden, auch wenn die Landesbank im Handelsregister gelöscht ist.

Über den **räumlichen Geltungsbereich** von Gesetzen, Verordnungen und Veröffentlichungen ähnlichen Inhalts hat der stellvertretende Oberbürgermeister von Berlin auf A. der Alliierten Kommandantur vom 21. 1. 1946 im V. 2 S. 34 auf folgendes hingewiesen:

a) Gesetze, Erlasse, Veröffentlichungen, Verordnungen, Anordnungen und Proklamationen der Alliierten Kontrollbehörde haben in allen besetzten Zonen Deutschlands einschließlich der Stadt Berlin Gültigkeit.

b) Die Gesetze, Erlasse, Veröffentlichungen, Verordnungen, Beschlüsse und Anordnungen der russischen, amerikanischen, britischen oder französischen obersten Befehlshaber der verschiedenen Zonen Deutschlands haben nur Gültigkeit für die in Frage kommenden Zonen. Infolgedessen haben solche Gesetze usw. keine Gültigkeit in den diesbezüglichen Sektoren von Berlin, es sei denn, daß ihre Anwendung in den betreffenden Sektoren ausdrücklich angeordnet wird.

c) Erlasse, Beschlüsse, Veröffentlichungen, Verordnungen und Anordnungen der Alliierten Kommandantur haben im gesamten Stadtgebiet von Berlin Gültigkeit.

d) Gesetze, Erlasse, Verordnungen, Veröffentlichungen, Bestimmungen und Anordnungen der russischen, amerikanischen, französischen und britischen Militär-Regierungen in den betreffenden Sektoren Berlins, haben Gültigkeit nur in solchen Sektoren.

e) Erlasse, Bestimmungen und Veröffentlichungen des Magistrats der Stadt Berlin haben im gesamten Stadtgebiet Berlins Gültigkeit, insofern sie auf deutscher Gesetzgebung vor dem 30. 1. 1933 oder irgendwelcher späterer Gesetzgebung basieren, die nicht durch das Gesetz des Kontrollrates Nr. 1 widerrufen oder abgeändert wurde und vorausgesetzt, daß solche Erlasse Bestimmungen und Veröffentlichungen der Gesetzgebung und den Anordnungen, die in den Punkten a)—d) erwähnt sind, nicht zuwiderlaufen

II. Welche Gesetze gelten heute noch in den deutschen Ländern und in Berlin?

Die für Groß-Berlin gültigen Gesetze werden im Verordnungsblatt der Stadt Berlin veröffentlicht. Der Kontrollrat hat eine große Reihe von Gesetzen aus der Hitlerzeit ausdrücklich aufgehoben. Andere Gesetze aus der Hitlerzeit gelten dann nicht, wenn sie ausgesprochen nationalsozialistischen Inhalt haben. **Ausdrücklich aufgehoben** sind die in dem V. 1 S. 9 bezeichneten Gesetze politischen oder diskriminierenden Charakters, auf die sich das deutsche Regime stützte, nebst allen ergänzenden und erläuternden Gesetzen, Erlassen und Befehlen, wie z. B. das G. zur Wiederherstellung des Berufsbeamtentums vom 7. 4. 1933, das G. zum Schutze der nationalen Symbole vom 19. 5. 1933, das G. zur Sicherung der Einheit von Partei und Staat vom 1. 12. 1933, das G. zum Schutze des deutschen Blutes und der deutschen Ehre vom 19. 5. 1935, das Reichsbürgergesetz vom 15. 9. 1935 sowie alle die Juden betreffenden Verordnungen und Polizei-Verordnungen. Weiterhin darf nach Artikel 2 der V. des K. (V. 1, S. 102) kein deutsches Gesetz, wie und wann immer es erlassen ist, rechts- oder verwaltungsmäßig angewandt werden in den Fällen, wo eine derartige Anwendung Unrecht oder Ungleichheit nach sich ziehen würde, entweder:

a) durch die Bevorzugung irgend einer Person wegen ihres Verhältnisses zur NSDAP, ihren Formationen oder von ihr geleiteten Organisationen, oder

b) durch die Diskriminierung irgend einer Person auf Grund ihrer Rasse, Nationalität, Glaubenszugehörigkeit oder Opposition zur NSDAP oder ihren Lehren.

Das G. Nr. 11 des K. (V. 2 S. 35) ordnet die **Aufhebung einzelner Bestimmungen des deutschen Strafgesetzbuches an, nämlich:**

§ 2 (analoge Anwendung von Strafgesetzen),
§ 2b (Anwendung des mildesten Strafgesetzes, wenn feststeht, daß jemand gegen eines von mehreren Strafgesetzen verstoßen hat),
§ 9 (keine Auslieferung eines Deutschen an eine ausländische Regierung zwecks Verfolgung oder Bestrafung),
§ 10 (Anwendung der allgemeinen Strafgesetze des Reichs auf deutsche Militärpersonen insoweit, als nicht die Militärgesetze ein anderes bestimmen),
§ 16 Abs. 3 (Beschäftigung von Zuchthäuslern außerhalb der Anstalt),
§ 42a Ziff. 5 (Entmannung gefährlicher Sittlichkeitsverbrecher),
§ 42k (Anordnung der Entmannung neben der Strafe in besonderen Fällen),
§§ 80—94 (Hoch- und Landesverrat),
§ 102 (feindliche Handlungen gegen befreundete Staaten),
§ 103 (Beleidigung des Landesherrn oder Regenten eines nicht zum Deutschen Reich gehörenden Staates),
§ 112 (Widerstand gegen die Staatsgewalt durch Aufforderung oder Anreizung einer Person des Soldatenstandes, dem Befehle des Oberen nicht Gehorsam zu leisten u. a.),
§ 134a (Öffentliche Beschimpfung oder böswillige und mit Überlegung Verächtlichmachung des Reichs oder eines der Länder, ihrer Verfassung, Farben oder Flaggen oder der deutschen Wehrmacht),
§ 134b (Öffentliche Beschimpfung der NSDAP, ihrer Gliederungen, Hoheitszeichen, Standarten, Fahnen, Abzeichen oder Auszeichnungen),
§ 140 (Entziehung von der Erfüllung der Wehrpflicht seitens eines Wehrpflichtigen),
§ 140a (Auswanderung eines Wehrpflichtigen des Beurlaubtenstandes ohne Erlaubnis),
§ 140b (Verlassen des Reichsgebietes oder Aufenthalt außerhalb desselben durch einen Wehrpflichtigen für die Zeit eines Krieges),
§ 141 (Verleitung eines deutschen Soldaten zur Fahnenflucht oder Erleichterung desselben),
§ 141a (Anwerben eines Deutschen zum Heeresdienst einer ausländischen Macht),
§ 142 (vorsätzliches Untauglichmachen zur Erfüllung der Wehrpflicht durch Selbstverstümmelung oder auf andere Weise),
§ 143 (Anwendung auf Täuschung berechneter Mittel zwecks ganzer, teilweiser oder zeitweiser Entziehung zur Erfüllung der Wehrpflicht),
§ 143a (vorsätzliche Zerstörung, Beschädigung, Preisgabe usw. eines Wehrmittels, oder einer Einrichtung, die der deutschen Landesverteidigung dient),
§ 189 Abs. 3 (Verfolgung der verleumderischen Beleidigung eines Verstorbenen nur auf Antrag der Eltern, Kinder oder des Ehegatten des Verstorbenen),
§ 210a (Straflosigkeit des Zweikampfes mit Schlägern unter Vorkehrungen, die bestimmt und geeignet sind, gegen Lebensgefahr zu schützen, sowie die Herausforderung zu einem solchen Zweikampf und deren Annahme),
§ 226b (Zerstörung der Zeugungs- oder Gebärfähigkeit bei einem anderen oder nachhaltige Störung durch Bestrahlung oder Hormonbehandlung),
§ 291 (Widerrechtliche Zueignung der bei den Übungen der Artillerie verschossenen Munition oder der Bleikugeln aus den Kugelfängen der Schießstände der Truppen),

§ 353a (Bestrafung eines Beamten im Dienste des Auswärtigen Amtes des Deutschen Reiches durch Verletzung der Amtsverschwiegenheit usw.),
§ 370 Ziff. 3 (Ankauf oder in Pfand nehmen von Montierungs- oder Armaturstücken von einem zum Dienststande gehörenden Unteroffizier oder Gemeinen des Heeres oder der Marine ohne die schriftliche Erlaubnis des vorgesetzten Kommandeurs).

Weitere Aufhebung von Strafgesetzen erfolgte durch das G. Nr. 55 des K. (Amtsblatt des K. in Deutschland, Nr. 16 S. 93):

Gesetz Nr. 55.

Aufhebung von Vorschriften auf dem Gebiet des Strafrechts.

Der Kontrollrat erläßt das folgende Gesetz:

Artikel I.

Folgende gesetzliche Bestimmungen einschließlich aller zusätzlichen und zu ihrer Durchführung erlassenen Gesetze, Verordnungen und Erlasse werden hiermit ausdrücklich aufgehoben:

(1) Abschnitt IV der Verordnung des Reichspräsidenten zum Schutze des deutschen Volkes vom 4. Februar 1933 (RGBl. I S. 35).
(2) Verordnung des Reichsministers des Innern über das Verbot kommunistischer Demonstrationen im Freistaat Sachsen vom 21. Februar 1933 (RGBl. I S. 78).
(3) § 5 der Verordnung des Reichspräsidenten zum Schutze von Volk und Staat vom 28. Februar 1933 (RGBl. I S. 83).
(4) Verordnung des Reichspräsidenten gegen Verrat am deutschen Volke und hochverräterische Umtriebe vom 28. Februar 1933 (RGBl. I S. 85).
(5) Verordnung des Reichspräsidenten zur Abwehr heimtückischer Angriffe gegen die Regierung der Nationalen Erhebung vom 21. März 1933 (RGBl. I S. 135).
(6) Verordnung des Reichspräsidenten über die Gewährung von Straffreiheit vom 21. März 1933 (RGBl. I S. 134).
(7) Gesetz zur Abwehr politischer Gewalttaten vom 4. April 1933 (RGBl. I S. 162).
(8) § 1 des Gesetzes über die Gewährung von Straffreiheit vom 23. April 1936 (RGBl. I S. 378).
(9) Gesetz gegen Wirtschaftssabotage vom 1. Dezember 1936 (RGBl. I S. 999).
(10) Gesetz zum Schutze von Bezeichnungen der Nationalsozialistischen Deutschen Arbeiterpartei vom 7. April 1937 (RGBl. I S. 442).
(11) Gesetz gegen Straßenraub mittels Autofallen vom 22. Juni 1938 (RGBl. I S. 651).
(12) § 3 und 8 des Gesetzes zur Änderung des Reichsstrafgesetzbuchs vom 4. September 1941 (RGBl. I S. 549).
(13) Polizeiverordnung über das Photographieren und sonstige Darstellung verkehrswichtiger Anlagen vom 29. März 1942 (RGBl. I S. 156).
(14) Verordnung zur Erweiterung und Verschärfung des strafrechtlichen Schutzes gegen Amtsanmaßung vom 9. April 1942 (RGBl. I S. 174).
(15) Verordnung des Führers zum Schutz der Sammlung von Kleidung und Ausrüstungsgegenständen für die Wehrmacht und den Deutschen Volkssturm vom 10. Januar 1945 (RGBl. I S. 5).
(16) Volkssturm-Strafrechtsverordnung (VOst-VO.) vom 24. Februar 1945 (RGBl. I S. 34).

Artikel II.

Dieses Gesetz setzt gesetzliche Bestimmungen nicht wieder in Kraft, die durch die oben aufgehobenen gesetzlichen Vorschriften oder Bestimmungen außer Kraft gesetzt waren.

Artikel III.

Dieses Gesetz tritt am 25. Juni 1947 in Kraft.

Ausgefertigt in Berlin, den 20. Juni 1947.

Armeegeneral Koenig, Generalleutnant Dratwin, General Lucius D. Clay, Marschall der RAF Sholto Douglas.

Berlin, den 25. Juni 1947 (SNB).

Das **Reichsjugendgerichtsgesetz vom 6. 11. 1943** (RGBl. I S. 635ff.) sowie alle damit in Verbindung erlassenen Anordnungen und amtlichen Bestimmungen gelten unter der Voraussetzung, daß sie keine Bestimmung, die

a) unterschiedliche Behandlung jugendlicher Verbrecher auf Grund deren Rasse, Staatsangehörigkeit, Religion, oder aus sonstigen Gründen,

b) kriminal-biologische Untersuchungen oder

c) Jugendlager

vorsehen.

Die **Verordnung** über den **Einsatz jüdischen Vermögens vom 3. 12. 1938** ist unsittlich und unverbindlich, weil sie ihrem Inhalt nach den allgemein anerkannten Grundsätzen jeglichen Rechts widerspricht (K. G. v. 29. 11. 1946 — 2. U. 595/247/46-6 Q. 37. 46 Landgericht Berlin) ebenda:

Der 8. und 9. 11. 1938 sind als der Zeitpunkt anzusehen, von dem ab — wenn nicht im Einzelfalle aus besonderen Gründen eine abweichende Begründung am Platze ist — vermutet werden muß, daß die jüdischen Einwohner Deutschlands bei Veräußerung von Vermögensstücken, die nicht ins Ausland transferiert werden konnten, unter dem Einfluß des gegen sie eingeleiteten Zwanges gehandelt haben.

Eine Grundbucheintragung unter diesem Zwang ist also nichtig und ist zu berichtigen. Jedoch bedarf das Grundbuchamt zur Eintragung des früheren Zustandes — der Berichtigung — der Ermächtigung der Militärbehörde. So Office of Military Government US Berlin Sektor — APO 742 — A, US Army.

Die **Kriegswirtschaftsverordnung vom 4. 9. 1939** (RGBl. I S. 1609, 1700) ist weiter in Geltung. So KG. vom 30. 3. 1946 in der Jurist. Rundschau 1947, Heft 1 S. 28/29, da sie dazu dienen soll, die Gefährdung des lebenswichtigen Bedarfs der Bevölkerung an Rohstoffen und Erzeugnissen zu bekämpfen. Nur ist durch das G. Nr. 1 der Militärregierung die Androhung der Todesstrafe in der KWV beseitigt, weil es sich um eine erst nach dem 30. 1. 1933 mit der Todesstrafe angedrohte Tat handelt. Die Androhung der Zuchthausstrafe ist aber nicht beseitigt worden, obwohl keine grausame und übermäßig hohe Strafe verhängt werden soll. Schieber und Schleichhändler müssen scharf angefaßt werden. Ihnen gegenüber ist die Zuchthausstrafe eine gebieterische Notwendigkeit. Ein Verstoß gegen § 1 KWV ist mithin ein Verbrechen. Vgl. auch KG. vom 24. 4. 1946 in der Jurist. Rundschau 1947, Heft 1 S. 29.

Was die **Umgestaltung** des **deutschen Gerichtswesens** betrifft, so gilt nach G. Nr. 4 des K. (V. 1 S. 141-4) grundsätzlich das deutsche Gerichtsverfassungsgesetz vom 27. 1. 1877 in der Fassung vom 22. 3. 1924.

Nach der V. Nr. 2, veröffentlicht am 12. 7. 1945 (Handbuch für Gesetzgebung und Gesetzesvorschriften Nr. 1 S. 9) sind **folgende Gerichte der Militärregierung** im besetzten Gebiet eingesetzt:

Obere Militärgerichte,
Mittlere Militärgerichte,
Einfache Militärgerichte.

I. Die Gerichte haben Gerichtsbarkeit über alle Personen, die sich im besetzten Gebiet befinden, ausgenommen sind Personen, — nicht Zivilpersonen — die dem Kriegsrecht der Heeres-, See- oder Luftstreitkräfte unterliegen und unter dem Befehl des Obersten Befehlshabers der Alliierten Streitkräfte oder eines anderen Befehlshabers von Streitkräften der Vereinigten Nationen stehen.

II. Die Gerichte der Militärregierung sind sachlich zuständig für:
a) Straftaten gegen die Gesetze und Gebräuche des Krieges;
b) Straftaten auf Grund von Proklamationen, Gesetzen, Verordnungen, Bekanntmachungen und Anordnungen, die von der Militärregierung oder den alliierten Streitkräften oder in deren Auftrag erlassen wurden.
c) Straftaten auf Grund von Gesetzen des besetzten Gebietes oder eines Teils desselben.

III. a) Ein **oberes** Militärgericht kann jede gesetzliche Strafe einschließlich der Todesstrafe verhängen.
b) Ein **mittleres** Militärgericht kann jede gesetzliche Strafe, mit Ausnahme der Todesstrafe, einer Freiheitsstrafe von mehr als zehn Jahren und einer Geldstrafe von mehr als 2500 bis 10000 Dollar verhängen.
c) Ein **einfaches** Militärgericht kann jede gesetzliche Strafe mit Ausnahme der Todesstrafe, einer Freiheitsstrafe von mehr als einem Jahr und einer Geldstrafe von mehr als 250 bis 1000 Dollar verhängen.
d) Im Rahmen der Strafgewalt des Gerichts kann wegen derselben strafbaren Handlung neben einer Freiheitsstrafe auch auf eine Geldstrafe erkannt werden. Anstelle einer Geldstrafe kann für den Fall der Nichtzahlung auf eine weitere Freiheitsstrafe im Rahmen der Strafgewalt des Gerichts erkannt werden.
e) Neben oder anstelle einer Geld-, Freiheits- oder Todesstrafe im Rahmen seiner Strafgewalt kann das Gericht der Militärregierung Anordnungen betreffend die Person des Angeklagten, das Eigentum, die Wohn- und Geschäftsräume und das Geschäft erlassen, sofern diese mit der Straftat in Zusammenhang stehen. Diese Anordnungen müssen zweckdienlich und durch die Verfahrensbestimmungen für die Gerichte der Militärregierung zugelassen sein. Die Gerichte der Militärregierung können auch Geld und andere Gegenstände gerichtlich beschlagnahmen, vorläufige Freilassung gegen Sicherheitsleistung anordnen, die Sicherheitsleistung annehmen und für verfallen erklären, Verhaftung anordnen, persönliches Erscheinen von Zeugen erzwingen und diese verhaften, Eide abnehmen, wegen Ungebühr auf Strafe erkennen, und alle anderen Befugnisse ausüben, die für eine ordentliche Rechtsprechung notwendig und zweckdienlich sind.

Wird wegen einer Straftat auf Grund der Gesetze des besetzten Gebietes oder eines Teils desselben Anklage erhoben, so ist das Gericht nicht an die in diesen Gesetzen vorgesehenen Strafen gebunden. **Todesurteile** müssen vom obersten Militärbefehlshaber der Alliierten Streitkräfte oder des jeweiligen Oberhaupts der Militärregierung oder eines von ihm bestimmten Offiziers schriftlich bestätigt werden.

Nach der Verordnung Nr. 47 der Militärregierung, veröffentlicht am 19. 9. 1946, Nachtrag Nr. 2 zum Handbuch für Gesetzgebung und Gesetzesvorschriften S. 17, sind die ordentlichen **deutschen** Gerichte berechtigt, die Gerichtsbarkeit in allen Fällen von **Verbrechen gegen die Menschlichkeit im Sinne von Art. II**

Abs. 1 (c) des Gesetzes Nr. 10 des Kontrollrats auszuüben, die von Personen deutscher Staatsangehörigkeit oder staatenlosen Personen im Britischen Sektor Berlins begangen wurden. Bei Ausübung der Gerichtsbarkeit nach dieser Anordnung sind von den deutschen ordentlichen Gerichten die Vorschriften des Art. II Abs. 2, 3, 4 und 5 des Gesetzes Nr. 10 des Kontrollrats anzuwenden. Wenn gleichzeitig eine Straftat nach deutschen Gesetzen vorliegt, so kann die Anklage gegen den Täter wahlweise nach dem einen oder anderen Recht erhoben werden.

Die Vorschriften des Art. II Abs. 5 des Gesetzes Nr. 10 des Kontrollrats sind auf die Straftat nach deutschem Recht entsprechend anzuwenden.

Das **Gesetz Nr. 10 des Kontrollrats vom 20. 12. 1945** bestimmt in Art. II Ziffer 1c (vgl. Amtsblatt des Kontrollrats in Deutschland Nr. 3 S. 51):

c) Verbrechen gegen die Menschlichkeit.
Gewalttaten und Vergehen einschließlich der folgenden, den obigen Tatbestand nicht erschöpfenden Beispiele: Mord, Ausrottung, Versklavung, Zwangsverschleppung, Freiheitsberaubung, Folterung, Vergewaltigung oder andere an der Zivilbevölkerung begangene unmenschliche Handlungen Verfolgung aus politischen, rassischen oder religiösen Gründen, ohne Rücksicht darauf, ob sie das nationale Recht des Landes, in welchem die Handlung begangen worden ist, verletzen.

Ziffer 2 bestimmt:

Ohne Rücksicht auf seine Staatsangehörigkeit oder die Eigenschaft, in der er handelte, wird eines Verbrechens nach Maßgabe von Ziffer 1 dieses Artikels für schuldig erachtet, wer

a) als Täter oder
b) als Beihelfer bei der Begehung eines solchen Verbrechens mitgewirkt oder es befohlen oder begünstigt oder
c) durch seine Zustimmung daran teilgenommen hat oder
d) mit seiner Planung oder Ausführung in Zusammenhang gestanden hat oder
e) einer Organisation oder Vereinigung angehört hat, die mit seiner Ausführung in Zusammenhang stand, oder
f) soweit Ziffer 1a) in Betracht kommt, wer in Deutschland oder in einem mit Deutschland verbündeten, an seiner Seite kämpfenden oder Deutschland Gefolgschaft leistenden Lande eine gehobene politische, staatliche oder militärische Stellung (einschließlich einer Stellung im Generalstab) oder eine solche im finanziellen, industriellen oder wirtschaftlichen Leben innegehabt hat.

Ziffer 3 lautet:

3. Wer eines der vorstehend aufgeführten Verbrechens für schuldig befunden und deswegen verurteilt worden ist, kann mit der Strafe belegt werden, die das Gericht als angemessen bestimmt. Die folgenden Strafen können — allein oder nebeneinander — verhängt werden:
a) Tod,
b) lebenslängliche oder zeitlich begrenzte Freiheitsstrafe mit oder ohne Zwangsarbeit,
c) Geldstrafe und im Falle ihrer Uneinbringlichkeit Freiheitsstrafe mit oder ohne Zwangsarbeit,
d) Vermögenseinziehung,
e) Rückgabe unrechtmäßig erworbenen Vermögens,
f) völliger oder teilweiser Verlust der bürgerlichen Ehrenrechte.

Vermögen, dessen Einziehung oder Rückgabe von dem Gericht angeordnet worden ist, wird dem Kontrollrat für Deutschland zwecks weiterer Verfügung ausgehändigt.

Ziffer 4 lautet:

4. a) Die Tatsache, daß jemand eine amtliche Stellung eingenommen hat, sei es die eines Staatsoberhauptes oder eines verantwortlichen Regierungsbeamten, befreit ihn nicht von der Verantwortlichkeit für ein Verbrechen und ist kein Strafmilderungsgrund.
   b) Die Tatsache, daß jemand unter dem Befehl seiner Regierung oder seines Vorgesetzten gehandelt hat, befreit ihn nicht von der Verantwortlichkeit für ein Verbrechen, sie kann aber als strafmildernd berücksichtigt werden.

Ziffer 5 lautet:

5. In einem Strafverfahren oder einer Verhandlung wegen eines der vorbezeichneten Verbrechen kann sich der Angeklagte nicht auf Verjährung berufen, soweit die Zeitspanne vom 30. Januar 1933 bis zum 1. Juli 1945 in Frage kommt. Ebensowenig steht eine vom Naziregime gewährte Immunität, Begnadigung oder Amnestie der Aburteilung oder Bestrafung im Wege.

Von besonderer Bedeutung ist noch Art. II dieser Verordnung, welcher im Abs. 1 bestimmt:

a) Wer sich innerhalb der Zone befindet und der Begehung eines Verbrechens verdächtig ist, einschließlich derjenigen Personen, die eines Verbrechens seitens einer der Vereinigten Nationen beschuldigt werden, kann verhaftet werden, das in seinem Eigentum stehende oder seiner Verfügungsmacht unterliegende bewegliche oder unbewegliche Vermögen soll unter Aufsicht gestellt werden, bis darüber endgültig verfügt wird.

Verordnung Nr. 47.

Verbrechen gegen die Menschlichkeit (Gesetz Nr. 10 des Kontrollrats).

Gemäß Gesetz Nr. 10, Art. III Abs. 1 (d) des Kontrollrats wird hiermit folgendes verordnet:

Artikel I.

Gerichtsbarkeit.

1. Die ordentlichen deutschen Gerichte sind berechtigt, die Gerichtsbarkeit in allen Fällen von Verbrechen gegen die Menschlichkeit im Sinne von Artikel II Abs. 1 (c) des Gesetzes Nr. 10 des Kontrollrats auszuüben, die von Personen deutscher Staatsangehörigkeit gegen andere Personen deutscher Staatsangehörigkeit oder staatenlosen Personen im Britischen Sektor Berlins begangen werden.

2 Bei Ausübung der Gerichtsbarkeit nach Abs. 1 dieser Verordnung sind von den deutschen ordentlichen Gerichten die Vorschriften des Art. II Abs. 2, 3, 4 und 5 des Gesetzes Nr. 10 des Kontrollrats anzuwenden.

Artikel II.

Strafbare Handlungen nach deutschem Recht.

3. Wenn in irgendeinem Falle die behaupteten Tatsachen nicht nur ein Verbrechen im Sinne von Art. II Abs. 1 (c) des Gesetzes Nr. 10 des Kontrollrats, sondern auch eine Straftat nach deutschem Recht darstellen, so kann die Anklage gegen den Täter wahlweise nach dem einen oder anderen Recht erhoben werden. Die Vorschriften des Artikels II Abs. 5 des Gesetzes Nr. 10 des Kontrollrats sind auf die Straftat nach deutschem Recht entsprechend anzuwenden.

Artikel III.

Ermittlungsverfahren usw.

4 Die deutschen Richter und Staatsanwälte sowie die Polizei und andere Behörden, die für die Aufrechterhaltung von Recht und Ordnung verantwortlich sind, sollen mit Bezug auf Ermittlungen, Verhaftungen, Untersuchungen und andere Maßnahmen, die für die Durchführung dieser Verordnung erforderlich sind, die gleichen Befugnisse haben, die ihnen nach deutschem Recht zustehen.

Artikel IV.

Inkrafttreten.

5. Diese Verordnung tritt am 19. September 1946 in Kraft.

Im Auftrage der Militärregierung.

Veröffentlicht am 19. September 1946.

(Nachtrag Nr. 2 zum Handbuch für Gesetzgebung und Gesetzesvorschriften S. 17.)

Folgende Gliederung der ordentlichen Gerichte wird wiederhergestellt (nach G. Nr. 4 des K. [V. 1 S. 141-h]):

Amtsgerichte,
Landgerichte und
Oberlandesgerichte.

Das **Landgericht** Berlin befindet sich im Bezirk Zehlendorf, im amerikanischen Sektor und ist für den Bezirk von ganz Berlin zuständig und besteht zur Zeit aus 24 Zivilkammern und 17 Strafkammern. Ferner bestehen 14 Amtsgerichte für Groß-Berlin.

Das Berliner Landgericht in Zehlendorf-West befindet sich in 7 Häusern daselbst[1]). Es befinden sich in der

Goethestraße 26a die Zivilkammern 1, 1a, 2 bis 6. Ferner das Rechtsanwaltszimmer,
Argentinische Allee 6, die Zivilkammern 7, 10, 20,
Argentinische Allee 12, die Zivilkammern 8, 9, 11,
Argentinische Allee 25, die Zivilkammern 12, 13 bis 16,
Sven-Hedin-Straße 2, die Zivilkammern 17 bis 19,
Lindenthaler Allee 23, die Zivilkammern 21 bis 24.
Sämtliche Strafkammern befinden sich in Moabit, Turmstraße 91.

In Berlin haben **folgende Amtsgerichte** ihren Sitz:

1. Amtsgericht Berlin-Mitte, in Berlin C 2, Neue Friedrichstraße 12-17,
2. Amtsgericht Bln.-Charlottenburg, in Berlin-Charlottenburg, Amtsgerichtsplatz.
3. Amtsgericht Berlin-Köpenick, in Berlin-Köpenick, Madrellaplatz 6, Abt. IV: Treptow.
4. Amtsgericht Bln.-Kreuzberg (Tempelhof), in Berlin SW 29, Möckernstraße 128-130,
5. Amtsgericht Bln.-Lichtenberg, in Berlin-Lichtenberg, Wagnerplatz 1,
6. Amtsgericht Bln.-Neukölln, in Berlin-Neukölln, Berliner Straße 65-69,
7. Amtsgericht Bln.-Pankow, in Berlin-Pankow, Kissingenstraße 6,
8. Amtsgericht Bln.-Reinickendorf, in Berlin-Reinickendorf-Ost, Flottenstraße 28-42,
9. Amtsgericht Bln.-Schöneberg, in Berlin-Schöneberg, Grunewaldstraße 66-67.
10. Amtsgericht Bln.-Spandau, in Berlin-Spandau, Segefelderstraße 35,
11. Amtsgericht Bln.-Steglitz, in Berlin-Lichterfelde, Ringstraße 9,
12. Amtsgericht Bln.-Tempelhof, in Berlin-Mariendorf, Zastrowstraße 157-159,

---

[1]) Vom 7. Juli 1947 ab finden die Termine der Zivilkammern 1—13 in Zehlendorf, Lindenthaler Allee 5, die der Zivilkammern 14-26 in Zehlendorf, Veronikast g 8 statt. Ab 29. 10. 1947 sind alle Berufungs- und Beschwerdekammern nach Zehlendorf, Irmgardstr. 25 am U-Bahnhof Oskar-Helene-Heim), verlegt, wo auch die Termine stattfinden. Ab 15. 1. 1948 tagen die Strafkammern wieder in Zehlendorf, Lindenthaler Allee.

13. Amtsgericht Bln.-Tiergarten, in Berlin NW 40, Turmstraße 91,
14. Amtsgericht Bln.-Wedding, in Berlin N 20, Brunnenplatz 1,
15. Amtsgericht Bln.-Weißensee, in Berlin-Weißensee, Berliner Allee107-110,
16. Amtsgericht Bln.-Zehlendorf, in Berlin-Zehlendorf-West, Niklasstraße 21-23.

Beim Amtsgericht Charlottenburg, Tegeler Weg, ist das Handelsregister, das Konkursgericht und das Zwangsversteigerungsgericht.

Staatsanwaltschaft und der Generalstaatsanwalt der Stadt Berlin, Berlin C 2, Neue Friedrichstraße 12-17.

Das **Oberlandesgericht für Berlin** ist das **Kammergericht**, das früher die letzte Instanz für Berlin und die ganze Provinz Brandenburg war. Heute ist es auf das Gebiet von Groß-Berlin beschränkt. Das Kammergerichtsgebäude befindet sich nicht mehr in der Elsholzstraße am Kleistpark (wo jetzt der Kontrollrat seinen Sitz hat), sondern im Gebäude des früheren Amts- und Landgerichtes Berlin in der Neuen Friedrichstraße 12-17 und Grunerstraße. Das Kammergericht hat 5 Zivilsenate und einen Strafsenat, Präsident ist Dr. Strucksberg.

Die **Zuständigkeit** der **Amts- und Landgerichte** in Zivil- und Strafsachen richtet sich im allgemeinen nach dem am 30. 1. 1933 in Kraft gewesenen Recht, wobei jedoch die Zuständigkeit der Amtsgerichte in bürgerlichen Rechtsstreitigkeiten auf Ansprüche ausgedehnt wird, deren Gegenstand den Wert von 2000 RM. nicht übersteigt. Zur Behebung des großen Richtermangels in Berlin hat die Alliierte Kommandantur Berlin am 30. 12. 1946 (VB. III S. 6) eine Verordnung erlassen, nach deren Inhalt aus der Zahl der noch nicht endgültig zugelassenen Rechtsanwälte in Groß-Berlin und früheren Richter oder Staatsanwälte auf die Zeit von normalerweise einem Jahr herangezogen werden sollen. Der Präsident der Rechtsanwaltskammer Berlin hat daher auf Ansuchen des Präsidenten des Kammergerichts oder des Generalstaatsanwalts qualifizierte Rechtsanwälte usw. zum Dienst als Richter oder Staatsanwälte zu stellen. Die Weigerung des Anwalts, diesen Dienst aufzunehmen, falls er dazu einberufen wird, hat seine einstweilige Amtsenthebung zur Folge oder den Widerruf der vorläufigen Zulassung als Rechtsanwalt. Die Ausübung des Notariats bleibt dem eingezogenen Rechtsanwalt unbenommen, ebenso grundsätzlich die weitere Ausübung der Rechtsanwaltschaft, um dem Rechtsanwalt seine Praxis zu erhalten, falls er seinen Dienst als Richter beendet hat. Jedoch muß der Rechtsanwalt einen Generalsubstituten bestellen, der für ihm vor Gericht auftritt. (Befehl des Rechtskomitees der Kommandantur Berlin vom 2. 10. 1947 und Durchf.-Bestimmungen vom 15. 10. 1947.)

Das **Arbeitsgericht Berlin** befindet sich in Berlin-Charlottenburg, Hardenbergstraße (im Gebäude des früheren OVG. am Bahnhof Zoologischer Garten).

Der Dienst als Richter kann auf Anordnung des Kammergerichtspräsidenten oder des Generalstaatsanwalts auf 6 Monate verkürzt werden.

Von den 535 Rechtsanwälten in Berlin (früher 4000) sind im Oktober 1947 bereits 134 als Richter und Staatsanwälte angestellt, weitere 110 folgen demnächst.

Das Landgericht Berlin hat 151 richterliche und 400 nichtrichterliche Angestellte.

Nach einer A. des Kammergerichtspräsidenten vom 13. 5. 1946 (V. I S. 177) bleiben die **Gerichtsferien** abgeschafft. Das Gesetz vom 7. 3. 1945 (RGBl. I S. 362) beruht nicht auf nationalsozialistischen Grundsätzen, da die Rechtspflege in den gegenwärtigen schweren Zeiten ihres Wiederaufbaues keinen Augenblick ruhen darf.

Die **Landgerichte** sind zuständig für die Berufung gegen Entscheidungen der Amtsgerichte sowie für Streitwerte über 2000 RM. oder nichtvermögensrechtliche Sachen, z. B. Ehesachen.

In Berlin befinden sich 11 große und 6 kleine Strafkammern[1]).

Beschluß des K. G. vom 4. 3. 1947 — 2 W. 668. 46 = 7.0.346.46 Landgericht Berlin. Der Senat hält an dem in Urteil vom 16. 8. 1946 — 2. U. 203/83. 46 ausgesprochenen Grundsätzen fest. Danach ist eine Gerichtsbarkeit der Berliner Gerichte ausgeschlossen, wenn der Streitgegenstand nicht in sachlichen Beziehungen zu dem Stadtgebiet von Berlin steht, insbesondere wenn für den Rechtsstreit ein ausschließlicher Gerichtsstand außerhalb Berlins begündet ist. Ist jedoch Berlin als Erfüllungsort vereinbart, so besteht eine sachliche Beziehung des Streitgegenstandes zu dem Stadtgebiet von Berlin und ist der Gerichtsstand des § 29 ZPO begründet.

In Rechtsstreitigkeiten über vermögensrechtliche Ansprüche ist die Berufung an das Landgericht nur zulässig, wenn der Wert des Beschwerdegegenstandes 100 RM. übersteigt, wobei die §§ 3—9 der ZPO zur Anwendung kommen. Der Berufungskläger hat diesen Wert glaubhaft zu machen, wird jedoch zur Versicherung an Eidesstatt nicht zugelassen. Gegen ein Urteil, durch das ein Mietverhältnis aufgehoben oder eine Mietaufhebungsklage abgewiesen ist, findet die Berufung ohne Rücksicht auf den Wert des Beschwerdegegenstandes statt (§ 14 des Mieterschutzgesetzes vom 15. 12. 1942).

In bezug auf die usübung der deutschen Gerichtsbarkeit war ein G. der Alliierten Kommandantur vom 21. 2. 1947 (V. 3 S. 68) erlassen, das aber nach Ziffer 11 der folgenden A. aufgehoben ist.

Alliierte Kommandantura Berlin — 28. Juli 1947
BK/O (47) 172

Betrifft: **Angelegenheiten betreffend unter Kontrolle der Besatzungsbehörden stehendes Vermögen.**

Die Alliierte Kommandantur Berlin bestimmt folgendes:

1. Ohne vorherige schriftliche Ermächtigung der Militärregierung des Sektors, in welchem das Vermögen sich befindet, darf kein deutsches Gericht Gerichtsbarkeit beanspruchen, oder ausüben in Fällen, die Vermögen betreffen, über welches laut dem Gesetz Nr. 52 der Amerikanischen, Britischen und Französischen Militärregierung oder den Befehlen Nr. 124 oder Nr. 126 des Sowjetischen Oberbefehlshabers die Kontrolle ausgeübt wird, oder das auf Befehl einer der Besatzungsbehörden eingezogen ist.
2. Unternehmen oder Personen, deren Vermögen unter Kontrolle genommen oder eingezogen werden kann, jedoch noch nicht kontrolliert wird oder eingezogen ist, dürfen ohne vorherige Ermächtigung Kläger oder Beklagte sein. Die Militärregierung des betreffenden Sektors behält sich jedoch das Recht vor, zu jeder Zeit (im Laufe des Verfahrens oder nach seiner Beendigung) dieses Vermögen unter Kontrolle zu nehmen oder einzuziehen.
3. Unternehmen oder Personen, deren Vermögen unter Kontrolle steht, sind berechtigt, durch den Treuhänder Klage zu erheben gegen Personen, deren Vermögen nicht unter Kontrolle steht, jedoch dürfen unter Kontrolle stehende

[1]) Berlin hat keinen Justizminister. Der Magistrat hat zwar eine Rechtsabteilung, stellt aber weder die Richter noch die Justizbeamten an, hat sie nur zu besolden. Die Anstellung erfolgt durch den Kammergerichtspräsidenten. Der Kontrollrat bestätigt die Anstellung.

Personen oder Unternehmen nicht verklagt werden ohne Ermächtigung der Militärregierung des Sektors, in welchem die Personen bzw. die Unternehmen unter Kontrolle stehen.

4. In Fällen, in denen der Grund des Anspruchs vor dem 8. Mai 1945 entstanden ist, wird eine solche Ermächtigung in der Regel nicht erteilt.
5. Jeder Urteilsspruch, der bereits gefällt worden ist oder hiernach in einem Fall gefällt wird, der ohne Zustimmung der Militärregierung des Sektors, in welchem sich das Vermögen befindet, eingeleitet wurde, ist nichtig und jegliche Maßnahme zur Vollstreckung eines solchen Urteilsspruchs ist ungültig.
6. Arbeitsgerichte können Rechtsansprüche bearbeiten, die Beträge bis zu 500 RM betreffen und nach dem 1. Januar 1946 aus Streitigkeiten entstanden sind, die ein Arbeitsverhältnis betreffen, das zwischen Arbeitnehmern und solchen Arbeitgebern besteht, deren Vermögen unter der Kontrolle einer der Besatzungsmächte steht.
7. Ohne vorherige schriftliche Ermächtigung der Militärregierung des Sektors, in welchem sich das Vermögen befindet, darf keine Eintragung in das Grundbuch vorgenommen werden betreffend Vermögen, das der Kontrolle oder der Einziehung unterliegen kann, gemäß Gesetz Nr. 52 der Amerikanischen, Britischen und Französischen Militärregierung oder Befehl Nr. 124 und 126 des Sowjetischen Oberbefehlshabers.
8. Ehe ein deutsches Gericht oder Grundbuchamt in einem Verfahren, das bewegliches oder unbewegliches Vermögen betrifft, auf Klage oder Antrag einer Partei hin tätig wird, hat das Gericht oder das Grundbuchamt die Partei, welche die Klage oder den Antrag eingereicht hat, aufzufordern, entweder persönlich oder durch ihren Rechtsanwalt eine schriftliche Erklärung abzugeben, in welcher nach bestem Wissen und Gewissen und auf Grund sorgfältiger Erkundigung versichert wird, daß das Vermögen nicht unter Kontrolle steht oder eingezogen ist.
9. Ohne vorherige schriftliche Ermächtigung der Militärregierung des Sektors, in welchem sich das Vermögen befindet, dürfen keine Schritte von einer natürlichen oder juristischen Person unternommen werden, um eine Entscheidung eines deutschen Gerichts oder des Grundbuchamtes zu erfüllen oder zu vollstrecken, die Vermögen betrifft, über das die Kontrolle ausgeübt wird oder das eingezogen ist.
10. Nichtbefolgung dieser Anordnung bzw. Nichtbeachtung ihrer Bestimmungen, stellt Verletzung eines Befehls der Militärregierung der Besatzungsmächte dar und wird als solches bestraft.
11. Die Anordnung BK/O (47) 50 vom 21. Februar 1947 wird widerrufen.
12. Diese Anordnung tritt am Tage ihrer Veröffentlichung in Kraft.[1])

Im Auftrage der Alliierten Kommandantura Berlin
gez. Sudakow,
Oberstleutnant, Vorsitzführender Stabschef.

Die nach dieser Anordnung abzugebende Versicherung muß lauten:

Versicherung

Hierdurch versichere ich, daß mein Vermögen nicht nach dem Gesetz Nr. 52 und dem Befehl 124 oder 126 beschlagnahmt oder eingezogen ist, auch versichere ich, daß mir nach bestem Wissen und Gewissen trotz sorgfältiger Erkundigung nichts darüber bekannt ist, daß über das Vermögen des Beklagten (des Antragsgegners) eine Kontrolle ausgeübt wird oder daß es eingezogen ist.

---

[1]) Vgl. den Aufsatz von Landgerichtsrat Dr. Nehlert: Die Beschränkung der Gerichtsbarkeit der Berliner Gerichte in Zivilsachen in der Jur. Rundschau 1947 Heft 1 S. 9ff. und Heft 3 S. 75ff.

Die Erklärung muß bei Ehegatten von jedem derselben, darf auch nicht bei Hauseigentümern von den Hausverwaltern abgegeben werden, nur Rechtsanwälte können für ihre Mandanten die Erklärung abgeben, was jedoch immer riskant ist.

Die Abgabe der Versicherung in **eidesstattlicher** Form kann nicht gefordert werden. (LG. Berlin, E. vom 24. 9. 1947, 24. T. 1051. 47).

Bei Statussachen, bes. Ehesachen, Anfechtung der Ehelichkeit eines Kindes, braucht keine Erklärung abgegeben werden, da es sich hierbei nicht um **Vermögen** handelt. Ebenso bei Todeserklärungen nicht, wohl aber bei Anträgen auf Erteilung eines Erbscheins, weil der Erbschein gewisse Verfügungsmacht verleiht. Auch wegen der Kosten allein braucht keine Erklärung abgegeben zu werden. Erklärt die Militärregierung, daß die Ermächtigung erteilt werde, so kann der Prozeß fortgesetzt werden. Andernfalls ruht das Verfahren.

Im Hinblick auf Ziffer 1 hat das Gericht von sich aus den Beklagten im 1. Termin zu befragen, ob über sein Vermögen die Kontrolle ausgeübt wird oder ob es eingezogen ist. Gibt der Beklagte keine Erklärung ab, so darf das Gericht davon ausgehen, daß der Beklagte nicht unter Kontrolle steht, anders nur bei schwerwiegenden Gründen.

Zur Ziffer 8 ist zu bemerken, daß als Antragsteller nur eine das Verfahren betreibende Partei ist, nicht etwa der Beklagte, der einen Antrag auf Klageabweisung stellt oder das Armenrecht beantragt. So der Chefpräsident des LG. Berlin Gen. 1413 vom 16. 9. 1947.

Die Anschriften der Militärregierungen sind:

1. An die Amerikanische Militärregierung, Berlin-Lichterfelde-West, Ringstraße 9,
2. Nur für Grundbuchsachen im amerikanischen Sektor von Berlin:
   Chief Property Control Branch, Berlin-Steglitz, Grunewaldstraße 35 (Verf. vom 16. 10. 1946 Gen. 38/A. 43/46.),
3. An die Britische Militärregierung, Berlin-Charlottenburg, Reichskanzlerplatz,
4. M. le General Gouverneur Militaire Français du Grand Berlin (Groupe Justice) . 64. Fürstendamm . Berlin-Frohnau,
5. An die Rechtsabteilung der Russischen Zentralkommandantur, Berlin NW, Luisenstraße.

Wenn nach der Rechtslage die Zuständigkeit einer Militärregierung in einer Zone Deutschlands (außerhalb Berlins) in Betracht kommt, ist bei der Amerikanischen, Britischen und Französischen Militärregierung die unter 1, 3 und 4 angegebene Anschrift zu wählen und in der Sachdarstellung auszuführen, daß die Zuständigkeit der Militärregierung für den betreffenden Ort in der Zone in Betracht kommt und daß die Militärregierung des entsprechenden Sektors in Berlin gebeten wird, gegebenenfalls die Entscheidung der Militärregierung in der Zone herbeizuführen. Bei der Sowjetrussischen Militärregierung dagegen ist in solchen Fällen die Sachdarstellung zu adressieren:

6. An die Sowjetrussische Militäradministration in Berlin-Karlshorst.

Wenn mehrere Militärregierungen zuständig sind, sind Sachdarstellungen an jede gesondert zu richten. Hierbei ist zu beachten, daß die gesetzlichen Grundlagen in den Sektoren von Berlin verschieden sind.

Vgl. hierzu den Aufsatz von Landgerichtsrat Dr. Gerhard Nehlert in der

Jurist. Rundschau, dessen Ansicht in Teil E am Ende hinsichtlich der Sachdarstellungen bei Zuständigkeit mehrerer Militärregierungen aber überholt ist.[1])

Die **Sowjetische Militärregierung** verlangt zur Erteilung der Genehmigung die Beantwortung folgender Fragen in dem Bericht, der auch in russischer Sprache abzufassen ist:

I. 1. Genaue Anschrift der Parteien,
2. Angabe in welchem Sektor sich das Vermögen des Beklagten befindet,
3. Angaben darüber, welche Erwerbs- oder Geschäftszweige die Beteiligten betreiben, was sie produzieren oder womit sie handeln,
4. Angaben darüber, ob feststeht, daß das Vermögen beschlagnahmt ist, sowie darüber, wann und durch wen es beschlagnahmt ist, und ob und welche Urkunde darüber vorliegt,
5. Angabe darüber, ob auch das Vermögen des Klägers beschlagnahmt ist,
6. Angabe über den Zeitpunkt der Entstehung des Anspruchs und die Erhebung der Klage,
7. Genaue Bezifferung der Klageforderungen,
8. Angabe darüber, ob Urkunden zum Beweis der Klageforderungen vorliegen, wenn ja, Angabe und Datum dieser Urkunde.

Auch die anderen Militärregierungen verlangen im wesentlichen einen Bericht über dieselben Fragen, dem der entsprechende Bericht in englischer oder französischer Übersetzung beizufügen ist.

Die britische Militärregierung hat durch die A. vom 5.5.1947 bestimmt, daß eine Ermächtigung zur Ausübung der Gerichtsbarkeit auch in den Fällen erforderlich ist, in welchen ein auf Grund des Gesetzes Nr. 52 eingesetzter Custodian (Treuhänder) als Kläger auftritt oder in welchen sich der Custodian als Beklagter mit der Prozeßführung einverstanden erklärt hat.

Dagegen hat die amerikanische Militärregierung durch A. vom 24. 4.1947 bestimmt, daß eine Ermächtigung zur Ausübung der Gerichtsbarkeit dann nicht eingeholt zu werden braucht, wenn ein Custodian schriftlich durch die amerikanische Militärregierung zur Vornahme einer Rechtshandlung bevollmächtigt ist und die Ausübung der Gerichtsbarkeit sich auf diese Rechtshandlung bezieht, zu welcher der Custodian bevollmächtigt ist.

---

[1]) Die Stadt Berlin ist von den Bestimmungen des Militärregierungsgesetzes Nr. 52 laut Allgemeinermächtigung Nr. 3 zum Gesetz Nr. 52 befreit.

Die von der Amerikanischen Militärregierung erlassene Allgemeinermächtigung Nr. 3 hat folgenden Wortlaut:

„Jedem Kreis oder jeder Gemeinde wird hiermit die Genehmigung erteilt, alle Rechtsgeschäfte innerhalb Deutschlands vorzunehmen, die für gewöhnlich zu ihrem normalen Aufgabenkreis gehören, vorausgesetzt, daß diese Geschäfte lediglich durch das Gesetz Nr. 52 der Militärregierung für verboten erklärt sind und daß der betreffende Kreis oder die Gemeinde keine außerordentlichen Geschäfte vornimmt, die direkt oder indirekt das Vermögen des betreffenden Kreises oder der Gemeinde wesentlich verringern, gefährden oder in anderer Beziehung Nachteile für ihre finanzielle Lage zur Folge haben."

Die Allgemeinermächtigung Nr. 3 betrifft nicht die Fälle, in denen es sich um die Anwendung des Gesetzes Nr. 2 bei Rechtsstreitigkeiten gegen die Stadt Berlin handelt.

Die Französische Militärregierung hat erklärt, daß die Stadt Berlin nicht unter der Kontrolle der Französichen Militärregierung stehe. In Rechtsstreitigkeiten, an denen die Stadt Berlin beteiligt ist, braucht daher, soweit es sich um den französischen Sektor von Berlin handelt, die Ermächtigung der Französischen Militärregierung nicht eingeholt zu werden.

II. In Fällen, in denen die Gründe zur Prozeßführung **vor dem 8. 5. 1945** entstanden sind, wird obige Genehmigung in der Regel nicht erteilt.

III. Irgendwelcher Urteilsspruch, der bereits gefällt wurde, oder hiernach in einem solchen Prozeß gefällt wird, der ohne Bewilligung der Militärregierung des Sektors, in welchem sich das Vermögen befindet, eingeleitet wurde, ist nichtig und irgendwelche Maßnahmen zur Durchsetzung eines solchen Urteilsspruchs ist ungültig.

IV. Ohne vorher schriftlich erteilte Genehmigung der Militärregierung des Sektors, in welchem sich das Vermögen befindet, darf keine Eintragung in das Grundbuch stattfinden betreffend Vermögen, das der Kontrolle oder Konfiszierung unterliegt, wie dies im § 1 dieser Anordnung bezeichnet ist.

V. Bevor ein deutsches Gericht oder das Grundbuchamt in einer bewegliches oder unbewegliches Eigentum angehenden Sache handelt, hat das Gericht bezw. das Grundbuchamt schriftliche Erklärungen von allen am Verfahren interessierten Parteien anzufordern, die in allen Einzelheiten wahrheitsgetreu sein müssen und von den betreffenden Parteien oder deren Rechtsanwälten abzugeben sind.

Verordnung Nr. 38.
Abänderung des Gesetzes Nr. 52 der Militärregierung Abgeändert (I)
Sperre und Kontrolle von Vermögen.

Um die Anwendung des Art. I Abs. 2 des Gesetzes Nr. 52 der Militärregierung (abgeändert [I]) auf solches Vermögen auszudehnen, das Gegenstand einer der im genannten Absatz näher bezeichneten rechtswidrigen Maßnahmen entweder in Deutschland oder in Gebieten außerhalb Deutschlands gewesen ist, wird hiermit folgendes verordnet:

Artikel I.

1. Artikel I Abs. 2 des Gesetzes Nr. 52 der Militärregierung (abgeändert [I]) mit der Überschrift „Sperre und Kontrolle von Vermögen" wird abgeändert und wie folgt gefaßt:
„2. Die Beschlagnahme hinsichtlich Besitz oder Eigentumsrecht, der Weisung, Verwaltung, Aufsicht oder sonstigen Kontrolle durch die Militärregierung ist Vermögen unterworfen, das Gegenstand von Zwang, rechtswidriger Maßnahmen der Beschlagnahme, Besitzentziehung oder Plünderung entweder in Deutschland oder in Gebieten außerhalb Deutschlands gewesen ist, gleichgültig ob dies auf Grund von Gesetzgebung von angeblich rechtmäßigen Verfahren oder auf andere Weise geschehen ist."

Artikel II.

2. Hinweise auf Bestimmungen des Art. I Abs. 2 des Gesetzes Nr. 52 der Militärregierung (abgeändert [I]) in den Artikeln II, III und VI oder in anderen Bestimmungen besagten Gesetzes oder in anderen Verordnungen der Militärregierung sind als Hinweise auf die zugehörigen Bestimmungen dieses Absatzes in der durch diese Verordnung abgeänderten Fassung auszulegen.

Artikel III.

3. Diese Verordnung tritt am 3. Juli 1946 in Kraft.

Im Auftrage der Militärregierung.

Veröffentlicht am 6. September 1946.

(Nachtrag Nr. 2 zum Handbuch für Gesetzgebung und Gesetzesvorschriften S. 15.)

Allgemeine Verfügung Nr. 4
zur Ausführung des Gesetzes Nr. 52 der Militärregierung über die Sperre und Kontrolle von Vermögen.

Auf Grund des Artikels II Ziffer 4 (b) (i) des Gesetzes Nr. 52 der Militärregierung wird folgendes verordnet:

Artikel I.

Vermögensarten.

1. Diese Allgemeine Verfügung findet Anwendung auf Vermögen innerhalb des besetzten Gebietes, welches unmittelbar oder mittelbar ganz oder teilweise, im Eigentum oder unter der Kontrolle der folgenden Personen steht:
   a) des Deutschen Reiches, der deutschen Wehrmacht und der Organisationen mit militärischem Charakter;
   b) der Regierungen, der Staatsangehörigen und der Einwohner von Staaten — mit Ausnahme des Deutschen Reiches —, die sich mit einer der Vereinten Nationen zu irgendeinem Zeitpunkt seit dem 1. September 1939 im Kriegszustand befunden haben, sowie der Regierungen, der Staatsangehörigen und der Einwohner von Gebieten, die seit dem genannten Tage von den vorgenannten Staaten oder von Deutschland besetzt waren;
   c) der NSDAP, deren Ämter und Stellen, Formationen und Organisationen, die zur NSDAP gehören, ihr angeschlossen oder von ihr betreut sind, ihrer Beamten und derjenigen ihrer leitenden Mitglieder oder Anhänger, die von der Militärregierung bezeichnet werden;
   d) aller Personen, solange sie von der Militärregierung in Haft oder sonstiger Verwahrung gehalten werden, mit Ausnahme solcher Personen, die von einem Gericht zu Haft oder sonstigen Verwahrung von nicht mehr als sechs Monaten verurteilt sind;
   e) aller Organisationen, Klubs oder sonstiger Vereinigungen, die von der Militärregierung verboten oder aufgelöst sind;
   f) aller Eigentümer, die sich außerhalb Deutschlands aufhalten, sowie der Regierungen und der Staatsangehörigen der Vereinten Nationen und neutraler Staaten;
   g) aller sonstigen Personen, die von der Militärregierung in Listen oder auf andere Weise bezeichnet sind;
   h) aller derjenigen Personen, die in der Allgemeinen Verfügung Nr. 1 zur Ausführung des Gesetzes Nr. 52 bezeichnet sind.

Artikel II.

Anmeldepflicht.

2. Soweit nicht nachfolgend in Ziffer 4 etwas anderes bestimmt ist, haben alle Personen, in deren Eigentum, Besitz, Gewahrsam oder Kontrolle sich Vermögen befindet, das von dieser Allgemeinen Verfügung betroffen wird, oder die rechtlich verpflichtet sind, Vermögen an eine der in Art. I bezeichneten Personen zu übereignen oder herauszugeben, dieses Vermögen bei der nächstgelegenen Bezirksbank im britischen Sektor von Berlin bis 14. Januar 1946 einschließlich anzumelden. Die Anmeldung hat auf dem Formular MGAF (1) der Finanzabteilung der Militärregierung in dreifacher Ausfertigung zu erfolgen. Abdrucke dieses Formulars sind bei jeder Bezirksbank im britischen Sektor von Berlin erhältlich.
3. Das Formular MGAF (1) ist gemäß den darin enthaltenen Anweisungen auszufüllen. Die eidliche Versicherung am Fuße des Formulars kann von einem Bankvorsteher beglaubigt werden, falls ein Notar nicht zur Verfügung steht. Der Bankvorsteher hat seine Unterschrift mit der vollständigen Anschrift der ihm unterstehenden Zweigstelle zu versehen.
4. Vermögen der vorerwähnten Arten, das bereits auf Formular MGAF (2) Serie B angemeldet ist, braucht nicht nochmals gemeldet zu werden.

Artikel III.

Strafbestimmungen.

5. Wer es unterläßt, eine der Bestimmungen dieser Allgemeinen Verfügung und den Anweisungen des Formulars MGAF (1) entsprechende Anmeldung vorzunehmen, oder wer es unterläßt, in der Anmeldung eine Tatsache mitzuteilen oder eine Erklärung abzugeben, die erfordert ist, oder wer eine irreführende, unvollständige oder wahrheitswidrige Erklärung in einer Anmeldung macht, setzt sich — falls ein Gericht der Miltärregierung ihn schuldig befindet — jaler gesetzlichen Strafe (einschließlich der Todesstrafe) aus.

Artikel IV.

Begriffsbestimmungen.

6. Die Begriffsbestimmungen des Artikels VII des Gesetzes Nr. 52 der Militärregierung finden auf diese Allgemeine Verfügung Anwendung.

Im Auftrage der Militärregierung.

Veröffentlicht am 15. Dezember 1945.

(Nachträge Nr. 2 zum Handbuch für Gesetzgebung und Gesetzesvorschriften S. 23.)

Zur A. vom 28. 7. 1947 — BK/O. (47), 172 — betr. Ermächtigung zur Ausübung der Gerichtsbarkeit, hat die amerikanische Militärregierung betr. Nachprüfung, ob eine Kontrolle ausgeübt wird, folgende A. erlassen:

a) Mit Rücksicht auf Ziffer 1 und 2 der A. vom 28. 7. 1947 haben die Gerichte festzustellen, ob über das „in das Verfahren verwickelte“ Vermögen die Kontrolle ausgeübt wird.

b) Normalerweise stehen folgende Vermögensarten nicht unter Kontrolle:
1. Vermögen nomineller Nazis,
2. Möbel und persönliches Eigentum,
3. Vermögen alliierter und neutraler Staatsangehörigen, die in Berlin wohnen,
4. alliiertes und neutrales Vermögen, das von der Treuhänderschaft entbunden und einem bevollmächtigten Vertreter des Eigentümers übergeben worden ist,
5. Vermögen der Stadt Berlin,
6. Vermögen, das sich außerhalb des Amerikanischen Sektors von Berlin befindet.

c) Auch wenn das Vermögen beider Parteien oder einer von ihnen oder Teile ihres Vermögens unter Treuhänderschaft stehen, werden im allgemeinen Verfahren betr. Ehescheidung, Unterhalt, Sorge für die Person eines Kindes und Besitz von Wohnungen nicht irgendwelches unter Treuhandschaft stehendes Vermögen erfassen und bedürfen deshalb keiner Ermächtigung.

d) Zur Feststellung, ob die Kontrolle ausgeübt wird, haben die Gerichte die Vorlage eines Nachweises über die Kontrolle zu verlangen (Nachricht über die Treuhandschaft, Bestellung eines Treuhänders). Wenn eine Partei nicht nachweisen kann, ob ihr Vermögen unter Kontrolle steht, so ist Ziffer 2 der A. vom 28. 7. 1947 anzuwenden, da angenommen werden muß, daß keine Entscheidung über die Kontrolle ergangen ist.

In einem Rundschreiben des Chefpräsidenten des Landgerichts Berlin vom 17. 11. 1947 — Gen. 1413 A. 1/46 (166) — ist darauf hingewiesen, daß die vorstehenden Grundsätze entsprechend auch für den Bereich der anderen Militärregierungen anzuwenden seien, soweit nicht besondere Bestimmungen entgegenstehen. Für die Sowjetische Militärregierung ergeben sich ähnliche Voraussetzungen bereits aus einer früheren Verfügung (vom 10. 4. 1947 — Gen. 1413 A. 1/46 (119) —).

Für Grundbuchsachen gelten die vorstehenden Ausführungen nur beschränkt, da es bei diesen nach Ziffer 7 der A. vom 28. 7. 1947 nicht darauf ankommt, ob die Kontrolle tatsächlich ausgeübt wird oder ob das Vermögen dem Gesetz Nr. 52 bzw. dem Befehl Nr. 124 nur unterliegt.

Über die **Zuständigkeit der deutschen Gerichte hat der K. am 3. April 1947 folgende A. erlassen:**

Zur Ausführung des Gesetzes Nr. 4 des Alliierten Kontrollrates und zur Auslegung des Artikels 3 dieses Gesetzes ordnet die Alliierte Kommandantura wie folgt an:

1. Ohne vorherige Genehmigung der Militärregierung des betreffenden Sektors darf ein deutsches Gericht in Fällen, die die nachstehend angeführten Kategorien betreffen, nicht verfahren:

    I. Kriminalfälle, die (1) irgendeine der Vereinten Nationen, oder (2) Streitkräfte einer der Vereinten Nationen, oder das Militärpersonal dieser Streitkräfte oder (3) irgendeine bei diesen Streitkräften im Dienst stehende Person (ausgenommen deutsche Staatsangehörige) oder (4) irgendeinen Beamten einer der Vereinten Nationen, oder (5) irgendeinen Staatsangehörigen der Vereinten Nationen, oder (6) nahe Verwandte (Familienmitglieder) der in Art. 1, I. Paragraphen 2, 3 und 4 erwähnten Personen, sowie (7) Verbrechen, die seitens Nazis oder sonstiger Personen gegen Staatsangehörige der Vereinten Nationen oder deren Eigentum begangen wurden, als auch Versuche, das Naziregime wiedereinzuführen, oder die Tätigkeit der Naziorganisationen wieder auszuüben, angehen und berühren.

    II. Zivilprozesse, die (1) irgendeine der Vereinten Nationen, oder (2) die Streitkräfte einer der Vereinten Nationen, oder das Militärpersonal dieser Streitkräfte, oder (3) irgendeine bei diesen Streitkräften im Dienst stehende Person (ausgenommen Deutsche Staatsangehörige) oder (4) irgendeinen Staatsangehörigen einer der Vereinten Nationen, der bei der Alliierten Verwaltung in Deutschland ein Amt inne hat oder amtlich fungiert, oder (5) nahe Verwandte (Familienmitglieder) der in Art. 1, II. Paragraphen 2, 3 und 4 erwähnten Personen, sowie (6) Ansprüche oder Gegenansprüche, die gegen einen der in Art. 1, II. Paragraphen 2, 3, 4 und 5 nicht erwähnten Staatsangehörigen der Vereinten Nationen erhoben werden, angehen oder berühren.

    III. Fälle, die durch die Verletzung von Gesetzen, Befehlen oder Verordnungen der Besatzungsmächte entstehen, es sei denn, daß solches Gesetz oder Befehl die Zuständigkeit der deutschen Gerichte in Fällen jeglicher Art Verletzung solcher Befehle oder Verordnungen vorsieht, oder daß die Zuständigkeit sowohl einem deutschen Gericht, als einem Militärregierungsgericht zuerkannt wird.

    IV. Fälle, in denen die Gültigkeit eines Befehls der Alliierten Behörden oder einer Verordnung des Alliierten Kontrollrates oder der Militärregierung berührt wird.

    V. Irgendein Fall, in welchem ein Militärregierungsgericht sich die Zuständigkeit vorbehalten hat.

    VI. Irgendein Fall oder Kategorie von Fällen, die durch eine Militärregierung ausschließlich unter die Zuständigkeit der Militärregierungsgerichte gestellt ist.

    VII. Irgendein Fall oder Kategorie von Fällen, die der Zuständigkeit der deutschen Gerichte durch die Militärregierung entzogen wird.

    VIII. Ansprüche, die Vermögen betreffen, welches gemäß Gesetz Nr. 52 der amerikanischen, britischen und französischen Militärregierung oder Befehl Nr. 124 des sowjetischen Oberbefehlshabers unter der Kontrolle steht oder der Kontrolle unterliegt, oder welches laut Befehls einer der Besatzungsmächte erfaßt wurde bzw. der Erfassung unterliegt.

2. Die Vollstreckung eines Todesurteils bedarf der Genehmigung der Alliierten Kommandantura Berlin.

3. In dieser Anordnung ist der Ausdruck „die Militärregierungsbehörden des betreffenden Sektors" wie folgt zu verstehen:

I. In Fällen, die Staatsangehörige der vier Besatzungsmächte betreffen — lediglich die Militärregierung der Besatzungsmacht, deren Staatsangehörige, in Kriminalfällen der Angeklagte, und in Zivilprozessen die Partei oder Parteien, sind.

II. In Fällen, die Staatsangehörige anderer in Paragraph I dieses Artikels nicht erwähnter Vereinter Nationen oder Deutsche betreffen — die Militärregierung des Sektors, wo der Staatsangehörige einer der Vereinten Nationen bzw. der Deutsche wohnhaft ist, oder die Militärregierung des Sektors, wo der Staatsangehörige einer der Vereinten Nationen (ausgenommen Staatsangehörige der Besatzungsmächte) bzw. der Deutsche, der das Verbrechen beging, wenn er in dem Sektor verhaftet wurde, wo das Verbrechen begangen wurde. In solchen Fällen sind die Militärbehörden des Sektors, wo der Verhaftete wohnhaft ist oder arbeitet, durch die Militärbehörden des Sektors, wo die Verhaftung stattgefunden hat, zu benachrichtigen.

III. In den unter Artikel k, Paragraph VIII dieser Anordnung vorgesehenen Fällen — die Militärregierung des Sektors, wo das erfaßte bzw. sequestrierte Eigentum liegt.

IV. In den in Artikel 1, Paragraphen III und IV erwähnten Fällen — diejenige Militärregierung, die den Befehl erließ, oder in Fällen, die die Gültigkeit eines Gesetzes des Alliierten Kontrollrats betreffen — die Alliierte Kommandantura.

4. Diese Anordnung tritt mit dem Tage ihrer Veröffentlichung in Kraft.

In Rechtsstreitigkeiten über **vermögensrechtliche Ansprüche** ist die **Berufung** an das Landgericht nur zulässig, wenn der Wert des Beschwerdegegenstandes 100 RM. übersteigt, wobei die §§ 3—9 der ZPO. zur Anwendung kommen. Der Berufungskläger hat diesen Wert glaubhaft zu machen, wird jedoch zur Versicherung an Eides Statt nicht zugelassen. Gegen ein Urteil, durch das ein Mietverhältnis aufgehoben oder eine Mietaufhebungsklage abgewiesen ist, findet die Berufung ohne Rücksicht auf den Wert des Beschwerdegegenstandes statt. (§ 14 des Mieterschutzgesetzes vom 15. 12. 1942.)

§ 204 der ZPO. ist durch Gesetz des K. Nr. 37 von 1946 dahin geändert, daß derselbe folgende Fassung enthält:

„Die öffentliche Zustellung erfolgt durch Anheftung der Ausfertigung oder einer beglaubigten Abschrift des zuzustellenden Schriftstücks an die Gerichtstafel. Enthält das Schriftstück eine Ladung, so ist außerdem ein Auszug dieses Schriftstückes in ein Mitteilungsblatt einzurücken, das von der Alliierten Kontrollbehörde zu bezeichnen oder bis zu einer solchen Bezeichnung von dem Zonenbefehlshaber zu bestimmen ist. Das Gericht kann anordnen, daß zusätzliche Veröffentlichungen in der Presse, über den Rundfunk, durch den öffentlichen Ausrufer oder auf einem anderen entsprechenden Wege zu erfolgen haben."

Absatz 3 des § 204 der ZPO. ist aufgehoben (keine Anordnung des Prozeßgerichts, daß der Auszug noch in andere Blätter und zu mehreren Malen eingerückt werde).

Das **Aufgebotsverfahren** und die **Zahlungssperre von Wertpapieren** ist heute noch nicht möglich, da nach § 948 ZPO die Einrückung des Aufgebots in den Deutschen Reichsanzeiger erforderlich ist, dieser aber nicht mehr erscheint. Nach § 7 der V. zur Vereinfachung der Bekanntmachungen über Wertpapiere vom 22. 1. 1944 (RGBl. I S. 42), die weiter anwendbar ist, ist zwar der Deutsche Reichsanzeiger durch die „Sammelliste aufgerufener Wertpapiere der Deutschen

Reichsbank“ ersetzt. Diese Bekanntmachung ist bisher gesetzlich nicht geändert worden. Daher ist zur Zeit kein Aufgebotsverfahren möglich. So auch LG. Berlin, Beschluß vom 27. 10. 1947, 24. T. 1164. 47. Wenn auch durch Anordnung der Alliierten Kommandantur vom 23. 1. 1947 (BK/C/47/17) das Verordnungsblatt für Groß-Berlin als Mitteilungsblatt bestimmt worden ist, so kann es für Aufgebote von Inhaberschuldverschreibungen oder Aktien keine Anwendung finden, da ja gerade durch § 7 der V. vom 22. 1. 1944 nicht der Reichsanzeiger, sondern ein anderes Organ, die Sammelliste aufgerufener Wertpapiere der Reichsbank vorgesehen war. Diese kann auch nicht durch analoge Anwendung des Art. III des Kontrollratsgesetzes Nr. 38 oder gar nach Anordnung einer Behörde durch ein von dieser bestimmtes Mitteilungsblatt ersetzt werden. Diese Rechtsauffassung ist auch von der Reichsschuldenverwaltung in den an ein Berliner Amtsgericht bzw. an den Herrn Chefpräsidenten des Landgerichts Berlin gerichtetes Schreiben vom 18. 12. 1946 und 29. 4. 1947 — 4200 — 15 vertreten worden. — In der **Westzone** wird vielfach das Aufgebotsverfahren zugelassen, z. B. in Köln, Essen, Duisburg, wobei die Publikation an der Gerichtstafel erfolgt. Auch in **Thüringen**, z. B. in Weimar, st das Aufgebotsverfahren zugelassen, auch für Pfandbriefe.

Die **VereinfV. vom 5. 10. 1942** ist nach der Rechtspr. des KG. — vgl. Beschluß vom 23. 6. 1947 — 1 W. 376. 47 — und vom 26. 6. 1947 — vgl. 1 W. 407. 47 — nicht mehr anwendbar.

Der **Verschluß** der **Stahlkammern** durch die russische Besatzungsbehörde ist eine Beschlagnahme von hoher Hand, also eine obrigkeitliche Zwangsmaßnahme, dem der Fall nicht gleichzusetzen ist, in dem der Inhaber die Urkunde dem Gewahrsam wider Willen und ohne sein Zutun verloren hat. Vgl. LG. Berlin, Beschluß von 1947, ebenso Baumbach, ZPO, Anm. 1 B. zu § 1003 ZPO.

Auch Verwaltungsgerichte gibt es wieder. Diese waren in Berlin der Stadtausschuß und der Bezirksausschuß. Während der Stadtausschuß in der Hauptsache über die Erteilung und Versagung der Schankerlaubnis und der Milchhandelserlaubnis zu entscheiden hatte, war der Bezirksausschuß für die im Verwaltungsstreitverfahren zu behandelnden Angelegenheiten sowie die Beschlußsachen zuständig, die im einzelnen im Preußischen Landesverwaltungsgesetz aufgeführt waren. Heute kann jedoch gegen jede Verfügung einer Behörde, mit Ausnahme der Gerichte, das Bezirksverwaltungsgericht angerufen werden.

Eine Berufungsinstanz — das frühere Oberverwaltungsgericht bezw. das Reichsverwaltungsgericht — besteht jedoch nicht. Bezirksverwaltungsgerichte bestehen für jeden Verwaltungsbezirk Berlins, mit Ausnahme des sowjetischen Sektors. In Bayern besteht als Berufungsinstanz gegen Entscheidungen der Verwaltungsgerichte der **Verwaltungsgerichtshof in München.**

Über die **Verwaltungsgerichte** hat der K. am 10. 10. 1946 im V. 2 S. 398 durch Gesetz Nr. 36 bestimmt, daß zur Entscheidung von Verwaltungssachen **Verwaltungsgerichte** in den einzelnen Zonen und in Berlin wieder errichtet werden und daß die Verfassung und die Zuständigkeit dieser in den einzelnen Zonen in Durchführung dieses Gesetzes zu errichtenden Gerichte wie auch das von ihnen anzuwendende Verfahren von den Zonenbefehlshabern und in Berlin von der Alliierten Kommandantur festgesetzt werden, wobei Ausführungsverordnungen zu dem Gesetz von den Zonenbefehlshabern und der Alliierten Kommandantur erlassen werden können. Die Verwaltungsgerichte sollen die Gesetze anwenden, die weder mit der Gesetzgebung, noch mit den richtunggebenden Grundsätzen des Kontrollrats in Widerspruch stehen[1]).

Durch dieses Gesetz werden aufgehoben:

1. die Verordnung des Führers und Reichskanzlers zur Vereinfachung der Verwaltung vom 28. 8. 1939 (RGBl. I S. 1535).
2. Zweite Verordnung zur Vereinfachung der Verwaltung vom 6. 11. 1939 (RGBl. I S. 2168).
3. Verordnung des Führers und Reichskanzlers bezüglich der Gründung des Reichsverwaltungsgerichts vom 3. 4. 1941 (RGBl. I S. 201).

Nach der am 15. 12. 1945 veröffentlichten Verordnung über Wiedereröffnung von Verwaltungsgerichten (gemäß Gesetz Nr. 2, Art. IV, Ziffer 7) werden in den Verwaltungsbezirken Charlottenburg, Spandau, Tiergarten und Wilmersdorf (der Britische Sektor) Verwaltungsgerichte eingesetzt. In der ersten Zeit wird ein Bezirksverwaltungsgericht für den ganzen Britischen Sektor von Berlin eingesetzt. Alle Mitglieder müssen die Befähigung zum Richteramt oder für den höheren Verwaltungsdienst besitzen. Das Verwaltungsgericht entscheidet über alle Eingaben gegen Anordnungen und sonstige Verfügungen der Verwaltungsbehörden und über alle auftauchenden Verwaltungsfragen, die auf dem Gebiet des öffentlichen Rechts im Britischen Sektor vorkommen.

Maßgebend ist der Grundsatz der Generalklausel.

Die Klage kann nur auf die Behauptung einer Verletzung des geltenden Rechts gestützt werden. Zuständigkeit und Verfahren richten sich im übrigen nach dem Recht, das am 30. 1. 1933 in Kraft war.

Keine Gerichtsbarkeit steht den Verwaltungsgerichten zu:

a) in allen Fällen, in denen irgend ein Gesetz oder eine Anordnung einer alliierten Militärbehörde in Frage gestellt ist,
b) in allen Fällen, die das Dienst-Disziplinarverfahren mit Bezug auf deutsche Beamte betreffen, es sei denn, daß die Militärregierung dies genehmigt.

Gegenüber jedem Verfahren vor einem Verwaltungsgericht greift die Einrede durch, daß die angefochtene Handlung oder Unterlassung in Ausführung und im Rahmen eines direkten Befehls der Militärbehörde geschehen ist. In diesen Fällen ist der Militärregierung zu berichten.

Was die **Todeserklärungen** betrifft, so gilt nach dem Gesetz über Verschollenheit, daß die Todeserklärung im Zusammenhang mit Kriegshandlungen frühestens ein Jahr nach dem Ende des Jahres, in dem der Krieg seinen Abschluß fand, beantragt werden kann. Nach Ansicht der britischen und amerika-

---

[1]) Damit ist auch das Rechtsmittelverfahren in Steuersachen neu geregelt (vgl. das K. G. Nr. 36) und das frühere Anfechtungsverfahren fortgefallen. Bei den Steuerämtern der russischen Zone werden wieder Steuerausschüsse gebildet, deren Mitglieder aus den Kreistagen und Gemeindevertretungen hervorgehen und die bei Entscheidungen über Veranlagungen zur Einkommen-, Körperschafts-, Vermögens-, Gewerbe- und Umsatzsteuer sowie bei Einsprüchen volles Stimmrecht haben. Dem Finanzministerium der Länder und Provinzen wird je ein Finanzgericht angegliedert, das für Berufungen in Steuersachen zuständig ist. Die Entscheidungen der Finanzgerichte sind endgültig und bindend. Eine Rechtsbeschwerde an den Reichsfinanzhof gibt es nicht, da dieser nicht mehr existiert. In **Berlin** ist die Neubildung eines Finanzgerichts bei der Generalsteuerdirektion beantragt worden, jedoch steht eine Entscheidung der Kommandantur noch aus. Im britischen und amerikanischen Sektor Berlins wurden verschiedentlich, wenn der Einspruch beim Finanzamt nicht Erfolg hatte, die hier bestehenden Verwaltungsgerichte angerufen. Die Finanzämter im russischen und französischen Sektor Berlins teilen den Steuerzahlern bei Zurückweisung des Einspruchs mit, daß die an sich zulässige Berufung mangels einer entsprechenden Instanz zur Zeit ausgesetzt werden muß. Die entstehenden Härten kann jedoch das Finanzamt durch Stundung mildern.

nischen Regiernug besteht noch der Kriegszustand mit Deutschland, der Krieg hat also noch keinen Abschluß gefunden. Die Gerichte mancher Zonen betrachten als Schluß des Krieges den Friedensvertrag, so daß die Wartezeit hierfür noch garnicht begonnen hat. Dagegen rechnen die Berliner Gerichte den 8. 5. 1945 als Kriegsende und nehmen daher seit dem 1. 1. 1947 Anträge auf Todeserklärungen Kriegsverschollener entgegen[1]). Zuständiges Gericht ist das Amtsgericht des Wohnsitzes des Antragstellers.

Das Amtsgericht Berlin-Mitte hat jetzt auch eine für ganz Deutschland wirksame Befugnis, indem es aus dem ganzen Reichsgebiet die Anträge auf Todeserklärungen bei sogenannten Flugverschollenen annimmt, und zwar sowohl für zivile wie militärische, ferner die Anträge derer, die ihren ursprünglichen inländischen Wohnsitz verloren haben, insbesondere also der Ostflüchtlinge.

Bei Verschollenheit auf See ist das Amtsgericht des Heimathafens des Schiffes zuständig.

Gebühren werden bei Todeserklärungen von Kriegsverschollenen nicht erhoben.

Bisher sind beim Amtsgericht Berlin-Mitte allein über 3000 solcher Anträge eingereicht worden.

Alle für tot Erklärten werden in das „Buch für Todeserklärungen" eingetragen, das für ganz Deutschland beim Hauptstandesamt in Berlin, Stralauer Straße 42/43, geführt wird.

1946 sind aus ganz Deutschland mehr als 5000 Verschollene in dieses Buch aufgenommen worden. Für das Jahr 1947 ist nach dem Eingang der Anträge der ersten Woche mit weit über 10000 Eintragungen zu rechnen. Kehrt der für tot Erklärte zurück, so wird die Todeserklärung beim Nachweis seines Lebens in diesem Buch wieder gelöscht.

Das Kammergericht Berlin 1, Zivilsenat 1 W. 415. 47 hat zur Frage zu § 1 des Verschollenengesetzes Stellung genommen:

---

[1]) Aber nicht für die im Osten Vermißten. Nach Ansicht der Zentraljustizverwaltung der russischen und britischen Zone ist der Krieg noch nicht beendet. (Gutachtliche Äußerung der 24. Zivilkammer des Landgerichts Berlin vom 12. Mai 1947.) Im übrigen sind für die einzelnen Zonen außerhalb Berlins folgende Anordnungen ergangen:

a) Britische Besatzungszone:
Durch V. des Präsidenten des Zentraljustizamts für die britische Besatzungszone vom 16. 12. 1946 (abgedruckt JBl. für den OLBezirk Köln 1947 S. 5) hat § 4 des Verschollenheitsgesetzes folgenden Abs. 5 erhalten:
„Der Beginn der Frist aus § 4 Abs. 1 wird durch Verordnung des Zentraljustizamts bestimmt."

b) Französische Besatzungszone:
Die V. des Präsidenten des (Süd) Badischen Staatssekretariats in Freiburg i. Br. vom 7. 3. 1947 (Amtsblatt der Landesregierung Baden für das französische Besatzungsgebiet vom 19. 3. 1947 S. 43) bestimmt folgendes
„Todeserklärungen gemäß § 4 Abs. 1 des Verschollenheitsgesetzes können erst von einem durch die Landesjustizverwaltung zu bestimmenden Zeitpunkt ab erfolgen."

c) Sowjetische Besatzungszone:
Der Präsident der Deutschen Justizverwaltung dieser Zone hat in einem Bescheid vom 27. 2. 1947 (abgedruckt in „Haus und Wohnung" 1947 S. 56) zum Ausdruck gebracht, daß die Verschollenheitsfrist noch nicht zu laufen begonnen habe.

d) Nach Pressemitteilungen hat der Länderrat vom 4. 5. 1947 dem Entwurf einer Ergänzung zum Verschollenheitsgesetz zugestimmt. Danach gilt die Frist des § 4 Abs. 1 des Verschollenheitsgesetzes noch nicht als abgelaufen. Den Zeitpunkt, zu dem sie abläuft, bestimmt der Justizminister.

„Nach § 1 des Verschollenengesetzes ist nicht schon derjenige verschollen, dessen Aufenthalt während längerer Zeit unbekannt ist, ohne daß Nachrichten dafür vorliegen, ob er in dieser Zeit noch gelebt ober gestorben ist. Verlangt wird als weitere Voraussetzung für den Begriff Verschollenheit, daß nach den Umständen durch die Unbekanntheit des Aufenthalts des Abwesenden und das Ausbleiben von Nachrichten über sein Leben oder seinen Tod ernstliche Zweifel an seinem Fortleben begründet werden. Das Vorliegen dieser Voraussetzung ist vom Landgericht rechtsirrtumsfrei verneint worden. Es hat in dieser Hinsicht ausgeführt, daß ein großer Teil der Stalingradkämpfer gefangen genommen worden sei und mit der Zeit zurückkehren würde. Bei der unsicheren Nachrichtenübermittlung aus dem Osten und den infolgedessen noch ungeklärten Verhältnissen der Gefallenen und Gefangenen lasse sich zur Zeit mit Sicherheit noch nicht feststellen, daß der Ehemann der Beschwerdeführerin nicht mehr am Leben sei.

Trotz des Ausbleibens jeder Nachricht seit Mitte Januar 1945 könne er in Gefangenschaft sein und noch leben, weil er nicht habe schreiben können oder dürfen bzw. Briefe von ihm nicht durchgekommen seien. Wie dem Gericht aus anderen Akten bekannt sei, hätten sich wiederholt bei Stalingrad Vermißte wieder gemeldet, die bereits für tot erklärt worden seien oder bezügliche deren Aufgebotstermin anberaumt gewesen sei. Somit fehlt es an einer für den Begriff „Verschollenheit“ wesentlichen gesetzlichen Voraussetzung, so daß der Antrag auf Einleitung des Aufgebotsverfahrens mit Recht abgelehnt worden ist, ohne daß es noch eines Eingehens auf die auch vom Landgericht dahingestellte Frage bedarf, ob die Frist des § 4 Abs. 1 Verschollenengesetz bereits zu laufen begonnen hat und vollendet ist.“ Ebenso K.-G. vom 21. 8. 1947 (1 W. 517. 47 — 24 T 358. 47).

Das Eherecht des Bürgerlichen Gesetzbuches ist aufgehoben und durch ein Gesetz Nr. 16 des K. vom 20. 2. 1946 (V. 2 S. 599) „Über die Ehe“ ersetzt, wobei auch noch verschiedene Sondergesetze auf dem Gebiet der Annahme an Kindes Statt usw. aufgehoben sind. Ferner

Änderung des Kontrollratgesetzes Nr. 16 — Ehegesetz.

Der Kontrollrat erläßt das folgende Gesetz:

Artikel I.

Kontrollratgesetz Nr. 16 — Ehegesetz — wird durch Einfügung eines neuen Paragraphen 15 (a) wie folgt geändert:

1. Als Ausnahme von den Bestimmungen der Paragraphen 11, 12, 13, 14, 15 und 17 dieses Gesetzes kann eine Ehe zwischen Verlobten, von denen keiner die deutsche Staatsangehörigkeit besitzt, vor einer von der Regierung des Landes, dessen Staatsangehörigkeit einer der Verlobten besitzt, ordnungsgemäß ermächtigten Person in der von den Gesetzen dieses Landes vorgeschriebenen Form geschlossen werden.
2. Eine beglaubigte Abschrift der Eintragung der so geschlossenen Ehe in das Eheregister, das von der dazu ordnungsgemäß ermächtigten Person geführt wird, ist als schlüssiger Beweis der Eheschließung anzusehen. Der deutsche Standesbeamte des Bezirkes, in dem die Eheschließung stattfand, hat auf Grund der Vorlage einer solchen beglaubigten Abschrift eine Eintragung in das Familienbuch zu machen und die Abschrift zu den Akten zu nehmen.

Artikel II.

Dieses Gesetz tritt am achten Tage nach seiner Unterzeichnung in Kraft.

Ausgefertigt in Berlin, den 21. April 1947.

Das neue Ehegestz enthält in der Hauptsache die bisherigen Bestimmungen des BGB nebst einigen Neuerungen. So werden die früheren Scheidungsgründe durch einen § 46 vermehrt, welcher besagt:

„Ein Ehegatte kann Scheidung begehren, wenn der andere an einer schweren, ansteckenden oder ekelerregenden Krankheit leidet und ihre Heilung oder die Beseitigung der Ansteckungsgefahr in absehbarer Zeit nicht erwartet werden kann."

Infolge nationalsozialistischer Bestimmungen für nichtig erklärte, aufgehobene oder geschiedene Ehen bleiben aufgelöst, jedoch besteht die Möglichkeit einer **Härtemilderungsklage** nach § 77 des neuen Ehegesetzes, Inhalts dessen die Beeinträchtigung beseitigt und wirtschaftliche Schäden gemindert werden können, die ein Beteiligter in seiner persönlichen Stellung durch die Hitlergesetzgebung und Rechtssprechung erlitten hat, wozu nicht nur ein wirtschaftlicher Schadensausgleich, sondern auch die Aufhebung der Beeinträchtigung in ihrer persönlichen Stellung zuerkannt werden kann. Solche Härten wurden durch das Gesetz zum Schutze des deutschen Blutes und der deutschen Ehre begründet, durch welche Gesetze den verschiedenen Blutangehörigen und Rassen die Ehe verboten war, ferner durch das Ehegesundheitsgesetz, nach dem Unfruchtbarkeit und Verweigerung der Fortpflanzung Scheidungsgründe waren.

Der Antrag, ein rechtskräftiges ,auf rassischen, politischen oder religiösen Gründen beruhendes Urteil für nichtig zu erklären, läuft darauf hinaus, die rechtskräftig geschiedene Ehe wiederherzustellen, und kann deshalb nicht auf § 77 des Ehegesetzes vom 20. 2. 1946 gestützt werden.

Ein gegen die guten Sitten verstoßendes Urteil kann nicht für nichtig erklärt werden. Es gibt nur die Einrede der Arglist gegen ein solches Urteil. Selbst wenn es notwendig und möglich wäre, gegenüber dem von der Gestapo verübten Unrecht, auch wenn es unter der Maske eines gerichtlichen Urteils verübt ist, zu einem Anspruch der Nichtigkeit zu kommen, stünde diesem bei einem auf rassischen und religiösen Gründen beruhenden Scheidungsurteil § 77 Abs. 4 des Ehegesetzes entgegen.

Die Nichtigkeitsklage aus § 579 Ziff. 4 ZPO läßt sich nicht darauf gründen, daß die Partei durch Drohung und Zwang zur Erteilung der Prozeßvollmacht an ihren damaligen Anwalt bestimmt worden sei und die Vollmacht inzwischen fristgerecht angefochten habe. Die Erteilung der Prozeßvollmacht auf die Vorschriften des bürgerlichen Rechtes über die Anfechtung wegen Irrtums, Drohung oder Zwang kann keine Anwendung finden. (Beschluß des K.-G. — 2 W 668. 46 7. O. 346/46 Landgericht Berlin.)

Auch nach jetzigem Recht ist die Abstammung für die Rechtsordnung nicht gleichgültig. (Vgl. § 4 des Ehegesetzes vom 20. 2. 1946, 1732, 1706 1719ff, 1708, 1713 Abs. 2, 1723 BGB.)

In Übereinstimmung mit der Rechtsprechung und dem Schrifttum vor 1933 ist auch heute die blutmäßige Abstammung als ein Rechtsverhältnis anzuerkennen und eine Abstammungsfeststellungsklage des unehelichen Kindes gegen seinen Erzeuger nach den allgemeinen Bestimmungen des § 256 ZPO zuzulassen. Das rechtliche Interesse an der Feststellung dieses Rechtsverhältnisses muß gegenwärtig bestehen, ein in der Zukunft mögliches Interesse genügt nicht

Geändert ist auch das Sorgerecht für die Kinder. Hier entscheidet zunächst die Einigung der Eltern die in einem schriftlichen Vorschlag innerhalb zwei

Wochen nach Rechtskraft des Scheidungsurteils dem Vormundschaftsgericht vorgelegt werden kann. Dieses trifft nach Anhörung der Gatten eine Regelung, die dem wohlverstandenen Interesse der Kinder unter Berücksichtigung der gesamten Umstände am besten entspricht. Regelmäßig soll die Sorge der Kinder dem schuldlosen Elternteil zustehen, jedoch verbleibt dem schuldigen Gatten ein persönlicher Verkehr mit seinem Kind, den im Zweifel das Vormundschaftsgericht näher regelt.

Über die **Behandlung** der **Ehewohnung** und des **Hausrats** nach der Scheidung ist eine im Reichsgesetzblatt 1944 Teil I S. 256—60 veröffentlichte, noch wirksame Verordnung des damaligen Reichsministers der Justiz vom 21. 10. 1944 (6. Durchf.-V. zum Ehegesetz) erlassen worden, die folgenden Wortlaut hat:

Verordnung über die Behandlung der Ehewohnung und des Hausrats nach der Scheidung (Sechste Durchführungsverordnung zum Ehegesetz).

Vom 21. Oktober 1944.

(Reichsgesetzblatt 1944 Teil I S. 256ff.)

Auf Grund des § 131 des Ehegesetzes vom 6. Juli 1938 wird verordnet:

1. Abschnitt.
Allgemeine Vorschriften.

§ 1.

Aufgabe des Richters.

(1) Können sich nach der Scheidung einer Ehe die bisherigen Ehegatten nicht darüber einigen, wer von ihnen die Ehewohnung künftig bewohnen und wer die Wohnungseinrichtung und den sonstigen Hausrat erhalten soll, so regelt auf Antrag der Richter die Rechtsverhältnisse an der Wohnung und am Hausrat.

(2) Die im Abs. 1 genannten Streitigkeiten werden ausschließlich nach den Vorschriften dieser Verordnung behandelt und entschieden.

§ 2.

Grundsätze für die rechtsgestaltende Entscheidung.

Soweit der Richter nach dieser Verordnung Rechtsverhältnisse zu gestalten hat, entscheidet er nach billigem Ermessen. Dabei hat er alle Umstände des Einzelfalles, insbesondere das Wohl der Kinder und die Erfordernisse des Gemeinschaftslebens, sowie die Ursachen der Eheauflösung zu berücksichtigen.

2. Abschnitt.
Besondere Vorschriften für die Wohnung.

§ 3.

Wohnung im eigenen Hause eines Ehegatten.

(1) Ist einer der bisherigen Ehegatten allein oder gemeinsam mit einem Dritten Eigentümer des Hauses, in dem sich die Ehewohnung befindet, so soll der Richter die Wohnung dem anderen Ehegatten nur zuweisen, wenn dies notwendig ist, am eine unbillige Härte zu vermeiden.

(2) Das gleiche gilt, wenn einem Ehegatten allein oder gemeinsam mit einem Dritten der Nießbrauch, das Erbbaurecht (Baurecht) oder ein dingliches Wohnrech an dem Grundstück zusteht, auf dem sich die Ehewohnung befindet.

§ 4.

Dienst- und Werkwohnung.

Eine Wohnung, die die Ehegatten auf Grund eines Dienst- oder Arbeitsverhaltnisses inne haben, das zwischen einem von ihnen und einem Dritten besteht, soll der Richter dem anderen Ehegatten nur zuweisen, wenn der Dritte einverstanden ist.

§ 5.

Gestaltung der Rechtsverhältnisse.

(1) Für eine Mietwohnung kann der Richter bestimmen, daß ein von beiden Ehegatten eingegangenes Mietverhältnis von einem Ehegatten allein fortgesetzt wird, oder daß ein Ehegatte an Stelle des anderen in ein von diesem eingegangenes Mietverhältnis eintritt. Der Richter kann den Ehegatten gegenüber Anordnungen treffen, die aus dem Mietverhältnis herrührenden Ansprüche des Vermieters zu sichern.

(2) Bestand kein Mietverhältnis an der bisherigen Ehewohnung, so kann der Richter zugunsten eines Ehegatten ein Mietverhältnis an der Wohnung begründen. Hierbei setzt der Richter den Mietzins fest. Ist diese neu zu bilden, so soll der Richter vorher die Preisbehörde hören.

§ 6.

(1) Ist eine Teilung der Wohnung möglich und zweckmäßig, so kann der Richter auch anordnen, daß die Wohnung zwischen den bisherigen Ehegatten geteilt wird. Dabei kann er bestimmen, wer die Kosten zu tragen hat, die durch die Teilung und ihre etwaige spätere Wiederbeseitigung entstehen.

(2) Für alle Teilwohnungen kann der Richter neue Mietverhältnisse begründen, die, wenn ein Mietverhältnis schon bestand, an dessen Stelle treten. § 5 Abs. 2 Sätze 2 und 3 gelten sinngemäß.

§ 7.

Beteiligte.

Außer den Ehegatten sind im gerichtlichen Verfahren auch der Vermieter der Ehewohnung, der Grundstückseigentümer, der Dienstherr (§ 4) und Personen, mit denen die Ehegatten oder einer von ihnen hinsichtlich der Wohnung in Rechtsgemeinschaft stehen, Beteiligte.

3. Abschnitt.

Besondere Vorschriften für den Hausrat.

§ 8.

Gemeinsames Eigentum beider Ehegatten.

(1) Hausrat, der beiden Ehegatten gemeinsam gehört, verteilt der Richter gerecht und zweckmäßig.

(2) Hausrat, der während der Ehe für den gemeinsamen Haushalt angeschafft ist, gilt für die Verteilung (Abs. 1) auch dann, wenn er nicht zum Gesamtgut einer Gütergemeinschaft gehört, als gemeinsames Eigentum, es sei denn, daß das Alleineigentum eines Ehegatten besteht. § 1273 des allgemeinen bürgerlichen Gesetzbuchs ist insoweit nicht anzuwenden.

(3) Die Gegenstände gehen in das Alleineigentum über, dem sie der Richter uteilt. Der Richter soll diesem Ehegatten zugunsten des anderen eine Ausgleichahlung auferlegen, wenn dies der Billigkeit entspricht.

§ 9.

Alleineigentum eines Ehegatten.

(1) Notwendige Gegenstände, die im Alleineigentum eines Ehegatten stehen, kann der Richter dem anderen Ehegatten zuweisen, wenn dieser auf ihre Weiterbenutzung angewiesen ist und es dem Ehegatten nicht zugemutet werden kann, sie dem anderen zu überlassen.

(2) Im Falle des Abs. 1 kann der Richter ein Mietverhältnis zwischen dem Eigentümer und dem anderen Ehegatten begründen und den Mietzins festsetzen. Soweit im Einzelfall eine endgültige Auseinandersetzung über den Hausrat notwendig ist, kann statt dessen das Eigentum an den Gegenständen auf den anderen Ehegatten übertragen und dafür ein angemessenes Entgelt festsetzen.

§ 10.

Gläubigerrechte.

(1) Haftet ein Ehegatte allein oder haften beide Ehegatten als Gesamtschuldner für Schulden, die mit dem Hausrat zusammenhängen, so kann der Richter be-

stimmen, welcher Ehegatte im Innenverhältnis zur Bezahlung der Schuld verpflichtet ist.

(2) Gegenstände, die einem der Ehegatten unter Eigentumsvorbehalt geliefert sind, soll der Richter dem anderen nur zuweisen, wenn der Gläubiger einverstanden ist.

4. Abschnitt.
Verfahrensvorschriften.

§ 11.
Zuständigkeit.

(1) Zuständig ist das Amtsgericht, in dessen Bezirk sich die letzte gemeinsame Wohnung der Ehegatten befunden hat. Hatten die Ehegatten keine gemeinsame Wohnung, so ist das Amtsgericht am Sitz des Landgerichts zuständig, bei dem der Scheidungsstreit anhängig war.

(2) Das nach Abs. 1 zuständige Gericht kann die Sache an ein anderes Gericht abgeben, wenn ein wichtiger Grund dafür vorliegt. Der Abgabebeschluß ist für das andere Gericht bindend.

§ 12.
Zeitpunkt der Antragstellung.

Wird der Antrag auf Auseinandersetzung über die Ehewohnung nicht innerhalb eines Jahres nach Rechtskraft des Scheidungsurteils gestellt, so darf der Richter in die Rechte des Vermieters oder eines anderen Drittbeteiligten nur eingreifen, wenn diese einverstanden sind.

§ 13.
Allgemeine Verfahrensvorschriften.

(1) Das Verfahren ist eine Angelegenheit der freiwilligen (außerstreitigen) Gerichtsbarkeit.

(2) Der Richter soll mit den Beteiligten in der Regel mündlich verhandeln und hierbei darauf hinwirken, daß sie sich gütlich einigen.

(3) Kommt eine Einigung zustande, so ist hierüber eine Niederschrift aufzunehmen, und zwar nach den Vorschriften, die für die Niederschrift über einen Vergleich im bürgerlichen Rechtsstreit gelten.

(4) Der Richter kann einstweilige Anordnungen treffen[1]).

(5) Solange ein Verfahrensbeteiligter Betroffener im Sinne des Art. 1 der Schutzverordnung vom 4. Dezember 1943 (RGBl. I S. 666) ist, darf das Verfahren nur durchgeführt werden, wenn dem Betroffenen die Mitwirkung möglich und unter Abwägung der Interessen aller Beteiligten zuzumuten ist oder wenn der Betroffene zustimmt. Im übrigen sind die Vorschriften sinngemäß anzuwenden.

§ 14.
Rechtsmittel.

Gegen die Endentscheidungen des Amtsgerichts ist sofortige Beschwerde (der Rekurs) zulässig[1]). Eine Beschwerde lediglich gegen die Entscheidung über den Hausrat ist nur zulässig, wenn der Wert des Beschwerdegegenstandes 500 RM übersteigt oder wenn das Amtsgericht wegen der tatsächlichen oder rechtlichen Bedeutung der Sache die Beschwerde in seiner Entscheidung zugelassen hat.

§ 15.
Durchführung der Entscheidung.

Der Richter soll in seiner Entscheidung die Anordnungen treffen, die zu ihrer Durchführung notwendig sind.

---

[1]) Gegen einstweilige Anordnungen ist keine Beschwerde zulässig (§ 14 d. G.). Vgl. LG Berlin, 10. 9. 47, 24 T. 942. 47. A. A. OLS. Kiel, Beschluß vom 3. 7. 47 in der Jur. Rundschau 1947 Heft 2 S. 57. Auch eine weitere Beschwerde ist unzulässig (OLS. Gera, Beschluß vom 26. 3. 47, Jur. Rundschau Heft 3 S. 88).

§ 16.

Rechtskraft und Vollstreckbarkeit.

(1) Die Entscheidungen des Richters werden mit der Rechtskraft wirksam. Sie binden Gerichte und Verwaltungsbehörden.

(2) Die Änderung und die Begründung von Mietverhältnissen durch den Richter bedarf nicht der nach anderen Vorschriften etwa notwendigen Genehmigung.

(3) Aus rechtskräftigen Entscheidungen, gerichtlichen Vergleichen und einstweiligen Anordnungen (§ 13 Abs. 4) findet die Zwangsvollstreckung nach den Vorschriften der Reichszivilprozeßordnung und der Exekutionsordnungen statt[1].

§ 17.

Änderung der Entscheidung.

(1) Haben sich die tatsächlichen Verhältnisse wesentlich geändert, so kann der Richter seine Entscheidung ändern, soweit dies notwendig ist, um eine unbillige Härte zu vermeiden. In Rechte Dritter darf der Richter durch die Änderung der Entscheidung nur eingreifen, wenn diese einverstanden sind.

(2) Haben die Beteiligten einen gerichtlichen Vergleich (§ 13 Abs. 3) geschlossen, so gilt Abs. 1 sinngemäß.

(3) Will der Richter auf Grund der Abs. 1 oder 2 eine Wohnungsteilung (§ 6) wieder beseitigen, so soll er vorher die Gemeinde hören.

§ 18.

Rechtsstreit über Ehewohnung und Hausrat.

(1) Macht ein Beteiligter Ansprüche hinsichtlich der Ehewohnung oder des Hausrats (§ 1) in einem Rechtsstreit geltend, so hat das Prozeßgericht die Sache insoweit an das nach § 11 zuständige Amtsgericht abzugeben. Der Abgabebeschluß kann nach Anhörung der Parteien auch ohne mündliche Verhandlung ergehen. Er ist für das in ihm bezeichnete Gericht bindend.

(2) Im Falle des Abs. 1 ist für die Berechnung der im § 12 bestimmten Frist der Zeitpunkt der Klageerhebung maßgebend.

§ 19.

Einstweilige Anordnung in Ehesachen.

(1) In Ehesachen kann das Prozeßgericht auf Antrag auch die Benutzung der Ehewohnung oder des Hausrats zwischen den Ehegatten einstweilen regeln. Hierbei sind die §§ 627 und 628 der Reichszivilprozeßordnung (§ 382 der Exekutionsordnungen) entsprechend anzuwenden.

(2) Die Regelung bleibt im Falle der Scheidung bis zu einer anderweitigen Regelung nach den Vorschriften dieser Verordnung wirksam.

5. Abschnitt.
Kostenvorschriften.

§ 20.

Kostenentscheidung.

Welcher Beteiligte die Gerichtskosten zu tragen hat, bestimmt der Richter nach billigem Ermessen. Dabei kann der Richter auch bestimmen, daß die außergerichtlichen Kosten ganz oder teilweise zu erstatten sind.

§ 21.

Kosten des Verfahrens.

(1) Für das gerichtliche Verfahren wird die volle Gebühr erhoben. Kommt es zur richterlichen Entscheidung, so erhöht sich die Gebühr auf das Dreifache der vollen Gebühr. Wird der Antrag zurückgenommen, bevor es zu einer Entscheidung oder einer vom Gericht vermittelten Einigung gekommen ist, so ermäßigt sich die Gebühr auf die Hälfte der vollen Gebühr.

---

[1]) Daher ist kein Antrag auf Einstellung der Zwangsvollstreckung zulässig.

(2) Der Geschäftswert bestimmt sich, soweit der Streit die Wohnung betrifft, nach dem einjährigen Mietswert, soweit der Streit den Hausrat betrifft, nach dem Wert des Hausrats. Betrifft jedoch der Streit im wesentlichen nur die Benutzung des Hausrats, so ist das Interesse der Beteiligten an der Regelung maßgebend. Der Richter setzt den Wert in jedem Falle von Amts wegen fest.

(3) Für das Beschwerdeverfahren werden die gleichen Gebühren wie im ersten Rechtszug erhoben.

(4) Ist gegenstandslos geworden.

§ 22.

Rechtsverwaltungsgebühren.

(1) Die für bürgerliche Rechtsstreitigkeiten geltenden Vorschriften der Gebührenordnung für Rechtsanwälte sind in ihrem örtlichen Geltungsbereich sinngemäß anzuwenden. Jedoch erwachsen die im § 13 der Gebührenordnung vorgesehenen Gebühren nur zur Hälfte. Im Beschwerdeverfahren erhält der Rechtsanwalt die gleichen Gebühren wie im ersten Rechtszug. Die Gebühren bemessen sich nach dem für die Berechnung der Gerichtsgebühren maßgebenden Geschäftswert.

(2) Ist gegenstandslos geworden.

§ 23.

Kosten des Verfahrens vor dem Prozeßgericht.

Gibt das Prozeßgericht die Sachen nach § 18 an das nach dieser Verordnung zuständige Amtsgericht ab, so ist das bisherige Verfahren vor dem Prozeßgericht für die Erhebung der Gerichts- und Rechtsanwaltkosten vor dem übernehmenden Gericht zu behandeln.

6. Abschnitt.

Schlußvorschriften.

Übergangsregelung.

(1) Ist das Scheidungsurteil nicht früher als ein Jahr vor dem Inkrafttreten dieser Verordnung rechtskräftig geworden, so endigt die im § 12 bestimmte Frist nicht vor Ablauf von 6 Monaten nach dem Inkrafttreten der Verordnung.

(2) Ist ein Rechtsstreit hinsichtlich der Ehewohnung oder des Hausrats bei Inkrafttreten der Verordnung bereits anhängig, so findet eine Abgabe (§ 18) nicht statt. Vielmehr hat das Prozeßgericht unter entsprechender Anwendung der §§ 1 bis 10, 17, 20 selbst zu entscheiden. Gerichtskosten werden nach § 21 erhoben, soweit der Rechtszug nicht beendet ist. Die Gebühren der Rechtsanwälte bestimmen sich nach den für das bisherige Verfahren maßgebenden Vorschriften.

§ 25.

Aufhebung und Nichtigkeitserklärung der Ehe.

Wird eine Ehe aufgehoben oder für nichtig erklärt, so gelten die §§ 1 bis 24 inngemäß.

§ 26.

Ist gegenstandslos geworden.

§ 27.

Inkrafttreten, Geltungsbereich.

(1) Diese Verordnung tritt am 1. November 1944 in Kraft.

(2) Ist gegenstandslos geworden.

Berlin, den 21. Oktober 1944.

Der Reichsminister der Justiz.

Was das **Erbschaftssteuergesetz** betrifft, das auch für **Schenkungen** gilt, so hat der K. dasselbe durch das G. Nr. 17 (V. 2 S. 84) dahin geändert, daß der für Erwerbe in der Steuerklasse 5 gegenwärtig gültige Erbschaftssteuersatz (also der Höchstsatz von grundsätzlich 14% der Erbschaft) auf Erwerbe in allen anderen Steuerklassen Anwendung findet. Deutschland hat hiernach die höchsten Erbschaftssteuersätze der Welt.

Hier mag ein **Ausflug in das Gebiet „das Liebesverhältnis im Lichte der Rechtsprechung"** gemacht werden. Die Gerichte haben sich hauptsächlich mit Schenkungen und letztwilligen Verfügungen unter Liebespaaren beschäftigen müssen. Die Fürsorge für die Geliebte auch nach beendeter „wilder Ehe" ist nicht unsittlich, sogar sittliche Pflicht des Mannes! Auch die Annahme von „Schweigegeld", so das Kammergericht in der Rechtsprechung der O. L. G. 22 S. 128, 39. Die Übernahme einer Verpflichtung hierzu kann sogar „unter Umständen" auch Gegenstand eines entgeltlichen, nicht sittenwidrigen Vertrages sein. (Kammergericht ebenda). Anders liegt es dagegen bei Schenkungsverträgen eines **verheirateten** Mannes an die Geliebte, die auch dann sittenwidrig sind, wenn sie die Geliebte vor der Not des Lebens schützen sollen, da derartige Zuwendungen Ehebruchslohn darstellen. (Kammergericht in der Rechtsprechung der O. L. G. 24, S. 278.)

Ebenso verstößt die Geliebte gegen § 826 BGB., wenn sie Schenkungen eines verheirateten Mannes entgegennimmt, die ihr dieser machte, um den Erbteil der Ehefrau zu schmälern. Hier kann die Witwe des Ehebrechers gegen die Geliebte nach § 826 BGB. auf Rückauflassung und Herausgabe eines verschenkten Hauses klagen; denn zur Anwendung des § 826 genügt auch die Beeinträchtigung einer bloß tatsächlichen Erwerbsaussicht, die hier für die Ehefrau, als künftige Erbin ihres Mannes, bestand. Seitens der Geliebten liegt eine vorsätzliche Beeinträchtigung dieser Erwerbsaussicht vor. Eine Kondiktion § 812 BGB. ist allerdings nach § 817 Satz 2 BGB., ausgeschlossen, der auch den Erben des Leistenden entgegengehalten werden kann. So RG. 111 S. 151, vgl. dazu die Kritiken in der JW. 1926 S. 248. Was die „Abschiebung von Geliebten" betrifft, so erklärt RG. 62 S. 273 das Ausstattungsversprechen, das jemand einen andern für die Heirat eines von ihm geschwängerten Mädchens abgibt, nur dann für sittenwidrig, wenn der andere Teil **nur** durch das Versprechen einer Abgeltung dazu bewogen wird; wird das Versprechen dem Mädchen gegenüber abgegeben, so ist dasselbe grundsätzlich nicht sittenwidrig (RG. 62 S. 273). Nicht unsittlich ist auch das Schuldversprechen, das der langjährigen Geliebten ausgestellt wird, wenn es mit dem Gelde der künftigen Frau eingelöst werden soll. So RG. 98 S. 176 mit dem zutreffenden Bemerken, daß dieses Versprechen (eines Kavallerieleutnants) nicht gerade von vornehmer Gesinnung zeuge, aber nach den allgemeinen Anschauungen der in Frage kommenden Gesellschaftskreise nicht dem Anstandsgefühl aller billig und gerecht Denkenden zuwiderlaufe. Es gilt also für den Drückeberger der Satz von Wilhelm Busch: „Umsonst sucht sich der Dieb zu drücken!"

Ein Vermächtnis an die ehemalige Geliebte ist nach RG. DJZ. 1927 S. 167, 8 dann nicht sittenwidrig, wenn es sich darum handelt, die Bedachte für das Opfer ihrer Frauenehre zu entschädigen oder an ihr begangegenes Unrecht zu sühnen.

Dagegen liegt auch hier § 138 BGB. vor, wenn die Geliebte lediglich für ihre Hingabe belohnt werden soll, zumal wenn der Erblasser verheiratet war. Als „Fortschritt einer freiheitlicheren Behandlung sexueller Beziehungen" begrüßt **Bendix** in seiner Kritik die Entscheidung des Reichsgerichts in der JW. 1929 S. 33, wo ausgesprochen wird, daß die letztwillige Zuwendung auch des Ehebrechers an die Geliebte dann nicht sittenwidrig ist, wenn das Liebesverhältnis nur mitbestimmend gewesen ist. Die Bedachte hatte dem Erblasser in seiner zahnärztlichen Praxis jahrelang „ganz ungewöhnliche" und „sehr wertvolle" Dienste geleistet. Da hiernach anzunehmen war, daß der Erblasser die ehebrecherische Geliebte nicht nur für ihre Hingabe, sondern auch für ihre anderen Dienstleistungen belohnen wollte, lehnte das Reichsgericht die Sittenwidrigkeit ab.

Das K.-G. hat in einer E. vom 18. 8. 1947 sich dahin über die Erbeinsetzung der Geliebten an Stelle der Ehefrau ausgesprochen:

„Das Landgericht ist zutreffend davon ausgegangen, daß ein Testament noch nicht deshalb gegen die guten Sitten verstößt, weil in ihm unter Übergehung der Ehefrau eine andere Frau als Erbin eingesetzt wird, mit der der Erblasser Geschlechtsverkehr unterhalten hat. Sittenwidrig würde ein solches Testament dann sein, wenn es dazu bestimmt wäre, die eingesetzte Erbin für die Gewährung ehebrecherischen Verkehrs zu belohnen oder sie zur weiteren Gestattung eines solchen Geschlechtsverkehrs bereit zu machen. Nach den ohne Gesetzesverletzungen getroffenen Feststellungen des Landgerichts ist dies hier nicht der Fall. Das Landgericht hat ausgeführt, daß Frau S. während des Zusammenlebens mit dem Erblasser für ihn gesorgt und ihn gepflegt hat, daß sie seine Freilassung aus der Strafhaft betrieben und danach wieder bis zu seinem Tode mit ihm zusammengelebt und ihn während seiner Krankheit gepflegt und ihn schließlich unter die Erde gebracht hat. Auf Grund dieser Ausführungen hat das Landgericht angenommen, daß die Einsetzung der Frau S. als Erbin nicht vorwiegend als Belohnung für den Geschlechtsverkehr erfolgt ist, was sich auch aus dem Inhalt des Testaments ergebe.

Ein Rechtsirrtum ist hierin nicht zu erkennen. Der Erblasser selbst hat in § 4 des Testaments hervorgehoben, daß er mit dem Testament eine moralische Schuld abtragen wolle, da er den gemeinsamen Haushalt mit der eingesetzten Erbin nur zu einem geringeren Teil habe mitbestreiten können. Nach alledem ist die Auffassung gerechtfertigt, daß Frau S. dem Erblasser wertvolle Dienste geleistet hat, die ihn zur Dankbarkeit verpflichteten und das für die Errichtung des Testaments zu ihren Gunsten das Liebesverhältnis mit ihr zwar mitbestimmend gewesen sein mag, das aber ausschlaggebend das Gefühl der Dankbarkeit für die ihm geleisteten Dienste gewesen ist. Eine Sittenwidrigkeit des Testaments ist danach mit Recht vom Landgericht verneint worden.“ (Weiter prüft das K.-G. die Anwendbarkeit des § 48 Abs. 2 des Test.-G., die es verneint. Aber das K.-G. übersieht, daß der § 48 Abs. 2 des Test.-G. aufgehoben ist!)

In § 17b des **Erbschaftssteuergesetzes** vom 22. 8. 1925 in der Fassung des Gesetzes vom 16. 10. 1934, der bisher für Personen der Steuerklasse I (der Ehegatte, sofern er nicht nach § 17a von der Erbschaftssteuer überhaupt befreit ist, z. B. weil Kinder des Ehegatten aus seiner Ehe mit dem Erblasser oder weitere Abkömmlinge vorhanden sind) wird der Freibetrag von 30000 RM. auf 10000 RM. herabgesetzt.

In § 17b Abs. 2 wird die Besteuerungsgrenze für Erwerbe in den Steuerklassen III und IV (Schwiegerkinder, Schwiegereltern, Abkömmlinge 1. Grades von Geschwistern) von 2000 RM. auf 500 RM. herabgesetzt. Die Vorschrift, wonach die von Personen der Steuerklassen III, IV und V zahlbare Erbschaftssteuer auf die Hälfte des die Besteuerungsgrenze übersteigenden Betrages beschränkt war, wird aufgehoben.

§ 17a, der in gewissen Fällen die Steuerfreiheit der Erbschaft bestimmte, wird aufgehoben. Hiernach besteht also auch in keinem Fall eine Steuerfreiheit für den überlebenden Ehegatten des Erblassers.

Was den **Hausrat** betrifft, der zur Erbschaft gehört, so bleibt derselbe steuerfrei, soweit sein Gesamtwert 5000 RM. nicht übersteigt, ohne Rücksicht auf die Steuerklasse, zu welcher der oder die Erwerber gehören. Falls der Wert dieses Hausrats 5000 RM. übersteigt, wird die Steuerbefreiung nur für

5000 RM. gewährt. Zwischen mehreren Erwerbern wird der Steuerfreibetrag entsprechend den Hausratsgegenständen verteilt, die jeder bei der Nachlaßauseinandersetzung erhält.

Die neuen Steuerbestimmungen traten am 1. 1. 1946 ohne Rückwirkung in Kraft.

Das **Gesetz über die Errichtung von Testamenten und Erbverträgen vom 31. 7. 1938** (RGBl. I S. 973) bleibt in Kraft, da es keinen nationalsozialistischen Inhalt hat und im wesentlichen die Unwirksamkeit eines Testamentes wegen eines Formfehlers verhindern will. Nur § 48 Abs. 2 ist durch G. Nr. 37 des K. aufgehoben; dieser Absatz bestimmte die Nichtigkeit einer Verfügung von Todeswegen (Testament oder Erbvertrag) soweit sie in einer gesundem Volksempfinden gröblich widersprechenden Weise gegen die Rücksichten verstößt, die ein verantwortungsbewußter Erblasser gegen Familie und Volksgemeinschaft zu nehmen hat.

Das **Reichsleistungsgesetz** vom 1. 9. 1939 ist nach einer Entscheidung des Landgerichts Braunschweig weiterhin in Kraft geblieben.[1])

Das Gesetz (RGBl. I S. 1645) spielt heute noch eine große Rolle bei der Einweisung in Wohnräume, Läden (neben dem Wohnungsgesetz) sowie bei der Tätigkeit der Bergungsämter. Nach § 1 des Gesetzes sind die Bewohner des Reichsgebietes, andere Personen, die im Reichsgebiet Vermögen haben, hinsichtlich dieses Vermögens sowie die deutschen Staatsangehörigen an Bord deutscher Schiffe zu Leistungen nach Maßgabe dieses Gesetzes verpflichtet. Ebenso die Gebietskörperschaften sowie alle innerhalb des Reichsgebietes bestehenden Körperschaften und andere Personenvereinigungen, Anstalten, Stiftungen und sonstige Einrichtungen.

Nach § 2 sind zu Inanspruchnahmen der Leistungen hierfür bestimmte **Bedarfsstellen** berechtigt. Bedarfsstellen sind heute nur noch staatliche und mit staatlichen Aufgaben betraute Stellen. Diese Stellen sind in der ersten Durchführungsverordnung zum Reichsleistungsgesetz vom 23. 10. 1939 (RGBl. I S. 2075) und in der Bekanntmachung vom 11. 1. 1944 (RGBl. I S. 13) aufgeführt.

Nach § 2a können die Bedarfsstellen auch für Dritte Leistungen in Anspruch nehmen, zu deren Inanspruchnahme sie selbst berechtigt sind.

Die Leistungen sind entweder **persönliche Leistungen** (§ 3) oder **allgemeine** Leistungen und solche für besondere **wirtschaftliche** Zwecke (§ 3a), insbesondere die Gestaltung des Gebrauchs von Sachen, die Übertragung von Rechten an beweglichen Sachen, die Überlassung sonstiger Rechte zur Ausübung oder die Unterlassung der Ausübung von Rechten.

Die Inanspruchnahme erfolgt durch die Bedarfsstellen mit Hilfe der zuständigen Verwaltungsbehörden oder unmittelbar an den Leistungspflichtigen (§ 22). Sie bedarf der Schriftform oder öffentlichen Bekanntmachung, wobei die angeforderte Leistung genau bezeichnet sein muß. Der Empfang der Leistungen ist dem Leistungspflichtigen von der Bedarfsstelle oder bei Inanspruchnahme für einen Dritten von diesem schriftlich zu bestätigen (§ 23).

---

[1]) Gegenüber einer Beschlagnahme oder Enteignung gemäß § 23 des Reichsleistungsgesetzes durch das Bezirksamt ist auf Grund der Generalklausel die Klage beim Bezirksverwaltungsgericht zulässig. So Bez.-Verw.-Gericht Berlin-Zehlendorf vom 19. 9. 1947 (Jurist. Rundschau, Oktober-Heft 1947, S. 126).

Ebenda wird weiter ausgeführt, daß Beschlagnahmen oder Enteignungen von Schreibmaschinen auf Grund des RLG. nicht zulässig sind, da hierfür kein öffentlicher Notstand anzuerkennen sei. Das Bezirksamt wurde zur Herausgabe der Schreibmaschinen verurteilt.

Die Leistung kann im Verwaltungsweg erzwungen werden, i. A. von dem Bürgermeister, in dessen Gemeinde zu leisten ist. (§ 24) Zur Sicherstellung der Leistungen kann die Bedarfsstelle die Beschlagnahme anordnen (§ 25).

Für die Leistung wird grundsätzlich eine Vergütung gewährt (§ 26). Hierüber bestehen eingehende Vorschriften, vgl. § 26, 26a, 27, sowie die 2. Durchführ. Verordn. vom 31. 3. 1941 (RGBl. II S. 180).

Dagegen ist durch ein G. Nr. 45 des K. das **Reichserbhofgesetz** vom 29. 9. 1933, die Erbhofrechtsverordnung vom 21. 12. 1936, die Erbhofverfahrensordnung vom gleichen Tage nebst allen zusätzlichen Gesetzen usw. aufgehoben. (V. 3 S. 66—68). Die am 1. 1. 1933 in Kraft gewesenen Gesetze über Vererbung von Liegenschaften durch gesetzliche Erbfolge oder Verfügung von Todeswegen, die durch das Reichserbhofgesetz oder die zusätzlichen Gesetze usw. auf diesem Gebiete aufgehoben oder zeitweilig außer Kraft gesetzt worden sind, werden wieder in Kraft gesetzt.

Grundeigentum, das gemäß diesem Gesetz seinen Charakter als „Erbhof" verliert, wird freies Grundeigentum, das den allgemeinen Gesetzen unterworfen ist.

Alle anderen land- und forstwirtschaftlichen Grundstücke, die bisher in der Rechtsform einer besonderen Güterart besessen wurden, wie beispielsweise Fideikommisse und ähnliche gebundene Vermögen, Erbpachtgüter, Lehenbauerngüter, Renten- und Ansiedlungsgüter, werden freies, den allgemeinen Gesetzen unterworfenes Grundeigentum.

Die Auflassung eines solchen Grundstücks oder die Bestellung eines Nießbrauchs an einem solchen ist ohne Genehmigung der zuständigen deutschen Behörden nichtig. Das gleiche gilt für jeden Vertrag, der die Bestellung des Nießbrauchs oder die Verpflichtung zur Übereignung eines solchen Grundstückes zum Gegenstand hat. Mit der Genehmigung des Vertrages wird zugleich auch das diesem Vertrag entsprechende Erfüllungsgeschäft genehmigt.

Bei Veräußerung eines Grundstücks im Wege der Zwangversteigerung ist eine Genehmigung zur Abgabe von Geboten erforderlich. Die Vorschrift des § 71 des G. über die Zwangsversteigerung und die Zwangsverwaltung vom 24. 3. 1897 findet Anwendung. In den Fällen des § 81 Abs. 2 und 3 des Zwangsversteigerungsgesetzes darf der Zuschlag an einen anderen als den Meistbietenden nur erteilt werden, wenn dieser andere die Genehmigung nachweist.

In allen hier vorgesehenen Fällen ist die Genehmigung zu versagen:

a) wenn durch die Ausführung des Rechtsgeschäfts die ordnungsmäßige Bewirtschaftung des Grundstückes zum Schaden der Volksernährung gefährdet erscheint,
b) wenn der Gegenwert in einem groben Mißverhältnis zum Wert des Grundstückes steht,
c) wenn das Rechtsgeschäft gegen eine von dem zuständigen Zonenbefehlshaber gemäß Art. 11 dieses Gesetzes erlassene Vorschrift verstößt.

Die Bestellung einer Hypothek, Grundschuld oder Rentenschuld an einem land- oder forstwirtschaftlichen Grundstück ist nur mit Genehmigung der zuständigen deutschen Behörden zulässig, die auch für die Verpachtung eines solchen Grundstücks erfordert wird.

Es folgen sodann eingehende Vorschriften über die Bewirtschaftung, Rechtsmittel usw.

Durch G. Nr. 21 (V. 2 S. 124/125), hat der K. unter grundsätzlicher Aufrechterhaltung der Vorschriften des **deutschen Arbeitsgerichtsgesetzes vom 23. 12. 1926** in seiner ursprünglichen Fassung, soweit sie nicht in Widerspruch mit den neuen Bestimmungen stehen, ein neues deutsches **Arbeitsgerichtsgesetz** erlassen. Nach Art. 1 des G. werden zur Beilegung von Streitigkeiten in Arbeitssachen örtliche und Berufungsarbeitsgerichte in ganz Deutschland errichtet.

Nach Art. 2 sind die **Arbeitsgerichte** unter Ausschluß der ordentlichen Gerichte ohne Rücksicht auf den Wert des Streitgegenstandes für die folgenden bürgerlichen Rechtsstreitigkeiten zuständig:

1. Streitigkeiten zwischen Tarifkollektivvertragsparteien oder zwischen diesen und Dritten aus Tarifkollektivverträgen oder über das Bestehen oder Nichtbestehen von Tarifkollektivverträgen, ferner Streitigkeiten zwischen tarifkollektivvertragsfähigen Parteien oder zwischen diesen und Dritten aus unerlaubten Handlungen, sofern es sich um Maßnahmen zu Zwecken des Arbeitskampfes oder um Fragen der Vereinigungsfreiheit handelt.
2. Streitigkeiten zwischen Arbeitgebern und Arbeitnehmern aus dem Arbeits- oder Lehrverhältnis, über das Bestehen oder Nichtbestehen eines Arbeits-Lehrvertrages oder aus Verhandlungen über die Eingehung eines Arbeits- oder Lehrvertrages und aus dessen Nachwirkungen, ferner Streitigkeiten aus unerlaubten Handlungen, soweit diese mit dem Arbeits- oder Lehrverhältnis im Zusammenhang stehen. Ausgenommen sind:
   a) Streitigkeiten, deren Gegenstand die Erfindung eines Arbeitnehmers bildet, soweit es sich nicht nur um Ansprüche auf eine Vergütung oder Entschädigung für die Erfindung handelt.
   b) Streitigkeiten, der nach Artikel 481 des HGB., zur Schiffsbesatzung gehörenden Personen.
3. Streitigkeiten zwischen Arbeitnehmern aus gemeinsamer Arbeit und aus unerlaubten Handlungen, soweit diese mit dem Arbeits- oder Lehrverhältnis im Zusammenhang stehen.
4. Streitigkeiten aus Vereinbarungen zwischen Arbeitgebern und Arbeitnehmern über Arbeitsbedingungen, Gesundheitsschutz und Unfallverhütung.
5. Streitigkeiten bezüglich Auslegung von Vereinbarungen zwischen Betriebsräten und Arbeitgebern.

Die deutschen Arbeitsgerichte unterstehen lediglich zum Zwecke der Verwaltung den deutschen Provinz- oder Landesarbeitsbehörden, die jedoch auf die Entscheidungen der Arbeitsgerichte keinerlei Einfluß nehmen und sie weder außer Kraft setzen noch abändern dürfen.

Die **örtlichen Arbeitsgerichte** sind Gerichte ersten Rechtszuges, ohne Rücksicht auf den Wert des Streitgegenstandes.

Die **Berufungsarbeitsgerichte** entscheiden als Gerichte zweiten Rechtszuges über die Berufung gegen Entscheidungen der örtlichen Arbeitsgerichte. Diese Entscheidungen unterliegen der Berufung, wenn der Streitwert den von der Provinz- oder Landesarbeitsbehörde festgesetzten Betrag erreicht oder übersteigt, oder wenn das örtliche Arbeitsgericht entscheidet wegen des Vorliegens einer Frage, die ihrem Wesen nach von grundsätzlicher Bedeutung ist, die Berufung gegen sein Urteil zuzulassen, obgleich der Streitwert unter dem festgesetzten Betrag liegt. Das Gericht hat in einem derartigen Falle seine Entscheidung, gegen das Urteil die Berufung, zuzulassen, mit Gründen zu versehen.

Die Zonenbefehlshaber können in Ermangelung eines deutschen obersten Arbeitsgerichts ein oder mehrere Gerichte höheren Rechtszuges als Gerichte letzten Rechtszuges in Arbeitsstreitigkeiten bestimmen.

Die Artikel V—VII bestimmen, daß jedes Arbeitsgericht aus einem Vorsitzenden oder stellvertretenden Vorsitzenden und aus Beisitzern bestehen, die in gleicher Anzahl aus den Kreisen der Arbeitgeber und der Arbeitnehmer entnommen werden. Alle Mitglieder müssen anerkannt demokratische Anschauungen haben. Weiterhin wird die Auswahl und Bestellung der Vorsitzenden, stellvertretenden Vorsitzenden und der Beisitzer geregelt. Die Amtsdauer des Vorsitzenden oder stellvertretenden Vorsitzenden beträgt 3 Jahre, eine Wiederbestellung ist zulässig. Die Kosten für die Einrichtung und den Betrieb sind von den vom Arbeitsgericht namhaft zu machenden Parteien zu tragen.

Die **Personenschäden-Verordnung** vom 1. 9. 1939 (RGBl. I S. 1623/5) nebst einer Verordnung zur Änderung derselben vom 10. 11. 1940 (RGBl. I S. 1479/82) sowie die Neufassung der Personenschäden-Verordnung vom 10. 11. 1940 (RGBl. I Blatt 1482—6) dürften weiterhin Geltung haben, da sie kein besonderes nationalsozialistisches Gedankengut aussprechen. Hiernach erhalten deutsche Staatsangehörige, die infolge eines Angriffs auf das Reichsgebiet oder eines besonderen Einsatzes der bewaffneten Macht Schaden an Leib und Leben erleiden, und deren Hinterbliebene auf Antrag Fürsorge und Versorgung nach den genannten Verordnungen. Jedoch dürften heute hinsichtlich der Höhe der Renten für Groß-Berlin die Bestimmungen der neuen Sozialversicherung gelten.

Was die **Kriegssachschäden** betrifft, so gilt hierüber eine **Kriegssachschädenverordnung** vom 30. 11. 1940 (RGBl. I S. 1547—1556) sowie eine Reihe von Durchführungs- und Ergänzungsverordnungen und eine Verordnung über die Gebühren der Rechtsanwälte im Verfahren nach der Kriegsschäden-Verordnung vom 15. 1. 1944 (RGBl. I S. 37—39). Wann Kriegssachbeschädigte, die noch keinen vollen Ersatz ihrer Kriegssachschäden erhalten haben, solchen ersetzt erhalten, steht noch dahin. Das Gerechtigkeitsgefühl erfordert es, daß die Kriegssachschäden auch von denjenigen mitgetragen werden, die keinerlei Sachschäden erlitten haben.

Der Bef. Nr. 3 des K. ordnet **die Registrierung** der im arbeitsfähigen Alter stehenden Bevölkerung, der Arbeitslosen und deren Unterbringung in Arbeit an. Hiernach müssen alle arbeitsfähigen Männer im Alter von 14 bis 65 Jahren und alle arbeitsfähigen Frauen im Alter von 15 bis 50 Jahren bei den örtlichen Arbeitsämtern registriert werden. Diese Registrierung wird durch die Arbeitsämter auf Grund von Unterlagen durchgeführt, aus denen Arbeitsplatz, Befähigungen, derzeitige Beschäftigung und andere erforderliche Einzelheiten ersichtlich sind.

Das Arbeitsamt stellt jedem Erwerbstätigen eine Bescheinigung über die erfolgte Registrierung aus. Erwerbstätige erhalten ihre Lebensmittelkarten auf Grund dieser Bescheinigungen. Wer eine solche Bescheinigung nicht in Händen hat, verliert das Recht, Lebensmittelkarten zu erhalten.

Das G. regelt weiterhin die **Registrierung der Arbeitslosen,** die **Registrierungsausweise** erhalten.

Personen innerhalb der festgesetzten Altersgrenze, die infolge geistiger oder körperlicher Gebrechen **arbeitsunfähig** sind, müssen entweder persönlich oder durch einen Vertreter dem Arbeitsamt zweckdienliche Unterlagen vorlegen, die ihre Arbeitsunfähigkeit beweisen. Die Feststellung dieser Arbeitsunfähigkeit kann nur von einem offiziell eingesetzten Arzt oder einer Ärztekommission gefällt werden.

Ferner ist nach Mitteilung des Polizeipräsidenten Berlin vom 15. 1. 1946 (V. 2 S. 19) die **Registrierung sämtlicher ehemaligen Mitglieder der deutschen Streitkräfte,** die den Rang eines Leutnants oder einen höheren Rang bekleideten, sowie sämtlicher ehemaligen Mitglieder der SS, Waffen-SS, allgemeinen SS, des Sicherheitsdienstes zur SS, der SA, der HJ, des BDM, NSDtB, NSDoB, NSKK, NSFK sowie sämtlicher ehemaligem Mitglieder der NSDAP und Leiter oder Funktionäre deren angegliederten oder beaufsichtigten Organisationen sowie der von der Gestapo früher beschäftigten Personen ohne Ausnahmen, die sich gemäß den Bestimmungen der Anordnung dieser Kommandantur BK-O (45) vom 6. 9. 1945 nicht haben registrieren lassen, angeordnet worden.

Auch müssen alle solche Personen sich innerhalb von 48 Stunden nach ihrer Ankunft im Berliner Stadtgebiet ebenfalls zur Registrierung melden. Der Polizeipräsident bemerkt jedoch, daß als ehemalige Offiziere der Wehrmacht alle **aktiven Offiziere** der im Jahre 1935 neuerrichteten Wehrmacht, ferner Offiziere des Beurlaubtenstandes, Offiziere der Landwehr und auch Offiziere a. D. soweit alle Vorgenannten im Besitze eines Wehrpasses als Offiziere der Wehrmacht waren, bzw. sind, anzusehen sind. Zur Registrierung haben sich innerhalb 48 Stunden nach ihrer Ankunft im Berliner Stadtgebiet zu melden: alle ehemaligen PGs, die sich gemäß der A. vom 6. 9. 1945 bis jetzt nicht haben registrieren lassen und nach Berlin kommen, ohne Rücksicht darauf, ob der Aufenthalt in **Berlin** vorübergehend oder von Dauer ist.

Öfter ergeben sich Zweifel, ob ein insbesondere in der Hitlerzeit erlassenes Gesetz noch gilt, besonders in Strafsachen. Gilt z. B. der **Mordparagraph** der neuen Fassung oder der § 211 des alten Strafgesetzbuches, der als Mord nur die vorsätzliche Tötung eines Menschen mit Überlegung ansieht? Hierüber haben drei Berliner Gerichte abweichende Entscheidungen erlassen. Das Kammergericht als zur Zeit oberste Instanz für Strafsachen in Berlin hat entschieden, daß der Mordparagraph in der Hitlerschen Fassung gelte. Es lehnt sich hierbei an die Schweiz an, wo seit langem der Mord im Sinne der Hitlerschen Fassung geregelt ist.

Ferner gilt zwar der alte **Abtreibungsparagraph** des § 218, über dessen künftige Gestaltung zur Zeit viel geschrieben wird, nicht aber die Bestimmung, wonach die Abtreibung mit dem Tode bestraft wird, wenn der Täter dadurch die Lebenskraft des deutschen Volkes fortgesetzt beeinträchtigt. Die Anwendung der Todesstrafe würde in diesem Falle auch gegen die Bestimmung verstoßen, welche dem Richter verbietet, eine höhere Strafe zu verhängen, als dies vor dem 30. 1. 1933 zulässig war.

Die **V. des Reichspräsidenten vom 21. 3. 1933 über die Gewährung von Straffreiheit**[1]) war auf den Artikel 48 Abs. 2 der Reichsverfassung gestützt,

---

[1]) Aufgehoben durch Gesetz Nr. 55 des K. vom 25. 6. 1947.

[2]) Durch Urteil vom 1. 8. 1947 — 2 U. 66. 47. 26 = 7 R. 1444. 46 — hat das KG. ausgesprochen: Für die Entscheidung der Frage, ob ein Gesetz als Nazigesetz nicht mehr anzuwenden ist, kann nicht ausschlaggebend sein, aus welchen Gründen dieses Gesetz seinerzeit erlassen wurde, oder in welcher Weise es während der Nazizeit angewandt wurde. Maßgebend ist vielmehr, wie das Gesetz nach seinem Wortlaut und Inhalt heute anzuwenden ist. Die §§ 1591ff. BGB sind in der Fassung des Gesetzes über die Änderung und Ergänzung familienrechtlicher Vorschriften vom 12. 4. 1938 (RGBl. I 380) anzuwenden. Die 1938 erfolgte Abänderung hat keinen nazistischen Charakter. Dies gilt insbesondere für § 1595a BGB. Nach dem Tode des Ehemannes kann die Ehelichkeit des Kindes nur noch von dem Staatsanwalt angefochten werden. Neben der Anfechtungsklage des Staatsanwalts ist für eine Feststellungsklage aus § 256 ZPO. kein Raum.

nach dem der Reichspräsident bei erheblicher Störung oder Gefährdung der öffentlichen Sicherheit und Ordnung die zu ihrer Wiederherstellung nötigen Maßnahmen treffen kann. Die gesetzlichen Voraussetzungen zum Erlaß dieser Notverordnung lagen nicht vor, weshalb sie auch nicht angewendet werden durfte. Die entgegengesetzte Entscheidung des Gerichts in Freiburg war unhaltbar und durfte auf **Tillessen** — einen der Erzberger-Mörder — nicht angewendet werden.

Der Leiter der Justizpressestelle **Hans Günther** stellt in einem Zeitungsaufsatz zutreffend die **Grundsätze** auf, nach denen jeder Richter vor Anwendung eines früher erlassenen Gesetzes folgendes zu prüfen hat:[2])

1. Ist das Gesetz vom Kontrollrat aufgehoben, abgeändert oder mit seinen Gesetzen nicht vereinbar?
2. Ist das Gesetz diskriminierender oder privilegierender Natur?
3. Ist das Gesetz mit dem Zusammenbruch gegenstandslos geworden?
4. Ist das Gesetz offensichtlich und zweifelsfrei nazistischen, militärischen oder undemokratischen Ursprungs?

Da trotzdem noch Zweifelsfälle möglich sind, würde es sich empfehlen, für ganz Deutschland ein Gericht aus fünf Richtern zu bilden, die nur über die Gültigkeit bestehender Gesetze oder Verordnungen für die Richter bindend zu entscheiden hätten. Übrigens gelten auch **vor** Hitler erlassene Gesetze nach Art. 2 der V. des K. (V. 1 S. 102) dann nicht, wenn die Anwendung derselben Unrecht oder Ungleichheit nach sich ziehen würde, entweder:

a) durch die Bevorzugung irgend einer Person wegen ihres Verhältnisses zur NSDAP., ihren Formationen oder von ihr geleiteten Organisationen, oder
b) durch die Diskriminierung irgend einer Person auf Grund ihrer Rasse, Nationalität, Glaubenszugehörigkeit oder in Opposition zur NSDAP. und ihren Lehren.

Eine sehr schwierige Frage ist heute die Regelung des **Schadenersatzes.** Hierüber hat sich der Prozeßrichter Dr. Eger in Charlottenburg in der Zeitung ausführlich ausgesprochen. Wie ist ein ausreichender Schadenersatz heute zu bemessen, wenn z. B. ein in der Färberei abhanden gekommener Pullover zu ersetzen ist? Die Beschaffung eines neuen Pullovers ist heutzutage ohne Bezugschein nicht möglich, und diesen kann der Spruchrichter dem schadenersatzfordernden Kläger nicht ersetzen. Da die Wiederbeschaffung in natura nicht möglich ist, hat nach § 251 BGB. der Schuldner den Gläubiger in Geld zu entschädigen. Bei der Bemessung des Geldersatzes ist der Richter aber an die Vorschrift des § 3 der V. vom 28. 9. 1945 gebunden, wonach für lebenswichtie Gegenstände des täglichen Bedarfs, wozu die gewöhnlichen Kleidungsstücke gehören, die Preise nicht über den am 1. 4. 1945 zulässigen Stand (der Preisstopp-VO. von 1936) erhöht werden dürfen. Dazu kommt, daß nach der geltenden Ge-Gebrauchswaren-VO. bei den in Frage kommmenden gebrauchten Waren, die keinen Sammler- oder Kunstwert haben, noch ein Abschlag von mindestens 25% gemacht werden muß. Im Prozeß muß jedoch der Beklagte die Wahrheit seiner Erklärung, daß ihm der anvertraute Gegenstand ohne sein Verschulden abhanden gekommen ist, beweisen. Wenn er diesen Beweis nicht lückenlos führen kann, wird er zur Herausgabe der empfangenen Sache kostenpflichtig verurteilt. Findet der Gerichtsvollzieher die Sache nicht beim Schuldner, so kann der Gläubiger letzteren zum Offenbarungseid laden, wobei er nicht nur beschwören muß, die Sachen nicht zu besitzen, sondern auch ihren Verbleib nicht zu kennen. Es darf darauf hingewiesen werden, daß heute viele

Geschäfte, die wertvolle Kleidungsstücke zur Abänderung in Reparatur nehmen, gleichzeitig mit der Entgegennahme des Gegenstandes den Abschluß einer Versicherung vorschlagen und entgegennehmen, deren Prämie z. B. in Berlin i. A. 1,50 RM. für 200 RM. beträgt. Damit hat es der durch Diebstahl Geschädigte in der Hand, seinen Schadenersatzanspruch von vornherein angemessen zu begrenzen und vermeidet damit alle Weiterungen, insbesondere jeden Prozeß.

Häufig versucht der Gläubiger, der bei dem Schuldner Gegenstände gepfändet hat, statt der Versteigerung durch den Gerichtsvollzieher den Weg des § 825 zu beschreiten, um den Pfandgegenstand selbst zu erwerben und sich damit einen Wertgegenstand zu verschaffen, den er evtl. im Schwarzhandel günstig verwerten kann. Das Landgericht Berlin als Beschwerdegericht hat aber entschieden, daß die nach § 825 zulässige anderweite Verwertung gepfändeter Sachen regelmäßig in den Fällen erfolge, in denen die Versteigerung der Pfandsachen die Erzielung eines den Wert der Sachen entsprechenden Preises nicht erwarten lasse. Infolge des Mangels an Gebrauchsgegenständen aller Art bringt eine Versteigerung des Pfandstückes den nach den Preisbestimmungen zulässigen Höchstpreis in aller Regel. Der Gläubiger will den wegen des Preisstopps in der Versteigerung nicht auszunutzenden Mehrwert der Pfandstücke ausnutzen. Das verstößt aber gegen den Zweck des § 825, der nur dann Anwendung finden soll, wenn durch die Anwendung des § 825 eine bessere Verwertung wahrscheinlich ist. Nur dann kann das Gericht eine Zwangsüberweisung an den Gläubiger vornehmen, wenn nach dem pflichtgemäßen Ermessen des Gerichts ein besonderes Interesse des Gläubigers gegeben ist, den Pfandgegenstand zu erwerben, z. B. wenn es sich um die Vollstreckung eines Urteils auf Unterhaltszahlung an die Kinder oder die Ehefrau handelt, und beim Vater oder Ehemann ein wichtiges Möbelstück gepfändet ist, z. B. ein Kleiderschrank, den die Gläubiger selber dringend brauchen. Hier ist der Weg nach § 825 gegeben. (LG. Berlin, 24, T. 1943. 47 in J.W. Heft 4 S. 118.

In einem Aufsatz „Naturalrestitution oder Geldersatz bei Sachwertverlusten" erörtert Amtsgerichtsrat Nehlert in Berlin-Charlottenburg an der Hand neuerer Urteile die Frage des **Schadensersatzes** und der **Vollstreckung des Urteils.** Das Landgericht Oldenburg hatte in einem Fall, wo die Beklagte ohne Wissen des schwerkriegsbeschädigten Klägers dessen Fahrrad weggenommen hatte, um es zu einer dringenden Fahrt zu benutzen, die Beklagte verurteilt, dem Kläger ein Fahrrad zu liefern, das dem weggenommenen Fahrrad gleichwertig ist. Das Gericht nahm eine vertretbare Sache an (vgl. RG. 96 S. 123). Nach §§ 884, 883 ZPO kann der Kläger das Rad der Beklagten wegnehmen lassen, wenn nicht ein anderes gleichwertiges angeboten wird. Das Urteil wird von Leonhard, Marburg und von Dittmar, Wiesbaden, gebilligt. In einem anderen Fall entschied das Amtsgericht Hamburg, daß für eine abhandengekommene Armbanduhr Schadensersatz durch Lieferung einer gleichwertigen Uhr verlangt werden könne. Die Frage der Vollstreckbarkeit wird hier dem Vollstreckungsgericht überlassen. Die Vollstreckung kann — wie Nehlert zutreffend ausführt —, nur auf Wegnahme eines im Besitze des Schuldners befindlichen Ersatzstücks gerichtet werden. Hat er keins, kann der Gläubiger zum Offenbarungseid laden und, wenn dieser geleistet ist, entweder warten oder über § 893 ZPO, auch § 250 BGB, zum Anspruch auf die Geldleistung übergehen. Diese Lösung ist nicht befriedigend. Nehring sucht nach anderen Wegen. Er schlägt vor, den Beklagten zur Lieferung oder Beschaffung eines Ersatzstückes zu belangen. Die geschuldete Leistung kann dann nach § 888 ZPO als eine unvertretbare Leistung erzwungen werden. Auch hier wird aber die eigentliche Entscheidung dem Vollstreckungsgericht aufgebürdet. Nehlert berichtet von dem Vorschlag Dittmars, der wohl am besten zum Ziele führt. N. führt aus: Der Schuldner hätte auf Grund eines den Anspruch nur präzisierenden, nicht auch die Möglichkeit seiner Befriedigung festlegenden Urteils im Sinne der Entscheidung des RG. 109 S. 152 vom Schuldner nach § 888 ZPO im Offenbarungseidverfahren Auskunft über seine Sachwerte, nötigenfalls mit einer Taxation verbunden, zu verlangen und danach die zu leistenden Sachwerte nach §§ 883—886 zu pfänden. Unrecht tut man dem Schuldner nicht, denn, wie Nehlert richtig bemerkt, ist in der Mehrheit der hierher gehörenden Fälle die angeblich gestohlene oder abhanden gekommene Sache veruntreut und der Schuldner hofft, mit Geldersatz wegzukommen. Dem muß aber unter allen Umständen ein Riegel vorgeschoben werden. (Vgl. Nehlert in der Jurist. Rundschau Heft 2 S. 41—45.)

Beschlagnahme und Schadenersatz.

Ersatzansprüche gegen **amerikanische Streitkräfte** für Verlust oder Schaden an beschlagnahmten Grundstücken und Eigentum müssen beim Bezirksbürgermeister oder dem Amt für Kriegsschäden und Besetzungskosten in Lichterfelde-West, Züricher Straße 4, angemeldet werden. Hierzu gehören Schäden an Gebäuden oder dem Grund und Boden, die über die normale Abnutzung hinausgehen, sowie der Verlust oder Schaden an Möbeln, Installationen, und persönlichen Dingen, die auf dem beschlagnahmten Besitz zurückgelassen worden waren. Ersatzansprüche für Schäden an Gebäuden und Grund und Boden werden erst nach der Rückgabe des beschlagnahmten Eigentums durch die Militärregierung an den Besitzer angenommen.

Die zweite Guppe der Ersatzansprüche bezieht sich auf körperliche oder Sachschäden, die durch einen Verkehrsunfall, Diebstähle oder Plünderungen oder tätliche Angriffe entstanden sind. Derartige Zwischenfälle müssen umgehend der amerikanischen Militärpolizei und der deutschen Polizei gemeldet werden und die Ersatzansprüche an die amerikanische Militärregierung im Rathaus Zehlendorf eingereicht werden.

Wenn jetzt Eigentum beschlagnahmt wird, werden die Besitzer aufgefordert, allen persönlichen Besitz mitzunehmen. Möbel, deren Zurücklassung verlangt wird, werden käuflich übernommen und damit Eigentum der amerikanischen Regierung. Dem Besitzer muß eine Beschlagnahme-Bescheinigung zur Vorlage bei den auszahlenden Behörden des Bezirks ausgestellt werden.

Im **britischen** Sektor sind Beschwerden und Gesuche wegen Beschlagnahme von Wohnungen und Möbeln nur an das zuständige Bezirksamt zu richten.

Beschlagnahme von Wohnungen und Grundstücken durch die Besatzungsbehörden.

Grundlage ist der Befehl 409 vom 20. 10. 1946 der Alliierten Kommandantur.

In jedem Sektor gibt es eine Leitstelle, die die verschiedenen Besatzungskosten zwischen den einzelnen Militärregierungen und dem zentralen Kriegsschäden- und Besatzungskostenamt beim Magistrat verrechnet. Die Gesamtbesatzungskosten betragen jährlich in Berlin etwa 400 Millionen RM!

Alle 4 Bes.-Mächte erkennen Mietzahlungen für beschlagnahmte Wohnungen und Grundstücke an. In den West-Sektoren werden die Mieten von 1939 anerkannt, die russische Militärregierung zahlt nur 1 RM. pro Quadratmeter Wohnraum. Möbelabnutzungsgebühren werden im US-Sektor vergütet, wenn sich die Besitzer für eine mietweise Überlassung der Möbel bereit erklärt haben. Im allgemeinen werden nur 1 Prozent des Gesamtwertes der Möbel als monatliche Mietzahlung gewährt. Im russischen Sektor jedoch überhaupt nichts. Im franz. Sektor wird ein Satz von 40 % der Wohnungsmiete als Amortisation gegeben. Ferner müssen von den Mietzahlungen alle Kosten abgezogen werden, die durch Umbauten oder Reparaturen der beschlagnahmten Häuser oder Wohnungen entstehen, ferner die Kosten für Strom, Gas und Wasser!

Im amerik. Sektor werden deutsche Zivilisten, die die Wohnung räumen müssen, aufgefordert, von ihrem persönlichen Eigentum mitzunehmen: soviele Betten, wie Personen im Haus oder der Wohnung lebten, alle Garderobe, Bettzeug, Schlafdecken, Bett- und Kissenbezüge, Hauswäsche, Tischwäsche, Geschirr, Küchentisch, Küchenstühle, Küchen- und sonstiges Haushaltsgerät, Silber, Glas, Schmuckstücke, Porträts, Toilettengegenstände, Nahrungsmittel, Brennstoffvorräte, Gartengeräte, Grammophone, Klaviere und sonstige Instrumente, die zur Ausübung eines Berufs dienen. Möbel und persönliches Eigentum an nicht aufgeführten Gegenständen werden, so der Eigentümer zur Überlassung aufgefordert wird, käuflich erworben und damit Eigentum der amerikanischen Militärregierung. Bei Freigabe des Grundstücks oder der Wohnung werden sie daher nicht zurückgegeben.

Neue Möbel kann man mit einem Bezugsschein des Verteilungsamts der Abt. Wirtschaft des zuständigen Bezirksamts erhalten. Gebrauchte Möbel erhält man ohne Bezugschein.

III. Die Organisation der Stadt Berlin.

Der Magistrat der Stadt Berlin hat am 17. 8. 1946 (V. 2 S. 295ff) zunächst eine vorläufige Verfassung von Groß-Berlin erlassen und in dieser V. die Wahlordnung für die im Jahre 1946 stattgefundenden Wahlen der Stadtverordneten von Groß-Berlin und der Bezirksverordneten in den Berliner Verwaltungsbezirken erlassen[1])[2]).

Nach einer Anordnung des Magistrats der Stadt Berlin vom 8. 6. 1945 (V. 1 S. 29) sind alle bei der Stadtverwaltung Berlin jetzt beschäftigten Personen Verwaltungsangestellte, soweit sie nicht im Arbeiterverhältnis stehen. Nach dem gleichen Erlaß kommen alle von der Naziregierung oder während derselben an Beamte und Angestellte der Stadtverwaltung von Groß-Berlin in dem jetzt geltenden Umfange verliehenen Amtsbezeichnungen, Titel, Orden und

[1]) Über die Befugnisse des Komitees der Kommandantur Berlin ist nach einer Meldung von Rias (abgedruckt im Tagesspiegel vom 27. 7. 1947) folgende Anordnung ergangen:

„Die Kommandanten sandten an den Oberbürgermeister eine Anordnung über das Verhältnis zwischen den Komitees der Alliierten Kommandantur und den Abteilungen des Magistrats. Diese Anordnung erklärt, daß die Komitees Organe sind, welche den Kommandanten bei ihrer Arbeit beistehen. Sie sind beauftragt, im Namen der Kommandanten die Beaufsichtigung der Arbeit der unter ihrer Kontrolle stehenden Abteilungen des Magistrats und die Ausführung der seitens der Kommandanten erlassenen Anordnungen durchzuführen. Die Komitees haben das Recht, den betreffenden Abteilungen des Magistrats unmittelbare Anweisungen zu erteilen, die zur Aufrechterhaltung der seitens der Alliierten Kommandantur angeordneten Grundsätze notwendig erscheinen. Die Abteilungsleiter sind verpflichtet, die ihnen von den Komitees erteilten Anweisungen auszuführen. Die Abteilungen sind den Komitees gegenüber für die Durchführung ihrer Anweisungen verantwortlich."

[2]) Die Stadt Berlin hat Gebührenfreiheit vor den Berliner Gerichten. Diese beruht auf § 90 des Gerichtskostengesetzes wegen der Identität von Gläubiger und Schuldner. LG. Berlin, E. vom 29. 9. 1947, 24 T. 855. 47. Vgl. auch KG.Präsident vom 29. 8. 1947, Nr. 5603. 8342. 47 A/KG.

Ehrenabzeichen sowie Anerkennungen, Diplome und ähnliche Auszeichnungen mit sofortiger Wirkung in Fortfall.

Ehemalige Mitglieder der NSDAP. dürfen in keinem Falle als Dienststellenleiter, Hauptdienststellenleiter, Dezernenten und dgl. eingesetzt werden. (V. 1 S. 29)

Vgl. ferner die **Dienst- und Beschwerdeordnung** für städtische Angestellte und Arbeiter vom 1. 4. 1946 (V. 2 S. 235—37).

Durch die Veränderung der Organisation der Stadt Berlin ist die Identität zwischen der früheren Stadtgemeinde Groß-Berlin und der jetzigen nicht unterbrochen worden. Mangels einer gesetzlichen Aufhebung bestehen die alten Schulden grundsätzlich fort. Dies ergibt sich insbesondere aus der A. der Militärkommandantur vom 19. 4. 1946 und durch den Beschluß des Magistrats vom 23. 4. 1946 über die Aussetzung des Zins- und Schuldendienstes für sämtliche vor der Kapitulatiom aufgenommenen Schulden (K. S.2. U. b 33/172. 46 vom 29. 11. 1946.)

Groß-Berlins Zweimilliarden-Etat für 1947/48, von dem ein Drittel allein auf Personalkosten entfällt, macht rund 25 % des Umsatzes der gesamten Berliner Wirtschaft aus.

40000 Posten kosteten Oberbürgermeister und Magistratsmitglieder 484000 RM., während für 1947 rund 714000 RM. vorgesehen sind. Lediglich die Repräsentationsausgaben wurden von 82000 RM. auf 50000 RM. herabgesetzt. Den Kirchen will man 870000 RM. zuwenden, die Polizei kostet nach Abzug von 4 Millionen RM. Gebühreneinnahme noch rund 81 Millionen. Die Einrichtung der Oberschule für Berufstätige, d. h. solche, die das Abitur erstreben, fordert 122000 RM. Fast 3 Millionen RM. sind allein für die Lehrerfortbildung ausgeworfen. Der Hauptjugendausschuß kostet 135000 RM., 6 Millionen RM. erhalten die Theater, und 40 Millionen sind für soziale Zwecke vorgesehen. Für die Bekämpfung der Geschlechtskrankheiten wurden mehr als 700000 RM. eingesetzt, reichlich doppelt so viel wie im Vorjahr. Die Feuerwehr kostet fast 9,4 Millionen RM. Für das von Berlin gegenwärtig betreute Reichspatentamt sind fast 2 Millionen RM. erforderlich. Die Soforthilfe für OdF und Opfer der Nürnberger Gesetze wurde für 1947 auf 8,5 Millionen Reichsmark veranschlagt.

Der **Magistrat** der Stadt Berlin hat am 26. 9. 1945 (V. 1 S. 103—105) ein Bezirksverfassungsstatut erlassen.

1. Die Einteilung des Stadtgebietes in zwanzig **Verwaltungsbezirke** und deren bisherige Grenzen bleiben unverändert, nur der Verwaltungsbezirk Friedrichshain (früher Horst Wessel) führt wieder seine alte Bezeichnung. Der im Mai 1945 neugebildete Verwaltungsbezirk Friedenau ist inzwischen fortgefallen.
2. Für jeden Verwaltungsbezirk wird zur Wahrnehmung der örtlichen Interessen und zur Durchführung der Selbstverwaltung ein **kollegiales Bezirksamt** eingerichtet, das sich aus zwölf besoldeten Mitgliedern zusammensetzt, und zwar

   1 Bezirksbürgermeister,
   2 stellvertretende Bezirksbürgermeister und
   9 Bezirksräte (Bezirksabteilungsleiter).

   Die Bezirksbürgermeister werden vom Magistrat mit Zustimmung der alliierten Kommandantur ernannt und entlassen und können von der zuständigen Militärregierung in dringenden Fällen ihres Amtes enthoben (suspendiert) werden, was auch für die Vertreter der Bezirksbürgermeister und die Bezirksräte gilt.

3. Die Bezirksämter sind die untere Verwaltungsbehörde der Stadt Berlin, ausführende Organe des Magistrats, und haben unter dessen Kontrolle nach den vom Magistrat aufgestellten Grundsätzen die ihnen vom Magistrat zugewiesenen Geschäfte zu führen. Ihnen obliegt ferner die Verwaltung der städtischen Einrichtungen und Anstalten ihres Verwaltungsbezirks, soweit diese nicht durch den Magistrat unmittelbar verwaltet werden.
4. Das Bezirksamt tritt zu regelmäßigen Sitzungen und außerdem so oft zusammen, wie es die Geschäfte erfordern. Der Bezirksbürgermeister beruft zur Sitzung ein und setzt die Tagesordnung fest, die dem Magistrat und der zuständigen Militärregierung möglichst rechtzeitig zu übersenden ist. Beschlußfähig sind die Bezirksämter nur bei Anwesenheit von mindestens der Hälfte ihrer Mitglieder. Der Bezirksbürgermeister leitet die Sitzungen, die Beschlüsse werden mit Stimmenmehrheit gefaßt, bei Stimmengleichheit entscheidet die Stimme des Vorsitzenden. Vertreter des Magistrats können an den Sitzungen des Bezirksamts teilnehmen und müssen in der Sitzung gehört werden, so oft sie es verlangen.

   Der Magistrat hat das Recht, Beschlüsse der Bezirksämter aufzuheben, wenn diese nicht den Anordnungen des Magistrats oder der Besatzungsmächte entsprechen.
5. Jede Bezirksverwaltung ist in **Bezirksabteilungen** zu gliedern, wobei Abteilungen für folgende Hauptdezernate zu bilden sind:
   a) Personalfragen und Verwaltung,
   b) Finanz- und Steuerwesen,
   c) Bau- und Wohnungswesen,
   d) Arbeitseinsatz,
   e) Ernährung,
   f) Wirtschaft/Handel und Handwerk/Verkehr/Betriebe/Planungen,
   g) Gesundheitsdienst,
   h) Sozialwesen,
   i) Volksbildung.
6. Jede Bezirksabteilung untersteht einem Bezirksrat. Der Bezirksbürgermeister führt die Aufsicht über die Bezirksabteilungen.
7. **Ortsamtsbezirke** können nach dem Ermessen des Bezirksbürgermeisters in jedem Verwaltungsbezirk errichtet werden. Die so errichteten Verwaltungsbüros (Ortsamtsstellen) sind einem Bezirksvorsteher zu unterstellen.
8. Schließlich wird in dem Statut der Schriftverkehr der Bezirksverwaltungen untereinander näher geregelt.

Die Stadt Berlin kann durch den Magistrat **Ortsgesetze** (Satzungen) erlassen, aber nur in kommunalen Angelegenheiten. Ein **allgemeines** Gesetzgebungsrecht hat die Stadt auch durch den Befehl des Obersten Chefs der Sowjetischen Militär-Administration nicht erhalten. (Urteil des Bezirksverwaltungsgerichts im britischen Sektor Berlins vom 11. 4. 1946 — I 18. 46 —). So kann die Stadt Reichsrecht, etwa das BGB., nicht abändern. Demgemäß wurden auch die Verordnungen des Magistrats Berlin vom 18. 6. 1945 und vom 26. 9. 1945 für ungültig erklärt, da die Stadt kein Recht hatte, Mietzinssenkungen anzuordnen, die auch die Gerichte binden. Das Recht zur Mietzinssenkung nach § 537 BGB besteht also weiterhin trotz einer Entscheidung des Preisamts Berlin fort.

Was das **Steuerwesen** der Stadt Berlin betrifft, so hat der Magistrat am 4. 5. 1946 (V. 1 Bl. 180) eine **Steuerverwaltungs-Anordnung** für Berlin erlassen.

1. Die Generalsteuer-Direktion ist zuständig für die Verwaltung der ehemaligen Reichs-, Landes- und Gemeindesteuern im Bereich von Berlin. Sie ist die Fachverwaltung des Magistrats in Steuerangelegenheiten.

2. Der Generalsteuer-Direktion unterstehen die Finanzämter und die Hauptzollämter mit ihren Hilfsstellen. Die bisherigen Finanzämter und die Bezirkssteuerämter werden zusammengefaßt.
3. In jedem Verwaltungsbezirk besteht mindestens ein Finanzamt, dessen räumlicher Geschäftsbereich sich mit dem Verwaltungsbezirk deckt. In Ausnahmefällen können bei besonderer Größe des Bezirks mehrere Finanzämter unter räumlicher Trennung der Arbeitsgebiete nebeneinander bestehen.
4. Für die Verwaltung bestimmter Steuern oder die Wahrnehmung bestimmter Aufgaben werden für das gesamte Gebiet der Stadt Berlin Sonderfinanzämter geführt. Dies gilt insbesondere für die Steuern der Körperschaften, (Hauptfinanzämter für Körperschaften), für die Verkehrssteuern und die Wertzuwachssteuern (Hauptfinanzamt für Verkehrssteuern oder Hauptfinanzamt Börse), für die Erbschaftssteuer (Hauptfinanzamt für Erbschaftssteuer).

   Der Magistrat von Berlin hat durch eine V. vom 23. 1. 1946 (V. 2 S. 30) die Wiedererhebung der Wertzuwachssteuer ab 12. 11. 1945 und den Fortfall des weiteren Zuschlags zur Grunderwerbssteuer nach Genehmigung durch die Alliierte Kommandantur angeordnet.
5. Zur Wahrnehmung der Interessen der Bezirksämter werden die in den §§ 30 bis 38 der Reichsabgaben-Ordnung vorgesehenen Beiräte bei jedem Finanzamt und Hauptfinanzamt neu bestellt, die auch bei der Verwaltung der Gemeinde-Abgaben mitzuwirken haben.
6. Weiterhin wird in dieser A. bestimmt, wer dem Beirat als Mitglied angehört, und die erforderlichen Voraussetzungen der Mitglieder sowie die Berufung derselben.

Der Magistrat von Groß-Berlin hat ein im V. 3 noch nicht veröffentlichtes **„G. zur Überführung von Konzernen und sonstigen wirtschaftlichen Unternehmungen in Gemeineigentum"** erlassen, das folgenden Inhalt hat:

„Um die privatkapitalistische Unternehmungsmacht den Interessen der Gesamtheit und dem politischen Willen des Volkes unterzuordnen und die Wirtschaft zu einem Instrument des Friedens und der Wohlfahrt des deutschen Volkes zu machen, hat die Stadtverordnetenversammlung zugleich als Anregung für eine entsprechende überregionale Regelung das folgende Gesetz beschlossen:

§ 1.

1. Für die Vergesellschaftung geeignete wirtschaftliche Unternehmen und Betriebe werden, um den gesellschaftlichen und gesamtwirtschaftlichen Interessen zu dienen, zugunsten des deutschen Volkes enteignet und in Gemeineigentum übergeführt.

   Für die Vergesellschaftung kommen insbesondere in Betracht:
   a) Konzerne, d. h. durch Kapital oder sonstige Interessenverpflichtungen unter einheitlicher Leitung zusammengefaßte rechtlich selbständige Unternehmen;
   b) Großunternehmen, d. h. Unternehmen, die eine wirtschaftliche überragende Stellung einnehmen;
   c) Monopolunternehmen, d. h. Unternehmen, die in ihrem Produktions- und Marktbereich einen beherrschenden wirtschaftlichen Einfluß ausüben.
2. Die Enteignung umfaßt das gesamte in Groß-Berlin befindliche bewegliche und unbewegliche Vermögen, einschließlich aller Konzessionen, Patente, Lizenzen, Marken und ähnlicher Rechte sowie alle Beteiligungen. Die Übernahme von Verbindlichkeiten wird im Einzelfall im Enteignungsverfahren nach den Grundsätzen von Recht und Billigkeit geregelt.

3. Über die Anteilsrechte und sonstigen Ansprüche ausländischer Berechtigter ist im Enteignungsverfahren gemäß den Interessen der deutschen Gesamtwirtschaft zu entscheiden.
4. Rechtshandlungen und Rechtsgeschäfte, die nach dem Inkrafttreten dieses Gesetzes vorgenommen werden und zur Umgehung dieses Gesetzes bestimmt oder geeignet sind, sind unwirksam.
5. Die Enteignung erfolgt in einem besonderen Verfahren nach näherer Bestimmung des Durchführungsgesetzes. Enteignungsbehörde ist der Magistrat. Gegen seine Entscheidung ist nur der Einspruch an einen besonderen Ausschuß der Stadtverordnetenversammlung gegeben.

§ 2.

1. Die Enteignung erfolgt gegen Entschädigung. Kriegsverbrecher und Naziaktivisten, die von einer auf Grund dieses Gesetzes ausgesprochenen Enteignung betroffen werden, erhalten keine Entschädigung.
2. Art und Höhe der Entschädigung werden nach Recht und Billigkeit festgesetzt.
3. Der Entschädigungsanspruch ruht bis zur gesamtdeutschen Regelung des inneren Lastenausgleichs. Ausnahmen in Härtefällen sind zulässig.
4. Soweit Anteilsrechte und sonstige Ansprüche ausländischer Berechtigter der Enteignung unterliegen, kann im Einzelfall eine besondere Regelung getroffen werden.
6. Gegen die Entscheidung der Feststellungsbehörde, über Art und Höhe der Entschädigung oder deren Versagung, kann der Betroffene Einspruch einlegen. Über den Einspruch entscheidet endgültig eine Spruchkammer, die nach näherer Vorschrift des Durchführungsgesetzes zu bilden ist.

§ 3.

Bis zum Erlaß einer entsprechenden gesamtdeutschen Regelung übernimmt Groß-Berlin das Eigentum der auf Grund dieses Gesetzes enteigneten Unternehmen, Betriebe und sonstigen Vermögensgegenstände.

§ 4.

Die gemäß § 1 enteigneten Unternehmen, Betriebe und sonstigen Vermögensgegenstände bilden ein Sondervermögen Groß-Berlins. Die endgültige Verfügung über dieses Sondervermögen bleibt einer künftigen gesamtdeutschen Gesetzgebung über die Gemeinwirtschaft vorbehalten.

§ 5.

1. Zur Verwaltung des Sondervermögens errichtet Groß-Berlin ein selbständiges gemeinwirtschaftliches Unternehmen.
2. Hierbei sind folgende Grundsätze zu berücksichtigen:
   a) die öffentlichen und gemeinwirtschaftlichen Interessen nimmt ein Aufsichtsorgan wahr, dem Vertreter der Stadtverordnetenversammlung, der Stadtverwaltung, der Gewerkschaften, der Belegschaften sowie sachkundige Persönlichkeiten des Wirtschaftslebens angehören müssen.
   b) Das Aufsichtsorgan bestellt die Leitung des gemeinwirtschaftlichen Unternehmens. Diese hat das Unternehmen nach gemeinwirtschaftlichen Grundsätzen zu leiten mit der Aufgabe, eine überbetriebliche rationelle und den vordringlichen Bedürfnissen des Volkes entsprechende Wirtschaft zu entwickeln.

      Die Rechnung der einzelnen Unternehmen und Betriebe des Sondervermögens ist nach kaufmännischen und betriebswirtschaftlichen Grundsätzen zu führen und einer unabhängigen Wirtschaftsprüfung zu unterziehen.
   c) Überregionale, produktionstechnisch und gesamtwirtschaftlich erwünschte Betriebs- und Unternehmungsverbindungen müssen erhalten bleiben.
   d) Aus den Reingewinnen sind unter Mitwirkung des Gesamtbetriebsrates Mittel bereitzustellen für Leistungsprämien an die Belegschaften, für zusätzliche soziale Einrichtungen, zur Ausbildung von begabten Betriebsangehö-

rigen und zur Schulung von Arbeitern und Angestellten für leitende Wirtschaftsfunktionen.

e) Arbeitern und Angestellten sind gemäß ihren Leistungen und Fähigkeiten Aufstiegmöglichkeiten zu den leitenden Stellungen zu gewährleisten.

§ 6.

Die Leitung des gemeinwirtschaftlichen Unternehmens entscheidet über die anzuwendenden Unternehmungsformen. Alle Unternehmungsformen, die für die Erreichung des gesamtwirtschaftlichen Zwecks geeignet sind, sollen Anwendung finden.

§ 7.

Die zur Durchführung dieses Gesetzes erforderlichen Vorschriften bedürfen der Zustimmung der Stadtverordnetenversammlung.

§ 8.

Dieses Gesetz tritt am Tage nach seiner Verkündung in Kraft."

Die **V. des Magistrats der Stadt Berlin vom 31. 1. 1946** (V. 2 S. 38) hat folgendes angeordnet:

1. Im Stadtgebiet von Berlin wird ab 3. 2. 1946 für alle Berufstätigen die 48 stündige Arbeitswoche eingeführt. Ausführungsbestimmungen hierzu erläßt die Abteilung für Arbeit entsprechend den Anweisungen der Alliierten Kommandantur.
2. Die Arbeitszeit für Angestellte der Stadt Berlin (Hauptverwaltung, Bezirksverwaltungen, städtische Betriebe und überwiegend städtische Gesellschaften) wird wie folgt geregelt: Montag bis Freitag von 8—5 Uhr (einschl. 30 Minuten Mittagspause), Sonnabends von 8—2 Uhr (einschl. 30 Minuten Mittagspause).

Vgl. ferner die Bek. zur A. Nr. 26 des Kontrollrates über die Regelung der Arbeitszeit. Hiernach ist grundsätzlich maßgebend die Arbeitsordnung vom 30. 4. 1938 (RGBl. I S. 443) einschließlich der AusfV. vom 12. 12. 1938 (RGBl. I S. 1799) mit gewissen Änderungen. Die Vorschriften der Arbeitszeitordnung über öffentliche Betriebe (§ 7 Abs. 3, 13, 27 Abs. 6) sind gegenstandslos geworden. In Nr. 41 der Ausführungsverordnung zur Arbeitszeitordnung tritt an die Stelle der Deutschen Arbeitsfront der Freie Deutsche Gewerkschaftsbund.

Für Bäckereien und Konditoreien gilt das Gesetz über die Arbeitszeit in Bäckereien und Konditoreien vom 29. 6. 1936 / 30. 4. 1938 (RGBl. I S. 521, 437).

Für das Pflegepersonal in Krankenpflegeanstalten gilt die V. über die Arbeitszeit in Krankenpflegeanstalten vom 13. 2. 1924 (RGBl. I S. 66, 154).

Für die Arbeitszeit in der Landwirtschaft gelten die Bestimmungen der §§ 3—5, 12 und 14 der vorl. Landesarbeitsordnung vom 24. 1. 1919 (RGBl. I S. 114, 184).

Die Bestimmungen der Anordnung über Arbeitszeitverkürzung für Frauen, Schwerbeschädigte und minderleistungsfähige Personen (Freizeit-Anordnung) vom 22. 10. 1943 (RGBl. I S. 508) bleiben weiterhin in Kraft.

Die **Verordnung** über die **Wiedereinführung des Arbeitsbuches** vom 24. 6. 1945 des Magistrats der Stadt Berlin (V. 1 S. 38, 39) schreibt vor, daß alle Personen, die in Berlin in Arbeit stehen, im Besitze eines Arbeitsbuches oder einer Arbeitsbuchersatzkarte sein müssen, die nur von den Arbeitsämtern ausgestellt werden. Nach Eintragung des Beschäftigungsbeginns, spätestens am dritten Wochentage nach der Arbeitsaufnahme, ist der **Sichtvermerk** des Arbeitsamts einzuholen, der auch durch dritte Personen eingeholt werden kann. Arbeitsbuch oder Arbeitsbuch-Ersatzkarte gelten als Ausweis über das Arbeitsverhältnis auch gegenüber dem Ernährungsamt. Dieser Ausweis muß von jedem Arbeitnehmer, der in Arbeit steht, im eigenen Interesse stets bei sich getragen werden.

Nach einer weiteren A. des Magistrats der Stadt Berlin vom 11. 6. 1945 (V. 1 S. 38) hat das Hauptamt für Arbeitseinsatz folgendes angeordnet:

„Zur Ausübung der gewerbsmäßigen Arbeitsvermittlung bezw. Fortsetzung der bisher ausgeübten Arbeitsvermitthung ist die Erlaubnis des Hauptamtes für Arbeitseinsatz einzuholen.

Alle Personen, denen auf Grund der bisher geltenden Vorschriften die Erlaubnis erteilt wurde, das Gewerbe eines Arbeitsvermittlers für Artisten auszuüben oder als gewerbsmäßige Konzertbühnen-Vermittler tätig zu sein, sind verpflichtet, sich beim Hauptamt für Arbeitseinsatz, Berlin C 2, Georgen-Kirch-Platz 8—10, zu melden. Die Meldung hat in der Zeit vom 18. 6. 1945 bis 30. 6. 1945 zu erfolgen.

Ein Verstoß gegen diese Anordnung wird nach den bisher geltenden Vorschriften bestraft."

Alliierte Kommandantur Berlin.

Verordnung zur Deckung des Bedarfs an Arbeitskräften für lebenswichtige Aufgaben

Abschnitt I.

1. Der Bedarf an Arbeitskräften für Aufgaben, die für die Allgemeinheit lebenswichtig sind, muß gedeckt werden. Dies bezieht sich auf:
   a) Arbeit in Verbindung mit Aufgaben der Besatzungsmächte;
   b) Bau und Reparatur der Verkehrsmittel — Eisenbahnen, Wasserwege, Chausseen und Landstraßen — sowie Brücken;
   c) Wiedererrichtung von Objekten allgemein deutscher Wichtigkeit, die für die Allgemeinheit in Berlin gefordert werden;
   d) Beseitigung der Folgen von Naturereignissen (Bränden, Überschwemmungen, Schneewehen usw.).

   Das Arbeitsamt wird als Vermittler für die Beschaffung von Arbeitskräften, die zur Ausführung von Arbeiten lebenswichtiger Art erforderlich sind, funktionieren und wird in Fällen, in denen der Vertrag auf Grund eines freiwilligen Übereinkommens nicht abgeschlossen wird, Anweisungen geben.
2. Durch die Zuweisung entsteht einArbeitsvertrag zu den tariflichen Bedingungen. In Fällen, wo keine tarifmäßige Regulierung der Arbeit stattgefunden hat, beziehungsweise wo günstige Verhältnisse nicht vorhanden sind, muß eine normale Arbeitslage durch das Arbeitsamt geschaffen werden. Die Arbeitsbedingungen sind bei der Zuweisung der Beteiligten bekanntzugeben.
3. Arbeitszuweisung erfolgt auf eine bestimmte Zeit von nicht mehr als sechs Monaten oder auf unbestimmte Zeit.
4. Eine Lösung des durch Zuweisung entstehenden Arbeitsvertrages ist im Einvernehmen zwischen den Beteiligten jederzeit möglich. Die Lösung eines Arbeitsvertrages, der laut Zuweisung des Arbeitsamtes erfolgt ist, kann nach Ablauf eines Monats vom Tage seines Zustandekommens mit vierzehntägiger Kündigung vor dem Tage der Lösung stattfinden. In Fällen, wo die bestehende Tarifordnung oder andere Bestimmungen eine längere als vierzehntägige Kündigung vorschreiben, muß solche Kündigungsfrist eingehalten werden. Sämtliche Kündigungen bedürfen der vorherigen Einwilligung des Arbeitsamtes.

   Dem Antrag des Arbeitnehmers aut Lösung eines Arbeitsvertrages wird stattgegeben in Fällen, wo die betreffende Arbeit nicht von Bedeutung für die Allgemeinheit oder nicht länger lebenswichtig ist oder wenn der Gerechtigkeitssinn die Lösung des Vertrages im Interesse des Arbeitnehmers gebietet.

   Dem Antrag des Arbeitgebers auf Lösung des Arbeitsvertrages wird dann stattgegeben, wenn das Unternehmen nicht weiter bestehen kann, oder wo die Anzahl der beschäftigten Arbeiter reduziert werden muß, vorausgesetzt, daß die Entlassung nach Erwägung der persönlichen Verhältnisse und finanziellen Lage des Arbeitnehmers nicht ungerecht erscheint. Beendigung eines Arbeitsvertrages kann auch in Fällen erfolgen, wo der Arbeitnehmer sich als ungeeignet für das in Frage kommende Unternehmen erweist. Lösung eines Arbeitsvertrages ohne Einhaltung der Kündigungsfrist kann im Einvernehmen mit dem Arbeitsamt stattfinden, wenn eine der Vertragsbedingungen nicht erfüllt wird.

Abschnitt II.

5. Das Hauptamt für Arbeitseinsatz ist berechtigt, einen Arbeitsmangel als vorhanden zu erklären in denjenigen Arbeitszweigen, für die Arbeitskräfte fehlen und die für die Allgemeinheit lebenswichtig sind.
6. Facharbeiter solcher Mangelberufe dürfen nicht ohne besondere Zustimmung des Arbeitsamtes außerhalb ihrer eigenen Fächer beschäftigt werden.
7. Arbeitgeber, bei deren Unternehmung Facharbeiter der Mangelberufe entweder dauernd oder mehr als eine Woche beschäftigt sind, müssen dasArbeitsamt hiervon unterrichten. Dies gilt auch für Facharbeiter, die außerhalb ihres Faches beschäftigt sind.
8. Das Arbeitsamt kann diesen Facharbeitern zu einem ihren Fähigkeiten entsprechenden Platz vermittelnd verhelfen. Soweit durch freie Vereinbarung ein Arbeitsverhältnis nicht zustande kommt, kann eine Zuweisung erfolgen.
9. Das alte Arbeitsverhältnis bleibt als Grundlage bestehen — Rechte und Pflichten aus ihm ruhen für die Dauer der Zuweisung. Für Ansprüche, die von der Dauer der Betriebszugehörigkeit abhängen, ist die Tätigkeit im alten und neuen Betriebe zusammenzurechnen. Die Bezahlung des Urlaubes erfolgt anteilig durch die beteiligten Arbeitgeber. Bei unentschuldigtem Fernbleiben von der Arbeit kann das Hauptamt für Arbeitseinsatz Abweichendes bestimmen. Eine Lösung des alten Arbeitsverhältnisses bedarf, soweit nicht gegenseitige Verständigung vorliegt, der Zustimmung des Arbeitsamtes.
10. Von einer Lösung des Arbeitsverhältnisses eines berufsfremd eingesetzten Facharbeiters eines Mangelberufes ist dann abzusehen, wenn besondere persönliche oder arbeitseinsatzpolitische Gründe die Belassung des Facharbeiters in seiner berufsfremden Tätigkeit geboten erscheinen lassen.
11. Die angelernten Berufsangehörigen von Mangelberufen sind im Sinne dieser Bestimmungen den Facharbeitern gleichgestellt.

Abschnitt III.

12. Wird in einzelnen Wirtschaftszweigen für durchzuführende Arbeiten eine Dringlichkeitsstufe festgelegt, so sind die Arbeitsämter berechtigt, den Unternehmer zu verpflichten, Facharbeiter der Mangelberufe von einer Arbeit weniger dringlicher Rangfolge zu einer Arbeit höherer Dringlichkeit zu versetzen. Soweit die Versorgung von Vorhaben höherer Dringlichkeit mit Facharbeitern innerhalb des Rahmens eines Unternehmens nicht erreicht werden kann, sind die Arbeitsämter berechtigt, Arbeitskräfte aus Projekten niederer Dringlichkeit abzuziehen und anderen Unternehmungen zuzuweisen für Arbeiten höherer Dringlichkeit. Die Zuweisung erfolgt nur aus klar umrissenen Dringlichkeitsgründen. Die Bestimmungen der Paragraphen 10 und 11 sind in diesem Zusammenhang anzuwenden.

Abschnitt IV.

13. Ein Arbeitgeber oder Arbeitnehmer, der eine Verletzung dieser Anordnung zuläßt, hat jedwede gesetzliche Bestrafung — mit Ausnahme der Todesstrafe — zu gewärtigen, die von einem zuständigen deutschen Gericht oder gegebenenfalls von einem Alliierten Militärgericht ausgesprochen wird.

Berlin, den 17. Dezember 1945.

M. J. Krisman,
Oberstleutnant, Vorsitz führender Stabschef.

Die **Sozialversicherung** ist für **Groß-Berlin** neu geregelt worden. An Stelle der bisherigen Kranken-, Unfall-, Invaliden-, Angestellten-, Arbeitslosen- und Knappschaftsversicherung, ist ein einheitlicher Träger der Berliner Sozialversicherung, nämlich die **Versicherungsanstalt Berlin** geschaffen worden. Damit wurde ein Organ geschaffen, welches gleichzeitig die bisherigen Träger der Sozialversicherung zur Sicherung vorhandener Vermögenswerte unter treuhänderische Verwaltung stellt. Für die gesamte Sozialversicherung wird ein einheitlicher Beitrag erhoben, der nicht höher ist, als die bisherigen im einzelnen erhobenen Beiträge. Jedem ist es unbenommen, sich auch freiwillig zu versichern. Durch diese Vereinheitlichung der gesamten Sozialversicherung sind die bisherigen Verwaltungskosten erheblich, und zwar um die Hälfte der bisherigen Verwaltungskosten gesenkt worden. Jedoch gilt die in Berlin durchgeführte Vereinheitlichung der Sozialversicherung vorläufig nur für Groß-Berlin. Vgl. hierzu die Anordnungen des Magistrats Berlin vom 14. 7. 1945 (V. 1 S. 65—66).

Wiederaufbau der Sozialversicherung.

Zur Wiederingangsetzung der Sozialversicherung, deren wirtschaftliche Grundlagen durch den Faschismus völlig ruiniert worden sind, wird aus Gründen der Arbeitsvereinfachung folgendes angeordnet:

1. Alle in Berliner Betrieben beschäftigten Arbeiter und Angestellten sowie Gewerbetreibende, die nicht mehr als fünf fremde Personen beschäftigen, sind gegen Krankheit, Unfall, Invalidität und Alter bei der Versicherungsanstalt Berlin versichert.
2. An Stelle der unterschiedlichen Beiträge wird ab 1. Juli 1945 ein einheitlicher Beitrag für die Sozialversicherung erhoben, und zwar vom Arbeitnehmer 10 % des Bruttoarbeitsverdienstes, vom Unternehmer ebenfalls 10 % des Bruttoarbeitsverdienstes.
3. Nähere Durchführungsbestimmungen erläßt der Magistrat der Stadt Berlin, Abteilung für Sozialwesen.

Berlin, den 14. Juli 1945.

Der Magistrat der Stadt Berlin.
Der Oberbürgermeister.

Ingangsetzung der Sozialversicherung in Berlin[1]).

Auf Grund der Anordnung des Magistrats vom 14. Juli 1945 über die Sozialversicherung in Berlin wird hiermit folgendes bestimmt:

A. Organisatorisches.

1. Die Versicherungsanstalt Berlin nimmt mit Wirkung vom 1. Juli 1945 ihre Tätigkeit auf. Sie ist der einheitliche Versicherungsträger für die gesamte Sozialversicherung Berlins.
2. Die Hauptverwaltung der Versicherungsanstalt befindet sich in Berlin SO, Rungestr. 3/6. In sämtlichen Berliner Bezirken werden Bezirksverwaltungsstellen errichtet. Die Schaffung von Nebenstellen ist vorgesehen.

   Betriebsverwaltungsstellen sind vorläufig in den Geschäftsräumen folgender Betriebe, zum Teil in Anlehnung an stillgelegte Betriebskrankenkassen, eingerichtet worden: Magistrat der Stadt Berlin, Post, Eisenbahn, BVG, Polizei, Siemens, Tesch-Tiefbau, Gasag. Außerdem ist eine besondere Abteilung für das Handwerk errichtet worden.

B. Krankenversicherung.

3. Als erster Teilabschnitt der für den Bereich der Stadt Berlin vereinheitlichten Sozialversicherung wird mit Wirkung vom 1. Juli 1945 die Krankenversicherung in Gang gesetzt. Ihre Durchführung liegt bei der Abteilung Krankenversicherung der Versicherungsanstalt Berlin (Krankenkasse).

---

[1]) Die Versicherungsanstalt Berlin ist kein Teil der städtischen Verwaltung Berlins. Sie hat nach §§ 115, 117 der RVO, da sie der früheren Versicherungsträgerin gleichzustellen ist, im allgemeinen keine Gebührenfreiheit vor Gericht. Die Gerichte haben ihr aber gebührenfrei Rechtshilfe zu gewähren. Auch im Vollstreckungsverfahren, wegen rückständiger Beiträge, und auch hierbei im Offenbarungseidverfahren. Nur Auslagen müssen sie erstatten. So LG. Berlin. 24. T. 577. 47.

4. Die Versicherungspflicht ergibt sich aus der Anordnung über die Sozialversicherung in Berlin, Ziffer 1. Es sind also versicherungspflichtig[1]):
   a) ohne Ausnahme alle in Berliner Betrieben gegen Entgelt beschäftigten Personen einschließlich der Lehrlinge;
   b) Gewerbetreibende und Selbständige, die in ihren Betrieben nicht mehr als fünf fremde Personen beschäftigen.
5. Alle übrigen Berliner sind berechtigt, sich freiwillig gegen Krankheit, Unfall, Invalidität und Alter zu versichern. Sie haben ein ärztliches Zeugnis darüber vorzulegen, daß am Tage des Beitritts eine Krankheit oder Invalidität nicht besteht. Berliner, die Mitglieder der stillgelegten Krankenkassen oder einer privaten Krankenversicherungseinrichtung waren, können zu der Versicherungsanstalt Berlin ohne Vorlage eines ärztlichen Gesundheitszeugnisses übertreten, wenn sie dies bis zum 31. August 1945 beantragen. Eine etwaige Wartezeit fällt fort.
6. An Leistungen werden gewährt: ärztliche Behandlung, Arznei, Krankengeld, Krankenhauspflege, Wochenhilfe, Sterbegeld, Familienhilfe. Nähere Auskunft über die Leistungen erteilen die Verwaltungsstellen.
7. Rentenempfängern der Versicherungsanstalt, die ohne besondere Beitragsleistung als versichert gelten, und alle Personen, die von der Abteilung für Sozialwesen des Magistrats laufend unterstützt werden, wird freie ärztliche Behandlung, Arznei, Krankenhauspflege, Wochenhilfe und Familienhilfe gewährt.
8. Freiwillig Versicherte erhalten die vollen Versicherungsleistungen mit Ausnahme von Krankengeld und ähnlichen Barleistungen.
9. Krankenscheine sind bei den Verwaltungsstellen und bei den Unternehmern von Betrieben mit mehr als fünf Versicherten erhältlich. Die Krankenscheine berechtigen zur Behandlung bei allein in Berlin ansässigen Ärzten, Zahnärzten und Dentisten (vgl. die Bekanntmachung des Magistrats der Stadt Berlin, Abteilung für Gesundheitsdienst).
10. Es wird ein Einheitsbeitrag für die gesamte Sozialversicherung — Kranken-, Unfall-, Invaliden- und Altersversicherung — erhoben, und zwar vom Arbeitnehmer 10 % des Bruttoarbeitsverdienstes und vom Unternehmer ebenfalls 10 % des Bruttoarbeitsverdienstes (vgl. Magistratsanordnung vom 14. Juli, Ziffer 2).
    a) Gewerbetreibende zahlen vorbehaltlich der endgültigen Abrechnung nach ihrem Einkommen vorläufig folgende Beiträge (monatlich): ohne Beschäftigte = 12 RM; 1 Beschäftigter = 15 RM; 2 Beschäftigte = 18 RM; 3 Beschäftigte = 24 RM; 4 Beschäftigte = 30 RM; 5 Beschäftigte = 45 RM.
    b) für Lehrlinge ohne Entgelt beträgt der Gesamtbeitrag 6 RM monatlich, der vom Unternehmer zu entrichten ist.
    c) Freiwillig Versicherte zahlen einen Beitrag von 6 RM, der sich lediglich auf die Krankenversicherung bezieht. Bezüglich der Beitragszahlung für die Unfall-, Invaliden- und Altersversicherung von freiwillig Versicherten ergehen noch weitere Anordnungen.
11. An- und Abmeldungen der Versicherten durch die Unternehmer, erfolgen nicht. Die Unternehmer sind jedoch verpflichtet, dem Versicherten für die Zwecke der Krankenversicherung bei Bedarf Bescheinigungen über Beginn und Ende

[1]) Zur Zeit läuft ein Prozeß beim Landgericht Berlin, der wohl auch an das KG. gehen wird. Es handelt sich um die Frage, ob die VA. Berlin den Ärzten, die Kassenpatienten behandeln, 20 v. H. abziehen darf, so daß sie für eine Konsultation nur 0,80 RM erhalten. Das LG. lehnte die Wirksamkeit der MagV. vom 15. 7. 1945 ab, die die Ärzte zur Behandlung von Kassenpatienten verpflichtet, da sie der für Gesetze erforderlichen Form entbehrte, auch keine Unterschriften trage. Zudem sei noch die Preuß. GebO. für Ärzte und Zahnärzte gültig, die einen Mindestsatz von 1 RM festsetzte. Ein Magistratsbeschluß könne aber kein preußisches Gesetz abändern. Ein gleicher Probeprozeß schwebt bei dem Landgericht Berlin bezüglich der Rechtsanwälte, die die VA. zur Zwangsversicherung heranzieht (ab 1. 1. 1947).

der Beschäftigung sowie die Höhe des Entgeltes während der letzten vier Wochen auszustellen.

C. Unfall-, Invaliden- und Altersversicherung.

12. Über die Unfall-, Invaliden- und Altersversicherung ergehen noch weitere Anordnungen. Unfälle von Versicherungspflichtigen sind der Versicherungsanstalt, Abteilung Unfall- und Invalidenversicherung zu melden. Die Meldung kann bei den Verwaltungsstellen erfolgen.

Die Invaliden- und Altersversicherung wird ihre Rentenzahlungen demnächst, vorerst allerdings mit gewissen Beschränkungen aufnehmen.

Berlin, den 14. Juli 1945.

Der Magistrat der Stadt Berlin.
Abt. für Sozialwesen.

Hierzu sind mehrere Bekanntmachungen erlassen worden.

Was die **Sorge für die Opfer des Faschismus** betrifft, so hat der Magistrat der Stadt Berlin eine im V. 1 Bl. 16, 17 veröffentlichte A. vom 5. 7. 1945 erlassen, inhalts deren er den Opfern des Faschismus eine einmalige Geldzahlung in Höhe des Monatsgehalts des höchsten Magistratsbeamten, weiter Sonderzuteilung von Lebensmittelkarten für Schwerarbeiter während der Dauer von drei Monaten, für notwendigen Wohnraum, durch Anweisung nach Möglichkeit in Wohnraum von Faschisten ebenso durch Bereitstellung der notwendigen Kleidung gesorgt werden soll. Auch ist eine besondere gesundheitliche Fürsorge durch Bereitstellung von Freiplätzen in Sanatorien und Erholungsheimen eingeleitet, und sollen die arbeitsfähigen Opfer des Faschismus entsprechend ihren Fähigkeiten bevorzugt in den Arbeitsprozeß eingereiht werden. Kinder von Opfern des Faschismus werden zusätzlich mit Nährmitteln versorgt, für sie werden Plätze im Kinderheim bevorzugt zur Verfügung gestellt, wie auch für ihre berufliche Ausbildung besonders gesorgt wird. Eine weitere V. des Magistrats von Groß-Berlin vom 18. 2. 1947 (V. 3 S. 51, 52) über die Rentenzahlung an Opfer des Faschismus ordnet folgendes an:

1. Anerkannten Opfern des Faschismus, die ihren Wohnsitz oder dauernden Aufenthalt in Berlin haben, werden Renten gewährt, wenn sie erwerbsunfähig sind oder das 65. Lebensjahr erreicht haben.
2. Hinterbliebenen von Personen, die aus politischen Gründen von der nationalsozialistischen Regierung hingerichtet wurden, oder im Konzentrationslager, Zuchthaus oder Gefängnis gestorben sind, oder von anerkannten Opfern des Faschismus wird Hinterbliebenenrente gewährt, wenn sie ihren Wohnsitz oder dauernden Aufenthalt in Berlin haben und vom Hauptausschuß „Opfer des Faschismus" anerkannt sind.
   Hinterbliebenenrente wird gewährt an:
   I. Witwen (Witwer), wenn sie erwerbsunfähig sind oder das 65. Lebensjahr erreicht haben;
   II. Waisen bis zur Erreichung des 18. Lebensjahres, in besonderen Fällen, die der Bestätigung durch den Hauptausschuß „Opfer des Faschismus" unterliegen, bis zur Beendigung der Berufsausbildung, jedoch nicht länger als bis zur Erreichung des 25. Lebensjahres.
3. Renten für Opfer des Faschismus und ihre Hinterbliebenen werden gezahlt in Höhe der jeweiligen Sätze der Renten für Versicherte der Angestelltenversicherung Gruppe 10 H (Endsätze), zur Zeit

I. Renten	170 RM. monatlich
II. Witwenrenten	85 RM. monatlich
III. Waisenrenten	68 RM. monatlich.

4. Haben anerkannte Opfer des Faschismus und ihre Hinterbliebenen auch Anspruch auf Rentenversicherung durch die Versicherungsanstalt Berlin, so wird lediglich die höhere Rente gewährt.
5. Für die Beurteilung der Erwerbsunfähigkeit gelten die Bestimmungen der Versicherungsanstalt Berlin.
6. Die Durchführung der Zahlung wird der Versicherungsanstalt Berlin übertragen. Die Mittel sind im Haushalt der Stadt Berlin bereitgestellt und der Versicherungsanstalt Berlin zu erstatten, Rentenansprüche von anerkannten Opfern des Faschismus und ihren Hinterbliebenen an die Versicherungsanstalt Berlin sind gegen Rentenzahlungen auf Grund dieser Verordnung zu verrechnen.

Nach einer Direktive der K. Berlin (V. 2 S. 382ff) über die **Klassifizierung der Lebensmittelkarten** nach Gruppen für die Berliner Bevölkerung ab 1. 10. 1946 wird die Berliner Bevölkerung in fünf Gruppen eingeteilt und erhält entsprechende Lebensmittelkarten. Die Lebensmittelkarte III ist seit dem 1. 4. 1947 auch für Hausfrauen und ältere Männer und Frauen eingeführt worden.

Am 21. 1. 1948 hat die Kommandantur Berlin mit einigen Abänderungen die letzte Fassung der Magistratsvorschläge über die Einstufung der Bevölkerung der Stadt Berlin in die Lebensmittelkartengruppen bestätigt. Nach diesem Beschluß wird die Karte I an 4 Prozent, die Karte II an 30 Prozent der Gesamtbevölkerung Berlins ausgegeben. Die Magistratsvorschläge waren zur Zeit dieses Abschlusses noch nicht veröffentlicht.

Nach offiziellen Angaben von Ende März haben in Berlin im ersten Quartal dieses Jahres 3,3 % der Bevölkerung die Lebensmittelkarte I erhalten. 28,8 % erhielten Karte II, 49,6 % Karte III, und 18,4 % die Karte IV (Kinderkarte).

IV. Bestehen alte Schulden weiter?[1]

Was die Behandlung alter, d. h. vor dem 8. 5. 1945 entstandener Schulden betrifft, so ist für die **sowjetische Zone,** also nicht für Berlin, eine V. über die gerichtliche Behandlung der Fälligkeit mit Ermächtigung der sowjetischen Miltäradministration in Deutschland von der deutschen Finanzverwaltung gemeinsam mit der Justizverwaltung erlassen worden, inhalts deren zum ersten Male ausdrücklich ausgesprochen wurde, daß niemand von der Zahlung alter Schulden befreit ist. Der Schuldner hat nur die Möglichkeit, die **gerichtliche Vertragshilfe** des **Amtsgerichts** anzurufen. Voraussetzung ist jedoch, daß sich der Schuldner in einer schweren wirtschaftlichen Notlage befindet und keine Mittel zur Bezahlung seiner fällig werdenden oder rückständigen Schulden hat, oder daß er als Inhaber eines in Betrieb befindlichen Unternehmens durch die fristgemäße Bezahlung seiner Schulden genötigt wäre, wegen Fehlens von Mitteln den Betrieb seines Unternehmens einzustellen. Solange keine Entscheidung des Amtsgerichts vorliegt, kann der Gläubiger seine Forderung geltend machen. Für Verbindlichkeiten, deren Gläubiger und Schuldner zur Zeit der Stellung des Antrages ihren Wohnsitz in der sowjetischen Besatzungszone haben, und sofern es sich nicht um Verbindlichkeiten gegenüber Banken, Sparkassen und anderen Geld- und Kreditinstituten handelt, und schließlich mit Ausnahme von Steuern, Zöllen, Geldstrafen und anderen öffentlich rechtlichen Verpflichtungen, kann das Amtsgericht, bei dem der Schuldner seinen allgemeinen Gerichtsstand hat, bei Ansprüchen, die durch Hypo-

[1]) Vgl. den Aufsatz des KG.-Rats Schultze-Rhonhof in der Jurist. Rundschau 1947, Heft 1 S. 5ff.: Die Beurteilung der alten Schulden.

theken oder Grundschulden gesichert sind, bei dem Amtsgericht, in dessen Bezirk das Grundstück liegt, der Schuldner die Vertragshilfe erst in Anspruch nehmen, wenn er eine außergerichtliche Einigung erfolglos versucht hat. Weitere Voraussetzung ist, daß der Schuldner den Anspruch anerkennt.

In dem Antrag soll der Schuldner seine Erwerbs- und Vermögensverhältnisse sowie das Ausmaß, in welchem seine Zahlungsfähigkeit durch die Auswirkung des Krieges beeinträchtigt worden ist, angeben. Ferner hat er eine Vermögensübersicht sowie ein Verzeichnis der Gläubiger und Schuldner beizufügen. Erst wenn die vom Gericht versuchte Einigung der Parteien erfolglos war, erläßt das Gericht einen begründeten Beschluß, gegen den innerhalb zwei Wochen die sofortige Beschwerde an das Landgericht möglich ist.

In einer am 3. 4. 1946 (V. 2 S. 157) erlassenen Verfügung weist der Präsident des Kammergerichts darauf hin, daß die Verordnung über die Vertragshilfe vom 30. 11. 1941 in der Fassung vom 11. 12. 1942 auch bei allen nicht geregelten alten Schulden Anwendung finden könne. Weiterhin kämen auch das G. zur Verhütung mißbräuchlicher Ausnutzung von Vollstreckungsmöglichkeiten vom 13. 12. 1934 und die Verordnung über Maßnahmen auf dem Gebiete des bürgerlichen Streitverfahrens, der Zwangsvollstreckung und — des Konkurs — des bürgerlichen Rechts vom 1. 9. 1939 in Verbindung mit der Verordnung über weitere Maßnahmen auf dem Gebiete der Zwangsvollstreckung vom 31. 10. 1939 zur Anwendung.

Die **Praxis der Zivilkammern des Berliner Landgerichts** geht bei der Behandlung alter, d. h. vor dem 8. 5. 1945, dem Tage der bedingungslosen Kapitulation der gesamten deutschen Streitkräfte entstandenen Schulden in Ermangelung einer reichsgesetzlichen einheitlichen Regelung für Deutschland dahin, daß diese grundsätzlich fortbestehenden Schulden je nach den wirtschaftlichen Verhältnis beider Teile nicht nur zur Zahlung, sondern auch zur Stundung, Ratenzahlung oder gar zum Erlaß der alten Schuld führen kann, es kommt mithin jeweils auf den einzelnen Fall an. Eine Ausnahme gilt nur für die Schulden der **Post** und **Eisenbahn**[1]).

---

[1]) Was eine „Eisenbahn" im Sinne des Reichshaftpflichtgesetzes vom 7. 6. 1874 ist hat RGBl. I S. 253 entschieden. Es führte damals aus:

„Ein Unternehmen, gerichtet auf wiederholte Fortbewegung von Personen oder Sachen über nicht ganz unbedeutende Raumstrecken auf metallener Grundlage, welche durch ihre Konsistenz, Konstruktion und Glätte den Transport großer Gewichtsmassen, beziehungsweise die Erzielung einer verhältnismäßig bedeutenden Schnelligkeit der Transportbewegung zu ermöglichen bestimmt ist, und durch diese Eigenart in Verbindung mit den außerdem zur Erzeugung der Transportbewegung benutzten Naturkräften (Dampf, Elektrizität, tierischer oder menschlicher Muskeltätigkeit) bei geneigter Ebene der Bahn auch schon der eigenen Schwere der Transportgefäße und deren Ladung usw.) bei dem Betriebe des Unternehmers auf derselben eine verhältnismäßig gewaltige je nach den Umständen nur in bezweckter Weise nützliche, oder auch Menschenleben vernichtende und die menschliche Gesundheit verletzende Wirkung zu erzeugen fähig ist."

Mozkowski im „Stuss im Jus", Verlag der Lustigen Blätter in Berlin berichtet hierzu, daß als diese Entscheidung des Reichsgerichts über den Begriff „Eisenbahn" bekannt wurde, sich die Eisenbahnbeamten zur Beantwortung der reziproken Frage, was ist ein „Reichsgericht"? vereinigten. Die Lösung lautete:

„Ein Reichsgericht ist eine Einrichtung, welche dem allgemeinen Verständnis entgegenkommen sollende, aber bisweilen durch sich nicht ganz vermeiden haben lassende, nicht ganz unbedeutende beziehungsweise verhältnismäßig gewaltige Fehler im Satzaufbau auf der schiefen Ebene des durch verschnörkelte und ineinandergeschachelte Perioden ungenießbar gemachten Kanzleistils herabgerollte Definitionen, welche das menschliche Sprachgefühl verletzende Wirkung zu erzeugen fähig sind, liefert."

Die Post stellt sich auf den Standpunkt, daß sie nicht Rechtsnachfolger der alten Reichspost sei. Das verstößt jedoch an sich gegen den § 419 BGB., welcher besagt, daß, wenn durch Vertrag jemand das Vermögen eines anderen übernimmt, dessen Gläubiger, unbeschadet der Fortdauer der Haftung des bisherigen Schuldners, von dem Abschluß des Vertrages ab ihre zu dieser Zeit bestehenden Ansprüche auch gegen den Unternehmer geltend gemacht werden können. Dies gilt auch dann, wenn kein Vertrag vorliegt, sondern nur tatsächlich die sämtlichen aktiven Vermögensbestandteile übertragen oder übernommen werden (Entscheidung des Reichsgerichts in der Juristischen Wochenschrift 1937 S. 38). Auf dem gleichen Standpunkt steht die **deutsche Reichsbahn.**

Hierzu kommt jedoch, daß für die drei westlichen Zonen eine ausdrückliche Anweisung der Militärregierung vorliegt, inhalts deren die Reichsbahn keine Zahlungen leisten darf aus Schulden, die aus der Zeit **vor** dem 8. 5. 1945 stammen.

Was die **Eintreibung von Gerichtsgebühren** aus der **Vorbesetzungszeit betrifft**, so hat die Alliierte Kommandantur Berlin angeordnet, daß die Eintreibung genehmigt wird, jedoch erklärt, daß sich diese Anordnung nicht auf frühere Kriminalverfahren erstreckt. (A. vom 31. 1. 1947.)

Hiernach werden alle Gebühren und Auslagen, die in Sachen der streitigen und freiwilligen Gerichtsbarkeit und Abgaben für Justizverwaltungsgeschäfte entstanden und fällig geworden sind, eingezogen. Die Einziehung erfolgt durch die Gerichtskassen der Berliner Gerichte und der für sie zuständigen Behördenleiter nach den gleichen Bestimmungen, die für die Einziehung der nach Beendigung der Kampfhandlungen entstandenen und fällig gewordenen Gerichtskosten gelten.

Hinsichtlich der Entscheidungen über Einwendungen und Erinnerungen gegen den Kostenansatz haben die Berliner Gerichte übereinstimmend entschieden, daß hierüber nicht mehr nach § 13 der Durchf.-V. zur Kriegsmaßnahme — Kriegsbeschwerdeverordnung vom 12. 5. 1943 (RGBl. I S. 292) — im Verwaltungswege zu entscheiden ist. Es soll daher zunächst auch der Rechtsprechung die Entscheidung der anderen Frage überlassen werden, ob die jetzt in Berlin tätigen Gerichte auch zur Entscheidung über Einwendungen und Erinnerungen gegen den Kostenansatz aus der Zeit vor Beendigung der Kampfhandlungen zuständig sind. Natürlich sind Niederschlagsanträge zulässig. (Gen. 56/A. 2. 47 des Chefpräsidenten Berlin vom 10. 3. 1947.)

Eine Frage ist die, ob sich der Gläubiger gefallen lassen muß, daß der Schuldner die Schuld in der jetzigen Währung zurückzahlt. Man denke an den Fall, daß ein Hypothekengläubiger dem Grundstückseigentümer einen Betrag von 100000 Goldmark vor dem 1. Weltkrieg gegen Bestellung einer Hypothek auf dem Grundstück gegeben hat. Wenn der Schuldner diese Schuld in der heutigen Währung zurückzahlt, sollte die Einrede der Arglist gegeben sein (§§ 826, 249 BGB.). Diese Frage sollte gesetzlich geregelt werden. Nach einer Notiz im „Tagesspiegel" vom 25. 7. 1947 hat die amerikanische Militärregierung in einer Ergänzungsverordnung Nr. 1 zum G. Nr. 51 bestimmt, daß die Rückzahlung von Schulden in den 4 Ländern der amerikanischen Zone nach

---

Eine derartige Entgleisung des RG. war wohl „einmalig". Die Entscheidungen der letzten Jahrzehnte dieses obersten Gerichtshofes kennen solche Entgleisungen nicht mehr und zeichnen sich auch in der Hauptsache durch einen guten Stil aus*).

*) Vgl. aber noch RGZ. in JW. 1910 S. 654, wo das Froschgequake als der von Fröschen ausgehende Gesang bezeichnet wird.

dem Grundsatz: „Mark gleich Mark" zu erfolgen habe. Sämtliche Verpflichtungen, die auf irgendeine Art deutscher Markbezeichunngen einschließlich Goldmark lauten oder sich an einer gleitenden Preisskala orientieren, werden bei Fälligkeit durch die Bezahlung in Reichsmark oder alliierter Militärmarknoten vollgültig abgedeckt. Diese Verordnung wurde durch die Praxis der deutschen Gerichte in der britischen Zone veranlaßt, nach der der Gläubiger die Reichsmark als gesetzliches Zahlungsmittel zurückweisen könne.

Jetzt hat die A. K. Berlin folgende Anordnung in V. 3 S. 247 erlassen:

Abänderung Nr. 1 zu BK/Ord (45) Nr. 2 vom 9. August 1945 — Ges. Zahlungsmittel.

Um jeden Zweifel unter der Bevölkerung, der über die Auslegung des Ausdrucks „Gesetzliche Zahlungsmittel in Deutschland" bestehen könnte, zu begegnen, ordnet die Alliierte Kommandantur Berlin wie folgt an:

1. § 4 der A. der A. K. — Ref BK/Ord (45) Nr. 2 — vom 9. 8. 1945 ist durch folgenden Paragraphen zu ersetzen:

   „Jede Verbindlichkeit, gleichviel, ob durch Sicherheit gedeckt oder nicht, welche lautet auf Reichsmark, Rentenmark, sonstige gesetzli he Zahlungsmittel in Markwährung, Goldmark, Mark, deren Wert sich nach einer beweglichen Skala oder sonstwie nach dem Feingoldpreis (Goldklausel) oder dem Preis sonstiger Edelmetalle, Waren, Wertpapiere oder Währungen außer den deutschen Währungen (Stabilisierungsklausel) richtet, gleichwohl, ob die Verbindlichkeit vor oder nach dem Inkrafttreten dieses Gesetzes fällig wird, kann ungeachtet der Bestimmungen der §§ 157, 242 und 607 des BGB bezw. der Besimmungen irgendwelches anderen deutschen Gesetzes, bei Fälligkeit durch Zahlung in Reichsmarknoten oder in Marknoten der Alliierten Militärbehörden, Mark für Mark abgetragen werden, und der Gläubiger ist in allen Fällen verpfichtet, Reichsmarknoten und Noten der Alliierten Militärbehörden zum Nennwert zur Erfüllung der Verbindlichkeiten in Zahlung zu nehmen. Niemand darf Vereinbarungen treffen, oder anbahnen, oder sich zur Anbahnung solcher anbieten, kraft denen eine Zahlung in ausländischer Währung oder eine Lieferung von ausländischer Währung erfolgen sollte, es sei denn, daß die Ermächtigung hierzu seitens einer Alliierten Militärregierung erteilt worden ist.
2. Die Unzulässigkeit irgendwelcher kraft der A. der A. Kommandantur — Ref. BK/Ord (45) Nr. 3 — und A. — BK/Ord (46) 337 — oder sonstiger A. der A. K. untersagter Zahlungsleistung bleibt von der jetzigen Anordnung unberührt
3. Diese neue Fassung tritt am Tage der Veröffentlichung in Kraft.

Im Auftrage der Alliierten Kommandantur Berlin:
Der vorsitzführende Stabschef
I. V.: J. de Monleon. Lt.-Colonel.

V. Was insbesondere die alten Lebensversicherungsverträge betrifft, so gilt in Groß-Berlin

folgendes:

Den Versicherungsgesellschaften ist die Wiederaufnahme ihrer Tätigkeiten wieder gestattet.

Die Alliierte Kommandantur der Stadt Berlin hat an den Oberbürgermeister einen Befehl erlassen, durch dem diesen gestattet wird, alle Berliner Kontore der Lebensversicherungsgesellschaften anzuweisen, einmalige Auszahlungen von Lebensversicherungen im Todesfall oder nach Erreichung eines bestimmten Alters entsprechend der Versicherungspolizen, die vor dem 8. 5. 1945

abgeschlossen wurden, vorzunehmen. Hierin liegt eine Ermächtigung an den OBM der Stadt Berlin, sich mit dem Aufsichtsamt der Versicherungsunternehmungen wegen dieser Frage in Verbindung zu setzen. Nach den Ermittlungen halten die Versicherungsunternehmungen eine Auszahlung von 25% für den Deckungsstock ohne weiteres für tragbar, wobei spätere Nachzahlungen nicht ausgeschlossen sind. Auf dieser Grundlage können auch sofort Auszahlungen auf die in Frage kommenden Versicherungen geleistet werden.

Die von der deutschen Arbeitsfront angeschlossenen Versicherungsgesellschaften sind aufgelöst durch G. Nr. 57 des K. (V. 3 S. 197).

Kontrollratsgesetz Nr. 57.

Auflösung und Liquidierung von der Deutschen Arbeitsfront angeschlossenen Versicherungsgesellschaften. Auf Grund des Gesetzes Nr. 2 des Kontrollrates über die Auflösung und Liquidierung der nationalsozialistischen Organisationen erläßt der Kontrollrat das folgende Gesetz:

Artikel 1.

Die folgenden Versicherungsgesellschaften und deren Rechtsnachfolger, sowie alle durch Verschmelzung oder Zusammenschluß mit einer dieser Gesellschaften gebildeten Gesellschaften werden hiermit aufgelöst und sind gemäß den Bestimmungen dieses Gesetzes zu liquidieren: 1. Deutscher Ring, Krankenversicherung, Verein auf Gegenseitigkeit, Hamburg; 2. Deutscher Ring, Lebensversicherungs-Aktiengesellschaft der Deutschen Arbeitsfront, Hamburg; 3. Deutscher Ring, Transport- und Fahrzeug-Versicherungs-Aktiengesellschaft, Hamburg; 5. Volksfürsorge, Lebensversicherungs-Aktiengesellschaft der Deutschen Arbeitsfront,tHamburg; 6. Gisela, Deutsche Lebens- und Aussteuer-Versicherung, Aktiengesellschaft in München, München; 7. CERES, Hagelversicherungsgesellschaft auf Gegenseitigkeit, Berlin.

Artikel 2.

Jede Verschmelzung oder jeder Zusammenschluß von zwei oder mehreren der in Artikel 1 aufgeführten Gesellschaften wird mit rückwirkender Kraft für nichtig erklärt. Jede dieser Gesellschaften ist in den Liquidierungsverfahren als gesonderte Einheit zu behandeln.

Artikel 3.

Über alle beweglichen und unbeweglichen Vermögenswerte und Aktiven, gleich welcher Art, sowie über alle Akten, Konten, Urkunden und Archive, die einer der in Artikel 1 aufgeführten Gesellschaften gehören, ist nach Maßgabe der Bestimmungen der Artikel 4 bis 10 dieses Gesetzes zu verfügen.

Artikel 4.

I. Zwecks Wahrung der Rechtsansprüche der Inhaber von Versicherungspolicen und sonstiger Gläubiger der in Artikel 1 aufgeführten aufgelösten Gesellschaften können die Zonenbefehlshaber in ihren Zonen und die Alliierte Kommandantura im Gebiete von Groß-Berlin die Errichtung von geeigneten deutschen Organisationen demokratischen Charakters in den betreffenden Zonen bzw. im Gebiete von Groß-Berlin genehmigen, die den Zweck haben, in den betreffenden Zonen bzw. im Gebiete von Groß-Berlin die Aktiven sowie die laufenden Versicherungspolicen und sonstigen Verbindlichkeiten der aufgelösten Gesellschaften zu übernehmen.

II. Die in Absatz I dieses Artikels erwähnten Organisationen sind bei ihrer Errichtung von der Zahlung der sonst bei Errichtung derartiger Gesellschaften erhobenen Steuern befreit. Jedoch sind diese Organisationen zur Zahlung von Notariatsgebühren verpflichtet.

Artikel 5.

Sämtliche Verbindlichkeiten einer jeden der auf Grund Artikel 1 aufgelösten Gesellschaften sind nach dem Stande des Tages, an dem dieses Gesetz in Kraft tritt, aufzuteilen und den einzelnen Besatzungszonen Deutschlands und dem Gebiete von Groß-Berlin nach den folgenden Grundsätzen zuzuweisen:

I. Eine Police gilt in derjenigen Besatzungszone oder im Gebiete von Groß-Berlin als laufend, wo am Tage des Inkrafttretens dieses Gesetzes seinen gesetzlichen Wohnsitz hat a) der Versicherte oder b) der Berechtigte, im Falle bereits erfolgter Anspruchsanmeldung oder im Falle einer Rentenverpflichtung.

II. Festgestellte Verbindlichkeiten gegenüber allen anderen Gläubigern gelten in derjenigen Besatzungszone bzw. im Gebiete von Groß-Berlin als laufend, wo der betreffende Gläubiger am Tage des Inkrafttretens dieses Gesetzes seinen gesetzlichen Wohnsitz hat.

III. Policen und Verbindlichkeiten, die aus einer Versicherung berechtigte oder sonstige Gläubiger betreffen, die ihren gesetzlichen Wohnsitz außerhalb Deutschlands haben, gelten in derjenigen Besatzungszone Deutschlands oder im Gebiete von Groß-Berlin als laufend, wo die aufgelöste Gesellschaft am Tage des Inkrafttretens dieses Gesetzes ihre Hauptniederlassung hat. Diese Policen und Verbindlichkeiten sind von allen sonstigen in der betreffenden Besatzungszone Deutschlands bzw. im Gebiete von Groß-Berlin bestehenden Verbindlichkeiten bis zu ihrer endgültigen Abwicklung getrennt zu halten. Das Verfahren für die Abwicklung der Ansprüche von Personen, die ihren Wohnsitz außerhalb Deutschlands haben, soweit sie mit der Liquidierung der oben erwähnten Versicherungsgesellschaften im Zusammenhange stehen, bleibt der Entschließung des Kontrollrates vorbehalten.

Artikel 6.

I. Sobald wie möglich nach der Aufstellung der Verbindlichkeiten unter die verschiedenen Zonen und das Gebiet von Groß-Berlin sind alle in den verschiedenen Zonen und im Gebiete von Groß-Berlin befindlichen Aktiva einer jeden der aufgelösten Gesellschaften, mit Ausnahme der unter Artikel 8 fallenden Aktiva, in der gleichen Weise zuzuweisen und nötigenfalls den einzelnen Besatzungszonen oder dem Gebiete von Groß-Berlin zu übertragen, und zwar so, daß der Gesamtbetrag der Aktiva in den einzelnen Besatzungszonen und im Gebiete von Groß-Berlin in dem gleichen Verhältnis zu dem Gesamtbetrage der Aktiva der aufgelösten Gesellschaften steht, wie es für die Aufteilung der Verbindlichkeiten gemäß Artikel 5 festgesetzt ist.

II. Die Aktiva einer aufgelösten Gesellschaft, die der Zone ihres Sitzes oder dem Gebiete von Groß-Berlin, wenn dieses der Sitz ist, zugewiesen werden, sind auf die gemäß Artikel 4 errichteten Organisationen zu übertragen und von diesen Organisationen im Verhältnis der Inlands-Auslands-Verbindlichkeiten innerhalb der betreffenden Zone oder des Gebietes von Groß-Berlin aufzuteilen. Der auf die Auslandsverbindlichkeiten entfallende Anteil ist von den übrigen Aktiva in der betreffenden Zone bzw. im Gebiete von Groß-Berlin bis zur endgültigen Abwicklung aller Auslandsverbindlichkeiten getrennt zu halten. Ein nach entgültiger Abwicklung verbleibender Überschuß von Aktiva soll danach entsprechend der für die Verteilung der übrigen Aktiva in Absatz I dieses Artikels vorgesehenen Weise zur Verteilung verfügbar sein. Falls der so zugunsten ausländischer Policen-Inhaber und Gläubiger geschaffene Fonds nicht zur Deckung dieser Verbindlichkeiten in der gleichen Höhe ausreicht, in der die inländischen Verbindlichkeiten gedeckt sind, steht den als Träger der ausländischen Verbindlichkeiten gebildeten Organisationen gegen die übrigen gemäß Artikel 4 in den anderen Besatzungszonen und in dem Gebiete von Groß-Berlin gebildeten Organisationen ein Anspruch auf anteilige Übernahme des Fehlbetrages zu. Unter keinen Umständen dürfen Policen-Inhaber oder Gläubiger, die Staatsangehörige einer der Vereinten Nationen sind, weniger günstig gestellt werden als Policen-Inhaber oder Gläubiger in Deutschland.

Artikel 7.

Die Büros, Materialien und Einrichtungen, sowie sonstige von dem Befehlshaber der betreffenden Zone als erforderlich erachteten Aktiva der aufgelösten Gesellschaften können ganz oder teilweise den neu errichteten Organisationen entsprechend den aus der Durchführung der in Artikel 6 dieses Gesetzes beschriebenen Aufgaben e wachsenden Bedürfnissen zugeteilt werden.

Artikel 8.

Die Anwendbarkeit des Gesetzes Nr. 5 oder anderer gesetzlicher Bestimmungen des Kontrollrates bezüglich der Auslandsvermögen deutscher Versicherungsgesellschaften wird durch die Bestimmungen dieses Gesetzes in keiner Weise berührt.

Artikel 9.

Alle beweglichen und unbeweglichen Vermögenswerte, Aktiva, Akten, Konten, Urkunden und Archive der aufgelösten Gesellschaften, über die weder gemäß Artikel 4 bis 8 dieses Gesetzes noch zugunsten sonstiger Gläubiger verfügt wird, sind gemäß den allgemeinen Anweisungen des Kontrollrates über die Verwendung von Vermögen aufgelöster nationalsozialistischer Organisationen zu verwenden.

Artikel 10.

Die Durchführung dieses Gesetzes obliegt den zuständigen Zonenbefehlshabern und in Groß-Berlin der Alliierten Kommandantura. Die Aufteilung und Zuweisung der Aktiva und Verbindlichkeiten der aufgelösten Gesellschaften erfolgt in der Zone, in welcher die aufgelöste Gesellschaft ihre Hauptniederlage hat, durch den betreffenden Zonenbefehlshaber oder entsprechend seinen Weisungen, und im Gebiete von Groß-Berlin durch die Alliierte Kommandantura oder entsprechend deren Weisungen. Diese Behörden haben dem Versicherungsausschuß des Finanzdirektoriums vierteljährlich Bericht über den Fortschritt der Liquidierung zu erstatten. Der Versicherungsausschuß des Finanzdirektoriums wird mit der Überwachung des Verlaufes der Liquidierung dieser Versicherungsgesellschaften und der Zusammenstellung des diesbezüglichen Materials beauftragt und hat dem Finanzdirektorium über diese Arbeiten Bericht zu erstatten.

Artikel 11.

Dieses Gesetz tritt am 6. September 1947 um 18 Uhr in Kraft. Ausgefertigt in Berlin am 30. August 1947. Die in den drei offiziellen Sprachen abgefaßten Originaltexte dieses Gesetzes sind von Lucius D. Clay, General, Sir Sholto Douglas, Marschall der Royal Air Force, P. Koenig, General der Armee, und W. Sokolowski, Marschall der Sowjetunion, unterzeichnet.

Das Berliner Aufsichtsamt für Versicherungswesen hat nach Prüfung aller Unterlagen den **Berliner Versicherungsunternehmungen** die Weisung erteilt, vom 1. 6. 1947 an vorläufige Zahlungen auch an diejenigen Berliner Versicherten vorzunehmen, deren Versicherung durch Ablauf der vereinbarten Versicherungsdauer endet. Hiermit ist ein weiterer Schritt getan, um zu den ursprünglichen Vertragsbedingungen zurückzukehren. Die neuen Weisungen des Aufsichtsamtes sehen die bereits angekündigte Auszahlung von 25 % der Versicherungssumme für Todesfälle vor der Kapitulation, die noch nicht geregelt waren, vor, sowie für Abläufe (Erleben des vereinbarten Fälligkeitstermins) und schließlich für solche Fälle, in denen die Versicherung infolge Einstellung der Beitragszahlung nicht erneuert wurde. In der Lebensversicherung dürfen Auszahlungen als vorläufige Leistungen bis zu 25 %, jedoch höchstens 20000 RM betragen, Versicherungen bis 100 RM werden voll ausgezahlt. Wann die Endabrechnung erfolgen wird, ist noch nicht zu sagen. Auch in der Pensions- und Rentenversicherung gilt der Höchstsatz von 25 % der vereinbarten Jahresrente. Es dürfen jedoch nicht mehr als 2000 RM gezahlt werden. Weniger als 600 RM sind nur dann zu zahlen, wenn von vornherein eine kleinere Rente vereinbart war. Voraussetzung für die Zahlung ist, daß der Versicherte bei Fälligkeit der Versicherung seinen dauernden Wohnsitz in Berlin hatte. Die Zeitschriften-Versicherung sowie Sterbegeld und Rentenzahlungen aus der Kranken-, Unfall- und Haftpflichtversicheruug fallen nicht unter diese Regelung. Hiermit gelangen die seit langem von den privaten Lebensversicherungen verfolgten Bestrebungen wenigstens zu einem teilweisen Abschluß, wenn er auch noch weit von dem Endziel einer endgültigen und gleichartigen Lösung für alle Zonen entfernt ist.

Ostzone[1]**:**

In der Ostzone gelten alle vor der Kapitulation abgeschlossenen Lebensversicherungsverträge als erloschen. Auf Grund des Befehls Nr. 247 der SMA vom 14. 8. 1946 besteht für die in der Ostzone wohnenden Versicherungsnehmer die Möglichkeit, ihre alten, meist bei privaten Unternehmungen abgeschlossenen Lebensversicherungen fortzusetzen. Das kann aber nur bei der jeweils zustehenden Landes- bzw. Provinzialversicherungsanstalt geschehen, und zwar unter Nachzahlung der Beiträge für 1945 und 1946. Bei einer solchen Fortsetzung der alten Versicherungsverträge durch Neuverträge ist eine volle Auszahlung im Todesfalle bis zu 10000 RM vorgesehen. Im Erlebensfall erfolgt volle Auszahlung bis zu einem Betrage von 500 RM, darüber hinaus mit 50%, höchstens aber 2000 RM. Bei Fortsetzung der Versicherung über den Ablaufstermin hinaus bis zum 1. 5. 1949 kann die Versicherungsleistung bis auf 10000 RM erhöht werden. Das Rentenausmaß bei Fortsetzung alter Verträge ist auf jährlich 200 RM begrenzt.

Westzone:

In den Westzonen galt bisher grundsätzlich der sogenannnte Einbecker Gemeinschaftsplan vom 8. 2. 1946, der im November 1946 eine Erweiterung dahin erfahren hat, daß die gewährten Vorschußleistungen durch Anrechnung der seit dem 8. 5. 1945 gezahlten Beiträge auf durchschnittlich 50% ansteigen. Nunmehr hat der Finanzrat in Frankfurt am Main über die Auszahlung von Leistungen aus Lebensversicherungsverträgen in den vereinigten britischen und amerikanischen Zonen empfohlen, bei Fälligkeit der Versicherung durch Ablauf (Erlebensfall) eine Vorschußzahlung von 50% auf die Vertragssumme erfolgen zu lassen. Bei vorzeitigem Eintritt des Versicherungsfalles (Todesfall) soll die geschuldete Leistung voll gewährt werden, wobei allerdings zum Ausgleich für das Kriegsrisiko und der zeitbedingten Zinsausfälle folgende Abzüge vorgenommen werden: für Leistungen, die im Jahre 1946 fällig waren, 7½% der Vertragssumme, bei Kleinlebensversicherungen wahlweise 15 Monatsprämien, für Leistungen, die im Jahre 1947 fällig werden, 8½% der Versicherungssumme, bei Kleinlebensversicherungen wahlweise 17 Monatsprämien. Für Leistungen, die im Jahre 1948 fällig werden, ist eine Festsetzung vorbehalten worden. Die bisherige Kriegsumlage von 6 pro Mille ist, soweit sie in bar erhoben oder in sonstiger Weise verrechnet wurde, anzurechnen.

Ob die Anstalten, deren Sitz früher nicht in der Bi-Zone lag, diesen Auszahlungsbedingungen nachkommen werden können, ist noch nicht geklärt. Es besteht die Befürchtung, daß einige Anstalten, die im Westen noch kein lebensfähiges Eigengeschäft aufbauen konnten, genötigt sein werden, entweder zur Überbrückung der Schwierigkeiten bis zur Herstellung der deutschen Wirtschaftseinheit Hilfe anderer Anstalten in Anspruch zu nehmen, oder aber für sich Sonderbestimmungen zu fordern. (Berliner Zeitung vom 30. 5. 1947.)

Das Reichsaufsichtsamt für das Versicherungswesen ist für den Bereich von Berlin aufgehoben (V. 1 S. 211). Vgl. hierzu die **V. über die Versicherungswirtschaft in Groß-Berlin vom 10. 9. 1945:**

§ 1.

Auf Grund des dem Magistrat der Stadt Berlin durch den Obersten Chef der Sowjetischen Militärischen Administration erteilten Auftrags auf Selbstverwaltung

[1]) Vgl. den Aufsatz des Reg.-Rats Heinz Roesch in Nr. 4 der Jurist. Rundschau vom Oktober 1947 S. 107: Die Erfüllung alter Verbindlichkeiten durch die Versicherungsanstalten der Ostzone und Jurist. Rundschau Nr. 5/6 von 1947: Die Wahrung alter Rechte von Lebensversicherungsverträgen.

sind die Aufgaben des bisherigen Reichsaufsichtsamts für das Versicherungswesen für den Bereich der Stadt Berlin auf den Magistrat der Stadt Berlin übergegangen.

§ 2.

Beim Magistrat der Stadt Berlin wird ein Aufsichtsamt für das Versicherungswesen der Stadt Berlin errichtet.

§ 3.

Die bisher vom Reichsaufsichtsamt für das Versicherungswesen ausgeübten Befugnisse werden im Bereich der Stadt Berlin durch den Magistrat der Stadt Berlin ausgeübt. Die Durchführung obliegt dem Aufsichtsamt für das Versicherungswesen der Stadt Berlin.

§ 4.

Sämtliche in Groß-Berlin arbeitenden Versicherungsunternehmen bedürfen zur Fortsetzung ihres Geschäftsbetriebs der Erlaubnis des Aufsichtsamtes für das Versicherungswesen. Bis zur Erteilung der Erlaubnis ist ein Geschäftsbetrieb unzulässig.

§ 5.

Die Verordnung tritt mit dem Tage ihrer Verkündung in Kraft.

Die Vermögenslage der Versicherungsgesellschaften ist durch den Krieg erheblich betroffen worden. In welchem Ausmaß, kann jedoch erst festgestellt werden, wenn die Festsetzung der vorhandenen Vermögenswerte (Grundbesitz, Hypotheken, Pfandbriefe, Reichsanleihe usw.) erfolgt ist.

Beim **Todesfall** wird jedoch bei Fortzahlung der Prämie bis zum Tode die volle für den Todesfall vereinbarte Versicherungsleistung bezahlt, jedoch müssen die Prämien ohne Abzug von Gewinnanteilen in der ursprünglichen vereinbarten Höhe bezahlt werden. Bei Todesfall-Versicherungen mit abgekürzter Beitragszahlung ist der Beitrag gegebenenfalls über den für die Beendigung der Beitragszahlung im Vertrag vorgesehenen Termin hinaus zu zahlen. Ausgezahlt werden zur Zeit jedoch nur Beiträge bis zu 10000 RM. Der über 10000 RM hinausgehende Betrag, wird zunächst nicht ausgezahlt, der Versicherungsschutz ruht zur Zeit. Rückkauf oder Beleihung finden zur Zeit nicht statt. Diese Regelung ist von der Aufsichtsbehörde genehmigt worden.

Die **Risikoversicherungen** bestehen fort, d. h. bei Schadensfällen auf dem Gebiet der Feuer-, Unfall-, Diebstahl- und Haftpflichtversicherung besteht die Verpflichtung zur Auszahlung des ganzen Schadens bei fortgesetzter Prämienzahlung fort.

Nach dem Gesetz vom 10. 3. 1947 (V. 3 S. 82) haben die deutschen Versicherungs- und Rückversicherungsgesellschaften jeder Art ihre Tätigkeit ausschließlich auf deutsches Gebiet zu beschränken und die Versicherung oder Rückversicherung von Risiken, die sich außerhalb Deutschlands befinden, nicht zu übernehmen. Sie dürfen auch außerhalb Deutschlands keine Haupt- oder Zweigniederlassungen oder Agenturen unterhalten; soweit solche außerhalb Deutschlands bestehen, sind sie aufzulösen und alle deutschen Anteile an Versicherungs- und Rückversicherungsgeschäften außerhalb Deutschlands zu liquidieren. Ihr Vermögen ist entsprechend den allgemeinen Bestimmungen der Verfügung über deutsche Vermögen zu behandeln.

Es folgen weitere Bestimmungen, über die Auszahlung der in Kraft bleibenden Versicherungspolicen, die in Kraft bleiben, wenn die Prämien in Deutschland und in deutscher Währung ausgezahlt werden und alle Zahlungen auf Grund dieser Policen nur in Deutschland und in deutscher Währung geleistet werden.

Die **Verpfändung** oder **Pfändung des Anspruchs** auf **Auszahlung** der **Lebensversicherung** ist bei Lebzeiten des Versicherungsnehmers deshalb unzweckmäßig, weil solche Versicherungen gewöhnlich infolge Nichtzahlung der Prämien durch den Schuldner(Versicherungsnehmer) verfallen. Wohl aber empfiehlt sich, die Pfändung des **Rückkaufwertes** (zur Zeit unzulässig), den die Versicherung nach 2- bis 3jährigem Bestehen zu haben pflegt. Dieser sofort auszahlbare Wert ist naturgemäß nicht identisch mit der Gesamtsumme der eingezahlten Prämien, vielmehr abhängig von der Höhe des Deckungskapitals. Da bei diesem die Werbe- und Verwaltungskosten sowie eine Risikoprämie zu berücksichtigen sind, muß der Rückkaufswert hinter der Gesamtsumme der Prämien zurückbleiben. Naturgemäß steigt er im Laufe der Jahre.

Um die Angehörigen vor dem Zugriff der Gläubiger auf den Rückkaufswert der Versicherungssumme bzw. der Lebensversicherungssumme überhaupt zu schützen, gibt es zwei Wege. Entweder wird die Versicherung von vornherein zugunsten der Frau unwiderruflich abgeschlossen, in welchem Fall nur ihr ein sofort entstehendes Recht auf Auszahlung zugewendet wird, das also nicht zum Vermögen des Mannes gehört. Oder aber die Ehefrau schließt selbst den Versicherungsvertrag auf das Leben ihres Mannes mit dessen Zustimmung (§ 159 Abs. 2 VVG.), ab, indem sie sich als Bezugsberechtigte bezeichnet. Die Prämien können ja auch vom Mann bezahlt werden. Auch nachträglich kann eine solche „Unwiderruflichkeitserklärung" vereinbart werden. Zu beachten ist aber die Anfechtbarkeit nach § 32 Ziff. 1 KO. bzw. § 3 Ziff. 4 des Anfechtungsgesetzes. Nur im zweiten Fall kommt solche nicht in Frage, sofern nicht der Mann die Prämien gezahlt hat, die allerdings als mittelbar der Frau zugeflossen der Anfechtung als „unentgeltliche Verfügung zugunsten der Frau" unterliegt. (RG. 61 S. 217.) Sind nach einer später vereinbarten Unwiderruflichkeitserklärung mehr als zwei Jahre verstrichen, so kommt — abgesehen von § 31 Ziff. 1 KO. bzw. § 3 Ziff. 1 Anf.-G. — eine Anfechtbarkeit derselben nicht mehr in Frage. Vgl. hierzu den Aufsatz in der neuen „Zeitschrift für Lebensversicherung", Mitteilungsblatt des Pr. Beamtenvereines zu Hannover, zweiter Jahrgang 1928, Nr. 2 (März) Seite 2 und 3: Schutz der Lebensversicherung vor den Eingriffen von Gläubigern.

Von großer praktischer Bedeutung für die **Pfändung** des Anspruchs aus einem Lebensversicherungsvertrag, bei welchem die Versicherungssumme vorbehaltlich des Widerrufs des Versicherungsnehmers an einen Dritten bezahlt werden soll (so lautet die Mehrzahl aller Verträge dieser Art), ist die Entscheidung des RG 127 S. 269ff.: „Der Pfandgläubiger hat mit dem Rechte aus dem Versicherungsvertrag auch die Befugnis zum Widerruf der Bezugsberechtigung gepfändet. Aber dieser Widerruf muß bis zum Tode des Versicherungsnehmers auch gegenüber dem Versicherer erklärt werden. Andernfalls erwirbt der Bezugsberechtigte den Anspruch auf die Versicherungssumme, ohne durch das Pfandrecht beschränkt zu sein, da dieser Erwerb nach §§ 330, 331 BGB unmittelbar mit dem Tode des Versicherungsnehmers eintritt, dergestalt, daß der Bezugsberechtigte weder aus dem Nachlaß noch überhaupt aus dem Vermögen des Versicherungsnehmers erwirbt. Mit dem Tode des Versicherungsnehmers ist an die Stelle seines Anspruchs auf die Versicherungssumme ein neuer, durch das Pfandrecht nicht beschwerter Anspruch des Bezugsberechtigten getreten". (RG 127 S. 271.) Das Reichsgericht weist zum Schluß darauf hin, daß bei der Verpfändung mit der Bestellung des Pfandrechtes durch den Versicherungsnehmer dessen Erklärung, er widerrufe die Bezugsberechtigung, verbunden werden und daß eine solche Erklärung auch stillschweigend abgegeben werden könne, während beim Erwerb von **Pfändungspfandrechten** Willenserklärungen des Schuldners nicht in Frage kämen.

Kisch weist in seiner Kritik zu dieser Entscheidung in der JW. 1930 S. 3628 zutreffend darauf hin, daß der Vollstreckungsgläubiger nicht schon kraft der **Pfändung** befugt sei, den **Widerruf** der Bezugsberechtigung des Dritten gegenüber dem Versicherer vorzunehmen, da dies eine Verwertung des gepfändeten Rechtes wäre, zu welcher derP fandgläubiger erst mit der **Überweisung** befugt sei, allerdings nur bis zum Tode des Versicherungsnehmers, da mit demselben der Dritte eine unentziehbare Forderung gegen den Versicherer erworben habe, die ihm durch einen erst jetzt erfolgenden Widerruf nicht entzogen werden könne.

Verpfändet der Mann die Forderung auf Auszahlung des Lebensversicherungsbetrages mit Zustimmung seiner Frau nach §§ 1273, 1274, 398, 1279, 1280, 952 BGB und gelangt daraufhin mit dem Tode des Versicherungsnehmers die Versicherungssumme an den Pfandgläubiger zur Auszahlung, so erwirbt die Frau nach § 1225 BGB die Forderung des Pfandgläubigers gegen die Erben bzw. den Nachlaßkonkurs. So das Reichsgericht 71 S. 324ff. mit der Schlußbemerkung, daß es nicht unbedingt ausgeschlossen sei, in der Zustimmung der Frau zur Verpfändung einen Verzicht — wenn auch nicht auf die durch den Versicherungsvertrag erworbene Berechtigung selbst — auf dieses Rückgriffsrecht zu erblicken.

Wenn über den Nachlaß des Mannes Nachlaßkonkurs eröffnet wird und der Erblasser sein Leben zugunsten seiner Ehefrau versichert hatte, so gehört das Recht auf Auszahlung der Versicherungssumme nicht in den Nachlaßkonkurs. Wohl aber ist der Konkursverwalter befugt, die Prämienzahlungen des Erblassers gemäß § 32 Nr. 2 KO. von der **bezugsberechtigten Ehefrau** zu fordern, soweit diese in den letzten zwei Jahren vor der Konkurseröffnung geleistet sind, da sie eine mittelbar unentgeltliche Zuwendung zugunsten der Frau darstellen, mithin der Frau gegenüber nach der Konkursordnung anfechtbar sind (RG 61 S. 217ff.).

Das Problem des Verhältnisses des Vertrages zugunsten Dritter zur Schenkung wird selbst in dem umfassenden, grundlegenden Werk von Hellwig, die Verträge auf Leistung an Dritte, nicht erörtert. — Bei der Lebensversicherung zugunsten eines Dritten hat allerdings das Reichsgericht (RG 128 S. 187ff) einen Vertrag zugunsten des Dritten und eine Schenkung zu dessen Gunsten angenommen, indem der Versicherungsnehmer mit dem Abschluß des Vertrages zugunsten des Dritten zugleich diesem das Angebot macht, er solle nach dem Tode des Versicherungsnehmers die ihm aus dem Vertrag zugedachten unentgeltlichen Vorteile ziehen, daß dem Dritten ferner dieses Angebot mit seiner Kenntnisnahme von der Bezugsberechtigung zugeht, gleichviel wie es im Einzelfall zu seiner Kenntnis kommt, und daß er dann entsprechend dem Willen des Versicherungsnehmers die Versicherungssumme nach dessen Tod in Anspruch nimmt. Eine Annahmeerklärung des Dritten gegenüber dem Versicherungsnehmer (oder dessen Erben) werde hier nicht erwartet und sei für das Zustandekommen der Einigung nicht zu erwarten (§ 151 BGB). Die mangelnde Form wird nach Ansicht des Reichsgerichts durch die Bewirkung der dem Dritten zugedachten Leistung bewirkt, da dieser mit dem Tode des Versicherungsnehmers den Anspruch auf die Versicherungssumme unmittelbar erwirbt. Jedoch ist nach Ansicht des Reichsgerichts Gegenstand der Schenkung aus dem Vermögen des Versicherungsnehmers nicht der Anspruch auf die Versicherungssumme — der niemals zum Vermögen des Versicherungsnehmers gehörte —, vielmehr die Gesamtheit der dem Versicherer gezahlten **Prämien**, um die der Dritte mittelbar aus dem Vermögen des Versicherungsnehmers bereichert sei.

VI. Gibt es wieder Pensionen?

Der Magistrat von Groß-Berlin hat am 10. 3. 1947 (V. 3 S. 69/70) **Bestimmungen über die Auszahlung von Versorgungsbezügen** erlassen. Nach Artikel 1 der V. wird Versorgung (Wartegeld, Ruhegehalt, Witwen- und Waisengeld) an alle auf Grund eines öffentlichen rechtlichen Dienstverhältnisses zu Versorgungsbezügen Berechtigten gewährt, sofern sie einen Anspruch gegen nachstehend aufgeführte Körperschaften haben:

1. Stadt Berlin, ihre Gesellschaften und Eigenbetriebe.
2. Deutsches Reich in den Grenzen vom 31. Dezember 1937, Länder, Gemeinden, Gemeindeverbände und gemeindliche Stadtzweckverbände.
3. Körperschaften, Anstalten und Stiftungen des öffentlichen Rechtes, sofern diese Versorgungsträger im Gebiete von Groß-Berlin als Körperschaften nicht vertreten sind

Artikel II.

Die Versorgungsberechtigten müssen:

1. in Berlin ihren Wohnsitz oder dauernden Aufenthalt haben,
2. erwerbsunfähig und ohne ausreichendes eigenes Einkommen sein,
3. nicht zu den Personen gehören, die
   a) gemäß der Entnazifizierungsanordnung der Alliierten Kommandantur BK/O (46) 101 vom 26. Februar 1946 zu entlassen waren und auf Grund der Berufung nicht in ihre früheren Rechte wieder eingesetzt worden sind,
   b) als Berufssoldaten oder Beamte der deutschen Wehrmacht mit Versorgungsberechtigung angehört haben.

Artikel III.

Die Durchführung der Zahlung übernimmt die Versicherungsanstalt Berlin. Sofern die Versorgungsberechtigten bereits im Besitz eines Pensionsfeststellungsbescheides sind, ist dieser vorzulegen.

In diesen Fällen ist bei Ruhegehaltsempfängern kein weiterer Nachweis der Erwerbsunfähigkeit erforderlich, da dieselbe bereits geprüft wurde. Bei Witwen wird die Erwerbsunfähigkeit geprüft.

Erwerbsunfähig ist, wer nicht in der Lage ist, ein Drittel dessen zu erwerben, was gesunde Menschen normalerweise verdienen können. Ob Erwerbsunfähigkeit vorliegt oder nicht, bestimmt der Amtsarzt. Als erwerbsunfähig gelten, ohne eine solche Prüfung über 55 Jahre alte Witwen, welche mindestens vier waisengeldberechtigte Kinder oder mindestens zwei waisengeldberechtigte Kinder unter sechs Jahren erziehen. Waisen gelten grundsätzlich als erwerbsunfähig.

Artikel IV.

Das Ruhegehalt wird in Höhe der Renten für Versicherte der Angestelltenversicherung gezahlt. Zuschlag für jedes Kind 10 RM monatlich. Das Witwengeld beträgt die Hälfte der Sätze des Ruhegehalts.

Das Waisengeld beträgt 40 % der Sätze des Ruhegehaltes, es wird für jede Waise unabhängig von der Berufstätigkeit der Mutter bis zur Vollendung des 18. Lebensjahres gezahlt.

Sind die Witwen- und Waisenrente zusammen höher als die Rente, die dem Ruhegehaltsberechtigten zustehen würde, so werden sie anteilmäßig herabgesetzt.

In keinem Falle dürfen die Versorgungsbezüge höher sein, als sie vor dem Zusammenbruch gewesen sind.

Die Höhe der monatlichen Rente richtet sich nach der anliegenden Tabelle der zu leistenden Zahlungen.

Artikel V.

Als Grundlage für die Errechnung der Höhe der Versorgung gilt das ruhegehaltsfähige Diensteinkommen; als Altersstufe für die Berechnung wird das Lebensalter am Tage der Pensionierung oder am Todestag des Ruhegehaltsempfängers zugrundegelegt.

Artikel VI.

Versorgungsberechtigte, bei denen der Versorgungsfall gegeben ist, die aber noch keinen Feststellungsbescheid haben, und die zur Zeit nicht in Arbeit stehen. können ebenfalls Ruhegehalt, Witwen- oder Waisengeld beantragen.

Dieser Personenkreis hat Erwerbsunfähigkeit nachzuweisen, soweit das 65. Lebensjahr noch nicht vollendet ist. Bei Witwen und Waisen gilt die gleiche Regelung wie unter Artikel III. Zugrundezulegen für die Berechnung ist das letzte Diensteinkommen nach den für Berlin geltenden Sätzen und das Lebensalter am 1. Januar 1947 oder am Todestag des Ruhegehaltsberechtigten.

Artikel VII.

Bei Angehörigen der ehemaligen NSDAP und deren Gliederungen — soweit sie nicht durch Artikel II Ziffer 3 ausgeschlossen sind — ist bei der Berechnung der Versorgungsbezüge das Diensteinkommen zugrunde zu legen, das der Ruhegehaltsberechtigte vor dem Eintritt in die Partei, in die betreffenden Organisationen bzw. vor dem 31. Januar 1933 bezogen hat. Die gleiche Bestimmung gilt für die Hinterbliebenen dieser Personen.

Artikel VIII.

Die vorstehende Regelung ist als Übergangslösung gedacht, ungeachtet etwaiger zukünftiger Ansprüche auf Änderung einer Versorgung, die sich aus diesbezüglichen Gesetzen herleiten ließen. Die Regelung tritt mit Wirkung vom 1. Januar 1947 in Kraft. Von der Versorgungszahlung ist die Summe aller seit dem 1. Januar 1947 aus öffentlichen Mitteln (einschließlich Mietscheinen) erhaltenen Gelder zu kürzen und dem Unterstützungsbudget zuzuschreiben. Die Mittel sind bereitgestellt unter Kapitel B 9030 und werden der Versicherungsanstalt Berlin überwiesen, insoweit diese Gelder seitens der Versicherungsanstalt tatsächlich ausgezahlt wurden.

Artikel IX.

In allen Zweifelsfällen wird nach den Bestimmungen, welche für Rentenzahlungen gelten und welche die Versicherungsanstalt bei diesen anwendet, entschieden. Die Versicherungsanstalt Berlin wird sich unverzüglich mit der Finanzabteilung des Magistrats von Groß-Berlin ins Benehmen setzen, sobald die vorgesehenen Beträge für die Auszahlung nicht ausreichen.

Während in Groß-Berlin **Pensionen** nicht an frühere Berufssoldaten oder Beamte der deutschen Wehrmacht mit Versorgungsberechtigung bezahlt werden, ist dies in der französischen Besatzungszone anders. Danach darf eine Zahlung von Militärpensionen an ehemalige Angehörige der früheren kaiserlichen Armee gazahlt werden, wenn diese nach deren Auflösung den Dienst nicht wieder antraten, an Offiziere und Unteroffiziere der früheren Reichswehr bis einschließlich zum Range eines Hauptmannes, die vor 1933 pensioniert wurden und dem Großen Generalstab nicht angehörten und an Offiziere und Unteroffiziere der früheren Reichswehr, die von den Nationalsozialisten aus politischen Gründen vorzeitig pensioniert wurden. Weitere Voraussetzungen für die Pensionszahlung ist der Nachweis, daß der Empfangsberechtigte den Entnazifizierungsbestimmungen nachgekommen ist und sich ständig in der französischen Besatzungszone aufhält. Die Versorgungsbezüge dürfen den Betrag von 350 RM im Monat nicht übersteigen.

Anlage zu den Bestimmungen über die Auszahlung von Versorgungsbezügen.

Monatliche Höhe der Renten für Versicherte der Angestelltenversicherung und ihre Hinterbliebenen in RM (ohne Kinderzuschuß)

a) Renten für Versicherte.

Gruppe	Monatliches Entgelt in RM Durchschnitt in den letzten 5 Jahren	35. Lebensjahr noch nicht vollendet hat	Wenn der Versicherte bei Eintritt des Versicherungsfalles das 35.	40.	45.	50.	55.	60.	65. Lebensjahr vollendet
		A	B	C	D	E	F	G	H
1	bis 80,—	30,—	30,—[3]	30,—	33,—	36,—	40,—	44,—	48,—
2	über 80,— „ 120,—	32,—	33,—	33,—	37,—	40,—	45,—	48,—	51,—
3	„ 120,— „ 150,—	34,—	35,—	36,—	41,—	45,—	49,—	51,—	54,—
4	„ 150,— „ 180,—	41,—	43,—	45,—	50,—	54,—	59,—	64,—	66,—
5	„ 180,— „ 220,—	50,—	52,—	54,—	60,—	66,—	72,—	76,—	80,—
6	„ 220,— „ 260,—	60,—	62,—	65,—	72,—	79,—	86,—	91,—	96,—
7	„ 260,— „ 300,—	70,—	73,—	76,—	84,—	92,—	101,—	106,—	112,—
8	„ 300,— „ 400,—	78,—	81,—	85,—	95,—	106,—	116,—	123,—	130,—
9	„ 400,— „ 500,—	85,—	87,—	92,—	105,—	119,—	132,—	141,—	150,—
10	„ 500,—	88,—	93,—	99,—	115,—	132,—	148,—	159,—	170,—

b) Renten für Hinterbliebene (1) Witwen(r)-Rente.

Gruppe	Monatliches Entgelt	A	B	C	D	E	F	G	H
1	bis 80,—	15,—	15,—	15,—	16,50	18,	20,—	22,—	24,—
2	über 80,— „ 120,—	16,—	16,50	16,50	18,50	20,—	22,50	24,—	25,50
3	„ 120,— „ 150,—	17,—	17,50	18,—	20,50	22,50	24,50	25,50	27,—
4	„ 150,— „ 180,—	20,50	21,50	22,50	25,—	27,—	29,50	32,—	33,—
5	„ 180,— „ 220,—	25,—	26,—	27,—	30,—	33,—	36,—	38,—	40,—
6	„ 220,— „ 260,—	30,—	31,—	32,50	36,—	39,50	43,—	45,50	48,—
7	„ 260,— „ 300,—	35,—	36,50	38,—	42,—	46,—	50,50	53,—	56,—
8	„ 300,— „ 400,—	39,—	40,50	42,50	47,50	53,—	58,—	61,50	65,—
9	„ 400,— „ 500,—	41,50	43,50	46,—	52,50	59,50	66,—	70,50	75,—
10	„ 500,—	44,—	46,50	49,50	57,50	66,—	74,—	79,50	85,—

(2) Waisenrente.

Gruppe	Monatliches Entgelt in RM Durchschnitt in den letzten 5 Jahren	Wenn der Versicherte bei Eintritt des Versicherungsfalles das 35. Lebensjahr noch nicht vollendet hat	35.	40.	45.	50.	55.	60.	65.
			Lebensjahr vollendet						
		A	B	C	D	E	F	G	H
1	bis 80,—	12,—	12,—	12,—	13,20	14,40	16,—	17,60	19,20
2	über 80,— „ 120,—	12,80	13,20	13,20	14,80	16,—	18,—	19,20	20,40
3	„ 120,— „ 150,—	13,60	14,—	14,40	16,40	18,—	19,60	20,40	21,60
4	„ o50,— „ 180,—	16,40	17,20	18,—	20,—	21,60	23,60	25,60	26,40
5	„ 180,— „ 220,—	20,—	20,80	21,60	24,—	26,40	28,80	30,40	32,—
6	„ 220,— „ 260,—	24,—	24,80	26,—	28,80	31,60	34,10	36,40	38,40
7	„ 260,— „ 300,—	28,—	29,20	30,40	33,60	36,80	40,40	42,40	44,80
8	„ 300,— „ 400,—	31,20	32,40	34,—	38,—	42,40	46,40	49,20	52,—
9	„ 400,— „ 500,—	33,20	34,80	36,80	42,—	47,60	52,80	56,40	60,—
10	„ 500,—	35,20	37,20	39,60	46,—	52,80	59,20	63,60	68,—

c) Bei nur freiwillig Versicherten gilt als Entgeld der Verdienst, der dem Durchschnitt, der in den letzten fünf Jahren geleisteten Versicherungsbeiträgen entspricht. Dies ist in nachstehender Tabelle für die entsprechenden Gruppen angegeben:

Einem durchschnittlichen Beitrag in der I.-V.	in der A.-V.	entspricht Gruppe	
Klasse I bis III	bis 4,20 RM	1	bis 80,— RM
„ IV „ V	von 4,21 RM „ 6,80 „	2	über 80,— RM „ 120,— „
„ VI	„ 6,81 „ „ 8,— „	3	„ 120,— „ „ 150,— „
„ VII	„ 8,01 „ „ 9,20 „	4	„ 150,— „ „ 180,— „
„ VIII „ X	„ 9,21 „ „ 10,80 „	5	„ 180,— „ „ 220,— „
	„ 10,81 „ „ 12,40 „	6	„ 220,— „ „ 260,— „
	„ 12,41 „ „ 14,— „	7	„ 260,— „ „ 300,— „
	„ 14,01 „ „ 18,— „	8	„ 300,— „ „ 400,— „
	„ 18,01 „ „ 22,— „	9	„ 400,— „ „ 500,— „
	über 22,01 „	10	„ 500,— „

VII. Schuldnerschutz bei Kontensperre.

Falls z. B. der Käufer einer Ware den Kaufpreis auf das Bankkonto des Verkäufers gezahlt hat, kann er, falls die Lieferung der Ware nicht mehr erfolgen kann, infolge der Veränderung der wirtschaftlichen Verhältnisse ohne Verschulden des Verkäufers seinen Rückforderungsanspruch gegen den Verkäufer nur auf die ungerechtfertigte Bereicherung (§ 812 BGB) stützen. Er kann mithin dem Verkäufer gegenüber geltend machen, daß er nur noch um den Anspruch gegen seine Bank bereichert ist. Diesen Anspruch muß er auf Verlangen des Käufers an diesen abtreten.

Ebenso liegt es, wenn ein Angestellter vor dem Zusammenbruch Gehaltsvorschuß erhalten hat durch Überweisung auf sein Bankkonto für spätere Zeit, später aber das Dienstverhältnis aufgelöst und das Bankkonto später gesperrt wurde. Ebenso braucht ein Hausverwalter, der vor dem Zusammenbruch Mieten durch Einzahlung auf sein inzwischen gesperrtes Bankkonto eingenommen hatte, nur das Erlangte an den Hauseigentümer herauszugeben, d. h. seinen Anspruch gegen die Bank abzutreten.

VIII. Das Bergungsamt.

Nach dem Zusammenbruch erwies es sich als notwendig, die unter Trümmern liegenden Wertsachen, die herrenlosen Kraftfahrzeuge und die verlassenen Häuser, Wohnungen, Läden und die in ihnen liegenden Sachen in behördlichen Schutz zu nehmen, So wurden vom Magistrat Berlin Bewirtschaftungsämter für Bergungsgut geschaffen. Rechtsgrundlage für ihre Tätigkeit ist das Reichsleistungsgesetz vom 1. 9. 1939 (Vgl. S. 19). Die von diesen Ämtern erlassenen nicht veröffentlichten Richtlinien haben nur den Charakter von Dienstanweisungen. Diese Ämter erheben für ihre Tätigkeit Gebühren und Mietzinsen, da das Bergungsgut grundsätzlich nur vermietet wird. Der Wert der Sachen wird von einem Taxator festgesetzt und im Interesse des Eigentümers einer Kaution von 10 % und einer Jahresmiete von 5 % des Möbelwertes unterworfen. Das Eigentum bleibt grundsätzlich gewahrt. Das Bergungsamt tritt also nur als Treuhänder fremder Vermögen auf. Wenn bei einer Auseinandersetzung nach der Rückkehr des Eigentümers eine Einigung zwischen Letzterem und dem Bergungsamt nicht zustande kommt, wird unter Berücksichtigung der sozialen und wirtschaftlichen Verhältnisse beider Teile geprüft, ob eine Rückgabe der Sachen möglich und geboten ist. In Zweifelsfällen entscheidet ein Schiedsgericht.

Eine Beschlagnahme oder Sicherstellung durch das Bergungsamt ist keine das Eigentum aufhebende Verfügung wie die Enteignung. Hat das Bergungsamt die beschlagnahmten Möbel veräußert, so kann der Eigentümer die Herausgabe der Möbel von dem Besitzer verlangen, da die Möbel dem Eigentümer abhanden kamen. (§ 935 BGB). (Landgericht Berlin 1 S. 1354. 46).[1])

---

[1]) Nach einer Entscheidung des K.-Gerichts vom 26. 4. 1946 — 2. U. 15. 46 — (Jurist. Rundschau 1947, Heft 1 S. 22) ist gegenüber der Klage aus § 985 BGB auf Herausgabe von Möbeln die Einrede aus § 986 BGB begründet, wenn das Sozialamt die Möbel angewiesen und zur leihweisen Benutzung überlassen hatte, nachdem das Wohnungsamt den Möbelbesitzer in eine Wohnung eingewiesen hatte. Die leihweise Zuweisung ist als im Rahmen der ihm zugewiesenen amtlichen Befugnisse liegenden Verwaltungsmaßnahmen angeordnet. An einen derartigen Hoheitsakt

Nach Art. 52 Abs. 2 der Haager Landkriegsgerichts-Ordnung ist die Beschlagnahme aller privaten Beförderungsmittel u. a. durch die Besatzungsmacht zulässig. Sie begründet jedoch kein Aneignungsrecht. Sie ändert also nichts am Eigentum. (Vgl. Heyland, Art. Occupatio bellica S. 154ff, auch Wörterbuch des Völkerrechts von Strupp Bd. 2.)

Der Tagesspiegel schreibt am 18. 6. 1947 über die **Befugnisse der Wohnungsämter:**

Die Befugnisse der Wohnungsämter nach dem Kontrollratgesetz Nr. 18 erstrecken sich lediglich auf den Raum und nicht auf die Möbel. Diese allgemein anerkannte Konsequenz aus dem Wortlaut des Gesetzes (vgl. Tagesspiegel Nr. 121) schützt zwar den Eigentümer der Möbel vor behördlichen Eingriffen, andererseits macht sie die Bemühung des Wohnungsamtes, Obdachlosen eine brauchbare Wohnung zu verschaffen, oft illusorisch. Das Amt kann den Wohnungsinhaber weder zwingen die Möbel in den beschlagnahmten Raum zu lassen, noch, falls der Eingewiesene ein Leerzimmer braucht, sie herauszunehmen, oder ihn zu hindern, weitere Möbel hineinzustellen. Auf dem Lichtenberger Juristentag wurden diese und ähnliche Fragen, die sich aus dem gegenwärtigen Wohnrecht ergeben, diskutiert. Alle Anwesenden, Angehörige des Wohnungsamtes, des Rechtsamtes, Richter und Anwälte, waren sich darin einig, daß die Praxis die Notwendigkeit neuer, den besonderen Verhältnissen angepaßter, gesetzlicher Regelungen ergeben habe. Nachdem der erste Entwurf neuer Wohnrechtsbestimmungen abgelehnt worden war (er sah unter anderem auch das „Erfassen" von Möbeln vor), ist vom Magistrat jetzt ein zweiter ausgearbeitet worden, der offen läßt, wie weit das Wohnungsamt über die Möbel bestimmen darf. Es ist zu hoffen, daß eine zweckmäßige Lösung gefunden wird, denn die Versuche, den Übelständen mit dem „Reichsleistungsgesetz" beizukommen, bedingen die etwas gewaltsame Konstruktion, daß dieses Gesetz, das zur Behebung von allgemeinen Notständen erlassen wurde, auch dann angewendet werden könne, wenn zwar ein Einzelnotstand vorliege, der aber symptomatisch für die allgemeine Not und diese nur dann zu beheben sei, wenn jener abgestellt wird.

Vielfach, so wurde berichtet, hätten Untermieter, die über einen Wohnraum zunächst einen freien Mietsvertrag geschlossen hätten, mit der Begründung, freie Mietverträge gäbe es nicht mehr, sich nachträglich vom Wohnungsamt einweisen lassen, um dadurch ein größeres Recht auf den Raum zu erwerben, als es der Mietsvertrag gewährte. Es sei nicht nur unrichtig, erklärte der Leiter des Rechtsamtes, daß freie Untermietverträge unzulässig seien, das Wohnungsamt dürfe in einem solchen Falle nicht einmal einweisen, da der Wohnraum untervermietet und daher nicht unterbelegt sei. Das Wohnungsamt begehe einen Ermessungsmißbrauch, wenn es dem Wunsche des Untermieters folge, und könne zur Verantwortung gezogen werden.

Besonders große Schwierigkeiten machen den Wohnungsämtern die sogenannten „gemischten Räume", das sind solche, die zum Teil für den Privatgebrauch, zum Teil aber für gewerbliche Zwecke vorgesehen und geeignet sind. Das Wohnungsamt hat nach dem Gesetz Nr. 18 Einfluß nur auf die reinen Wohnräume, während etwa ein dazugehöriger Laden oder eine Werkstatt der Schiedsstelle für gewerbliche Räume untersteht. Es sei nicht selten, hört man, daß beide Amtsstellen gegensätzliche Entscheidungen träfen, also etwa die Schiedsstelle jemanden in einen Laden einweist, das Wohnungsamt aber den bisherigen Ladeninhaber in den dazugehörigen Wohnräumen weiter wohnen lasse oder nach den gesetzlichen Bestimmungen wohnen lassen müsse. Handl‹

ist das ordentliche Gericht gebunden. Die Rechtmäßigkeit desselben kann nur vom Verwaltungsgericht nachgeprüft werden. Bis zur Aufhebung der Zuweisung durch das Sozialamt kann der Möbelbesitzer der Klage aus § 985 BGB die Einrede aus § 986 BGB entgegenhalten. — Dasselbe muß auch für die Zuweisung von Möbeln durch das Bergungsamt gelten.

es sich um ein Lebensmittelgeschäft, dann ist die Lage besonders prekär, wei der Ladenbesitzer verpflichtet ist, seine Waren zu bewachen, das aber nicht kann, wenn er nicht im anschließenden Raum wohnen darf. Auch hier müßte eine künftige Regelung für einen besseren Ausgleich sorgen. Ein Anwalt berichtet aus seiner Praxis, daß Mißhelligkeiten und Klagen zwischen Familien, die in einer Wohnung zusammenleben müssen, immer mehr zunähmen. Anwälte und Gerichte versuchten allzuoft vergeblich, sie zu einer friedlichen Einigung zu bewegen. Selbst eine gerichtliche Strafe — wegen Beleidigung etwa — nütze nichts. Ihr folge nicht selten ein Strafantrag wegen Körperverletzung.

Die Wohnungsämter, schlug ein Anwalt vor, sollten für diese zahlreichen Fälle die Rolle übernehmen, die früher die privaten Zimmer- und Wohnungsvermittler hatten. Wenn man nicht allzu bürokratisch vorgehe, könne beim Wohnungsamt eine Liste der Parteien angelegt werden, die nicht miteinander auskommen können.

Die amerikanische Militärregierung hat am 9. 7./18. 8. 1947 eine Anordnung betr. die Verteilung von Möbeln an alle Bergungsämter gerichtet. Sie lautet:

Office of the Military Government Berlin Sector. 9. Juli 1947 / 18. August 1947

Betr.: Verteilung von Möbeln.

An: Alle Bergungsämter.

1. Möbel, die von den Bergungsämtern sichergestellt worden sind, dürfen den früheren Eigentümern, der mit der Verwahrung seiner Möbel beauftragten Person oder einer oder mehreren Personen, an die der betreffende Hausrat verkauft werden könnte, nicht zurückgegeben werden, wenn sie Personen entzogen werden müssen, die diese Möbel brauchen. Ausnahmen von dieser Bestimmung können von den Bergungsämtern insoweit gemacht werden, daß wirklich notwendige Möbelstücke für den Mindestbedarf für die früheren Besitzer freigegeben werden können, sofern diese außerstande sind, sich diese Gegenstände anderweitig zu beschaffen und ihren gesetzlichen Wohnsitz im amerikanischen Sektor von Berlin haben.
2. Wird Wohnraum nach dem Wohnungsgesetz Nr. 18 beschlagnahmt, so haben die Bergungsämter unverzüglich die Möbel sicherzustellen und nach dem Besitzstand zur Zeit der Beschlagnahme darüber zu verfügen, um den wesentlichen Mindestbedarf der Personen, denen der Wohnraum entzogen wird, und dem Bedarf derjenigen Personen, für die der Wohnraum beschlagnahmt wird, zu gewährleisten.
3. Alle Bergungsämter werden daran erinnert, daß für die beschlagnahmten Möbel Benutzungsgebühren nach Maßgabe einer Entscheidung der Preisstelle für Mieten zu zahlen sind.

Im Auftrage des Direktors: gez. William T. Babcock,
Lt. Col. CMP.
Deputy Director OMG.

IX. Das Wohnungsrecht.

Die gesetzlichen Grundlagen des Wohnungsrechts sind:
1. die Bestimmungen des BGB über die Miete (§§ 535—580 BGB),
2. das Mieterschutzgesetz in der Fassung vom 15. 12. 1942,
3. die öffentlich rechtlichen Bestimmungen der neuen Wohnungsgesetzgebung.

Letztere werden hier aufgeführt: a. Gesetz Nr. 18 des K. (V. 2 S. 96—98).

Über die sachliche Zuständigkeit des Mieteinigungsamtes in Groß-Berlin vgl. folgendes Rundschreiben des Magistrats:

Rundschreiben Nr. 49/47.

Betrifft: **Sachliche Zuständigkeit des Mieteinigungsamtes.**

Die Aufgaben des Mieteinigungsamtes, die nach § 37 des Mieterschutzgesetzes in der Fassung vom 15. 12. 1942 (RGBl. I S. 712) von den Amtsgerichten wahrzunehmen sind, ergeben sich aus dem Mieterschutzgesetz selbst, aus der Verordnung über Änderungen des Mieterschutzrechtes vom 7. 11. 1944 (RGBl. I S. 319), aus dem Reichsmietengesetz vom 20. 4. 1936 (RGBl. I S. 378) und der Preußischen Ausführungsverordnung zum Reichsmietengesetz vom 2. 4. 1936 (GS. S. 99). Wir geben Ihnen nachstehend für Ihre Tätigkeit als Wohnungsbehörde und insbesondere für Auskunftszwecke eine Zusammenstellung der Fälle bekannt, in denen nach den vorstehend genannten Gesetzen das Mieteinigungsamt tätig werden kann. Wir möchten jedoch darauf hinweisen, daß der Übersichtlichkeit wegen der Gesetzestext nur inhaltlich wiedergegeben werden konnte, so daß es sich in besonderen Fällen empfiehlt, den Originaltext zu Hilfe zu nehmen.

I. Aufgaben nach dem Mieterschutzgesetz:

a) **§ 4 (2):** Wird im Wege der Mietaufhebungsklage ein Mietverhältnis wegen Eigenbedarfs des Vermieters teilweise aufgehoben, so wird auf Antrag, falls die gesetzliche Miete gegolten hat, der Mietzins für den verbleibenden Teil des Mietraumes vom Mieteinigungsamt festgesetzt (§ 2 Abs. 4 Reichsmietengesetz).

b) **§ 29 (1):** Verweigert der Vermieter die Erlaubnis zur Untervermietung, so kann das Mieteinigungsamt diese auf Antrag des Mieters im Einzelfall oder allgemein ersetzen.

c) **§ 30 (1):** Auf Antrag des Mieters kann das Mieteinigungsamt, wenn der Vermieter seine Einwilligung zu einem Wohnungstausch versagt, diese ersetzen.

d) **§ 30 (5):** Verweigert der Vermieter allgemein die Einwilligung zum Wohnungstausch ohne triftigen Grund, so ist die Einwilligung auf Antrag allgemein durch das Mieteinigungsamt zu ersetzen.

e) **§ 31 (1):** Nach Beendigung eines Mietverhältnisses, falls der Mieter die Räume noch inne hat, oder bei einer bevorstehenden Beendigung des Mietverhältnisses, kann das Mieteinigungsamt auf Antrag des Mieters einen Wohnungstausch für die Zeit nach der Beendigung des Mietverhältnisses gestatten und die hierzu erforderliche Einwilligung des Vermieters ersetzen.

f) **§ 31 (3) in der Fassung der Verordnung vom 7. 11. 1944:** Ist die Verpflichtung zur Herausgabe der Wohnung in einem vollstreckbaren Urteil oder Vergleich ausgesprochen, so kann das Mieteinigungsamt auf Antrag des bisherigen Mieters die Zwangsvollstreckung für die Dauer des Verfahrens über den Wohnungstausch einstellen.

II. Aufgaben nach der Verordnung über Änderungen des Mieterschutzrechtes vom 7. 11. 44:

Art. I, § 1 und 2: Auf Antrag des Vermieters oder der Gemeinde (Wohnungsamt), kann das Mieteinigungsamt einen Wohnungstausch anordnen (Zwangswohnungstausch), wenn ein oder mehrere Mieter, die zur Räumung ihrer Wohnung auf Grund eines vollstreckbaren Urteils oder Vergleichs verpflichtet sind, einen Tausch ablehnen, trotzdem tauschwillige Partner vorhanden sind. Das Mieteinigungsamt kann auf Antrag der Gemeinde (Wohnungsamt) die Zustimmung des Vermieters zu diesem Zwangstausch ersetzen und die Zwangsvollstreckung auf Herausgabe der Wohnung für die Dauer des Verfahrens über den Tausch einstellen.

III. Aufgaben nach dem Reichsmietengesetz:

a) **§ 1 (2):** Kommt ein Einverständnis über die Höhe der gesetzlichen Miete nicht zustande, so entscheidet auf Antrag eines Vertragsteiles das Mieteinigungsamt.

b) **§ 2 (3):** Besteht über die Höhe der Friedensmiete Streit, so ist sie auf Antrag eines Vertragsteiles vom Mieteinigungsamt festzustellen.

c) **§ 2 (4):** War eine Friedensmiete nicht vereinbart oder läßt sie sich nicht mehr feststellen oder weicht sie außergewöhnlich von dem damaligen ortsüblichen Mietzins ab, so hat das Mieteinigungsamt auf Antrag eines Vertragsteiles als Friedensmiete den ortsüblichen Mietzins festzusetzen.

d) **§ 10:** Bei Räumen, die an den Unternehmer eines gewerblichen Betriebes vermietet sind, kann auf Antrag des Vermieters ein besonderer Zuschlag zur gesetzlichen Miete vom Mieteinigungsamt festgesetzt werden, soweit infolge der Eigenart des Betriebes hohe Betriebs- und Instandsetzungskosten entstehen und die gesetzliche Miete zur Deckung dieser Kosten nicht ausreicht.

e) **§ 13a (1):** Bei baulichen Veränderungen, die auf behördliche Anordnung oder mit Zustimmung des Mieters vorgenommen worden sind und den Gebrauchswert erhöht haben, entscheidet im Streitfall das Mieteinigungsamt über die Höhe der Zusatzmiete. Auf Antrag des Vermieters kann das Mieteinigungsamt die Zustimmung des Mieters zur Vornahme baulicher Veränderungen ersetzen.

IV. Aufgaben nach der Preußischen Ausführungsverordnung zum Reichsmietengesetz vom 24. 4. 1936:

a) **§ 4:** Der Vermieter ist berechtigt, das Wassergeld umzulegen. Die Umlegung ist erst zulässig, wenn der Vermieter dem Mieter gegenüber vor Fälligkeit des Mietzinses eine entsprechende schriftliche Erklärung abgegeben hat. Bei Streit über Höhe und Umlegungsart der Umlage entscheidet das Mieteinigungsamt, da die Höhe der gesetzlichen Miete berührt wird (vgl IIIa).

b) **§ 5:** Bei Räumen mit Sammelheizung und Warmwasserversorgung ist der Vermieter berechtigt, die Kosten der Heizstoffe einschl. der Anfuhrkosten auf die Mieter umzulegen. Bei Streit entscheidet das Mieteinigungsamt aus dem gleichen Grunde wie bei IVa.

c) **§ 7 (2):** Kommt der Mieter, der sich auf Grund ausdrücklicher oder stillschweigender Vereinbarung zur Übernahme der Schönheitsinstandsetzungen verpflichtet hat, seiner Pflicht zur Ausführung der Schönheitsinstandsetzungen nicht nach, so kann der Vermieter diese selbst ausführen und verlangen, daß der Mieter vom nächsten Zahlungstermin ab die volle gesetzliche Miete zahlt. Bei Streit entscheidet das Mieteinigungsamt.

Wir weisen jedoch ausdrücklich darauf hin, daß das Reichsmietengesetz nicht schlechthin für sämtliche Mieträume gilt. Es gilt insbesondere nicht für die nach dem 1. 7. 1918 bezugsfertig gewordenen Neubauten und für die durch Um- und Einbauten nach diesem Termin geschaffenen Räume. Der § 1 der Preuß. Ausführungsverordnung zum Reichsmietengesetz vom 24. 4. 1936 (GS. S. 99) enthält als weitere Einschränkung die Bestimmung, daß in Berlin Mietverhältnisse über Wohnungen mit einer Jahresfriedensmiete von 1200 RM und mehr nicht dem Reichsmietengesetz unterliegen. Dies gilt auch für Mietverhältnisse über Geschäftsräume, die Teile einer Wohnung bilden oder wegen ihres wirtschaftlichen Zusammenhanges mit Wohnräumen zugleich mit diesen vermietet sind.

Schließlich weisen wir noch darauf hin, daß Ansprüche aus einer Entscheidung des Mieteinigungsamtes, soweit es sich um eine Erhöhung des Mietzinses handelt, nur hergeleitet werden können, wenn die Preisbehörde durch die Erteilung einer Ausnahmegenehmigung gem. § 3 der Preisstopverordnung vom 26. 11. 1936 (RGBl. I S. 955) der Mieterhöhung zugestimmt hat. Die Entscheidung des Mieteinigungsamtes hat somit für den Vermieter z. Zt. kaum einen praktischen Wert, weil die Mitwirkung der Preisbehörde von ihm nicht ausgeschaltet werden kann.

Im Auftrage:
Herrmann.

Wohnungsgesetz.

Zwecks Erhaltung, Vermehrung, Sichtung, Zuteilung und Ausnutzung des vorhandenen Wohnraums hat der Kontrollrat das folgende Gesetz beschlossen:

Artikel I.

1. Die zum Vollzuge dieses Gesetzes erforderlichen Maßnahmen obliegen den deutschen örtlichen Behörden (Gemeinden, Gemeindeverbänden und Kreisen). Den zuständigen übergeordneten Dienststellen obliegt es, die Aufsicht über die örtlichen Behörden zu führen.
2. Falls nicht aus dem Zusammenhang etwas anderes hervorgeht, bedeutet in diesem Gesetz der Ausdruck „deutsche Wohnungsbehörden", soweit es sich um Fragen des Vollzugs dieses Gesetzes handelt, die deutschen örtlichen Behörden und ihre Wohnungsämter, Dienststellen und Ausschüsse und, soweit es sich um Fragen der Aufsicht handelt, die übergeordneten deutschen Behörden und ihre Wohnungsausschüsse und Dienststellen.
3. Alle deutschen Wohnungsbehörden können für ihrem Amtsbereich Anordnungen zum Zwecke des Vollzugs dieses Gesetzes erlassen.
4. Die deutschen Wohnungsbehörden erfüllen die ihnen durch dieses Gesetz auferlegten Obliegenheiten unter der Aufsicht und gemäß den Anweisungen und Anordnungen der Militärregierung.

Artikel II.

1. Zu dem obenerwähnten Zweck werden folgende Maßnahmen getroffen:
   a) Die deutschen örtlichen Behörden müssen:
      I. Wohnungsämter oder ähnliche Dienststellen, soweit sie bereits bestehen, beibehalten oder andernfalls neue schaffen;
      II. Wohnungsausschüsse einsetzen, denen es obliegt, die Wohnungsämter beim Vollzug dieses Gesetzes zu beraten.
   b) Die übergeordneten deutschen Behörden sind ermächtigt und, falls sie von der Militärregierung dazu angewiesen werden, verpflichtet, beratende Ausschüsse einzusetzen, die ihnen bei der Ausführung ihrer Aufgaben zur Seite stehen.
2. Bei der Bildung der in Absatz 1 vorgesehenen Ausschüsse sind folgende Grundsätze zu beachten:
   a) Kein Beamter einer deutschen Wohnungsbehörde darf Mitglied eines derartigen Ausschusses sein;
   b) jedem Ausschuß müssen angehören:
      I. eine Person mit Erfahrung im Bauwesen oder in der Bewirtschaftung von Wohnraum;
      II. ein Vertreter der Allgemeinheit, der womöglich mit den örtlichen Verhältnissen vertraut ist;
      III. mindestens ein weibliches Mitglied.
   c) Bei der Ernennung der Mitglieder ist solchen Personen der Vorzug zu geben, die dem nationalsozialistischen Regime Widerstand geleistet haben oder durch seine Maßnahmen benachteiligt worden sind.

Artikel III.

Die zuständigen deutschen Wohnungsbehörden haben in ihrem Amtsbereich eine Bestandsaufnahme des vorhandenen Wohnraums vorzunehmen und alle für den Vollzug dieses Gesetzes erforderlichen Unterlagen zu beschaffen, die ständig auf dem laufenden zu halten sind.

Artikel IV.

Die zuständigen deutschen Wohnungsbehörden haben alle erforderlichen Maßnahmen zu treffen, um in ihrem Amtsbereich allen Personen, gemäß den von der Militärregierung festgesetzten oder noch festzusetzenden Normen, Wohnraum zu beschaffen.[1][2][3]

---

[1]) Nach den Gesetzen der Militärregierung ist eine Benachteiligung ehemaliger Parteigenossen durch Beschlagnahme ihrer Räume seitens der Wohnungsämter nicht zulässig. Nach § 5d der Magistratsverordnung vom 18. 6. 1945 — V. 2 S. 34 zählen zu den bevorzugt unterzubringenden Personen „politisch nicht be-

Artikel V.

1. Ein Wohnraum gilt al frei, wenn er tatsächlich leer steht, oder wenn ihn ein Nichtberechtigter inne hat.[4, 5])
2. Jeder Hauseigentümer, Inhaber einer Wohnung oder sonstige Verfügungsberechtigte ist verpflichtet, das Freiwerden derselben unverzüglich der zuständigen deutschen Wohnungsbehörde zu melden, unter gleichzeitiger Angabe der Zahl der Wohnräume und ihres Flächeninhaltes.[6, 7])

Artikel VI.

Zwecks Vermehrung des vorhandenen Wohnraums in ihrem Amtsbereich können die deutschen Behörden:

a) zweckentfremdete Wohnräume ihrem ursprünglichen Zweck wieder zuführen;

---

lastete Mitbenutzer, insbesondere Untermieter oder Eingewiesene aus Wohnungen, die frei werden. Die Vorschriften der Verordnung ergeben in diesem Zusammenhang, daß den wegen ihrer antifaschistischen Gesinnung benachteiligten Personen nicht nur Wohn-, sondern auch Gewerberäume wieder verschafft werden sollen und daher die Rangfolge des § 5 sowohl für Wohnräume als auch für gewerbliche Räume gilt". (Urteil des Bezirksverw.-Gerichts im britischen Sektor Berlins vom 27. 8. 1947, II 566 7 u. 575. 46.)

[3]) Die Wohnungsämter im britischen Sektor von Groß-Berlin sind durch eine neuerliche Anordnung der Britischen Militärregierung vom 24. 4. 1947 — Nr. 15/50/34/8 — ermächtigt worden, in den vor dem 16. 9. 1946 eingetretenen Abwesenheitsfällen des Hauptmieters einer Wohnung, in denen sie es für gerechtfertigt halten, noch nachträglich eine Bescheinigung im Sinne der Klausel 1 der Durchf.-Bestimmungen zu Art. V des K.-G. Nr. 18 des Inhalts auszustellen, daß dem Hauptmieter die Beibehaltung der Wohnung während seiner Abwesenheit gestattet werde. Diese Anordnung der Militärregierung muß nach den Durchf.-Bestimmungen zu Art. XIV des Gesetzes Nr. 18 bei allen seit dem Tage der Militärbesetzung von Berlin aus Handlungen der Wohnungsbehörden entstandenen Fällen beachtet werden. (Urteil des Bezirksverw.-Gerichts im britischen Sektor Berlins vom 7. 5. 1947, II. 29. 47.)

[3]) Der bisherige Mieter hat zwar nach § 1 (3) der Einweisungsverordnung vom 28. 9. 1943 (RGBl. I S. 546ff.) ein Vorrecht bei der Neuvermietung der wiederhergestellten Räume, auch wenn sein altes Mietverhältnis erloschen ist. Die Magistratsverordnung über die Bewirtschaftung der Wohn- und gewerblichen Räume vom 18. 6. 1945 — Verordnungsblatt der Stadt Berlin, S. 34 — die nach einer Entscheidung der britischen Militärregierung für die Bewirtschaftung gewerblicher Räume maßgebend ist, hat aber inzwischen eine eigene Rangfolge für die Raumzuteilung festgesetzt. Da § 5 dieser Verordnung auch die Rangfolge bei der Zuteilung von Gewerberaum regelt, so geht er hierbei als das spätere Gesetz der Einweisungsverordnung vor. Die dort den alten Mieter verbliebene Anwartschaft auf die wiederhergestellten Räume kann deshalb nur gegenüber solchen Bewerbern durchgreifen, denen kein Vorrecht auf Grund der Magistratsverordnung zusteht. (Urteil des Bezirksverw.-Gerichts im britischen Sektor von Groß-Berlin vom 27. 3. 1947, II. 544. 46.)

[4]) Nach A. der Alliierten Kommandantur Berlin — BK/O. (46) S. 369 — vom 16. 9. 46 gilt Art. V 1, wonach Wohnraum als frei gilt, wenn er mehr als 28 aufeinanderfolgende Tage nicht mehr bewohnt wird. Diese Durchführungsverordnung hat nach Art. XIV rückwirkende Kraft.

[5]) Eine Wohnung gilt auch als frei, wenn sie durch Kündigung eines wirksamen Mietvertrages frei wird. Ein ohne Anzeige und Genehmigung des Wohnungsamts geschlossener Mietvertrag ist unwirksam (§ 135 BGB).

[6]) Hat das Preisamt die Mietzinsen auf Antrag des Mieters oder Eigentümers die Neufestsetzung der Mietzinsen vorgenommen, so gilt die erhöhte oder herabgesetzte Miete vom Tage der Stellung des Antrages an, sie hat also keine rückwirkende Wirkung.

[7]) 4. Eine vor dem 8. 5. 1945 erfolgte Einweisung des Quartieramtes oder Bezirksamtes bleibt auch nach diesem Zeitpunkt bis zur Aufhebung der Einweisung wirksam.

b) einen Wohnungstausch anordnen, wenn dies eine bessere Verteilung des Wohnraums bedeutet;

c) vorhandenen Wohnraum um- oder ausbauen, wenn dadurch eine wirksamere Ausnutzung desselben erzielt wird;

d) an Häusern dringende Reparaturen und in Gemeinden, in denen der Wohnraumdurchschnitt pro Person unter 4 qm liegt, auch umfassendere Arbeiten vornehmen.

Artikel VII.[1, 2])

1. Die zuständigen deutschen Behörden können jeden zum Vollzuge dieses Gesetzes erforderlichen Wohnraum erfassen.
2. Die Erfassung erfolgt durch Zustellung einer schriftlichen Mitteilung an den Hauseigentümer und den jeweiligen Inhaber des Wohnraums. Falls dies praktisch nicht durchführbar ist, kann die Erfassung durch Anschlag der schriftlichen Mitteilung an einer deutlich sichtbaren Stelle des zu erfassenden Wohnraums erfolgen.

Das Bezirksverwaltungsgericht im britischen Sektor hat folgendes ausgesprochen:

a) Wird eine Wohnung als frei erfaßt, weil ihr Mieter mehr als 28 Tage hintereinander abwesend ist, so ist die Erfassungsverfügung nur rechtswirksam, wenn sie auch dem Mieter zugestellt worden ist (Art. VII Ziff. 2 des Wohnungsgesetzes — Gesetz Nr. 18 —, Art. V, 1 der Durchführungsanordnung). Urteil vom 26. 8. 1947 — III. 55. 47 —.

b) Die Klausel des Art. V 1 der Durchführungsanordnung zum Wohnungsgesetz

---

[1]) Stillschweigend abgeschlossene Mietverträge sind deshalb nicht möglich, wei ein wirksamer Mietvertrag die Zustimmung (Zuteilung) des Wohnungsamtes voraussetzt.

[2]) Eine Einweisung auch in das Mobiliar des Eigentümers kann das Wohnungsamt nicht aussprechen, vielmehr nur das Bergungsamt. Bisher war es strittig, ob in möblierte Räume Eingewiesene verpflichtet seien, die Möbel den Eigentümern auf deren Wunsch herauszugeben. Da die Wohnungsämter die Einweisungsverfügung gewöhnlich so gefaßt hatten, daß die neuen Bewohner in „möblierte Zimmer“ eingewiesen wurden, war ein solcher Rechtsanspruch meistens verneint worden. So hat kürzlich ein Amtsgericht eine Klage auf Herausgabe solcher Möbel abgewiesen, weil sich die Einweisung auch auf diese beziehe, ohne Rücksicht darauf, wem das Eigentum daran zustehe. Der Eigentümer der Sachen hat gegen die Einweisung inzwischen beim Hauptamt für Wohnungswesen Beschwerde eingelegt, das daraufhin in einer grundsätzlichen Entscheidung festgestellt hat, daß, wenn ein Wohnungsamt jemanden in möblierte oder teilmöblierte Räume einweist, die Möbel dadurch nicht der Verfügung der Wohnungsbehörden unterworfen werden. Das Wohnungsgesetz des Kontrollrates vom 8. März 1946 beschränkt die Tätigkeit und die Befugnisse des Wohnungsamtes ausdrücklich auf den Wohnraum. Das sei auch aus Artikel VII, Klausel 1, der Durchführungsverordnung der Alliierten Kommandantur klar zu ersehen. Wenn ein Wohnungsamt also in seiner Verfügung die Räume als „möblierte Zimmer“ oder „teilweise möblierte Zimmer“ bezeichnet, so solle damit den Eingewiesenen lediglich Aufschluß über die Art seiner Unterkunft gegeben werden. In jedem Falle bedürfe es für die Benutzung der Möbel privatrechtlicher Abmachungen über Art und Zahl der Möbel, über Benutzungsentschädigung und ähnliches zwischen den Parteien selbst. Danach entbehrt also die Auffassung, eine Einweisung in „möblierte Zimmer“ umfasse auch die Möbel der Rechtsgrundlage und der Eigentümer kann seinen Anspruch auf Herausgabe der Sachen geltend machen.

Rechtsanwälte erhalten als Vertreter vor dem Wohnungsamt eine Gebühr nach Art. 10 der Landesgebührenordnung für Rechtsanwälte, deren Höhe nach § 26 der Reichskostenordnung vom 25. 11. 1945 bemessen wird, da nach § 158 der Kostenordnung die landesrechtlichen Kostenvorschriften außer Kraft treten.

nach der eine Wohnung durch längere Nichtbenutzung frei werden kann, gilt nicht für gewerbliche Räume. Urteil vom 12. 9. 1947 — III. 92. 47 —.

c) Soweit freiberuflich Tätige in ihrer Wohnung Räume für ihre Berufsausübung benutzen, werden diese dadurch nicht zu gewerblichen Räumen. Urteil vom 10. 10. 1947 — II. 89. 47 —.

3. Der Betroffene kann innerhalb einer Frist von drei Tagen nach Zustellung oder Anschlag der Mitteilung Beschwerde bei der Wohnungsbehörde einlegen, welche die Erfassung angeordnet hat. Falls diese Behörde der Beschwerde nicht abhilft, muß sie dieselbe der Aufsichtsbehörde zur Entscheidung vorlegen. Die Beschwerde hat keine aufschiebende Wirkung.

Artikel VIII.

1. Bei der Zuteilung freien Wohnraums haben sich die deutschen Wohnungsbehörden nach folgenden Grundsätzen zu richten:
   a) in erster Linie sind in jedem Falle bevorzugt zu berücksichtigen solche Personen, die dem nationalsozialistischen Regime Widerstand geleistet haben oder durch seine Maßnahmen benachteiligt worden sind;
   b) unter gleichberechtigten Personen sind zu bevorzugen:
      I. kinderreiche Familien,
      II. bejahrte Personen,
      III. Invaliden und Körperbehinderte.

   Die obige Vorzugsbehandlung ist jedoch den örtlichen Verhältnissen und etwaigen Anweisungen der Militärregierung unterworfen.
   c) Auf entsprechende Anweisung der Militärregierung ist an Orten, in denen Mangel an Facharbeitern besteht, derartigen Arbeitskräften gleichfalls Vorrang zu gewähren.
   d) Niemand darf auf Grund seiner gesellschaftlichen oder finanziellen Stellung bevorzugt behandelt werden.
   e) Ausländer, die sich freiwillig in Deutschland aufhalten, sind wie deutsche Staatsangehörige zu behandeln.
2. Die Zuteilung wird in folgender Weise vorgenommen:
   a) Die deutschen Wohnungsbehörden haben für jeden Wohnraum, sobald er durch Erfassung oder anderweitig frei wird, eine nach den obigen Grundsätzen ausgewählte Person als Mieter zu benennen und von dem Eigentümer zu verlangen, mit dieser ein Rechtsverhältnis abzuschüeßen, das ihm die Benutzung des betreffenden Wohnraums sichert (Zuweisung).
   b) Falls der Eigentümer nicht einwilligt oder nicht erreichbar ist, kann die Wohnungsbehörde eine Verfügung erlassen, welche die Wirkung eines Mietvertrages hat.
   c) Ein Mietvertrag gemäß Absatz 2 a) oder eine Verfügung mit der Wirkung eines solchen, gemäß Absatz 2 b) ist für die von der zuständigen Wohnungsbehörde festgesetzte Dauer gültig. Mietvertrag oder Verfügung müssen den zu zahlenden Mietzins sowie alle von der Wohnungsbehörde als zweckmäßig erkannten Bedingungen und Bestimmungen enthalten. Hierbei hat die Wohnungsbehörde Mietverträge, wie sie für Wohnungen der betreffenden Art ortsüblich sind, zu berücksichtigen.
   d) Innerhalb 15 Tagen nach der Erfassung muß der Mietvertrag abgeschlossen und die Wohnung bezogen werden.
   e) Ein vor der Erfassung begründetes Rechtsverhältnis, insbesondere ein Mietvertrag über die Benutzung des erfaßten Wohnraums, erlischt spätestens mit dem Inkrafttreten eines nach den Vorschriften dieses Paragraphen abgeschlossenen neuen Rechtsverhältnisses. Ein nach der Erfassung vorgenommenes Rechtsgeschäft über die Überlassung des erfaßten Wohnraums, das den Vorschriften dieses Paragraphen nicht entspricht, ist nichtig.

Artikel IX.

1. Alle Personen müssen mit dem Antrag auf Zuteilung von Wohnraum der zuständigen Wohnungsbehörde ihre Lebensmittelkarten und, falls sie der Arbeitsregistrierungspflicht unterliegen, eine entsprechende Bescheinigung des Arbeitsamtes mit Angabe ihres Berufes oder ihrer Beschäftigung vorlegen.
2. Wer Anspruch auf Bevorzugung erhebt, weil er dem nationalsozialistischen Regime Widerstand geleistet oder unter ihm Benachteiligung erlitten hat, muß:
   a) entweder eine Bescheinigung seiner Entlassung aus dem Konzentrationslager oder
   b) als Beweis seines Anspruchs eine schriftliche Bestätigung des örtlichen Gewerkschaftsausschusses oder, in Ermangelung eines solchen oder. falls der Antragsteller nicht Mitglied einer Gewerkschaft ist, der zuständigen Stelle einer von der Militärregierung zu bestimmenden Organisation beibringen.
3. Wer eine bevorzugte Behandlung auf Grund von Gebrechlichkeit oder Körperbehinderung beansprucht, hat hierüber eine ärztliche Bescheinigung beizubringen.
4. Alle deutschen Wohnungsbehörden haben ein zweckentsprechendes Verzeichnis aller Personen zu führen, die einen Antrag auf Wohnungszuteilung gestellt haben.

Artikel X.

Die deutschen Wohnungsbehörden haben der Militärregierung und den deutschen übergeordneten Verwaltungsbehörden Berichte einzureichen. Termine und Form der Berichterstattung unterliegen den Vorschriften der Militärregierung bzw. den übergeordneten deutschen Verwaltungsbehörden. Diese Berichte haben die Art und Weise der Durchführung der Bestimmungen dieses Gesetzes anzugeben und insbesondere aufzuzeigen, in welchem Ausmaße und auf welche Weise die in Artikel VIII niedergelegten Zuteilungsgrundsätze Anwendung finden.

Artikel XI.

Die Militärregierung kann bestimmte Gemeinden oder gewisse Bezirke zu „Brennpunkten des Wohnungsbedarfs" erklären. Liegt eine derartige Erklärung bezüglich einer Gemeinde oder eines Bezirkes vor, so können die zuständigen deutschen Wohnungsbehörden alle erforderlichen Maßnahmen treffen, um den Zuzug von Personen dorthin zu verhindern und die Abwanderung von Einwohnern, die für die Aufrechterhaltung des Wirtschaftslebens der Gemeinde oder des Bezirkes nicht erforderlich sind, zu erleichtern.

Artikel XII.

Im Sinne dieses Gesetzes und aller Ausführungsbestimmungen und Anweisungen hierzu sind, falls sich nicht aus dem Zusammenhang etwas anderes ergibt, die folgenden Wörter und Ausdrücke folgendermaßen zu verstehen:

a) Der Ausdruck „Wohnraum" umfaßt jeden Raum, der gegen Witterungseinflüsse geschützt ist, über hinreichende Beleuchtung, Luft- und geregelte Wasserzufuhr verfügt und für welchen sanitäre Einrichtungen im notwendigen Ausmaß zugänglich sind. Er umfaßt nicht Badezimmer, Flure und Treppenhäuser, Küchen mit einem Flächenraum unter 10 qm und die ersten 10 qm größerer Küchen.

b) Das Wort „Wohnung" bedeutet ein ganzes Wohngebäude oder jeden Teil eines solchen, welcher jetzt einen selbständigen Miet- oder Untermietbesitz darstellt, oder früher einen solchen dargestellt hat, oder welcher jetzt als selbständige Einheit von dem Eigentümer bewohnt wird oder von ihm früher bewohnt wurde.

c) Für die Berechnung der Fläche eines Wohnraums ist unter dem Wort „Person" eine natürliche Person nicht unter 14 Jahren zu verstehen. Ein

Kind im Alter von 1 bis 14 Jahren hat nur auf die Hälfte der einer „Person" zustehenden Wohnfläche Anspruch. Ein Kind unter einem Jahr ist daher bei der Berechnung nicht in Betracht zu ziehen.

Artikel XIII.

Jede Verletzung oder Nichtbefolgung dieses Gesetzes oder einer von der Militärregierung getroffenen Anweisung oder Anordnung oder einer zu diesem Zwecke von einer deutschen Wohnungsbehörde erlassenen Vorschrift wird strafrechtlich verfolgt und im Falle einer Verurteilung durch ein deutsches oder ein Gericht der Militärregierung mit Gefängnis bis zu einem Jahr und einer Geldstrafe bis zu 10 000 RM oder einer dieser Strafen bestraft.

Artikel XIV.

Die Bestimmungen dieses Gesetzes treten an Stelle der Verordnung zur Wohnraumlenkung vom 27. Februar 1943 (RGBl. I S. 127), die hiermit aufgehoben wird. Alle anderen deutschen gesetzlichen Wohnungsregelungen, die in Widerspruch zu diesem Gesetze stehen, werden aufgehoben oder im Sinne dieses Gesetzes geändert.

Artikel XV.

Dieses Gesetz tritt mit dem Tage seiner Veröffentlichung in Kraft.

Ausgefertigt in Berlin, den 8. März 1946.

Verordnung über die Bewirtschaftung der Wohn- und gewerblichen Räume.

(V. 1 S. 34, 124.)

§ 1.

Ohne Rücksicht auf bestehende Rechtsverhältnisse ist die Beschlagnahme zulässig[1—6]:

I. für freie Wohnungen und gewerbliche Räume,

II. für unterbelegte Wohnräume (auch im Zusammenhang mit gewerblichen Räumen),

III. von solchen Wohn- und gewerblichen Räumen, die nach Inkrafttreten dieser Verordnung frei werden oder bei denen eine Unterbelegung eintritt.

---

[1]) Der Einweisungsschein des Wohnungsamtes hat folgenden Inhalt:

Der Bezirksbürgermeister
Wohnungsamt Berlin-Charlottenburg, ...
Geschäftszeichen: Wohn/G.

Einweisungsschein.

Hierdurch nehme ich ab sofort unter dem Vorbehalt jederzeitigen Widerrufs für Herrn.. bisher .... die Geschäftsräume — den Laden — in Berlin, ... nebst Nebenraum in Anspruch.

Die Inanspruchnahme gilt bis auf weiteres; sie kann im Verwaltungswege erzwungen werden.

Dieser Schein ist dem Vormieter und dem Hauseigentümer bzw. dessen Vertreter zur Kenntnisnahme vorzulegen und dann sorgfältig aufzubewahren.

Wenn ein Hauptmieter zurückgekehrt ist und in seine Wohnung oder seinen Laden wieder einziehen will, in die oder den ein anderer während seiner Abwesenheit vom Quartier- oder Wohnungsamt eingewiesen wurde, muß er zunächst beim Wohnungsamt die Einweisung beantragen. Erfolgt die Aufhebung, so wird in der Regel eine Frist zum Auszug des Eingewiesenen von 14 Tagen gewährt. Gegen die Aufhebung der Einweisung kann der bisher Eingewiesene binnen 3 Tagen nach Empfang der Aufhebungsverfügung Beschwerde beim Wohnungsamt einlegen, die jedoch keine aufschiebende Wirkung hat. Zieht der bisher Eingewiesene nicht aus, so muß der Hauptmieter beim Amtsgericht auf Räumung klagen. Hat jedoch der

§ 2.

Eine Verfügung über die nach § 1 beschlagnahmten Räume ist nur mit Genehmigung des zuständigen Bezirksbürgermeisters zulässig. Diese Genehmigung kann nur versagt werden:

I. wenn wichtige politische Gründe gegen die einzuweisenden Personen bestehen,

II. wenn eine anderweitige Unterbringung von Personen nicht möglich ist, denen nach § 5 ein Vorrang zusteht.[6]

§ 3.

Macht der Bezirksbürgermeister bei freien Wohnungen von seinem Recht der Einweisung nicht innerhalb von 4 Wochen, vom Zeitpunkt der Beschlagnahme der freien Wohnung an, Gebrauch, so sind die Hauseigentümer, Verwalter und

---

Hauptmieter mit dem Untermieter einen Mietvertrag geschlossen, der nach §§ 566 I, 580 BGB auch formlos geschlossen werden kann, so genießt der Mieter Mieterschutz nach dem Mieterschutzgesetz. Eine Aufhebung des Mietvertrages ist jedoch nur aus den Gründen dieses Gesetzes zulässig, wobei in der Praxis meist § 4 des Gesetzes in Betracht kommt, der die Klage zuläßt, wenn für den Vermieter aus besonderen Gründen ein so dringendes Interesse an der Erlangung des Mietraums besteht, daß auch bei Berücksichtigung der Verhältnisse des Mieters die Vorenthaltung eine schwere Unbilligkeit für den Vermieter darstellen würde. Zugunsten des Mieters ist dabei der Umstand mit zu berücksichtigen, daß der Mieter im Einverständnis mit dem Vermieter in den Mietraum bauliche, mit einem erheblichen Kostenaufwand verbundene Arbeiten hat vornehmen lassen.

Das Gericht kann den Vermieter auch aufgeben, die für den Umzug innerhalb des Gemeindebezirkes erforderlichen Kosten ganz oder teilweise zu ersetzen, wenn dies nach Lage der Sache, insbesondere nach den Vermögens- und Erwerbsverhältnissen der Vertragsteile, der Billigkeit entspricht. Soweit die Ersatzpflicht ausgesprochen wird, ist auf Antrag des Mieters die Zwangsvollstreckung von der Hinterlegung eines in der Urteilsformel zu bezeichnenden, die Umzugskosten oder die Entschädigung mutmaßlich deckenden Geldbetrag abhängig zu machen. Bei Aufhebung des Mietverhältnisses ist dem Mieter eine den Umständen nach angemessene evtl. einmal zu verlängernde Räumungsfrist zu gewähren, es sei denn, daß hiermit für den Vermieter unbillige Härten verbunden wären oder daß die Versagung der Frist keine unbillige Härte für den Vermieter darstellt, §§ 4, 5a. Nach § 24 gelten diese Vorschriften auch für Untermietverhältnisse, wenn der Untermieter die Räume ganz oder überwiegend mit Einrichtungsgegenständen ausgestattet hat, oder wenn er in den Mieträumen mit seiner Familie eine selbständige Wirtschaft oder Haushalt führt.

[2]) Nach der A. der Alliierten K. Berlin — BK/O (46) 1. 369 — vom 16. 9. 1946 gilt 1 Art. V 1, wonach ein Wohnraum als frei gilt, wenn er mehr als 28 aufeinanderfolgende Tage nicht mehr bewohnt wird. Diese Durchf.-V. hat nach Art. XIV rückwirkende Kraft.

[3]) Eine Wohnung gilt auch als frei, wenn sie durch Kündigung eines wirksamen Mietvertrages frei wird. Ein ohne Anzeige und Genehmigung des Wohnungsamtes geschlossener Mietvertrag ist unwirksam.

[4]) Hat das Preisamt die Mietzinsen auf Antrag des Eigentümers oder des Mieters die Neufestsetzung der Mietzinsen vorgenommen, so gilt der festgesetzte neue Mietzins erst vom Tage der Stellung des Antrages ab, hat also keine rückwirkende Kraft.

[5]) Eine vor dem 8. 5. 1945 erfolgte Einweisung des Quartieramts oder Bezirksamts bleibt auch nach diesem Zeitpunkt wirksam, wenn sämtliche Personen im Einweisungsschein vermerkt sind und ununterbrochen bis heute in der eingewiesenen Wohnung gewohnt haben.

[6]) Zur Entscheidung über die Zuweisung von gewerblichen Räumen ist allein das Wohnungsamt (Abt. für Bau- und Wohnungswesen) des Bezirksamtes zuständig, dem durch die §§ 5 und 6 des Bezirksverf.-Statuts vom 26. 9. 1945 — Verordnungsblatt der Stadt Berlin S. 103 — die öffentliche Raumbewirtschaftung übertragen worden ist, während in der V. vom 18. 6. 1945 — Verordnungsblatt der Stadt Berlin S. 34 — noch der Bezirksbürgermeister als zuständig bezeichnet war. (Vgl. auch Nr. 1 der Schiedsstellenanordnung vom 5. 10. 1945 — Verordnungsblatt der Stadt Berlin S. 87 —. Urteil des Bezirksverw.-Gerichts im brit. Sektor von Groß-Berlin 28. 3. 1947, II 584. 46.)

Hausbewohner berechtigt, Personen, auf die die Vorschriften dieser Verordnung Anwendung finden, zur Einweisung vorzuschlagen.

Falls der Bezirksbürgermeister innerhalb weiterer 4 Wochen keine Einweisung vorgenommen hat, ist der Hauseigentümer oder sonstige Verfügungsberechtigte zur freien Vermietung berechtigt.

§ 4.

1. Wohn- und gewerbliche Räume gelten als frei:
   a) wenn sie leerstehen,
   b) wenn das Nutzungsverhältnis (insbesondere der Mietvertrag) rechtswirksam beendet ist,
   c) wenn der Inhaber der Wohnung oder des gewerblichen Raumes stirbt, ohne volljährige Familienangehörige zu hinterlassen, die bei seinem Tode zu seinem Hausstand gehört haben.
   d) wenn die bisherigen Besitzer oder Inhaber der Räume unter die Personengruppe fallen, die durch die Magistratsverordnung über Beschlagnahme von Nazivermögen betroffen sind.
2. Wohnräume (auch im Zusammenhang mit gewerblichen Räumen) gelten als unterbelegt:

Ausführungsbestimmungen Abschnitt 1,

wenn sie nicht gemäß der jeweiligen Schlüsselzahl, die auf Grund der einmaligen Meldung errechnet ist und auf Grund der laufenden Meldungen geändert wird, benutzt werden. Bis zur Herausgabe der Schlüsselzahl und bis zur genügenden Ingangbringung des Nahverkehrs können diese Schlüsselzahlen in den Bezirken unterschiedlich — nach vorheriger Verständigung mit dem Magistrat, Abteilung für Bau- und Wohnungswesen — festgelegt werden.

3. Als Benutzer einer Wohnung gelten alle Personen, die auf Grund ihrer Anwesenheit in dieser Wohnung die Lebensmittelkarten beziehen.

§ 5.

Ein vor dem Inkrafttreten der Verordnung begründetes Rechtsverhältnis, insbesondere ein Mietvertrag über die Benutzung von Wohn- und gewerblichen Räumen, erlischt mit dem Eintritt der Beschlagnahme. Bevorzugt von allen übrigen sind in einer ihren persönlichen Verhältnissen angemessenen Wohnung in nachstehender Rangfolge unterzubringen:

Ausführungsbestimmungen Abschnitt 2.

a) Wohnungsuchende, die wegen ihrer antifaschistischen Gesinnung bis zur Beendigung der Kampfhandlungen — jedoch mindestens $^1/_2$ Jahr lang — inhaftiert waren,
b) sonstige Wohnungsuchende, die wegen ihrer antifaschistischen Gesinnung seit dem 30. Januar 1933 mindestens 1 Jahr inhaftiert waren,
c) Wohnungsuchende, die wegen ihrer antifaschistischen Gesinnung, oder aus sonstigen politischen Gründen ihre Wohnung verlassen haben,
d) politisch nicht belastete Mitbenutzer, insbesondere Untermieter oder Eingewiesene aus Wohnungen, die frei werden,
e) Wohnungsbedürftige infolge unmittelbarer und mittelbarer Kriegseinwirkungen.

§ 6.

Erfassung

a) einmalige Erfassung der gesamten Wohn- und gewerblichen Räume,
b) laufende Erfassung der jeweils freiwerdenden Wohn- und gewerblichen Räume.

Hauseigentümer oder deren Verwalter und — soweit beide nicht handlungsfähig — Hausobmänner, die dann im Auftrage der Bezirksbürgermeister handeln, sind verpflichtet, innerhalb von 3 Tagen

a) als **einmalige** Meldung den derzeitigen Istbestand (nach Anlage A) dem Bezirksbürgermeister aufzugeben. Der Bezirksbürgermeister gibt die Meldung sofort an den Magistrat, Abt. für Bau- und Wohnungswesen weiter,

b) als laufende Meldung alle Änderungen dieses Istbestandes gemäß Anlage B mitzuteilen, und zwar beginnt die Frist für die Meldung zu b:

1. bei vermieteten oder sonst überlassenen Wohnungen und gewerblichen Räumen mit dem Tage der Kündigung oder — falls nicht gekündigt wird — mit dem Tage, an dem der Hauseigentümer, Verwalter oder Hausobmann von dem Freiwerden der Wohnung Kenntnis erhält.

Ausführungsbestimmungen Abschnitt 3.

2. bei neu oder durch Aus- oder Umbau entstehenden bzw. wiederhergestellen Wohn- und gewerblichen Räumen mit dem Eintritt der Beziehbarkeit.
3. bei Wohn- und gewerblichen Räumen, die der Eigentümer oder sonstige über das Grundstück Verfügungsberechtigte für eigene Zwecke benutzen, zwei Wochen vor der beabsichtigten Räumung.
4. Die Änderung an der Zahl der Wohnungsbenutzenden sind durch laufenden Vergleich mit den ausgegebenen Lebensmittelkarten festzustellen und dem Bezirksbürgermeister zu melden. Der Bezirksbürgermeister gibt die Meldung zu b, 1 bis 4 monatlich an den Magistrat, Abt. für Bau- und Wohnungswesen weiter.

§ 7.

Ausführungsbestimmungen Abschnitt 4.

Wird dem Eingewiesenen die Inbesitznahme der ihm zugewiesenen Räume verweigert, so erfolgt seine Einweisung auf Veranlassung des Bezirksbürgermeisters im Wege des polizeilichen Zwangsverfahrens gegen denjenigen, der die Inbesitznahme der Räume verhindert.

§ 8.

Zustimmung in besonderen Fällen.

Ausführungsbestimmungen Abschnitt 5.

a) Wollen Inhaber von Wohn- und gewerblichen Räumen miteinander tauschen, so bedarf jeder von ihnen der Genehmigung des Bezirksbürgermeisters, in dessen Bezirk die Wohn- und gewerblichen Räume liegen.

b) Die Genehmigung ist nur zu verweigern, wenn durch den Tausch der Ausgleich von unterbelegtem Wohnraum mit überbelegtem Wohnraum verhindert wird und wenn keine politischen Bedenken bestehen. Die Weiterüberlassung einer Wohnung im ganzen an einen Dritten ist unzulässig, sofern es sich nicht um einen Wohnungstausch handelt.

c) Die Genehmigung des Bezirksbürgermeisters ist erforderlich, wenn ein Dritter, der im Falle des Todes des Wohnungsinhabers keine Kündigungsfrist genießen würde, dem Mietvertrag beitreten will. Dies gilt für jeden Mietbeitritt seit dem Inkrafttreten dieser Verordnung.

d) Die Genehmigung ist für alle Verträge erforderlich, die eine Verfügung über Wohn- oder gewerbliche Räume zum Inhalt haben, ohne Rücksicht auf ihre Bezeichnung als Miet- oder sonstigen Vertrag.

e) Die Genehmigung ist zu versagen, wenn offenbar die Vorschriften der Verordnung umgangen werden sollen.

§ 9.

Sonstige Bestimmungen.

a) Wer die Inbesitznahme von Räumen auf Grund der Einweisungsverfügung verweigert oder ohne Genehmigung des zuständigen Bezirksbürgermeisters einen der in den §§ 1 bis 4 bezeichneten Räume belegt, wird mit Geldstrafe bis zu 10 000 RM bestraft.

b) Die Einweisung ist in diesen Fällen im Wege des polizeilichen Zwangsverfahrens unter Auferlegung der dadurch entstehenden Kosten an den

Verweigerer durchzuführen. Das gleiche gilt für die Ausweisung bei Belegen von Räumen ohne Genehmigung.

c) Mit einer Geldstrafe bis zu 1500 RM wird bestraft, wer einer ihm obliegenden Anzeigepflicht nicht nachkommt.

§ 10.

Gegen die Entscheidung des Bezirksbürgermeisters, die schriftlich zu erfolgen hat, ist die Beschwerde an die Schiedsstelle des Bezirks zulässig, und zwar innerhalb einer Frist von einer Woche seit Bekanntgabe der Entscheidung. Sie ist schriftlich einzulegen. Die Schiedsstelle wird gebildet aus einem rechtskundigen Vorsitzenden und zwei Beisitzern. Der Bezirksbürgermeister kann der Beschwerde abhelfen.

§ 11.

Die Verordnung tritt am 18. Juni 1945 in Kraft.

Berlin, den 18. Juni 1945.

Ausführungsbestimmungen zur Verordnung über die Bewirtschaftung der Wohn- und gewerblichen Räume.

Abschnitt 1.

Als Wohnraum gilt jeder bei Inkrafttreten dieser Verordnung zum Wohnen bestimmte Raum einschl. der im Keller und in ausgebauten Dachgeschossen befindlichen Räume. Dabei zählen durch Türen oder sonstige leicht anzubringende Vorrichtungen trennbare Räume mit 10 qm Grundfläche und darüber als ganze Räume, während Räume unter 10 qm Grundfläche als halbe Räume zählen. Räume in Kellern werden nur mit der Hälfte ihrer Quadratmeterzahl berücksichtigt, bei Bodenräumen wird der unter der Dachschräge befindliche Teil nur zur Hälfte mitgerechnet. Wohnküchen, die nach Form und Gestalt als Wohnraum anzusehen sind, und deren Grundfläche mindestens 12 qm beträgt, sind als halbe Räume zu behandeln.

Im übrigen werden Küchen und Nebenräume, wie Flure, Badezimmer, Aborte, nicht mitgezählt.

Ebenfalls gilt als Raum jeder Raum, der zur Wiederherstellung durch Selbsthilfe geeignet ist, wenn gemäß den baupolizeilichen Vorschriften keine Gefährdung der Benutzer zu befürchten ist und entsprechend dem Umfang der Wiederherstellungsarbeiten eine sachgemäße Instandsetzung durch den Benutzer möglich erscheint.

Abschnitt 2.

Wohnungsbedürftigkeit liegt vor, wenn kein oder nur unzulänglicher Wohnraum besteht oder ein zusätzlicher Raumbedarf entsteht. Der Begriff der unmittelbaren Kriegseinwirkung bedarf keiner Erläuterung, Wohnungsbedürftigkeit infolge mittelbarer Kriegseinwirkung im Sinne der Verordnung liegt vor, wenn durch Maßnahmen der Besatzungsmacht der Wohnraum seinem Besitzer entzogen wird.

Abschnitt 3.

Die Meldungen auf Grund der beigefügten Anlagen A und B („einmalige Istbestandsmeldung" und „laufende Meldung") dienen der Information der Wohnungsämter in den Bezirken. Dem Magistrat — Abteilung für Bau- und Wohnungswesen — sind nur auf Grund der Anlage A die unten angegebenen Summen als drei Gesamtzahlen pro Bezirk zu melden und auf Grund der Anlage B die Zahlen, die sich im Laufe eines Monats sammeln, als je eine Summe, bezogen auf Zu- bzw. Abgang an Wohn- und gewerblichen Raum und Veränderung der Bewohner. Meldung hat jeweils bis zum 5. eines jeden Monats zu erfolgen.

Abschnitt 4.

Die Einweisungsverfügung berechtigt den Eingewiesenen, die in der Einweisungsverfügung bezeichneten Räume in Besitz zu nehmen, und verpflichtet ihn, ab

Bereitstellung der Räume, zur Mietzahlung. Die Einweisungsverfügung soll durch den Bezirksbürgermeister möglichst dem Hauseigentümer und den Personen bekanntgegeben werden, denen nach bürgerlichem Recht ein Anspruch auf Räume zusteht. Besondere Vorsicht ist bei Belegen unterbelegter Mischräume dann zu üben, wenn die Wohnung an den Laden unmittelbar anschließt. Dem Straßenobmann ist in jedem Falle eine Abschrift der Einweisungsverfügung durch den Bezirksbürgermeister zu übersenden.

Abschnitt 5.

Die Prüfung, ob politische Bedenken bestehen, ist zweckmäßig, um zu verhindern, daß politisch als nationalsozialistisch verdächtige Personen untertauchen.

Anlage A

Einmalige Istbestandsaufnahme

(dreifache Ausfertigung: 1. Hausbesitzer, 2. Wohnungsamt, 3. Bezirksamt).

I. Lage:

Bezirk..Straße.................. Nr.......

Besitzer..................................

Verwalter ....

Hausobmann ....

II. Bestand:

Wohn- und Gemischträume						Gewerbliche Räume Bewohner gemäß Anordnung**)					
Geschoß	Lfd. Nr. der Wohnräume oder gewerblichen Räume	Anzahl der Wohnräume gemäß Anordnung*) einschl. der Wohnräume im Anschluß an die gewerblichen Räume (Gemischträume)	davon total zerstört	davon wieder herstellbar	davon zur Zeit verfügbar	Gewerbliche Räume	davon total zerstört	davon wieder herstellbar*)	davon zur Zeit verfügbar	Anzahl der Raumbenutzer einschließl. Untermieter und der Eingewiesenen	Hiervon Mitglied der NSDAP am 31. 3. 1945

*) Als Raum gilt jeder Wohnraum, dessen Grundfläche mindestens 10 qm beträgt, wobei die Grundfläche unterhalb einer Dachschräge und im Keller nur zur Hälfte mitgerechnet wird. Küchen, Nebenräume, wie Flur, Badezimmer, Abort, Luftschutzraum u. dgl., und Räume, die zur Ausübung eines Berufes erforderlich sind, bleiben außer Betracht. Räume unter 10 qm zählen als halbe Räume. Desgl. Wohnküchen, wenn sie mindestens 12 qm groß sind und der Form und Gestalt nach als Wohnraum anzusehen sind.

**) Als Benutzer einer Wohnung gelten alle Personen, die auf Grund ihrer Anwesenheit in dieser Wohnung die Lebensmittelkarten beziehen.

Anlage B.

Laufende Meldungen

(dreifache Ausfertigung: 1. Hausbesitzer, 2. Wohnungsamt, 3. Bezirksamt).

I. Lage:

Bezirk: .... Straße .... Nr. ....

Besitzer ....

Verwalter ....

Hausobmann ....

II. Bestandsänderung:

An folgenden Wohn- und gewerblichen Räumen (Nummernfolge des Istbestandes) sind die nachstehenden Änderungen eingetreten*).

An folgenden Wohnräumen (einschl. der Wohnräume im Anschluß an gewerbliche Räume) sind folgende Änderungen in der Belegungsziffer eingetreten.*)

Anordnung des Magistrats der Stadt Berlin zur Festsetzung und Zahlung der Mieten. (Vorläufige Regelung.)

1. Mieten für Wohn- und gewerbliche Räume für den Monat Mai 1945 sind nicht zu zahlen.
2. Bereits gezahlte Mieten werden auf die folgenden Monate angerechnet.
3. Mieten für den Monat Juni und die folgenden Monate sind in der vertraglich vereinbarten Höhe pünktlich und zu den vereinbarten Terminen zu zahlen, also ohne Ansetzung von Mietminderung.

   Nicht zu zahlen sind lediglich Mieten für die Teile von Wohnungen oder gewerblichen Räumen, die völlig zerstört oder baupolizeilich für die Benutzung gesperrt sind, oder z. B. infolge des Fehlens baulicher Teile der Außenmauer für die Benutzung völlig ausfallen. Die Mietminderung ergibt sich bei Wohnungen entsprechend der Verhältniszahl der früheren Raumzahl zur jetzt noch verfügbaren Raumzahl. Dabei gelten Räume als ganze Räume, Räume unter 10 qm und Küchen als halbe Räume

   Bei gewerblichen Räumen ist die Verhältniszahl der früheren Raumfläche zu der jetzt noch verfügbaren Raumfläche zugrunde zu legen.
4. Etwa noch rückständige Mieten aus der Zeit bis zum 30. April 1945 sind zu zahlen, und zwar unter Berücksichtigung der zur Zeit festgelegten Mietminderungen.

   Mietminderungen[1]) dürfen vom Mieter in Abzug gebracht werden, sofern er bereits über einen schriftlichen Mietminderungsbescheid verfügt. Liegt

---

*) Die Frist für die Meldung beginnt:

1. Bei vermieteten oder sonst überlassenen Wohnungen und gewerblichen Räumen mit dem Tage der Kündigung oder, falls nicht gekündigt wird, mit dem Tage, an dem der Hauseigentümer, Verwalter oder Hausobmann von dem Freiwerden der Wohnung Kenntnis erhält.
2. Bei neu oder durch Aus- oder Umbau entstehenden bzw. wiederhergestellten Wohn- und gewerblichen Räumen mit dem Eintritt der Beziehbarkeit.
3. Bei Wohn- und gewerblichen Räumen, die der Eigentümer oder sonstige über das Grundstück Verfügungsberechtigte für eigene Zwecke benutzen, zwei Wochen vor der beabsichtigten Räumung.
4. Die Änderung an der Zahl der Wohnungsbenutzenden sind durch laufenden Vergleich mit den ausgegebenen Lebensmittelkarten festzustellen.

[1]) Vgl. jedoch die V. des Magistrats Berlin vom 26. 9. 1945 über die Minderung des Mietzinses für Wohnungen und gewerbliche Räume wegen baulicher Mängel. Trotz Festsetzung des Mietzinses durch die Preisstelle (für Mieten) ist es dem Mieter nicht versagt, sich auf § 537 BGB zu berufen und weitere Herabsetzung des Mietzinses geltend zu machen. Das BGB kann der Magistrat nicht abändern, das kann er nur auf Befehl oder mit Genehmigung der Alliierten Kommandantur. So auch das Bezirksverw.-Gericht Berlin-Steglitz in einer im Tagesspiegel vom Juli 1947 veröffentlichten Entscheidung.

dieser Bescheid des Vermieters noch nicht vor, so sind die Hauseigentümer verpflichtet und berechtigt, die Teilschäden an Wohn- und Geschäftsräumen für die Zeit bis zum 30. April 1945 nach bestem Wissen und Gewissen entsprezhend den bisherigen Richtlinien der Stadt Berlin selbst festzusetzen und den Mieter bekanntzugeben.

5. Zur Entgegennahme von Mietzahlung sind nur der Hauseigentümer oder die von ihm schriftlich bevollmächtigten Personen berechtigt, jedoch nicht Hausobmänner ohne Vollmacht der Hauseigentümer, Mieterausschüsse oder sonstige Personen.

Soweit es sich um zur Zeit herrenlosen Hausbesitz handelt und der Bürgermeister des Verwaltungsbezirks eine treuhänderische Verwaltung angeordnet hat, sind die von ihm schriftlich beauftragten Inkassobevollmächtigten zur Entgegennahme der Mieten berechtigt.

6 Die Zahlung der Mieten hat in der Regel in bar oder in Ausnahmefällen in Barschecks oder Überweisungen aus neu eingerichteten, nicht gesperrten Spar- und Bankkonten zu erfolgen.

Die Anordnung tritt am 18. Juni 1945 in Kraft.

Berlin, den 18. Juni 1945.

Schiedsstellen der Wohnungsämter.

Zur Durchführung des § 10 der Verordnung des Magistrats der Stadt Berlin über die Bewirtschaftung der Wohn- und gewerblichen Räume vom 18. Juni 1945 wird folgendes angeordnet:

I.

Zuständigkeit der Schiedsstelle.

Die Schiedsstelle ist zuständig für Beschwerden über alle Maßnahmen des Bezirkswohnungsamts auf dem Gebiete der Raumbewirtschaftung. Die Beschwerde hat aufschiebende Wirkung, wenn dies vom Bezirkswohnungsamt oder vom Vorsitzenden der Schiedsstelle bewilligt wird.

II.

Besetzung der Schiedsstelle.

Die Schiedsstelle entscheidet in einer Besetzung von einem Vorsitzenden und zwei Beisitzern. Ein Beisitzer muß dem Kreise der Vermieter und der andere dem Kreise der Mieter angehören. Mitglieder der Schiedsstelle können auch Fauen sein.

Der Vorsitzende der Schiedsstelle, der auf dem Gebiete der Raumwirtschaft rechtskundig sein muß, wird vom Bezirksbürgermeister für die Dauer eines Jahres berufen. Er soll Bediensteter des Bezirksamtes sein und ist vor seinem Amtsantritt vom Bezirksbürgermeister zu gewissenhafter und unparteiischer Führung seines Amtes durch Handschlag zu verpflichten.

Die Beisitzer der Schiedsstelle werden in ausreichender Zahl durch das Bezirksamt für die Dauer eines Jahres bestellt. Soweit eine örtliche Hausbesitzer- bzw. Mieterorganisation zugelassen ist und besteht, sind von ihnen Vorschlagslisten einzufordern. Ist eine Organisation nicht vertreten, so tritt an deren Stelle der Ortsausschuß der Freien Gewerkschaften.

Die Mitglieder der Schiedsstelle dürfen nicht zugleich Bedienstete des Bezirkswohnungsamtes sein oder mit Maßnahmen des Bezirkswohnungsamtes betraut sein.

Für die Auswahl der Beisitzer darf nur maßgebend sein, daß von ihnen eine gewissenhafte und unparteiische Führung ihres Amtes zu erwarten ist. Sie sind vor Amtsantritt vom Vorsitzenden der Schiedsstelle durch Handschlag zu verpflichten.

Die Bestellung der Mitglieder der Schiedsstelle kann nur aus einem wichtigen Grund abgelehnt oder widerrufen werden.

Die Beisitzer der Schiedsstelle sind in einer vom Vorsitzenden der Schiedsstelle bestimmten Reihenfolge zu den Sitzungen heranzuziehen. Eine wesentliche Beeinträchtigung ihrer Berufsausübung soll tunlichst vermieden werden.

Die Beisitzer erhalten für ihre Tätigkeit eine Vergütung von 5 RM je Sitzung (Magistratsbeschluß vom 13. August 1945, Rundverfügung vom 1. September 1945 — Wohn. — I, 1 —).

Die jeweilige Bestellung der Mitglieder der Schiedsstelle ist dem Magistrat — Hauptamt für Wohnungswesen — mitzuteilen.

Zu den Verhandlungen vor der Schiedsstelle ist ein Schriftführer zuzuziehen. Er muß Bediensteter des Bezirksamts sein, und ist vom Vorsitzenden der Schiedsstelle durch Handschlag zu treuer und gewissenhafter Führung seines Amtes zu verpflichten.

Die Mitglieder und der Schriftführer der Schiedsstelle sind zur Amtsverschwiegenheit verpflichtet.

III.

Ausschließung und Ablehnung von Mitgliedern der Schiedsstelle.

Die Mitglieder der Schiedsstelle sind von der Ausübung ihres Amtes ausgeschlossen:

1. in Sachen, in welchen sie selbst Partei sind,
2. in Sachen ihrer Ehegatten, auch wenn die Ehe nicht mehr besteht,
3. in Sachen einer Person, mit der sie in gerader Linie verwandt, verschwägert oder durch Adoption verbunden, in der Seitenlinie bis zum 3. Grade verwandt oder bis zum 2. Grade verschwägert sind,
4. in Sachen, in welchen sie als Prozeßbevollmächtigte oder Beistand oder als gesetzlicher Vertreter aufzutreten berechtigt sind oder gewesen sind,
5. in Sachen, in welchen sie bei der angefochtenen Entscheidung bereits mitgewirkt haben.

Die Mitglieder der Schiedsstelle können in allen Fällen, in denen sie von der Ausübung ihres Amtes ausgeschlossen sind, auch wegen Besorgnis der Befangenheit abgelehnt werden. Wegen der Besorgnis der Befangenheit ist die Ablehnung ferner zulässig, wenn ein Grund vorliegt, der geeignet ist, Mißtrauen gegen die Unparteilichkeit des Mitgliedes zu rechtfertigen.

Ein Mitglied der Schiedsstelle kann nicht mehr abgelehnt werden, wenn der Antragsteller, ohne den ihm bekannten Ablehnungsgrund geltend zu machen, bereits in eine Verhandlung eingetreten ist.

Die Ablehnung ist bei der Schiedsstelle anzubringen. Sie kann auch zu Protokoll des Schriftführers erklärt werden.

Über den Ablehnungsantrag gegen den Vorsitzenden entscheidet der Bezirksbürgermeister und über die Ablehnungsanträge gegen die Beisitzer der Vorsitzende der Schiedsstelle. Die Entscheidungen sind gültig.

IV.

Verfahren vor der Schiedsstelle.

Die beim Bezirksamt — Wohnungsamt — eingehenden Beschwerden sind an die Schiedsstelle abzugeben, sofern der Bezirksbürgermeister von dem Recht, der Beschwerde selbst abzuhelfen, keinen Gebrauch macht. Die Akten des Wohnungsamtes sind mit einer Stellungnahme zur Sach- und Rechtslage beizufügen.

Die Schiedsstelle entscheidet in nichtöffentlicher Sitzung nach billigem Ermessen mit Stimmenmehrheit. Sie hat dabei den Sachverhalt in tatsächlicher und rechtlicher Hinsicht erschöpfend zu prüfen. Einer mündlichen Verhandlung bedarf es nicht, die Beteiligten können jedoch gehört werden. Mündliche Verhandlungen vor der Schiedsstelle sind nicht öffentlich. Der Vorsitzende kann Personen, die ein rechtliches Interesse an der Entscheidung nachweisen, zu der Verhandlung zulassen.

Die Schiedsstelle kann auf Antrag oder von Amts wegen Beweise erheben, insbesondere Zeugen und Sachverständige vernehmen, sowie Versicherungen an Eides Statt entgegennehmen, soweit dies zur Klärung der Sachlage notwendig erscheint.

Die Schiedsstelle soll in jeder Lage des Verfahrens auf eine gütliche Einigung der Beteiligten hinwirken.

Über die Verhandlungen vor der Schiedsstelle ist eine Niederschrift aufzunehmen. Sie muß Ort und Tag der Verhandlung, die Bezeichnung der mitwirkenden Personen und der Beteiligten sowie das Ergebnis der Verhandlung enthalten.

Kommt ein Vergleich zustande, so ist er in der Niederschrift festzustellen. Die Niederschrift ist vom Vorsitzenden und vom Schriftführer zu unterschreiben.

Die Entscheidung der Schiedsstelle erfolgt durch Beschluß.

Der Beschluß muß die Namen der Mitglieder enthalten, die bei der Entscheidung mitgewirkt haben, eine kurze Sachdarstellung und die Entscheidungsgründe. Er ist vom Vorsitzenden und von den beiden Schiedsrichtern zu unterschreiben.

Die Entscheidung ist mit Gründen versehen den Beteiligten und dem Magistrat — Hauptamt für Wohnungswesen — mitzuteilen.

Die Entscheidung der Schiedsstelle gilt als Maßnahme des Wohnungsamtes im Sinne der Verordnung des Magistrats vom 18. Juni 1945 und erwächst sofort in Rechtskraft.

V.

Erhebung von Verwaltungsgebühren.

Das Verfahren vor der Schiedsstelle ist gebührenpflichtig.

Zur Zahlung der Gebühr ist in der Regel die unterliegende Partei verpflichtet. Soweit es der Billigkeit entspricht, kann jedoch auch die obsiegende Partei zur Zahlung herangezogen werden.

Die Höhe der Gebühr richtet sich nach dem Streitwert der Sache. Dieser wird von der Schiedsstelle nach freiem Ermessen, jedoch nicht über den Jahresbetrag der Miete hinaus, festgesetzt. Der hiernach festgesetzte Betrag ist auf einen durch 10 RM teilbaren Betrag aufzurunden.

Die Gebühr beträgt bei einem Wert bis 1000 RM einschließlich 2 % von dem höheren Wert bis 2000 RM einschließlich $1^1/_2$ %, von dem höheren Wert bis 10 000RM einschließlich 1 % und von dem darüberliegenden Wertanteil $^1/_2$ %.

Der errechnete Betrag wird auf volle Reichsmark nach oben aufgerundet.

Wir die Beschwerde vor der Entscheidung zurückgezogen, dann ermäßigt sich die Gebühr auf die Hälfte. Die Höhe der Gebühr und die Zahlungspflicht ist durch Beschluß festzustellen.

Die Gebühr wird mit Abschluß des Verfahrens fällig. Die Schiedsstelle kann die Zahlung eines Vorschusses in der mutmaßlichen Höhe der Gebühr verlangen.

Bei nachgewiesener Bedürftigkeit des Zahlungspflichtigen oder aus anderen Billigkeitsgründen kann der Vorsitzende der Schiedsstelle Gebühren stunden, ermäßigen oder erlassen.

Die Gebühren werden im Verwaltungszwangsverfahren beigetrieben.

Berlin, den 5. Oktober 1945.

Das **Wohnungswesen Berlins** soll durch eine Verordnung neu geregelt werden, die gemäß G. Nr. 18 des Alliierten Kontrollrats vom 8. 3. 1946 von dem Ausschuß für Bau- und Wohnungswesen des Magistrats ausgearbeitet und in der nächsten Sitzung den Stadtverordneten vorgeiegt werden wird. Die Verordnung sieht die Erfassung des freien Wohnraumes unter Berücksichtigung von Um-, Neu- und Ausbauten vor. Wohnungen, die länger als drei Monate leer stehen und Wohnungen der ehemaligen Führer von nationalsozialistischen Organisationen und Personen, die als Kriegsverbrecher verurteilt wurden, gelten als frei und werden vom Wohnungsamt erfaßt. Bei den genannten Personen erstreckt sich die Anwendung auch auf die Ehegatten, es sei denn, daß es sich um Antifaschisten handelt. Die Vermieter haben dem Wohnungsamt die freien Wohnungen zu melden. Inhaber mehrerer Wohnungen müssen die leeren Wohnungen melden.

Über alle Wohnungen entscheidet das Wohnungsamt durch Zuweisung. Hat das Wohnungsamt jedoch einen Monat nach Meldung der Wohnung über diese nicht verfügt, so kann der Vermieter die Wohnung anderweitig vergeben, muß jedoch binnen sieben Tagen das Wohnungsamt davon verständigen.

Bei der Zuweisung von Wohnungsn darf keine Bevorzugung von Personen auf Grund ihrer Stellung stattfinden. Ausnahmen bilden politisch Verfolgte,

Personen mit mehr als drei minderjährigen Kindern, Invaliden und Personen über 65 Jahre, Ausgebombte oder Personen, die durch Beschlagnahme der Alliierten Behörden ihre Wohnung verloren haben. Wenn das Wohnungsamt durch Zuweisung über eine erfaßte Wohnung verfügt, hat es dem Vermieter einen Wohnungssuchenden zu nennen und von ihm zu verlangen, daß er binnen 15 Tagen ein Mietverhältnis mit diesem eingeht. Der Vermieter kann dem Wohnungsamt Personen vorschlagen, die bevorzugt unterzubringen sind. Das Wohnungsamt kann Zwangsmietverträge abschließen, wenn der Vermieter den Abschluß eines Mietvertrages ablehnt oder nicht erreichbar ist. Wohnungen von Genossenschaften werden in erster Linie deren Mitgliedern zugeteilt.

Das Wohnungsamt verfügt auch über Räume in unterbelegten Wohnungen, d. h. solchen Wohnungen, bei denen durch die Zahl der Benutzer die Ausnutzung der Wohnfläche nicht als ausreichend anerkannt wird. Über erfaßte Wohnräume kann das Wohnungsamt auch durch vorübergehende Einweisung verfügen. Der Eingewiesene erhält damit das Benutzungsrecht über die ihm bezeichneten Räume und hat an den Mieter ein entsprechendes Entgelt zu zahlen. Die Einweisung kann von dem Wohnungsamt jederzeit widerrufen werden. Die Hauseigentümer sind für den vorhandenen Wohnraum verantwortlich und können bei Abriß von Wohnräumen oder unbefugter Veränderungen durch Zusammenlegung von Wohnungen zur Wiederherstellung gezwungen werden. Die Verwendung von Wohnungen für gewerbliche Zwecke ist ohne Zustimmung des Wohnungsamtes nicht gestattet. Wohnräume, die vor Erlaß der Verordnung bereits für gewerbliche Zwecke verwendet wurden, müssen auf Verlangen des Wohnungsamtes wieder für Wohnzwecke frei gemacht werden. Instandsetzungsarbeiten, Um- und Ausbauten können vom Wohnungsamt verfügt und die dafür notwendige Freimachung von Räumen angeordnet werden.

Die Schiedsstelle für Wohn- und Geschäftsräume regelt alle Einspruchs- und Beschwerdefragen. Bei Verstößen gegen die Verordnung sind Gefängnisstrafen bis zu einem Jahr und Geldstrafen bis zu 10000 RM. oder beides vorgesehen.

Preisamt.

Preisbildung für Mieten und Pachten.

Auf Grund der Anordnung zur Errichtung eines Preisamtes beim Magistrat der Stadt Berlin vom 28. September 1945 wird mit Zustimmung des Preisausschusses und im Einvernehmen mit der Abteilung für Bau- und Wohnungswesen folgendes angeordnet:

I.

Die Aufgaben der Preisbildung für Mieten und Pachten bei Wohn-, Geschäfts- und Garagenräumen werden der Abteilung für Bau- und Wohnungswesen des Magistrats Berlin (Hauptamt für Wohnungswesen) übertragen.

Das Hauptamt für Wohnungswesen wird ermächtigt, diese Aufgaben auf die Bezirksämter zu übertragen, soweit es sich hierbei um Einzelmaßnahmen handelt.

II.

Die Aufgaben der Preisbildung für Grundstücke sowie Mieten und Pachten bei unbebauten Grundstücken werden der Abteilung für Bau- und Wohnungswesen des Magistrats Berlin (Hauptamt für Vermessung) übertragen.

Das Hauptamt für Vermessung wird ermächtigt, diese Aufgaben auf die Bezirksämter (Ämter für Vermessung) zu übertragen, soweit es sich um Einzelmaßnahmen handelt.

III.

Gegen die Entscheidungen der Bezirksämter steht dem Betroffenen das Recht der Beschwerde an die Abteilung für Bau- und Wohnungswesen des Magistrats Berlin zu.

Gegen die Entscheidung dieser Abteilung findet die Beschwerde und, wenn jene Abteilung bereits als Beschwerdeinstanz entschieden hat, die weitere Beschwerde an das Preisamt statt. Letzteres entscheidet endgültig.

IV.

Die Abteilung für Bau- und Wohnungswesen des Magistrats Berlin kann mit Zustimmung des Preisamts allgemeine Grundsätze der Preisbildung für Grundstücke, Mieten und Pachten aufstellen.

V.

Die Anordnung tritt mit dem Tage der Verkündung in Kraft.

Berlin, den 21. Mai 1946.

Magistrat der Stadt Berlin.
Preisamt.

Preisamt.

2. Anordnung über Preisbildung für Mieten und Pachten.

Auf Grund der Anordnung des Magistrats der Stadt Berlin vom 28. September 1945 (VOBl. S. 122) wird mit Zustimmung des Preisausschusses und im Einvernehmen mit der Abteilung für Bau- und Wohnungswesen folgendes angeordnet:

Die Beschwerde gegen die Entscheidungen der Bezirksämter und die Beschwerde bzw. die weitere Beschwerde gegen die Entscheidungen der Abteilung für Bau- und Wohnungswesen des Magistrats der Stadt Berlin gemäß Abschnitt III der Anordnung betr. Preisbildung für Mieten und Pachten vom 21. Mai 1946 (VOBl. 1946, Seite 181) ist innerhalb 2 Wochen bei der Stelle einzulegen, die die angefochtene Entscheidung erlassen hat. Die Frist gilt auch dann als gewahrt, wenn die Beschwerde bei der zur Entscheidung zuständigen Stelle eingelegt worden ist. Die Stelle, die die angefochtene Entscheidung erlassen hat, kann der Beschwerde selbst abhelfen. Die Beschwerdeenteignung ist mit Gründen zu versehen und den Beteiligten zuzustellen.

Berlin, den 15. Oktober 1946.

Meldepflicht über Miet- und Pachtverträge.

Nach Artikel XIII des Kontrollratsgesetzes Nr. 12 vom 11. 2. 1946 ist jeder, der einen Mietzins bezahlt oder irgendeine Zahlung auf Grund eines Vertrages über Land, Häuser oder andere Immobilien leistet, verpflichtet, dem zuständigen Finanzamt vierteljährlich eine besondere Erklärung abzugeben, aus der die gezahlten Beträge und Zahlungsempfänger ersichtlich sind. Durch diese Vorschrift sind die bisher in Deutschland nicht bekanntgewesenen Kontrollmitteilungen für Einkünfte aus Vermietungen und Verpachtungen eingeführt worden. Unter die Meldepflicht fallen alle, die Land oder Gebäude gemietet oder gepachtet haben, der Gutspächter ebenso wie der Kleingartenpächter, der Mieter gewerblicher Räume ebenso wie der Wohnungsmieter und der Untermieter, der ein möbliertes Zimmer gemietet hat.

Für Groß-Berlin ist eine besondere „Erklärung über bezahlte Miete oder Pacht" in zwei Stücken abzugeben, aus der die im vorhergegangenen Kalendervierteljahr monatlich entrichteten Miet- oder Pachtverträge sowie die einzelnen Zahlungsempfänger und ihre genauen Anschriften ersichtlich sein müssen, und zwar stets bis zum 10. des auf das abgelaufene Kalendervierteljahr folgenden Monats. Zuständig ist das Finanzamt, in dessen Bezirk das Grundstück gelegen ist (Belegenheitsfinanzamt). Auf Grund einer Anordnung des Magistrats der Stadt Berlin (V. 2 S. 206) sind die Erklärungem zunächst nur von den Inhabern gewerblicher Räume mit einem Miet- oder Pachtzins von mehr als 1500 RM im Vierteljahr anzugeben.

In der sowjetischen Besatzungszone ist durch § 34 der Richtlinien die Vierteljahresmeldung auf Personen beschränkt worden, die gemietet oder gepachtet haben:

1. Landgüter, Ackerflächen, Bauland u. dgl.
2. Gebäude, z. B. Mietwohnhäuser, Geschäftshäuser, zu gewerblichen Zwecken dienende Gebäude und dgl.. Soweit bloße Gebäudeteile (Wohnungen, Zimmer u. dgl.) gemietet sind, besteht keine Meldepflicht.
3. unbewegliches Inventar.

Magistrat von Groß-Berlin
Abt. für Bau- und Wohnungswesen
Hauptamt für Wohnungswesen
H.Wohn. II, 1

Berlin C 2, den 19. Mai 1947
Stralauer Str. 42/43
II. Aufgang, IV. Zimmer 417
Fernruf: 42 53 11 App. 22

An das
Bezirksamt............................
— Abt. für Bau- und Wohnungswesen —
Amt für Wohnungswesen
(Preisstelle für Mieten)

Rundverfügung Nr. 23.

Betrifft: **Übernahme der Instandsetzungskosten durch den Mieter.**

Einleitung:

In Ergänzung der Rundverfügung Nr. 11 vom 10. Juli 1946 und der Ausführungen im Protokoll vom 22. 10. 1946 werden die nachfolgenden Klarstellungen gegeben. Außerdem wird an Hand von Fällen, die uns von den beteiligten Parteien zur Entscheidung vorgelegt wurden, erläutert, wie die Übernahme der Instandsetzungskosten durch den Mieter bei den verschiedenen Tatbeständen preisrechtlich zu beurteilen ist. Es wird nachdrücklich darauf hingewiesen, daß die privatrechtliche Beurteilung aller einschlägigen Fragen von den preisrechtlichen Bestimmungen und Folgerungen streng zu trennen ist.

Die Bestimmungen der Rundverfügung Nr. 11 sind nicht auf solche mietvertraglichen Vereinbarungen anzuwenden, die vor dem 1. August 1946 getroffen worden sind. Von der Verfolgung von Preisverstößen, die vor dem 1. 8. 1946 liegen, ist abzusehen.

Bei der Anwendung der Bestimmungen der Rundverfügung Nr. 11 bleibt oberster Grundsatz, das Preiserhöhungsverbot. Den tatsächlichen Verhältnissen der gegenwärtigen Wirtschaftslage ist dabei Rechnung zu tragen. Sowohl die Engpässe auf den verschiedenen Gebieten der Bauwirtschaft, als auch die noch immer ungeklärten Verhältnisse der alten Guthaben und Konten und die dadurch entstehenden Finanzierungsprobleme zwingen zu einer unterschiedlichen Behandlung.

A. Einstufung der Instandsetzungsarbeiten.

Bei den Instandsetzungsarbeiten sind zu unterscheiden:

a) die notwendigen fachmännisch ausgeführten Instandsetzungsarbeiten,
b) die behelfsmäßig ausgeführten Instandsetzungsarbeiten,
c) die sonstigen Instandsetzungsarbeiten,
d) Die Arbeiten zur Herrichtung von Räumen für den speziellen Zweck eines Mieters.

Zu a): Notwendige Instandsetzungsarbeiten sind solche, die zur Erhaltung des Mietraums und seiner Einrichtungen oder zur Abwendung einer ihrem Bestande drohenden Gefahr erforderlich sind. Der Kreis der notwendigen Instandsetzungsarbeiten wird sich im wesentlichen mit der Beseitigung solcher Mängel decken, die in der Anlage 1 in der Spalte „Endgültige Instandsetzung" aufgeführt sind. Hierbei ist es gleichgültig, ob es sich um Kriegsschäden oder um sonstige bauliche Schäden handelt.

Die Kosten der notwendigen Instandsetzungsarbeiten im vorbezeichneten Sinne sind vom Vermieter zu tragen und dürfen in keiner Form auf den Mieter abgewälzt werden, es sei denn, daß diesem die Instandsetzungspflicht vertraglich oder aus sonstigem Grunde rechtlich obliegt. Auch der Mieter, der diese Kosten freiwillig übernimmt oder solche Arbeiten ausführt, ohne vom Vermieter den Ersatz der Kosten zu fordern, verstößt gegen die Preisbestimmungen.

Zu b): Vielfach werden nur behelfsmäßige Instandsetzungen möglich sein. Eine nicht vertretbare Entlastung des Vermieters wird hierbei in der Regel nicht eintreten, wenn die Aufwendungen überwiegend oder ganz vom Mieter getragen werden, weil durch die behelfsmäßige Instandsetzung die nachhaltige Beseitigung baulicher Schäden wohl hinausgeschoben, aber nicht hinfällig wird. In solchen Fällen kann unterstellt werden, daß die behelfsmäßigen Instandsetzungen lediglich im überwiegenden Interesse des Mieters erfolgten. Die freiwillige Übernahme solcher Aufwendungen durch den Mieter ist nicht als Preisverstoß anzusehen.

Der Begriff der „behelfsmäßigen Instandsetzungen" läßt sich nicht erschöpfend definieren und auch nicht durch vollkommene katalogmäßige Darstellungen abgrenzen. Die in der Anlage 1 beigegebene Zusammenstellung von Beispielen dürfte aber bereits die wesentlichsten Fälle erfassen, mindestens aber die Tendenz erkennen lassen, nach welchen Gesichtspunkten die Unterscheidungen vorzunehmen sind.

Zu c): Sonstige Instandsetzungen sind solche, die weder zu den notwendigen, noch zu den behelfsmäßigen Instandsetzungen zu rechnen sind. Auch die „sonstigen Instandsetzungen" lassen sich nicht erschöpfend erläutern. Hierher gehören vor allem Instandsetzungen, die die Räume in einen zum vertragsgemäßen Gebrauch geeigneten Zustand versetzen sollen, ohne daß sie zu seiner Erhaltung notwendig sind. Hierzu rechnen insbesondere die Schönheitsreparaturen (Tapezieren und Anstreichen der Wände und Decken, das Streichen der Fußböden, der Fenster und der Türen). Trägt der Mieter die Aufwendungen hierfür, ist dies nicht als Verstoß gegen die Preisbestimmungen anzusehen, soweit die Arbeiten sich auf die erstmalige Herrichtung der Räume beschränken. Für die Beurteilung bleibt jedoch beachtlich, ob und welche vertragliche Vereinbarung am Preisstop-Stichtag (1. 4. 1945) getroffen war. Eine Vereinbarung, wonach der Mieter über die erstmalige Herrichtung der Räume hinaus die Kosten der sonstigen Instandsetzung zu tragen hat, verstößt gegen die Preisbestimmungen, sofern sie nicht bereits vor dem 1. April 1945 erfolgt und zulässig war.

Unter den Begriff der sonstigen Instandsetzungen fallen z. B. auch folgende Arbeiten:

Beseitigung von kleinen Löchern und Rissen in den Innenwänden,
Wiederherstellung von Keller- und Bodenräumen, wenn sie aus Luftschutzgründen ihrer eigentlichen Benutzung entzogen waren,
Instandsetzung der Klingelanlage.

Werden solche Arbeiten vom Mieter erstmalig ausgeführt, so ist es auch dann kein Verstoß gegen die Preisbestimmungen, wenn dadurch die Instandsetzung des Schadens endgültig erfolgt.

Zu d): Aufwendungen für die Herrichtung von Räumen für den speziellen Zweck des Mieters scheiden gleichfalls bei der preisrechtlichen Beurteilung aus. Sie werden vorzugsweise bei gewerblichen Räumen auftreten, sie können aber auch für Wohnungen in Frage kommen (z. B. Aufstellung von Kohlenöfen in zentral beheizten Räumen, gewisse architektonische Ausgestaltungen von Räumen, wie Einbau eines Kamins, Herstellung von Rohrverkleidungen, Umrahmungen und dergleichen, Raumunterteilungen oder Raumzusammenfassungen und ähnliches). Eine genaue Umschreibung derartiger Arbeiten ist hier noch weniger möglich als in den Fällen zu Ziff. b) oder c).

B. Allgemeine Grundsätze.

1. Eine Verpflichtung des Vermieters zur Ausführung von Instandsetzungsarbeiten allein aus preisrechtlichen Gründen besteht nicht. Kommt der Vermieter seinen Verpflichtungen aus dem Mietvertrage nicht nach, kann der Mieter privatrechtliche Ansprüche (§§ 536ff. BGB) geltend machen. Hierzu vergleiche die Rundverfügung H.Wohn. I vom 21. August 1946 betr. Wohnungsinstandsetzungsarbeiten (gerichtet an die Bezirksräte für Bau- und Wohnungswesen).
2. Hat der Vermieter oder der Mieter auf Grund einer Auskunft einer behördlichen Stelle gehandelt, so ist der Preisverstoß wegen einer unrichtigen Belehrung nicht zu verfolgen. Als solche Behörden sind anzusehen: Preisstellen für Mieten, Bezirkswohnungsämter, Bauämter, Rechtsauskunftsstellen der Bezirksämter, Antragstellen der ordentlichen Gerichte.
3. Vereinbarungen über die Überlassung von Mieträumen in beschädigtem Zustand und über die Herrichtung der Räume zu Lasten des Mieters verstoßen dann nicht gegen die Preisbestimmungen, wenn der beschränkten Tauglichkeit der Räume sowie dem Aufwand des Mieters durch entsprechend niedrige Bemessung des Mietzinses Rechnung getragen wird.

C. Besonderheiten der gewerblichen Räume.

Die vorstehenden Anweisungen gelten allgemein für Wohn- und gewerbliche Räume. Bei der Instandsetzung gewerblicher Räume werden Arbeiten, die im Abschnitt A unter d) behandelt sind und preisrechtlich unberücksichtigt bleiben sollen, besonders häufig in Frage kommen. Im übrigen hat der Grundsatz der Rundverfügung Nr. 11, daß die Instandsetzungskosten möglichst in einem vernünftigen Verhältnis zum Mietzins stehen sollen, für den Bereich der gewerblichen Räume bevorzugte Geltung. Die Dreijahresfrist für die Erstattung bzw. Aufrechnung der Mieteraufwendungen wird hier jedoch in der Regel nicht innezuhalten sein. Beim Kontrahieren zwischen Gewerberaumvermietern und Mietern darf man in der Regel die erforderlichen wirtschaftlichen und rechtlichen Kenntnisse und Erfahrungen voraussetzen, die zur verantwortungsbewußten Beurteilung der Mietbedingungen verpflichten.

D. Entscheidungspraxis an Hand von Beispielen.

a) Vermieter macht Abschluß des Mietvertrages von der Übernahme der Instandsetzung durch den Mieter abhängig:
   Einwandfreier Verstoß gegen die Preisbestimmungen.

b) Vermieter beschränkte sich bei der erstmaligen Herrichtung der Räume auf Übernahme der Kosten für notwenige Arbeiten und überließ dem Mieter die sonstigen Arbeiten (z. B. Schönheitsinstandsetzungen):
   Kein Verstoß des Vermieters. Die sonstigen Arbeiten dürfen aber nicht dauernd auf den Mieter abgewälzt werden, wenn am Stichtag (1. 4. 1945) der Vermieter vertraglich zu ihrer Durchführung verpflichtet war.

c) Mieter bot Ausbau der Wohnung an, Ersatz der Kosten ist im Sinne der Rundverfügung Nr. 11 geregelt:
   Kein Verstoß.

d) Mieter bot Ausbau der Wohnung an, verzichtete aber vertraglich auf Ersatz der Kosten:
   Einwandfreier Verstoß des Mieters, der nicht anbieten darf. Auch Verstoß des Vermieters, der nicht annehmen darf. Auch die Anbietung als Geschenk durch den Mieter wäre eine unzulässige Umgehung.

e) Mieter bot Ausbau der Wohnung an, sicherte vertraglich Verzicht auf Ersatz zu, fordert aber jetzt trotzdem Erstattung der Kosten:
   Rückforderung ändert am Verstoß nichts. Fall ist wie d) zu beurteilen. Die Forderung auf Erstattung derKosten ist allein nach privatrechtlichen Gesichtspunkten zu entscheiden, die ordentlichen Gerichte sind hierfür zuständig.

f) Mieter bot Ausbau der Wohnung an, vertragliche Regelung über die Erstattung sowie Annahme des Angebotes durch Vermieter erfolgte nicht. Mieter fordert nunmehr Rückzahlung der Kosten:

Verstoß des Mieters, kein Verstoß des Vermieters, sonst wie e) zu beurteilen.

g) Mieter hat ohne Zutun des Vermieters instandgesetzt und fordert jetzt Ersatz des Aufwandes:

Kein Verstoß. Weder Mieter noch Vermieter haben eine unzulässige Umgehung der Preisbestimmung beabsichtigt.

h) Mieter und Vermieter einigen sich über Übernahme der Aufwendungen in einem bestimmten Verhältnis:

Verhältnis muß immer so sein, daß Vermieter mit den Kosten der notwendigen Instandsetzungsarbeiten belastet wird. Wird Mieter vertraglich mit einem größeren Anteil belastet, so verstoßen beide Parteien gegen die Preisvorschriften (vgl. auch b).

i) Mieter ist vom Wohnungsamt eingewiesen unter der Auflage, daß er die Instandsetzung der Wohnung übernimmt. Vermieter hat sein Einverständnis erklärt:

Kein Verstoß seitens des Vermieters und des Mieters, weil eine sachverständige Stelle mitgewirkt hat. Es ist dafür Sorge zu tragen, daß die Wohnungsämter das Rundschreiben Nr. 10/46 vom 26. 2. 46 — H.Wohn. I, 1 — nur gemäß den Preisbestimmungen ausführen.

1 Anlage. Bonatz.

Anlage 1

Beispiele

für die Abgrenzung behelfsmäßiger Instandsetzungen von den endgültigen.

Pos.	Behelfsmäßige Instandsetzung.	Endgültige Instandsetzung.
1.	Ersatz der Dachhaut durch provisorisches Aufbringen von Blechen, Zeltplanen, Dachpappresten und dergl.	Eindecken des Daches mit Blechtafeln. Schalung und Dachpappe, regendichter Stülpnagelschalung, Ton-, Betonziegeln, Schiefer und dergl., sofern Dichtigkeit und Haltbarkeit für längere Zeit anzunehmen und für ausreichende Ableitung des Niederschlagwassers gesorgt ist.
2.	Schließen von Löchern in Außenwänden durch Verkleidung aus Holz, Pappe, Preßplatten und dergl.	Schließen von Löchern in Außenwänden durch Zumauern oder in anderer Massivbauweise.
3.	Behelfsmaßnahmen an Trennwänden, wie Absteifen, Schließen von Rissen und Löchern durch Holz, Pappe und dergl.	Erneuerung von Trennwänden in üblicher Neubauausführung oder fachmännische Beseitigung von Wandausbuchtungen und Löchern bzw. Rissen.
4.	Schließen von Fensteröffnungen durch Holzverschalung, Pappe, Bicella, Glasscheiben mit Notsprossen und dergl.	Schließen von Fensteröffnungen durch ganzes oder teilweises Zumauern (als behördlich zulässiger und praktisch zweckmäßiger Dauerzustand), Einsetzen von Fenstern nebst Verglasung.
5.	Ersetzen von Herden durch Kleinherde (sog. Laubenherde) oder von Öfen durch primitive Ersatzfeuerstätten.	Umsetzen und Erneuern von Kochherden bzw. Öfen als Feuerstätten für die Dauernutzung.

6. Ausflicken von Fenstern, Türplatten, -futtern und -bekleidungen in nicht tischlermäßiger Bearbeitungsweise (also ohne ausreichende Splitter- und Fugenbeseitigung, Verleimung).	Tischlermäßige Ausbesserung oder Erneuerung von Türplatten, -futtern und -bekleidungen (Splitter- und Fugenbeseitigung, Verleimung).
7. Ausbessern und Erneuern von Tür- und Fensterbeschlägen an Gegenständen entsprechend vorstehender Ziffer 6.	Ausbessern und Erneuern von Tür- und Fensterbeschlägen entsprechend vorstehender Ziffer 6.
8. Ausbessern und Ergänzen von Be- und Entwässerungsanlagen in Flickarbeit. Anlegen von Notzapfstellen uud -ausgüssen und dergl.	Ausbessern und Erneuern von Be- und Entwässerungsanlagen nebst Objekten bei fachmännischer Ausführung als Daueranlage.

X. Bücherpreise, Briefmarken- und Notgeldpreise.

Der **K. hat durch Befehl Nr. 4** (V. 1 S. 172) die **Einziehung von Literatur und Werken nationalsozialistischen und militärischen Charakters angeordnet.**

Er hat demgemäß befohlen:

1. Innerhalb von zwei Monaten nach Veröffentlichung dieses Befehls (13. 5. 1946) haben alle Inhaber von Leihbüchereien, Buchhandlungen, Buchniederlagen und Verlagshäusern den Militärbefehlshabern oder sonstigen Vertretern der Alliierten Behörden folgendes auszuliefern:
   a) alle Bücher, Flugschriften, Zeitschriften, Zeitungssammlungen, Alben, Manuskripte, Urkunden, Landkarten, Pläne, Gesang- und Musikbücher, Flime und Lichtbilddarstellungen (Diapositive) auch solche für Kinder jeglichen Alters, welche nationalsozialistische Propaganda, Rassenlehre und Aufreizung zu Gewalttätigkeiten oder gegen die Vereinigten Nationen gerichtete Propaganda enthalten;
   b) alles Material, das zur militärischen Ausbildung und Erziehung oder zur Aufrechterhaltung und Entwicklung eines Kriegspotentials beiträgt, einschließlich der Schulbücher, und des Unterichtsmaterials militärischer Erziehungsanstalten jeder Art, ebenso alle Reglements, Instruktionen, Anweisungen, Vorschriften, Landkarten, Skizzen, Pläne usw. für alle Truppeneinheiten und Waffengattungen.
2. Innerhalb der gleichen Frist haben alle ehemaligen staatlichen und städtischen Büchereien, alle Universitätsrektoren und Leiter höherer und mittlerer Lehranstalten und aller Forschungsinstitute, die Präsidenten von Akademien, wissenschaftlichen und technischen Gesellschaften und Vereinigungen, ebenso wie die Leiter von Gymnasien und höheren und niederen Elementarschulen aus den von ihnen unterstellten Büchereien die in Ziffer 1 aufgeführte nationalsozialistische und militärische Literatur zu entfernen, an besonders zugewiesenen Orten zusammen mit den dazu gehörigen Karten aus der Bücherei-Kartei sorgfältig geordnet zusammenzustellen und den Vertretern der Militärkommandantur oder anderen Alliierten Behörden zu übergeben.

Für die vollständige und fristgemäße Übergabe solcher Bücher und Materialien sind die Besitzer ebenso wie die Bürgermeister und örtlichen

Behörden verantwortlich. Die Durchführung dieses Befehls wird von den Militärbefehlshabern oder anderen Vertretern der Militärbehörden der Besatzungsmächte überwacht.

3. Alle in diesem Befehl erwähnten Veröffentlichungen und Materialien sind den Zonenbefehlshabern zwecks Vernichtung zur Verfügung zu stellen.

Die Liste der auszusondernden Literatur (vorläufige Ausgabe nach dem Stand vom 1. 4. 1946) ist im Zentralverlag 1946 erschienen und von der deutschen Verwaltung für Volksbildung in der sowjetischen Besatzungszone herausgegeben. Im Mai 1947 erschien der 1. Nachtrag. Weitere Listen stehen bevor. Bei der Aufstellung der Liste ist man großzügig verfahren. So stehen z. B. sämtliche Werke Friedrichs des Großen, selbst die Werke v. Moltkes, Carl von Clausewitz' Buch „Vom Kriege" (mit Ausnahme des von A.W. Bode herausgegebenen in Leipzig bei Schaufuß 1935 erschienenen Volksausgabe) nicht auf der Liste. Die vorstehend aufgeführten Bücher usw. im **Privatbesitz** von Einzelpersonen brauchen nicht abgeliefert werden. Nur in der eigentlichen Sowjetzone werden auch die Bücher vorstehenden Inhalts bei Privatpersonen eingezogen und unterliegen der Ablieferung und Vernichtung[1]).

Der K. hat den Befehl Nr. 4 am 10. 8. 1946 (V. 2 S. 310) durch Hinzufügung des folgenden Paragraphen abgeändert:

„Die Zonenbefehlshaber (in Berlin die Alliierte Kommandantur) können eine begrenzte Anzahl von Exemplaren der laut Art. 1 verbotenen Schriften für Forschungs- und Studienzwecke von der Vernichtung ausnehmen. Diese Schriften sind in besonderen Räumlichkeiten aufzubewahren, wo sie jedoch unter strenger Aufsicht der Alliierten Kontrollbehörde, von deutschen Wissenschaftlern und anderen Deutschen, die die entsprechende Erlaubnis von den Alliierten erhalten haben, eingesehen werden können.

Die Zonenbefehlshaber haben sich untereinander vermittels der Organe des Kontrollrates hinsichtlich der Anzahl und der Titel, des Aufbewahrungsorts und des Verwendungszwecks dieser Schriften Kenntnis zu geben."

Was die derzeitigen Preise betrifft, die man in Berlin für antiquarische Bücher zahlen muß, so sind diese sehr verschieden, obwohl sich die Preisämter dafür interessieren und bereits wiederholt wegen Preiswuchers eingeschritten sind[2]). In Zehlendorf-West verkauft ein Antiquariat Bücher für grundsätzlich den ursprünglichen Ladenpreis mit einem Aufschlag von 50 v. H. Das ist der niedrigste Preis für Bücher, den ich in Berlin festgestellt habe. Die neueste Auflage von **Brehms Tierleben** (13 Bände) kostete in einer Zehlendorfer Buchhandlung bei tadelloser Erhaltung 600 RM, während dieselbe Auflage bei einer 3 Minuten entfernt gelegenen Buchhandlung nur 375 RM kostete, wobei jedoch zu berücksichtigen ist, daß hier ein Einband beschädigt war.

Reclam-Hefte kosten in einer Buchhandlung in Zehlendorf-West je Nr. 20 Pfg., ohne Rücksicht darauf, ob es sich um alte oder neuere Ausgaben zu ursprünglich 20 bzw. 30 Pfg. handelt, während eine Buchhandlung in Schlachtensee je Nr. 40 – 50 Pfg. nimmt. Die kostbaren Werke des Bibliographischen Instituts in Leipzig sind im allgemeinen je Band für 35—45 RM (Friedens-

---

[1]) Nach dem Nacht-Expreß vom 27. 8. 1947 wird auf dem Schwarzen Markt für Hitlers „Kampf" (allerdings nur in der 1. Auflage) 2000 RM, für Rosenbergs „Der Mythos des 20. Jahrhunderts" 600 bis 700 RM, für Zöberleins „Glaube an Deutschland" 800 RM bezahlt!

[2]) In Berlin erhielt ein Buchhändler eine Geldstrafe von 300 RM, weil er einen Roman im Werte von 16,50 RM für 30 RM verkauft hatte.

preis je 15—17 RM) zu haben, z. B. die große Ausgabe der Erdkunde von Sievers in neuester Auflage.

Als besonders preiswürdig erschien mir immer die Gsellius'sche Buchhandlung in Schöneberg, Eisenacher Straße 71, der ich viele Büchereinkäufe zu immer angemessenen Preisen verdanke. Am teuersten erschienen mir jedoch die Buchhandlungen im Westen Berlins und in Charlottenburg, die von zahlungsfähigen Personen besucht werden. Im Januar 1937 fand in Köln eine Bücher-Auktion statt, bei der erhebliche Preise erzielt wurden. So brachten Eckermanns Gespräche mit Goethe in der Erstausgabe 600 RM, die 2. Auflage von Morgensterns „Palmström" und Remarques „Im Westen nichts Neues" brachten 100 RM. Meyers 12bändiges Lexikon (1924—1930) brachte es auf 4200 RM, während es zur Zeit Hitlers mit 600 RM bewertet wurde. Eine unvollständige, stark beschädigte Ausgabe von Nietsches Werken, brachte es auf über 700 RM. Diese Preise ergeben, daß gute Bücher auch immer eine gute Kapitalsanlage sind.

Über das Ergebnis einer in Hamburg in der Zeit vom 26. bis 28. 6. 1947 durch das Auktionshaus Dr. Ernst Hauswedell G. m. b. H., die zum Teil das 8- bis 10fache der Friedenspreise brachte, berichtet „Die neue Zeitung" vom 1. 7. 1947:

Die Briefe des Erasmus von Rotterdam (Basel, Froben a 1521; auf 600 RM geschätzt) gingen für 2000 RM weg. Beachtlich sind die Preise für die vollständige Goethe-Ausgabe letzter Hand (2100 RM), für eine Handschrift des Neuen Testaments aus dem Jahr 1480 (3000 RM), für die Grimmschen Märchen, kleine Ausgabe (1150 RM, geschätzt auf 60 RM). Eine Sensation bildete die Versteigerung von Lafontaines Märchen und Erzählungen, zwei Bände, Amsterdam, 1762, die mit 19000 RM einen Käufer fanden. Ferner sind erwähnenswert Leibniz' „Oeuvres philosophiques latines et françoises": 1000 RM. (Taxpreis 150 RM): Livius' römische Historien mit 1800 RM; Rowlandsons (W. Combe) „The English Dance of Death" mit 9100 RM, sowie sämtliche Werke von Schiller, neun Bände, 1822 bis 1825, mit 1300 RM (Taxpreis 200 RM), während Voltaires sämtliche Werke (Paris 1827 bis 1829, unvollständig) einen Preis von 3800 RM erzielten. Geschätzt war die Ausgabe auf 250 RM.

Die neunundvierzigbändige Propyläen-Ausgabe von Goethe erzielte auf der Kunstauktion von Hauswedell 7100 RM, die Gesamtausgabe von Stefan George (siebzehn Bände) 3100 RM. Aus der Reihe der Autographen seien genannt: vier Briefe von August Bebel: 1300 RM, ein Stammbuch mit einer Eintragung von Goethe: 7500 RM, und ein Konvolut von Musikmanuskripten Hans Pfitzners: 6500 RM.

Auf einer Juliauktion 1947 in München brachten nach dem „Tagesspiegel" vom 23. 7. 1947 einige Werke folgende Preise:

Die vollständige Propyläenkunstgeschichte 26000 RM, die Mappen der Marees-Gesellschaft zwischen 2000 und 7000 RM, die Biblia-Latina, Nürnberg, Koberger 1480 (mit 8000 RM geschätzt) 44000 RM. Die Erstausgabe von „Des Knaben Wunderhorn" 8000 RM, die Erstausgabe der 9. Symphonie 16000 RM, die Kräuterbücher von Bock 1900 RM, das Insektenwerk von Panzer 6000 RM. Diese Preise ergeben, daß gute Bücher in tadelloser Erhaltung noch immer eine gute Kapitalanlage waren und sind.

Auf einer Bücherauktion bei Gerd Rosen in Berlin, Ende Juli 1947, wurden folgende Preise erzielt:

3500 RM (Schätzung 1200 RM) das „Theatrum urbium Belgicae regiae" von Johannes Blaeu aus dem Jahre 1649 mit 135 meist doppelseitigen Ansichten von Städten und Gebäuden.

1250 RM (Limit 340 RM) der Mercator-Atlas mit 143 gestochenen Karten.

1100 RM (Limit 275 RM) 3 Bände „Chants et chansons populaires de la France" mit Kupfern von Daubigny.

1100 RM Goethes „Gottfried von Berlichingen" mit Bildern von Corinth.

510 RM die „Les physiologies parisiennes" mit Holzschnitten von Daumier, Garnavi, Cham, Bertall u. a.

1000 RM Goethes Werke in der vollständigen, 27bändigen Ausgabe letzter Hand von 1828 bis 1833.

2300 RM 10 Bände des „Pan" mit 120 Originalgraphiken von Kollwitz, Liebermann, Orlik, Thoma und Beiträgen von Hugo v. Hofmannsthal, Morgenstern, Rilke u. a.

Manuskripte und Briefe von Ernst Moritz Arndt, Klabund, Spencer: 1200, 1600 und 1000 RM.

Urkunden und Briefe Friedrich II. und des Zaren Alexander III.: 310 und 192 RM.

Auch **Briefmarken** gehören hierzu. Zunächst ist zu bemerken, daß die Briefmarkenpreise bisher jede Inflation überstanden haben und auch überstehen werden, zumal wenn man erwägt, das während des letzten Krieges zahlreiche kostbare Sammlungen zerstört wurden. Sogar für die Neuausgaben der nach Kriegsende herausgegebenen Preise werden bereits erhebliche Summen verlangt. Vgl. den illustrierten Briefmarkenkatalog Neu-Deutschland 1945/46 von J. Müller in Berlin-Spandau (Preis 6,50 RM). Preise von mehreren Hundert Reichsmark sind auch bei den neuausgegebenen Marken keine Seltenheit.

Ganz andere Preise werden heute für die klassischen altdeutschen Briefmarken in bester Erhaltung bezahlt. So brachte z. B. die berühmte Sachsen 3-Pfennig-Rot in einer Auktion bei Heinrich Köhler in Berlin, Ende März 1947 nicht weniger als 31000 RM. Baden, 1 Kreuzer schwarz (Michels 1938 100 RM) brachte in der gleichen Auktion 2600 RM. Auch die klassischen Marken der Schweiz werden sehr hoch bezahlt. Die ungestempelte 6-Rappen-Marke (Michels 2 I: 350 RM) brachte 2150 RM.[1])

Sehr hohe Preise wurden auch auf der Auktion bei Walter Kaul in Berlin vom 28. bis 31. 5. 1947 erzielt. Hier einige Ergebnisse:

Deutsches Reich, Michel Nr. 58, Reichspost, 5 RM, Type I, brachte 2900 RM. (Katalog: 575), Baden, 1851, 1 Kr., Michel 1b, Kat.-Wert 150, Erlös: 4000 RM, Baden, 3 Kr., Michel 6, Kat.-Wert: 2, Erlös: 520 RM, Bayern, 1849, 1 Kr., Michel: 1a, Wert: 1200, Erlös: 10200 RM, Bayern, 18 Kr., Michel: 7, Wert: 220, Erlös: 5000 RM, Hamburg, 1859, ½ Schilling, Michel: 1, Wert: 385, Erlös: 14100 RM, Hamburg, 9 Kr., Michel: 7, Wert: 1100, Erlös: 10200 RM, Lübeck, 1859, 2½ Schilling, Michel: 4, Wert: 775, Erlös: 13800 RM, Oldenburg, 1852, ⅓ Gr., Michel: 1, Wert: 800, Erlös: 16000 RM, Preußen,

[1]) Nach dem K.-Gesetz Nr. 48 (V. 3 S. 98) sind alte Briefmarken der Vorbesetzungszeit vom 30. 1. 1933 ab auf den Postämtern usw. — nicht Privatbesitz — abzuliefern und zu vernichten. Diese Marken dürfen auch nicht gekauft, verkauft, getauscht oder ausgestellt werden. Hierunter fallen sowohl entwertete wie nicht entwertete Briefmarken. Marken der Weimarer Republik gelten ohne Rücksicht auf ihren Ausgabetag nicht als Briefmarken der Vorbesetzungszeit im Sinne dieses Gesetzes, vorausgesetzt, daß sie nicht auf Papier gedruckt sind, das Hakenkreuz-Wasserzeichen oder andere nationalsozialistische Symbole oder Zeichen enthält. Zuwiderhandlungen gegen dieses Gesetz oder der Versuch dazu, werden mit Gefängnis bis zu 5 Jahren und mit Geldstrafe bis zu 500 RM oder mit einer dieser Strafen bestraft.

1850, 6 Pfg., Michel: 1, Wert: 50, Erlös: 720 RM, Preußen, 2 Sgr., 1858, Michel: 10, Erlös: 500 RM, Thurn und Taxis: 1852/58, ⅓ Sgr., Michel: 2, Wert: 140, Erlös: 2100 RM, Württemberg, 3 Kr., Michel: 2a, Wert: 2, Erlös: 1450 RM, Württemberg, 1873, 70 Kr., Michel: 72b, Wert: 2000, Erlös: 26000 RM, Großbritannien, 1840, Michel: 1a, Wert: 50, Erlös: 2250 RM, Norwegen, 1855, Michel 1, Wert: 40, Erlös: 600 RM, Rumänien, 1858, Michel 2, Wert: 3000, (Moldau, 54 Parale), Erlös: 15000 RM, Schweden, 8 Sk., Michel 4a, Wert: 150, Erlös: 860 RM, Schweiz, 1850/51, 2½ Rp., Michel 6 I, Wert: 350, Erlös: 3700 RM, Kap der Guten Hoffnung, 1853, Michel 1xa, Wert: 70, Erlös: 520 RM, Antioquia, 1868, Michel 3, Wert: 1500, Erlös: 15000 RM, Neufundland, 1 Penny, Michel 1, Wert: 40, Erlös: 1250 RM, Neufundland, 3 Pence, Michel 3, Wert: 30, Erlös: 700 RM, Neufundland, 1 Schilling, Michel 9a, Wert: 2000, Erlös: 21000 RM, USA, 1847, 10 Cent, Michel 2, Wert: 250, Erlös: 10000 RM, 90 Cent, Michel 41, Wert: 250, Erlös: 5200 RM, 1 Dollar, Columbus, Michel 90, Wert: 125, Erlös: 5200 RM, 2 Dollar, Michel 91, Wert: 70, Erlös: 2600 RM, 1898, 1 Dollar, Omaha-Ausgabe, Michel 130, Wert: 200, Erlös: 4600 RM, 1902/03, 2 Dollar, Michel 156, Wert: 50, Erlös: 1700 RM, Westaustralien 6 Pence, Michel 4a, Wert: 375, Erlös: 4000 RM. Man ersieht daraus, daß die Anlage von Geld in Briefmarken ein sehr gutes Geschäft war und sein wird.

Auf der 1. Herbstauktion vom 23. bis 25. 9. 1947 bei Heinrich Salomon wurden folgende Preise erzielt:

Österreich 10 Schilling Dollfuß: 6000 RM. 3 Lire Toscana — eine Weltrarität —: 60 000 RM. Baden Nr. 2a, mit rotem Stempel: 680 RM. Briefstück Baden Nr. 16 mit Postablagestempel: 3100 RM. Bayern Nr. 1a, postfrisches Randpaar: 19 000 RM; Bayern 1b, Luxusbriefstück mit allen Schnittlinien: 16 000 RM. Ein Briefstück mit 3 Bremen Nr. 8: 25 000 RM. Ein Prachtpaar Preußen Nr. 13a: 2050 RM; ein Fünferstreifen Preußen 3b: 6500 RM. Sachsen Nr. 1, eine Seite sehr knapp: 26 500 RM. Württemberg Nr. 42b: 8100 RM. Polarfahrt, postfrisch: 6200 RM. Sarre/Bayern: 6250 RM Saar Volkshilfe 1928: 6000 RM. Futschau-Provisorium: 5000 RM. Belgien Orval 1933: 6950 RM. Großbritannien 5 L: 6000 RM. Neapelkreuz auf Briefstück: 12 100 RM. Genf Nr. 4: 9000 RM. Neuenburg: 19 000 RM. Columbus 5 Dollar: 4800 RM. Omaha 1 Dollar: 2800 RM; Omaha 2 Dollar: 3800 RM. Zeppelin 65 cent, auf Karte: 1200 RM; Zeppelin 1,30 Dollar: 2600 RM.

Auf einer Heidelberger Auktion im Herbst 1947 wurden für eine Afghanistan-Sammlung 100 000 RM erzielt. Belgien 1 bis 3: zusammen 14 000 RM. Danziger großer Innendienst: 28 000 RM. Deutsches Reich 1872 1 gr.: 1500 RM. Polarfahrt: 5600 RM. Saar Madonna 10 Fr.: 5000 RM. D. P. in China 3 Pf. Nr. 12: 15 000 RM. Österreich, Wipablock: 12 600 RM; Dollfuß: 5700 RM. Englische Kolonien, Cypern 1 Pfund: 4100 RM; Cypern 5 Pfund: 6200 RM. Falkland-Inseln, Flaggenhissung: 14 600 RM. USA Postmeister 5c: 4050 RM. Mississippi 1 Dollar: 4600 RM; Mississippi 2 Dollar: 6300 RM. Zeppelin C 13—15: 5900 RM.

Auf der Ebel-Auktion vom 28. bis 31. Oktober 1947 waren die Preise für die **deutschen** Briefmarken bis auf die Spitzenwerte durchschnittlich 10% unter den letzten Auktionen. Es brachten: Kap, 1855, 1 P. (Michel 1943 1 Y: 80 RM) Schätzungspreis 200 RM : 300 RM; USA 1861, 30 cts (Michel 26, Katalog 25 RM Schätzungspreis 200 RM, Kabinetstück: 500 RM, USA 1869 Michel 38, Wert: 28 RM) Schätzungspreis 120 : 320 RM. Der Berliner Zeughausblock für die Flüchtlings- und Altershilfe von 1947, der seinerzeit für

100 RM bei der Ausstellungsleitung zu haben war, erzielte den enormen Preis von 11000 RM.

Wesentlich billiger ist das **Notgeld**. Nach einem mir vorliegenden Auktions-Ergebnis vom Februar 1947 der Notgeld- und Münzenhandlung von Herbert Bodenschatz in Dahlenburg (Hannover) werden in 550 Losnummern nur wenige erzielte Preise mit 100, 105, 110, 120, 210 bis zu 260 RM aufgeführt.

Die höchsten Preise wurden für den sehr seltenen 25-Pfg.-Darlehnskassenschein von Aidenbach (Bayern) von 1917 erzielt, nämlich 260 RM, während der 1-Mark-Schein der Garvenswerke in Wülfel von 1914 mit 210 RM bezahlt wurde. Auch die wenigen Notgeld-Scheine des 2. Weltkrieges waren stark begehrt, der 1-Mark-Schein des Konzentrationslagers Sachsenhausen wurde mit 120 RM bezahlt, während die Kriegsgefangenengelder mehrerer USA-Lager, wie Hundsville, Texas, Campforest u. a. nicht unter 33 RM zu haben waren. Für alte französische Assignaten wurden 16 bis 35 RM gezahlt, während der österreichische 50-Gulden-Schein vom Jahre 1866 mit 110 RM bezahlt wurde. Im übrigen ergibt die Lagerliste Nr. 86 und 87, daß die Preise für Notgeldscheine und Porzellanmünzen im allgemeinen sehr niedrig sind, meist handelt es sich nur um Groschenpreise und nur in selteneren Fällen um Markpreise zu 3, 4, 7, 9 und 12 RM.

XI. Auktionspreise.

Was die allgemeinen Auktionspreise betrifft, so kommt es bei diesen in erster Reihe natürlich auf die Erhaltung und Seltenheit der zur Auktion gelangenden Gegenstände an. Jedoch gilt die Stopp-Verordnung (V. über das Verbot von Preiserhöhung vom 26. 11. 1936) auch für die Versteigerung von Pfandstücken und andere Sachen durch die Gerichtsvollzieher, deren Auktionen mitunter von den Beamten oder Angestellten des Preisamtes überwacht werden. Der **Höchstpreis** ist:

a) bei **neuen Waren** der Verkaufspreis, der nach der Stopp-Verordnung oder den für einzelne Arten von Waren ergangenen Sonderbestimmungen zulässig ist (z. B. für Nahrungsmittel, Spinnstoffwaren, Holz, Leder, Schuhe, Möbel usw.),

b) bei **gebrauchten Waren** der nach Preisvorschriften für gleichartige oder vergleichbare neue Waren zulässige Verkaufspreis abzüglich eines der tatsächlichen Wertverminderung entsprechenden Betrages, höchstens aber 75 v. Hundert des zulässigen Preises für neue Waren (V. über Höchstpreise für gebrauchte Waren (Gebraucht-Waren-Verordnung vom 21. 1. 1942) oder der für einzelne Arten von Waren in Sonderbestimmungen festgesetzten Höchstpreise.

Sonderbestimmungen sind z. B. ergangen für Landmaschinen und landwirtschaftliche Geräte, gebrauchte Kraftfahrzeuge, Werkzeugmaschinen und Baugeräte, Nutzeisen, Goldwaren, ausländische Teppiche, Die Gebrauchtwarenverordnung findet keine Anwendung auf gebrauchte Gegenstände, die einen Sammler- oder Kunstwert besitzen, sowie auf Altmaterial.

Zu den Gegenständen von Sammler- oder Kunstwert, d. h. von einem den Gebrauchswert übersteigenden Wert gehören u. a.:

a) Werke der Plastik, z. B. Reliefs, Plaketten, Münzen, Medaillen, Gemmen, Siegel,

b) Werke der Malerei, darunter auch Zeichnungen, Graphik, Miniaturen, Mosaiken, Glasmalerei,

c) Werke der Schrift-, Buch- und Druckkunst, z. B. Luxus- und Erstausgaben, alte Drucke, Handschriften, Autogramme und Bücher,

d) Altertümer, z. B. Möbel, Hausgeräte, Uhren, Musikinstrumente, Handwerkszeug und Gewerbeabzeichen, kirchliche Gerätschaften, alte Waffen und Fahnen, Keramiken aller Art, Porzellan, Fayence, Majolika, Terrakotta, Steingut, Steinzeug, Hafnergeschirr, Gläser, ferner Gegenstände aus Schmiedeeisen und Gußeisen, z. B. Ofenplatten, Messing, Kupfer, Zinn, Bronze, Schmelzwerk, Emaille, Elfenbein, Bernstein, Bergkristall und Halbedelsteine, Waffen, sodann Bucheinbände, Lederarbeiten, Holzschnitzereien, Lackarbeiten, Textilien, Spitzen, Borten, Stickereien, Kostüme, Stoffe, Lithurgische Gewänder, Teppiche, Gobelin, Wandbespannungen u. ä.

e) Briefmarken,

Als **Altmaterial** gelten nur die Gegenstände, die ihrem ursprünglichen Verwendungszweck nicht mehr dienen, z. B. Lumpen, Abfälle, Altpapier, Schrott, nicht aber gebrauchte Flaschen.

Bei der Verwertung von Gegenständen von Sammler- oder Kunstwert ist der Gerichtsvollzieher an Höchstpreise nicht gebunden. Das gleiche gilt für **Altmaterial**, soweit nicht dafür Höchstpreise festgesetzt sind, wie z. B. für Eisen- und Stahlschrott, Gußbruch, Alteisen, Gummiabfälle, und Altgummi, Schmieröle, Altfilme, Sammelknochen.

Was die **Auktionspreise** betrifft, so ist aus Zeitungsberichten folgendes zu ersehen:

Die erste Berliner größere Auktion 1946 brachte folgende Ergebnisse: Eine in den Münchener Kunstwerkstätten gefertigte Klubgarnitur (1 Sofa und 2 Sess el aus Saffianleder) brachte 6500 RM (obwohl bis zu 10000 RM geboten wurde, setzte der Auktionator den Endpreis auf 6500 RM fest). 1 Armlehnsessel mit grünem Saffianlederbezug wurde mit 750 RM, 1 Wurzelnußholztisch mit runder Marmorplatte (1,15 m) mit 800 RM, 6 Polisanderstühle mit 750 RM, 1 großer Wandspiegel mit Nußholzrahmen mit 500 RM, 1 Abstelltisch mit Zwischenboden aus Wurzelholz mit 600 RM versteigert, 1 Vitrine aus Mahagoni in Chippendalestil brachte 3800 RM ein. 1 Messingkrone im flämischen Barockstil mit 8 Brennstellen wurde mit 2000 RM versteigert. Messingwandarme im klassizistischen Stil gingen für den doppelten Taxwert fort, während material- und arbeitsmäßig viel wertvollere vierkerzige Rokokowandleuchter aus Goldbronze nur je 250 RM brachten. 1 alter Meshed, feinster Knüpfung (3 × 3,80 m) wurde für 13600 RM zugeschlagen, 1 beschädigter Serabend (1,70 × 3,40 m) für 3000 RM. 1 kleine Original-Ölstudie von Wilhelm Busch brachte 3600 RM. Werke des schweizerischen Landschaftsmalers Albert Rieger (19. Jahrh.) wurde der Zuschlag zu verhältnismäßig niedrigeren Preisen erteilt, während sogenannte Charakterköpfe ohne echten Kunstwert um viele hundert Prozent überboten wurden. 1 Bronze, die den Moses von Michel Angelo darstellte, ging für 200 RM weg. 1 goldgestickte orientalische Tischdecke brachte 2000 RM.

Eine **weitere Auktion Ende November 1945** in Wilmersdorf brachte u. a. folgende Preise: Einige Landschaften Max Liebermanns und Lesser-Ury gingen für 4000 bis 6000 RM weg. 1 kleine Rembrandt-Radierung (Isaak und Sohn darstellend) brachte 3000 RM. 1 Ölbild (Biedermeier-Interieur) von Prof. Kolbe 3100 RM. 1 holländische Landschaft von Prof. Schönleben brachte 12000 RM.

1 lothringischer Schrank erzielte 12000 RM, 1 Barockschrank mit Intarsien 16000 RM, 1 Schreibschrank aus Rosenholz 5100 RM. Einfache Teppiche gab

es von 300 RM an, 1 alter Perser in (Mir) brachte 35000 RM und 1 Mahal 13000 RM, 1 flämische Tapisserie (Fragment) 5700 RM. 1 Barock-Madonna erzielte 10000 RM, 1 Bronze von Max Klinger „Badendes Mädchen" wurde auf 3300 RM gesteigert. Einzelne Mokka-Markentassen brachten es auf 300 RM.

Eine weitere im Jahre 1945 abgehaltene Auktion brachte folgende Preise: 1 Täbris (0,95 × 1,45) 5000 RM, 1 Kasak (1,10 × 2,35) 3400 RM, 1 Hamedan (0,90 × 3,20) 6500 RM, 1 Mahal (2,30 × 3,30) 10 000 RM, 1 Ferranghan (3,35 × 4,15) 10 500 RM, 1 China (2,50 × 3,50) 12 000 RM, 1 orientalisches Luxusstück (3,45 × 5,00) 21 000 RM, Ed. v. Gebnhardts „Kopf eines alten Mannes" (26 × 35 cm) 1800 RM, J. V. Cissarz's Landschaft (55 × 56 cm) 2400 RM, Tomassins „Heuernte" 3800 RM, Fritz v. Uhde's „Weg nach Emmaus" 4900 RM, Berninger's „Karawane" 6500 RM.

1 eichener Vitrinenschrank im Renaissancestil (1,60 m breit) brachte 2600 RM, 1 Mahagoni-Empire-Kommode 2700 RM, 1 Empire-Rollsekretär 5700 RM, 1 aufklappbarer Biedermeier-Sekretär 4200 RM, 1 Kredenzschrank im Louis XVI.-Stil 4600 RM, 1 reich geschnitzter mit Perlmutt- und Elfenbeinintarsien und Geldbemalung China-Zierschrank 12 000 RM, 1 Polstersitzgarnitur 5000 RM, 1 Danziger Barockschrank aus Kiefer (2,50 m breit) 7000 RM, 1 Lütticher Anrichte aus dem 18. Jahrh. 5100 RM, 1 eichenes Speisezimmer 4000 RM. 1 Blaufuchscape brachte 2500 RM, 1 Silberfuchscape 3000 RM, 1 weißer Naturkaninpelz 4050 RM, 1 Herrensportpelz (Hamsterfutter, Otterkragen) 3500 RM, 1 Herrenpelzmantel (Nerzfutter, Sealkragen) 5000 RM.

1 Tafelgedeck, weiß Graßleinen, handgestickt (1,60 × 3,30 m) mit 15 handgestickten Servietten) 850 RM, 1 blauseidenes Gedeck (1,80 × 1,80 m), Handhohlsaum mit 12 Servietten, 1050 RM.

Eine weitere **Auktion in Wilmersdorf** erzielte besonders in kleineren Kunstgegenständen und dann in Teppichen hohe Preise.

1 alte Perserbrücke (Keshan) mit einem Taxwert von 12 000 RM erzielte 31 000 RM, 1 türkischer Teppich 11 000 RM, 1 kleine leichtbeschädigte Brücke 2500 RM. 2 kleine Dosen (um die Wende des 18. zum 19. Jahrh.) stiegen bei einem Taxwert von 350 RM auf 5800 RM, 1 1540 g schwerer Rokokoleuchter brachte bei einem Taxwert von 1000 RM fast das Siebenfache.

2 Kupferkessen brachten 2500 RM, ein altes Ölbild (Holländer) 11 000 RM, Schnitzereien aus allen Zeiten niemals unter 4000 RM. Häufig mußte bei dieser Auktion das Überbieten gestoppt werden, da sonst ein Vielfaches des Taxwertes herausgekommen wäre, was kaufmännisch nicht mehr vertretbar gewesen wäre. 1 mittelgroßer Barockschrank mit einem Taxwert von 8500 RM brachte 15 100 RM, Chinavasen durchschnittlich 2000 RM und 3000 RM, 1 große Meißner Porzellangruppe 7000 RM. Alle diese Gegenstände waren von guter Qualität.

Beachtenswert ist, daß silberne Gegenstände, Schmucksachen und wertvolle Teppiche, wirklichen Kunstgegenständen, wie z. B. einem Rembrandt-Stich oder einer Kohlezeichnung von Käthe Kollwitz vorgezogen wurden. Ferner wurden Kunstgegenstände, wie antike Schnitzereien, auch ein Lutherdruck, ferner eine große antike Holzskulptur „Gartenheiliger" kaum begehrt.

Auf einer **Auktion in Wilmersdorf im Januar 1947** wurden Durchschnittsstücke kaum noch verlangt und die Nachfrage wendet sich immer mehr nur echten Wertobjekten zu, wobei eine Tendenz zu konstanten Preisen sich allmählich durchsetzt. Für gute Teppiche und Stilmöbel werden noch erhebliche Gebote gemacht. Porzellan, vor allem Meißen, wird ganz besonders verlangt. Eine mit 3000 RM angebotene Schlangenvase brachte den dreifachen Preis;

zwei beschädigte Deckelvasen Marcolini mit plastischem Obst-Vogel-Schneeballblüten-Dekor brachte 9000 RM. Eine gotische Holzplastik, sächsisch um 1450, „Madonna mit Kind", brachte 3400 RM. Ein Blumenstück von Clara v. Sievers brachte 5600 RM, ein altes holländisches Ölgemälde Pieter van Laar's „Ländliches Mal" 16 500 RM, K. F. Lessing (1803—1880) brachte es mit seinem großen Gemälde „Auszug aus dem Kloster" auf 6200 RM, mit einer Winterlandschaft jedoch nur auf 2800 RM.

Die **Maiauktion 1947** des Berliner Auktionshauses Harms-Eggen-Kettner zeigte gegen die Aprilauktion erhebliche Rückgänge. Der höchste Preis für ein ganzes Prunk-Herrenzimmer im Stil Louis XV. waren 50 000 RM. Auch bei Meißener Porzellan zeigte sich ungeheure Baisse. Alte Gemälde hielten die Preise, obwohl eine Weinlese mit Venus von Breughel noch 18 000 RM brachte. Der heilige Hieronymus, ein sehr schöner oberitalienischer Anonymus um 1500, brachte nur 2500 RM. Andreas Achenbach ging für 2000 RM weg, ein Gemälde aus der Werkstatt Rubens brachte nur 3800 RM.

Bei einer Juliauktio nbrachten laut „Tagesspiegel" vom 23. 7. 1947: das Rembrandt-Blatt „Taufe des Eunuchen„ bei einer Schätzung von 3500 RM 11 000 RM, Caspar David Friedrichs „Malerische Reise durch Rügen" 9100 RM, Delacroix „Faust" bei einer Schätzung von 7500 RM, 22 500 RM.

Auf der Juliauktion bei Gerd Rosen in Berlin Ende Juli 1947 erzielten: Die heilige Familie (Öl auf Holz) von Otto van Ween: 8600 RM, 2 Porträts von Franz Krüger 6300 RM (Schätzung: 18 000 RM), Bleistiftzeichnungen von Caspar David Friedrich und Theodore Chasseriau: 3100 und 1900 RM. Die Aquatinta-Radierungen aus den „Caprichos" von Goya: 310 RM je Blatt.

Auf einer Herbstauktion in Berlin 1947 fanden komplette Zimmer, repräsentative Gemälde, Pelzmäntel, Füchse und Colliers kaum Käufer. Dagegen wurden Silbergegenstände gut versteigert, ebenso gutes Porzellan, z. B. 2 Limoges-Kaffeetassen 120 RM, 1 Meißener Kakesschale 210 RM, 2 alte Berliner Tassen 610 RM, 1 vierteiliges Herrenzimmer (Chippendale-Stil) fand bei einem Limit von 15000 RM keinen Käufer.

Die Rechtssprechung des Reichsgerichts auf dem Gebiete des Antiquitätenhandels.

Nach RG (JW. 1927 S. 764) gilt beim Verkauf eines als echt verkauften, aber unechten Bildes der **Handelsbrauch** auch dann, wenn der Käufer eine Privatperson ist und dies nicht wußte, für den Käufer nur das Wandlungsrecht, nicht aber das Minderungsrecht. Für Verkäufer an Privatpersonen gälte dann der Handelsbrauch der **Verkehrssitte.** Mit Recht weist **Werner** in der Kritik in dieser Entscheidung a. a. O. darauf hin, daß die Verkehrssitte als solche das Gesetz nicht abändern könne, es sei denn, daß sie zum Gewohnheitsrecht geworden ist. — Wenn auch beim Kauf eines alten Bildes der Vertrag in Bezug auf die Echtheit häufig einen spekulativen Charakter trägt, so kann doch der Käufer eines Gemäldes den Kauf wandeln (d. h. aufheben und Rückzahlung des Kaufpreises gegen Rückgabe des Bildes fordern), wenn die Parteien bei dem Kauf irrig davon ausgehen, das Bild rühre von einem alten Meister her. — Beim Kauf eines vom Künstler selbst signierten Bildes sind die beiderseits vorausgesetzten Eigenschaften der Echtheit noch nicht zugesichert (§ 459 Abs. 2 BGB); hier sind nur die Gewährleistungsansprüche gegeben (RG 114 S. 239), wo auf S. 243 aber ausdrücklich auch die **Minderung** erwähnt wird **(Hans-Thoma-Fall!).** Vergleiche die Kritik hierzu von Riezler in der JW. 1926 S. 2531, 2). — In RG 135 S. 339ff. hat das RG die **Anfechtung** des Kaufvertrages wegen Irrtums mit Rücksicht auf die Möglichkeit der Wandelung wegen Sachmangels in einem Fall für ausgeschlossen erklärt, wo der Käufer eines ihm als Originalgemälde von Jakob J. (Isaacsohn) Ruisdael gezeichneten Bildes Rückzahlung des Kaufpreises nach erfolgter Irrtumsanfechtung verlangte, nachdem er festgestellt hatte, daß das Bild von Jakob S. (Salomonssohn) Ruisdael herrührte. Hier liege, wie RG zutreffend ausführt, ein **Sachmangel** des Bildes vor, der die Anfechtung aus § 119 BGB ausschließe: „Der nach dem Vertrage vorausgesetzte Gebrauch besteht beim Erwerb von Bildern eines bestimmten Meisters darin, daß dem Käufer die Möglichkeit verschafft wird, sich des Besitzes eines Werkes gerade dieses Meisters zu erfreuen, sich in die Malweise und sonstiger Eigenart dieses Künstlers zu vertiefen und sie sich jederzeit vor Augen zu halten. Andere Vorteile, besonders solche geldlicher Art, wenn ein Künstler oder ein Werk von starkem Ruf in Frage steht, können damit Hand in Hand gehen, doch ist dies unwesentlich. Rührt dann das Werk nicht von dem Künstler her, als dessen Werk es nach beiderseitiger Anschauung gekauft ist, so liegt stets ein Fehler der Kaufsache vor. Gleichgültig ist dabei, ob es sich um eine Kopie oder eine Fälschung eines von dem Meister stammenden Bildes handelt oder um die wertvolle Schöpfung eines anderen Malers". Das RG weist schließlich darauf hin, daß es nicht dem § 242 BGB widerspreche, wenn die eine Partei die andere an einem auf solcher Grundlage zustande gekommenen Geschäftes festhalte, weil je dem Käufer zur Zeit gesetzliche Gewährleistungsansprüche zustanden. — Auch RG bei Gruchot 66 S. 452 nahm beim Verkauf zweier **Spitzweg**-Originalgemälde, die sich als Fälschungen erwiesen, einen wertmindernden Sachmangel im Sinne der §§ 459ff. BGB an: „denn für den Wert eines Bildes ist es von wesentlicher Bedeutung, ob es das Originalwerk eines bedeutenden, bekannten und beliebten Malers, wie Spitzweg ist oder ob es lediglich die Kopie eines nicht bekannten Malers mit gefälschter Signatur Spitzweg's ist". Das RG erwähnt in dieser Entscheidung, daß auch für den Fall des Fehlens einer zugesicherten Eigenschaft die Irrtumsanfechtung ausgeschlossen sei. Vgl. hierzu und zu der Entscheidung RG 135 S. 339ff. die ausführliche Kritik von Haymann in der JW. 1932 S. 862ff. Haymann hält es für unrichtig, beim Verkauf eines unechten Gemäldes einen „Sachfehler" anzunehmen, sofern das Kunstwerk nur nach den allgemeinen Regeln, denen es als „Natur- und Kunstprodukt" unterliegt, tadellos ist.

Ein verändertes Signum sei dagegen ein Sachfehler. Er will in solchen Fällen, in denen ein Kunstwerk, als von einem bestimmten Meister herrührend, verkauft ist, für den Fall, daß es von einem anderen Meister herrührt, den Verkäufer nur wegen Fehlens einer zugesicherten Eigenschaft haften lassen, also die Wandelung (nach RG, aber nicht die Minderung) nach § 463 BGB, gewähren, wahlweise auch einen Schadensersatz wegen Nichterfüllung. Allerdings fordert RG — was auch **Haymann** nicht verkennt — für die Zusicherung einer Eigenschaft nach § 459 Abs. 2 BGB, daß sich beide Teile bewußt sein müssen, daß der Erklärende dafür einsteht und sich daraufhin im Vertrage auch verpflichten will (RG 54 S. 223, 70 S. 82, JW. 1909 S. 71). Nicht jede bei Gelegenheit von Kaufverhandlungen über die Kaufsache abgegebene Erklärung wird ohne weiteres zum verpflichtenden Vertragsinhalt (RG-Kommentar Ziffer 4b zu § 459). **Haymann** schlägt vor, entsprechend dem römischen und gemeinen Recht bei jeder ernsthaften Zusicherung auch ohne besonderes Garantieversprechen dem Käufer den Schutz nach § 459 Abs. 2, 462 BGB zu gewähren. — Beim **Verkauf** zweier alter **chinesischer Vasen** durch die Firma W. als Kommissionär an den Beklagten für 390 RM, der sie für 15000 RM holländische Gulden nach Holland weiter verkaufte, wo sie bei einer Versteigerung für

200000 RM an das Kensington-Museum in London weiter versteigert wurden, hatte nach Abtretung aller Rechte durch den Kommissionär der Erstverkäufer gegenüber dem Erstverkäufer (Beklagten) wegen Irrtums angefochten und auf Wertersatz nach §§ 812, 818 Abs. 2 BGB geklagte. Das RG (JW. 1929 S. 1457) billigte die Irrtumsanfechtung wegen Irrtums über das Alter der Vasen, da der Verkäufer and Kommissionär beim Kaufabschluß der Meinung war, es handele sich um Vasen aus dem Anfang des 19. Jahrh., während es in Wirklichkeit solche aus der Zeit der Ming-Dynastie (1380—1644) waren. Das RG erforderte den Nachweis des Irrtums sowohl des Kommitenten wie des Kommissionärs (§ 166 Abs. 1 und 2 BGB). Es muß also nach Ansicht des RG geprüft werden, ob beide Teile bei Abschluß des Kommissionsvertrages mit der Möglichkeit rechneten, ob es sich um Sachen handelte, die aus früheren Jahrhunderten stammten und einen besonderen Altertumswert hatten, und ob die Erkenntnis dieser Möglichkeit der Kommissionsvertrag mit der gegebenen Preisbestimmung nicht abgeschlossen wäre. — In RG 97 S. 351 hatte der Kläger vom Beklagten **zwei Geigen** für 8500 RM.gekauft (1913), da sie aber höchstens 800 RM wert waren, verlangte der Kläger das Geld zurück. Das RG wies die Klage ab. Die vom Kläger geltend gemachte Anfechtung wegen wesentlicher Mängel wurde vom RG mit Rücksicht auf die Gewährleistungsansprüche zurückgewiesen. Für eine Anfechtung aus § 123 BGB lagen keine Anhaltspunkte vor. § 459 BGB griff nach RG nicht durch, weil die Geigen keinen Fehler hatten: „Es ist kein Fehler eines Instrumentes, daß es seiner allgemeinen Beschaffenheit nach hinter besseren zurücksteht. . . Verfehlt wäre es, eine Orchestergeige als fehlerhafte Sologeige zu kennzeichnen." Warum das RG das Vorliegen des § 138 BGB im vorliegenden Fall nicht geprüft hat, ist nicht ersichtlich. Über die nach § 123 BGB zulässige Anfechtung des Kaufvertrages über eine echte **Stradivarius-Geige** für 17000 RM, wenn sich diese als geschickte Fälschung erweist und Verkäufer die ihm bekannte Ansicht einer Autorität dem Käufer verschwiegen hat, vgl. RG in der DJZ. 1916 S. 990. — Der Verkauf einer **Briefmarkensammlung** ist ein Kauf in Bausch und Bogen, bei welchem eine Minderung des Kaufpreises wegen einzelner Fälschungen in der Sammlung nicht zulässig ist, denn der Erwerber mußte hiermit rechnen (OLG. Stettin in der JW. 1926 S. 2003.).

In RG 138 S. 45ff. hatte der Kläger dem Beklagten in altes **Altargemälde** für 1500 RM verkauft, das dieser restaurieren und durch ein Auktionshaus versteigern ließ. Der Erlös war 109250 RM. Der Kläger focht den Kaufvertrag aus § 119, 123 BGB. an (leider wird der Irrtum bzw. Schwindel nicht näher mitgeteilt) und verlangte den Versteigerungserlös heraus. Hilfsweise stützte er die Klage auf §§ 823 Abs. 2, 826 BGB. Das RG hielt den Einwand des Beklagten, daß durch die Restaurierung des Bildes eine völlig neue Sache nach § 950 BGB entstanden sei, was zur Folge hätte, daß der Kläger nur einen Anspruch auf Vergütung in Geld für den entstandenen Rechtsverlust nach §§ 951, 812ff. BGB habe, mit Recht für nicht durchgreifend, da das alte Gemälde bestehen geblieben sei, was sich schon darin zeige, daß es offensichtlich als **altes**, nicht als Neuschöpfung, den hohen Preis erzielt habe. Das RG nimmt zunächst mit Recht an, daß infolge Nichtigkeit des Kaufvertrages und Übereignungsvertrages (infolge Anfechtung zugleich des dringlichen Rechtsgeschäfts) zunächst der Tatbestand des § 816 BGB gegeben sei, da der Ersteher des Gemäldes nach § 932 (und auch § 142 Abs. 2) BGB Eigentum erworben habe, mithin die Verfügung eines **Nichtberechtigten** vorliege. Zweifelhaft ist nach RG, was nach § 816 BGB als „das Erlangte" herauszugeben sei. Nach

RG. 88 S. 359 (ebenso **Heck** Schuldrecht 1929 S. 426, RG-Kommentar § 816 Anm. 2, **Eneccerus-Lehmann** Schuldrecht, S. 745) ist der volle **Veräußerungserlös** herauszugeben. Das ist zweifellos schon nach dem Wortlaut und nach dem Zweck der Gesetzesvorschrift anzunehmen. Nach einer anderen Ansicht ist nur der objektive (gemeine) Wert der Sache zu ersetzen, wobei zweifelhaft ist, ob der Wert in dem Zeitpunkt maßgebend ist, in dem der Verpflichtete die in erster Linie herauszugebende Sache erlangt hat, oder in dem Zeitpunkt, in dem der Wertersatzanspruch entstanden ist (vgl. **Staudinger-Engelmann,** § 816 Anm. 3); gegen den Anspruch auf Herausgabe des Erlöses auch **Jung,** Festschrift für das RG, Bd. 3 S. 154ff.; **Siber,** Schuldrecht, 1931 S. 443. Die letztere Ansicht geht davon aus (nach RG a. a. O.) „nicht ohne einen gewissen Anschein von Berechtigung“, daß es sich bei § 860 BGB um einen Bereicherungsanspruch handele, der Veräußerungserlös also auf Kosten des Berechtigten erlangt sein müsse (§ 812 BGB) und daß dieses Erfordernis insoweit nicht erfüllt sei, als der Berechtigte einen Erlös in Höhe des vorliegenden nicht hätte durchsetzen können. Leider nimmt das RG hierzu nicht Stellung, da schon § 281 BGB durchgreife, der eine für alle Schuldverhältnisse geltende Bestimmung sei, die die Bereicherung **auf Kosten des Gläubigers** nicht zur Voraussetzung habe. Wie **Heck** in der Kritik zu dieser Entscheidung a. a. O. mit Recht bemerkt, hat doch das RG selbst in Bd. 115 S. 33 (unter Aufgabe von RG 105 S. 88) ausgeführt, daß § 281 BGB im Rahmen des Eigentumsanspruchs keine Anwendung finde und ist überdies § 281 innerhalb des Bereicherungsanspruches durch § 818 Abs. 1 BGB ersetzt! Zutreffend (und auch von Heck a. a. O. gebilligt) weist jedoch das RG darauf hin, daß der Anspruch auf § 687 Abs. 2 in Verbindung mit § 142 Abs. 2 gestützt werden könne. Das RG führt a. a. O. zutreffend aus: „§ 687 Abs. 2 BGB verlangt nur, daß jemand ein fremdes Geschäft als sein eigenes behandelt, obwohl er weiß, daß er dazu nicht berechtigt ist. Dabei steht auch nach § 142 Abs. 2 BGB die Kenntnis der Anfechtbarkeit der Kenntnis der Nichtberechtigung gleich. Ein inhaltlich fremdes Geschäft wird nicht dadurch sein eigenes, daß der Handelnde es im eigenen Namen abschließt (§ 687 Abs. 2 hat gerade den Fall im Auge, daß jemand ein fremdes Geschäft als eigenes abschließt, so wenn jemand eine fremde Sache im eigenen Namen verkauft . . .) Liegt aber der Tatbestand des § 687 Abs. 2 vor, so kann der Geschäftsherr die sich aus §§ 677, 678, 681, 682 ergebenden Ansprüche geltend machen. Er kann also das verlangen, was er zu fordern hätte, wenn eine echte Geschäftsführung ohne Auftrag vorläge. Nach § 681 in Verbindung mit § 667 BGB kann er somit Herausgabe alles dessen begehren, was der Handelnde aus der Geschäftsführung erlangt hat. Dazu gehört auch der bei der Weiterveräußerung erzielte Kaufpreis. Zutreffend weist das RG auch darauf hin, daß es unerheblich ist, ob es dem Kläger gelungen wäre, das Bild anderweit zu verkaufen, oder ob er das Geschäft überhaupt für sich vorgenommen hätte (RG 100 S. 145). Andererseits bemerkt das RG, daß dem Beklagten die Rechte gegen den Kläger als Geschäftsherrn zustehen, d. h. auf Ersatz von Aufwendungen, oder soweit dieser auf seine Kosten bereichert werden würde. Nach **Heck** a. a. O. soll hierunter auch ein „Entgelt für seine geschäftliche Tätigkeit“ (Provision in üblicher Höhe) fallen. Die Höhe der dem Beklagten zuzubilligenden Vergütung unterliegt nach RG dem richterlichen Ermessen.

XII. Schwarzhandel und Schwarzhandelspreise.

Der **Schwarzhandel** verstößt gegen die

1. **V. gegen Preistreiberei** (V. 1 S. 122)[1]) des Magistrats von Berlin mit Zustimmung der Alliierten Kommandantur in Berlin, die durch die 1. Durchf.-V. vom 4. 6. 1946 ersetzt ist (abgedruckt unter XV.).
2. Verordnung über Strafen und Strafverfahren bei Zuwiderhandlungen gegen Vorschriften auf dem Gebiet der Bewirtschaftung bezugsbeschränkter Erzeugnisse **(Verbrauchsreglung-Strafverordnung).** (In der Fassung vom 26. 11. 1941 RGBl. I S. 734). Allen Blockadenversuchen zum Trotz ist die Versorgung unseres Volkes mit den lebensnotwendigen Verbrauchsgütern gesichert. Durch die Einführung von Karten und Bezugsscheinen ist dafür gesorgt, daß jeder Deutsche seinen Anteil an diesen Gütern erhält. Die gerechte Verteilung ist von der Disziplin jedes einzelnen Deutschen abhängig. Besonders hohe Verantwortung für den Erfolg der Verbrauchsreglung tragen Erzeuger, Verarbeiter und Händler als Treuhänder der ihnen anvertrauten Verbrauchsgüter.

Zum Schutze vor uneinsichtigen und böswilligen Volksgenossen wird auf Grund der **Verordnung über den Warenverkehr in der Fassung vom 18. 8. 1939 (RGBl. I S. 1431),** und des Gesetzes über den vorläufigen Aufbau des Reichsnährstandes und Maßnahmen zur Markt- und Preisregelung für landwirtschaftliche Erzeugnisse vom 13. 9. 1933 (RGBl. I S. 626) verordnet.

§ 1.

(1) Mit Gefängnis und Geldstrafe, letztere in unbeschränkter Höhe oder mit einer dieser Strafen wird bestraft, wer in Ausübung eines Gewerbes oder Berufs

1. bezugsbeschränkte Erzeugnisse ohne Bezugsberechtigung, insbesondere ohne gültige Bescheinigung über die Bezugsberechtigung (z. B. Bezugskarten, Bezugsschein, Groß-Bezugsschein, Punktscheck, Bestellschein, Eintragung in die Kundenliste), bezieht oder abgibt, eine ihm nicht zustehende Bezugsberechtigung für sich ausnutzt oder die Verfügung über eine Bezugsberechtigung einem anderen überläßt oder sich verschafft,
2. durch unrichtige oder unvollständige Angaben eine Bezugsberechtigung erschleicht,
3. dem Verbraucher (Versorgungsberechtigten) bezugsbeschränkte Erzeugnisse vorenthält, zu deren Abgabe er verpflichtet ist,
4. Bescheinigungen über die Bezugsberechtigung entgegen nimmt, oder Abschnitt abtrennt, ohne Ware zu liefern,
5. gegen Anordnungen der Landeswirtschaftsämter oder Wirtschaftsämter verstößt, die auf Grund ausdrücklicher Ermächtigung erlassen werden und auf die Strafandrohungen dieser Verordnung Bezug nehmen,
6. eine sonstige Zuwiderhandlung gegen die Vorschriften des zweiten Abschnittes der Verordnung über die öffentliche Bewirtschaftung von landwirtschaftlichen Erzeugnissen oder gegen eine Bestimmung ergeht, die auf Grund der Verordnung über die öffentliche Bewirtschaftung von landwirtschaftlichen Erzeugnissen oder einer hierauf beruhenden anderen Vorschrift erlassen worden ist. Der Versuch ist strafbar.

(2) In leichten Fällen kann auf Geldstrafe bis auf 150,— Reichsmark oder auf Haft erkannt werden.

Es folgen weitere Anordnungen, auch über Zuwiderhandlungen des Verbrauchers usw. Die Verordnung hat insgesamt 24 Paragraphen.

Sind **ausländische Erzeugnisse,** insbesondere Zigaretten und sonstige Lebensmittel, welche ein Deutscher von einem Angehörigen der Besatzungsmächte entgeltlich oder durch Tausch erwirbt, als bezugsbeschränkte Ware anzusehen, die demgemäß unter die Verbrauchsreglungs-Strafverordnung fallen?

Der Strafsenat des Kammergerichts hat am 20. 3. 1946 die Frage bejaht. (Jurist. Rundschau 1947 Heft 1 S. 29, ebenso KG. in der Jurist. Rundschau Heft 4 S. 1199, Urteil vom 2. 7. 1947.) Anderer Ansicht war die 35. Kleine Strafkammer des Landgerichts Berlin, die einen Ladeschaffner freisprach, der bei einem russischen Soldaten gegen einen Siegelring 20 Pfd. Erbsen eingetauscht hatte. Das Urteil führt in seinen Gründen überzeugend aus, daß Lebens- und Genußmittel, die durch Tausch in den Besitz deutscher Staatsangehöriger gelangen, schon deshalb nicht zu bezugsbeschränkten Gütern werden könnten, weil sie der deutschen Bewirtschaftung nicht unterstanden hätten. So erstrecke sich z. B. diese Bewirtschaftung bei Zigaretten ausschließlich auf solche Tabakerzeugnisse, die für die Verteilung an die deutsche Bevölkerung vorgesehen sind. Durch den Bezug von Waren aber, die von Anfang an nicht zur Verteilung an die Bevölkerung bestimmt waren, würden die für deutsche Staatsangehörige dafür vorgesehene Bestände nicht geschmälert. Nach dieser unmöglichen Rechtssprechung des Kammergerichts wäre auch der von der amerikanischen Militärregierung offiziell genehmigte Bezug von Lebensmitteln, Rauchwaren und anderen Bezugsmitteln in dem Tauschladen in Dahlem, der sog. Punktmühle als strafrechtlich zu ahnender Verstoß gegen die Verbrauchsreglungs-Strafverordnung anzusehen. Das freisprechende Urteil der Kleinen Strafkammer des Landgerichts Berlin wurde rechtskräftig.[1])

3. Der K. hat am 20. 3. 1947 (V. 3 S. 99) ein am 7. 4. 1947 in Kraft getretenes **Gesetz Nr. 50** erlassen, das die Bestrafung der Entwendung und des rechtswidrigen Gebrauchs von zwangsbewirtschafteten Nahrungsmitteln und Gütern und von Urkunden, die sich auf Zwangsbewirtschaftung beziehen, erlassen.

Das Gesetz hat folgenden Inhalt:

Artikel I.

Mit lebenslänglicher oder zeitlicher Zuchthausstrafe oder mit einer Gefängnisstrafe nicht unter 6 Monaten ist in jedem Falle mit einer Geldstrafe von 5000 RM bis 5 000 000 RM werden bestraft:

Personen, denen die Herstellung, Verwaltung, Beförderung oder Obhut von zwangsbewirtschafteten Nahrungsmitteln oder zwangsbewirtschafteten Gütern aller Art, einschließlich solcher, die sich im Hertellungsverfahren befinden, oder von Urkunden, die sich auf Zwangsbewirtschaftung beziehen, obliegt, wenn sie solche Gegenstände entweder oder vorsätzlicn deren Entwendung, widerrechtliche Vergeudung oder widerrechtlicheb Gebrauch gestatten.

Artikel II.

Mit Gefängnis von 6 Monaten bis zu 5 Jahren und einer Geldstrafe von 2500 RM bis 250 000 RM oder mit einer dieser Strafen werden bestraft:

Die in Art. I dieses Gesetzes genannten Personen, wenn sie infolge Fahrlässigkeit für Entwendung, widerrechtliche Vergeudung oder widerrechtlichen Gebrauch von zwangsbewirtschafteten Nahrungsmitteln oder zwangsbewirtschafteten Gütern aller Art, einschließlich solcher, die sich

---

[1]) Im russischen Sektor Berlins sind Zigaretten zu 1 RM und 1,40 RM jetzt freiverkäuflich, ebenso Lebens- und andere Genußmittel, die öffentlich zu Schwarzmarktpreisen mit Kenntnis und Duldung der berufenen amtlichen Stellen laut „Tagesspiegel" auf besonderen Befehl der russischen Besatzungsmacht verkauft werden. Dies wird mit der Aufhebung der Tauschmärkte in Berlin begründet. Die Gerichte pflegen jetzt die Verkäufer von Gegenständen des täglichen Bedarfs unter dem Gesichtspunkt des Notstandes freizusprechen, wenn sie bei Vorliegen desselben diese Gegenstände zu Schwarzmarktpreisen verkaufen.

im Herstellungsverfahren befinden, oder von Urkunden, die sich auf Zwangsbewirtschaftung beziehen, verantwortlich sind.

Solange zahlreiche Personen mit den ihnen zugeteilten Lebensmittelkarten nicht auskommen können, werden sie, sofern sie noch Wertsachen besitzen, diese veräußern und sich trotz der hohen Preise für Lebensmittel solche zu beschaffen suchen, um nicht am Hungerödem zugrunde zu gehen. Die Zahl der Personen, die ständig am Hungerödem sterben, ist beträchtlich. Man hat die Legalisierung des Schwarzen Marktes vorgeschlagen, d. h. die Errichtung von staatlichen Warenhäusern, die Mangelware zu höheren Preisen verkaufen, als sie im regulären Handel zu haben sind. Dann würden die Schwarzhändler gezwungen sein, ihrerseits die Schwarzhandelspreise zu senken, um der Konkurrenz zu entgehen.

Der Leiter des Preisamtes Dr. Steiner hält dies für Berlin für undurchführbar Er verweist die Käufer auf den „Freien Markt". Aber auf diesem gibt es überhaupt kaum Lebensmittel, wo soll also der Hungernde straflos kaufen können, wenn der Staat ihm nicht zu Hilfe kommt? Überhaupt gibt es in **Berlin** keinen Freien Markt.

Andererseits nützt auch die Androhung schwerster Strafen, sogar der Todesstrafe, nicht vor dem Schwarzhandel. Derselbe wird erst dann verschwinden, wenn alle Lebensmittel im freien Handel zu angemessenen Preisen zu kaufen sind. Also sicher erst in sehr viel späterer Zeit.

Im übrigen herrscht und blüht in allen Ländern Europas mit alleiniger Ausnahme vielleicht von Rußland der Schwarzhandel.

Wo kommt die Schwarzhandelsware her?

1. Zunächst von Bauern und regulären Lebensmittelhändlern die statt der Ablieferung bzw. des regulären Verkaufs der Lebensmittel im ordnungsmäßigen Handel dieselben im Schwarzhandel verschiebt;
2. durch Diebstähle von Warenlagern, Überfälle auf Lebensmitteltransporte, Kohlenzüge usw.;
3. durch Polen, aus dem Unra-Lager in Zehlendorf, die sehr häufig Lebensmittel, vor allem gegen Gold und Schmuckwaren eintauschen oder zu regulären Schwarzhandelspreisen verkaufen;
4. durch Soldaten der Besatzungsbehörde, denen die Lebensmittel zugänglich sind, die sie sodann zu Schwarzhandelspreisen verkaufen oder gegen Tausch von Wertgegenständen oder gegen Schnaps eintauschen.

In Groß-Berlin haben sich wenigstens im Westen und den westlichen Vororten gewisse feststehende Schwarzhandelspreise gebildet, die allerdings bei starker Nachfrage zu steigen pflegen. Im April 1947 bestanden im Westen und den westlichen Vororten folgende Durchschnitts-Schwarzhandelspreise[1, 2, 3]):

[1]) In einer Bekanntmachung des Polizei-Präsid. von Berlin vom 15. 6. 1945 (V. 1 S. 40/41) wird erwähnt, daß schon im Jahr 1945 für Artikel des täglichen Bedarfs an den sogenannten schwarzen Börsen in Berlin unerschwingliche Preise verlangt würden, z. B. für ein Pfund Butter 400 RM, für eine Rolle Garn (1000 m) 25 RM, für eine Zigarette 15 RM und für Herrenanzüge vierstellige Zahlen genannt würden. Während der Preis für englische und amerikanische Zigaretten um etwa auf die Hälfte heruntergegangen ist, haben sich die Preise für die anderen genannten Gegenstände im allgemeinen erhöht.

[2]) Nach einer Notiz in der „Neuen Zeitung" vom 5. 12. 1947 wurden im Dezember in München folgende Preise gefordert und bezahlt: Gänse: 250—350 RM (in Berlin: 900 RM), Fleisch: 30—40 RM, Butter: 160—200 RM, Zucker: 70—80 RM, Kaffee:

1. Zigaretten: 20 Stück 100—120 RM Juli 1947: 140 RM im Herbst 1947: 80—100 RM
2. Pfeifentabak: 2 Unzen (50 g): 150 RM, Juli 1947: 80 RM, im Herbst 1947: 60—65 RM.
3. 1 Brot: 50—60 RM, Herbst 1947: 25 bzw. 35 RM (1000 bzw. 1500 g).
4. Kartoffeln: (Herbst 1946 200 RM je Zentner), im Juli 1947: 700 RM, Herbst 1947: 300—400 RM,
5. Butter und Speck: 300 RM je Pfund, seit Juli 1947 je 140 RM, Herbst 1947: 130 RM,
6. Sahne: 60 RM je Büchse,
7. Erbsen: 35 RM je Pfund,
8. Heringe: 75 RM je Pfund,
9. Schlei: 50 RM je Pfund,
10. Erdbeeren: 50 RM je Pfund,
11. Kirschen: in Werder je Pfund 5 RM, in Berlin 11—16 RM,
12. Kaffee: 600 RM je Pfund, im Juli 1947: 260 RM, Herbst 1947: 350 bis 430 RM,
13. Kakao: 600 RM je Pfund, im Juli 1947 260 RM,
14. Kanadisches Weizenmehl: 55 RM, im Juli 1947 35 RM,
15. Roggenmehl: 28 RM je Pfund, im Juli 1947 15 RM,
16. Grütze: 25 RM je Pfund, im Juli 1947 10 RM,
17. Nudeln: 35 RM je Pfund, im Juli 1947 15 RM,
18. Eier: 12—15 RM, im Juli 1947: 3—5 RM,
19. Gerste: 8 RM, im Juli 1947 2,50 RM,
20. Margarine: 200 RM je Pfund, im Juli 1947 100 RM,
21. Schmalz: 320 RM, im Juli 1947 140 RM,
22. 1 Stück Seife: 40 RM,
23. Briketts: 70—90 RM.

Gold: je Gramm bei 333 Abstempelung: Juni 1947 60 RM, August 1947 80 RM; bei 585 Abstempelung: im Juli 1947 80 RM, Anfang 1947 120 RM, August 1947 160 RM; bei 900 Abstempelung (Dukatengold): 200 bis 220 RM, im Juli 1947 160 RM, August 1947 225 RM.

Für ein 20-GM.-Stück zahlten die polnischen Juden im Unra-Lager 2800 RM, für ein 10-GM.-Stück 1400 RM. Jedoch dürften nur noch wenige Personen im Besitz solcher Goldstücke sein, da diese längst abgeliefert werden mußten. Für eine goldene Uhr, die im Frieden etwa 120 RM kostete, werden in der Regel 2500 RM gezahlt. Wenn jedoch die Uhr als besonders gutes Uhrwerk (z. B. eine Schweizeruhr) verkauft wird, mit 5000 RM.

Silber wird mit einer Reichsmark für jedes Gramm bezahlt, seit August 1947 1,80 RM. Silbernes Gerät nach dem Gewicht und dem Wert des Schmuckstückes, sodaß meist das Doppelte des reinen Silberpreises herauskommt.

Für **Dollarnoten** werden 200 RM je Dollar bezahlt, größere Noten (2, 5, 10, 20, 50 Dollar) mehr.

---

350 RM, Zigaretten: 80—90 RM, Strümpfe: 170—220 RM, englische Stoffe: 5000 bis 7000 RM, italienische Stoffe: 2500—3500 RM.

[3]) Behördlich festgesetzte Luxuspreise gelten in Berlin seit dem 15. 10. 1947 für Trinkbranntwein (32 %): 56,80 RM, für 40 %: 70 RM pro 0,7-Liter-Flasche. Die Preise für Likör schwanken zwischen 55, 70 und 72,10 RM (je nach Alkoholgehalt). In den Gaststätten kosten 2,5 cl Trinkbranntwein: 2,70 RM bzw. 3,20 RM, 1 Glas Alkolat: 5,95 RM, Alkolatsekt: 6,40 RM. Im freien Handel werden aber für die Flasche Branntwein mindestens 150 RM bezahlt.

Vgl. jetzt V. 3 S. 250.

In **Bayern** soll zur Zeit 1 Pfund Butter im Schwarzhandel nur 80 RM kosten, (so in München). In Thüringen 1 Brot 30 RM, Zucker 50 RM, Deutscher Tabak, der in Berlin 100—130 RM je 100 gekostet, ist in Bayern für 160 RM je kg zu bekommen. Über die **Lebensmittelpreise** in den **Luxusgaststätten** Berlins sind oft Berichte in den Zeitungen enthalten, aus denen sich ergibt, daß die Preise dort enorm sind und daß ein gutes Essen und Trinken mitunter 1000—2000 RM kostet.

Soweit es sich hierbei um Ausländer handelt, die ihr Geld in deutsche Hände bringen und damit unsere Schulden an das Ausland verringern, ist hiergegen nichts einzuwenden. Soweit es sich dagegen um arbeitsscheue Großschieber handelt, die ihren leicht verdienten Gewinn in gutes Essen und Trinken umsetzen, sollte man auch diese in den Luxuslokalen ruhig verkehren lassen, da gelegentliche Razzien oft gesuchte Lebensmittelschieber und andere Verbrecher ausfindig und dingfest machen[1]).

Nach einem Bericht der „Neuen Zeitung" vom 21. 4. 1947 sind in der **britischen Zone** folgende Schwarzmarktpreise handelsüblich: Butter: 240 bis 520 RM je Pfd., Speck: 200 RM, Fleisch: 60—80 RM, Zucker: 70—90 RM, Mehl: 30 RM, 3-Pfd.-Brot: 25 RM, 1 Bückling: 5 RM, Deutsche Zigaretten: 2,50—3 RM, Belgische: 4 RM, Englische: 5,50 RM, Amerikanische: 6 RM, 1 Herrenanzug kostet 1000 RM, 1 Damenkleid 800 RM, 1 Paar Strümpfe 200 RM, 1 Paar Herrenschuhe: 750 RM, 1 goldener Trauring: 333 gestempelt, kostet 100 RM, Brillanten von 1 Karat: 15000—20000 RM, von 2—3 Karat: 40000—50000 RM, Perserteppiche und echte Brücken je nach Größe zwischen 3000 und 50000 RM, Schreibmaschinen zwischen 4000 und 5000 RM. 1 Leica 40000 RM, 1 goldene Uhr: 10000 RM, 1 Opel 6-Zylinder oder 1 Wanderer 1,7 Liter: 18000—22000 RM, 1 Liter Benzin kostet 5 RM, 1 Ampulle Insulin 400 RM.

Im „Tagesspiegel" Nr. 26 vom 31. 1. 1948 findet sich folgende Notiz:

Den Berliner Richtern ist kürzlich von den vorgesetzten Instanzen ein Schreiben mit der Bitte um Kenntnisnahme zugeleitet worden, in dem folgende Schwarzmarktpreise aufgeführt sind:

	(in Mark)		(in Mark)
Brot	30—35	Käse, je Pfd.	70
Weizenmehl. deutsch	28—30	Speck, je Pfd.	220—260
Weizenmehl, kanadisch	33—35	Butter, je Pfd.	250—280
Roggenmehl		Erbsen, je Pfd.	20
Grütze	20	Bohnen, je Pfd.	20
Kaffee	450—500	Zucker, je Pfd.	70—85
Schokolade	120	Zwiebeln, je Pfd.	9
Kartoffeln, je Ztr.	300—350	Heringe, Stück	8—12
Schrippen, schwarz	1,50	Öl, je Liter	300
Schrippen, weiß	3	Mohnöl, je Liter	350—390
Fleisch, Rind je Pfd.	80	Mohn, je Pfd.	40—50
Fleisch, Schwein je Pfd.	120	Äpfel, je Pfd.	20
Kaninchen, je Pfd.	90	Zigaretten, Stück	1—7
Gänse, je Pfd.	70—100	Schnaps, je Fl.	140
Wurst, je Pfd.	160	Kohlen, je Ztr.	70

[1]) Ein Kellner in Wilmersdorf hatte in einem Lokal für eine Rinderbrust mit Meerrettigsoße nach Zeitungsberichten 35 RM, für einen Kognak 15 RM, für 1 Zigarre 25 RM, für eine Zigarette 11 RM gefordert und auch erhalten. Er wurde dieserhalb vom Preisamt mit 1000 RM Geldstrafe bestraft.

	(in Mark)		(in Mark)
Kerzen, Stück . .	2—8	Damenschuhe	700—1400
Seife, Stück	10—60	Damenstrümpfe	110—180
Feuersteine, Stück . .	3	Strickhandschuhe . . .	80
Nähnadeln, Stück . . .	1	Schnürsenkel	2
Anzüge	1000—5000	Gold, 333 Karat, je g .	85
Mäntel	1000—3000	Gold, 585 Karat, je g .	185
Herrenschuhe	700—1400	Gold, 900 Karat, je g .	270

Eine Begründung für die Angabe der Schwarzmarktpreise ist in dem Schreiben nicht enthalten, doch ist anzunehmen, daß sie auf eine Anordnung des Kontrollrats vom 15. Dezember 1947 zurückzuführen ist, derzufolge Geldstrafen bei Verstößen gegen das Kontrollratgesetz Nr. 50 nicht geringer sein dürfen als die erzielten Übergewinne.

XIII. Die Neuregelung der Währung.[1, 2, 3])

Über diese Frage ist seit Kriegsbeendigung sehr viel geschrieben und die verschiedenartigsten Lösungen derselben vorgeschlagen worden. Heute kommen die Erfahrungen der Länder, die bereits ihre Währung neu geregelt haben, wie z. B. Ungarn oder Österreich, zur Berücksichtigung. Daß eine neue Regelung der Währung erfolgen muß und wird, steht fest. Zweifelhaft ist nur wann, wie und in welchem Umfang. Auch auf der Friedenskonferenz in Moskau wurde diese Frage bereits im März 1947 besprochen, wenn es auch noch nicht zu einer Entscheidung darüber kam.

Man darf annehmen, daß bei der Neuregelung ein Umtausch aller Geldzeichen (sowohl Scheine wie Geldstücke) erfolgen wird, die von den Landesbanken angenommen werden, wobei naturgemäß nur ein Teil der eingereichten Geldscheine und Stücke durch Ausgabe neuer ersetzt werden dürfte, während der Rest auf ein Sperrkonto angelegt wird. Dieser Vorschlag wird von dem **Finanzpräsidenten Ludwig Ellinger in Stuttgart** am 16. 3. 1947 im „Tagesspiegel" gemacht, der zutreffend darauf hinweist, daß eine Sperre den großen Vorzug habe, jederzeit gelockert werden zu können und notfalls Teile der gesperrten

---

[1]) In der Schweiz wird kein deutsches Geld angenommen. Aber man kann z. B. in Konstanz Schweizer Franken zum Kurse von 12 bis 13 RM je Franken kaufen und dann in der Schweiz einen guten Tag verleben.

[2]) Art. I des Währungsgesetzes Nr. 51, Gesetz der Militärregierung, stellt das alliierte Besatzungsgeld der Mark gleich, Art. II lautet: „Ohne schriftliche Genehmigung der Militärregierung darf niemand eine Vereinbarung eingehen oder ein Rechtsgeschäft abschließen oder den Abschluß einer derartigen Vereinbarung oder eines derartigen Rechtsgeschäftes anbieten, falls darin Zahlung in einer anderen als Markwährung oder Lieferung einer solchen vorgesehen ist." Nach Art. II werden Verstöße hiergegen durch ein Gericht der Militärregierung bestraft.

Das Gesetz bezieht sich nur auf Vereinbarungen des betr. Inhalts, wenn die einem Vertragsteile obliegende Leistung auf Zahlung gerichtet ist. Wohl aber kann die Vergütung für einen Hausverwalter in der Gewährung einer Wohnung vereinbart werden. Auf Tauschgeschäfte findet das Gesetz keine Anwendung. Ansonst müßten die Tauschzentralen verboten werden. — Die zum Gesetz Nr. 51 am 1. 7. 1947 in Kraft getretene Ergänzungsverordnung bestimmt, daß in Mark, Goldmark oder unter Festlegung gleitender Preisindices ausgedrückte Verbindlichkeiten bei Fälligkeit durch Zahlung in Mark erfüllt werden können, nicht aber müssen.

[3]) Bei Kompensationsgeschäften im Verrechnungsverfahren hat die Sowjetunion mit Schweden, Holland und der Schweiz im August 1947 einen Kurs von 3,30 RM für den Dollar festgesetzt.

Konten beim Vorliegen eines dringenden wirtschaftlichen Bedürfnisses freizugeben. Eine allgemeine Lockerung werde dann nötig werden, wenn eine Angleichung der Preise an die Weltmarktpreise erfolgt sei. Hierdurch würde notwendig die Kaufkraft des Geldes gesenkt und Vermögen und Verpflichtungen entsprechend verringert.

Nach Ellinger kann jedoch die Umstellung der Währung allein niemals eine Sanierung derselben herbeiführen, wie das allerdings durch die Einführung der Rentenmark in den Jahren 1923/24 erfolgt sei, denn damals wurde die Wiederherstellung der Währung nur auf Kosten der Geldbesitzer vorgenommen, während die Sachbesitzer die lachenden Dritten waren und lediglich die Gebäude-Entschuldungssteuer für den bebauten Grundbesitz zu zahlen hatten. Heute ist der Kreis der Geldbesitzer zu groß. Ellinger weist mit Recht darauf hin, daß zum Geldbesitz nicht nur der Besitz an Bargeld, Reichs-, Staats- und Gemeinde-Anleihen, Obligationen, Bank- und Sparguthaben, Darlehen, Hypotheke nusw. zähle, sondern auch alle Forderungen, die mit dem verlorenen Krieg zusammenhängen, dazu zählten:

> Die Kriegssachschäden, die unabgerechneten Rüstungsaufträge, die Räumungs-, Verdrängungs- und Enteignungsschäden, die Kosten der Besatzungsleistungen, Requisitionen, Plünderungsschäden.

Diesmal wird jeder, auch der Sachwertbesitzer allein, nach seiner Leistungsfähigkeit herangezogen, wobei zweifelhaft ist, ob dies bei allen Vermögensarten mit gleichen Sätzen möglich ist. Sicher ist aber nach Ellinger, daß die Flucht in die Sachwerte nicht wie im Jahre 1923 ein Rettungsmittel sein wird.

Zweifellos bedarf es für die Aufnahme des Sachbesitzes einer neuen Bewertung nach sorgfältig aufgestellten Richtlinien. Nach Ellinger ergibt sich hieraus, daß der 2. Teil der Sanierung nach der Währungsumstellung sowohl eine etwaige Vermögenszuwachssteuer und noch mehr die jedenfalls notwendige Vermögensabgabe, eine schwierige und langwierige Arbeit der ohnehin schon stark belasteten Finanzämter erfordere, weshalb mit gesetzgeberischen Vorarbeiten nicht früh genug begonnen werden könne.

Es ist auch der Vorschlag gemacht worden, die Währung sich selbst zu überlassen, da Löhne, Gehälter und allgemeine Schulden mit den vorhandenen Geldscheinen und -stücken bezahlt werden, während der Schwarze Markt von selbst aufhören wird, wenn alle Lebensmittel wieder zu regulären Preisen zu haben sein werden. Einstweilen muß daher der Schwarze Markt aufs äußerste bekämpft werden.

Die Abwertung der Währung bewahrt aber nicht vor einer Inflation, wie wir sie in den Jahren 1922/23 und die Ungarn jetzt nach der Neuregelung ihrer Währung erfahren haben. Solange nicht die hauptsächlichsten Gebrauchsartikel des täglichen Lebens für das neu aufgewertete Geld zu kaufen sein werden, wird eine Inflation kaum zu vermeiden sein. Mit der Neuregelung der Währung muß also die steigende Herstellung mindestens der notwendigen Gebrauchsartikel des täglichen Lebens Hand in Hand gehen und die Zonensperre aufgehoben werden, damit ein allgemeiner Austausch der in den einzelnen Zonen hergestellten Gebrauchsartikel erfolgen kann.

Nach einer in der „Neuen Zeitung“ vom 21. 4. 1947 veröffentlichten Erklärung des Generals Lucius D. Clay soll in der US.-Zone in absehbarer Zeit nicht an eine Währungsreform gedacht werden können, da eine solche Reform im gegenwärtigen Augenblick keineswegs alle Schwierigkeiten beseitigen würden. An gleicher Stelle werden folgende Ansichten über die Währungsreform erörtert:

Ein Teil ist für eine beschleunigte Reform, da es in Deutschland wegen des bestehenden Kaufkraft-Überhangs und der nicht voll funktionsfähigen Markwährung an Arbeitslust und geschäftlicher Initiative fehlen. Die Währungsumstellung würde die zurückgehaltenen Waren aus ihren Verstecken zum Vorschein bringen und die Räder der Wirtschaft ankurbeln. Viele Menschen, die noch vom Geld-Überhang leben, würden zur Arbeit gezwungen werden und auch der Schwarze Markt würde aufhören.

Die Gegner einer baldigen Währungsumstellung befürchten die Aufdeckung der ungeheuren Verarmung und erwarten von ihr ein gewaltiges Anschwellen der Fürsorgelasten, Not und Elend für Rentner und alte Leute, für Schaffende, deren Arbeitslohn nicht zum Leben ausreicht und die noch teilweise von ihren Ersparnissen zehren, für junge, in der Ausbildung befindliche Leute und deren jetzt noch versorgungsbereiten und zahlungsfähigen Eltern.

Demgegenüber ist zur Ansicht der Gegner einer baldigen Geldreform darauf hinzuweisen, daß eine Währungsumstellung kommen muß, jedoch wäre eine übereilte Umstellung ein Sprung ins Dunkle. Auch ist die Ansicht, daß die Umstellung die zurückbehaltenen Waren auf den Markt bringen werde, insofern problematisch, als die in Frage kommenden Warenbesitzer sich überlegen werden, von ihren Sachwerten sich schon zu trennen. Jedenfalls können die nachteiligen Folgen nur von einer Steigerung der Produktion ,insbesondere der Verbrauchsgütererzeugung abgewendet werden. Hierzu ist aber eine ausreichende Versorgung mit Rohstoffen notwendig, und dieser dient der amerikanisch-britischen Export-Import-Plan, der jetzt im Anlaufen ist.

Zur Sanierung der Währung reicht freilich auch diese Art der Exportfinanzierung nicht aus. Die künftige deutsche Notenbank wird zur Stabilisierung ihrer Auslandsverpflichtungen, insbesondere zur Stabilisierung ihrer Wechselkurse einer bestimmten Gold- oder Divisenmenge bedürfen, um alle Außenbeziehungen auf die sichere Grundlage eines festen Geldwertes zu stellen und dem Lande seine internationale Kreditwürdigkeit zurückzugeben, was offenbar die Ansicht der britischen Regierung ist, deren Chef der Finanzabteilung der britischen Kontrollkommission für Deutschland, Mr. Chambres seinerzeit erklärt habe, daß die Besatzungsmächte beabsichtigen, „die Mark gesund zu machen, sodaß sie eines Tages im Ausland dem Dollar und dem Pfund ins Auge sehen kann." (Vgl. den Aufsatz in der „Neuen Zeitung" vom 20. 4. 1947.)

Nach einem Bericht im „Tagesspiegel" vom 25. 4. 1947 hat auf einer Tagung in Bonn der Frankfurter Professor D. Auffermann über den Stand der Währungsreform gesprochen und mitgeteilt, daß für die Währungssanierung nicht weniger als 80 Ansichten vorlägen, die in verschiedene Gruppen geteilt werden könnten. Er führt als solche Hauptgruppen folgende auf:

1. solche, die auf der Inflationstheorie begründet sind, ihre Vertreter halten eine kontrollierte Inflation sowie ein „Auslaufen" der Preise für zweckmäßig.
2. Nach dem Grundsatz der Konfiskation sind jene Pläne zu beurteilen, die den gesamten Produktionsertrag dem Staate zufallen lassen wollen.
3. Der Steuertheorie liegt der Gedanke zugrunde, daß das Währungsproblem mit Hilfe einer Vermögenssteuer lösbar sei.
4. Die Blockierungstheorie stützt sich auf den amerikanischen Dodge-Plan. Hiernach soll das Geld blockiert und der Geldumlauf durch eine neue Währung mit Hilfe einer Garantie der Land- und Forstwirtschaft der geschrumpften Wirtschaft angepaßt werden. Dieser Plan sieht ferner eine Vermögensausgleichsabgabe und amerikanische Kredite vor.

Auffermann gliedert die Reformvorschläge auch in eine maßvolle oder radikale Richtung. Die maßvollen Vertreter gingen von dem Gedanken aus, daß eine Gesamtlösung gegenwärtig infolge fehlender Voraussetzung noch nicht möglich sei. Die Anhänger der Blockierungstheorie meinen, daß die Reform in zwei Etappen verwirklicht werden sollte, wobei die schließliche Festsetzung einer Abschöpfungsquote, sowie einer Verrmögenssteuer erst später notwendig sein würde. In den Westzonen seien wenig Anhänger der Auffassung zu finden, daß das gesamte Geldvermögen der Volkswirtschaft in seinen liquiden Formen mit einem radikalen Schnitt vernichtet werden sollte. Hier würde der Teufel durch den Beelzebub ausgetrieben werden, da die große Gefahr eines Deflationskurses und ein Zustand mangelhafter Liquidität bestehe. Die Frage der Liquidität sei es auch, die zu einer maßvollen Beurteilung der Schuldenprobleme führe. In einem Aufsatz der Wirtschaftszeitung werde darauf hingewiesen, welche schließliche Restschuld aus der alten Schuldenstruktur tragfähig sein könnte. Der Verfasser kommt auf eine Größenordnung von 100—200 Milliarden RM. Er veranschlagt die künftigen Steuereinnahmen aller Zonen auf 20—25 Milliarden RM und geht von einem Zinssatz von 2 % und einer Tilgungsrate von 1 % aus und glaubt, daß die öffentliche Schuldlast zu dem in einer sich allmählich erholenden Wirtschaft wieder ihr relatives Gewicht verlieren könnte. Affuermann meint, daß die Festlegung endgültiger Abschreibungsquoten vom Stande der Wirtschaft und vom Zeitpunkt der Währungsreform abhänge.

Die Gutachtenkommission zur Währungsfrage beim Verwaltungsamt für Wirtschaft in Minden hat nach dem „Tagespiegel" Nr. 201 vom 9. 8. 1947 Grundzüge veröffentlicht. Nach diesen sollen die alten Bargeldbestände bis zum Höchstbetrag von 50 RM pro Person in neue Noten umgetauscht werden. Alle Überschußgelder sind auf bereits bestehende oder neu zu errichtenden Bankkonten eingezahlt worden. Nach Beendigung dieser Geldbewegung sollen 30 v. H. dieser Guthaben gesperrt werden. Über den Rest will man die Einleger sofort im Giroverkehr und nach einer kurzen Frist auch durch Barabhebungen frei verfügen lassen. Ferner sollen die blockierten Einlagen in Kriegsschuld-Zertifikate des „Reiches" umgewandelt werden. Diese neuen Titel will man bei einem Lastenausgleich ebenso wie alle sonstigen „Reichspapiere" den Inhabern als „nominelles" Besitztum überlassen. Nur in besonderen Fällen, so bei arbeitsunfähigen Personen und Sozialrentnern, sollen Auszahlungen auf diese Zertifikate genehmigt werden, wobei man die höchsten Sozialunterstützungszahlungen auf den Nominalbestand an Zertifikaten anrechnen will. Ferner sollen alle Verbindlichkeiten aus der Zeit vor der Währungsreform grundsätzlich in dem neuen Geld erfüllt werden. Bei wirtschaftlichen Härten soll die richterliche Vertragshilfe beansprucht werden können.

Was die Bankliquidität betrifft, so wird vorgeschlagen, daß bei der Neufinanzierung für kurzfristigen Kreditbedarf der Handelswechsel als klassisches Diskontpapier bevorzugt werden sollte. Für mittel- und langfristige Ausleihungen, die verstärkt in der Industrie auftreten dürften, ist an die von der Deutschen Industriebank eingeführte Kreditart gedacht.

Dr. Sauermann hat nach einem Bericht im „Tagesspiegel" vom 11. 5. 1947 Blatt 3 des Hauptblattes ein weiteres Referat in Hamburg über die wichtigsten Punkte des amerikanischen Planes einer Währungsreform besprochen. Diese wären in der Hauptsache: Beseitigung des Geldüberhanges bei ausreichender Geldversorgung und Festsetzung des Außenwertes der Reichsmark, Schuldregelung durch Herabsetzung auf 30%, wovon 20 % blockiert bleiben, und Lastenausgleich mit Vermögensabgabe, um eine Benachteiligung des Geldbesitzers zu verhindern. Dieser amerikanische Plan liege seit einiger Zeit dem Kontrollrat als Grundlage für die Beratung vor. Über den Zeitpunkt der Währungsreform könne nichts gesagt werden, da dieser durch technische und schwer zu übersehende politische Gründe bestimmt werde,

Sauermann glaubt, daß erst im Anschluß an die Währungsregelung der Umfang und die Einzelheiten der Reparationen festgelegt werden könnten. Er bemerkte auch ferner, daß bei einer Beseitigung des Geldüberhanges Noten- und Buchgeld gleichgesetzt werden müßten.

Nach einer Reuter-Meldung im „Manchester Guardian" hat der englische Philantrop folgende Vorschläge für die deutsche Wirtschafts- und Währungssanierung gemacht:

„Wenn eine deutsche Regierung in der Bizone irgendwie Erfolg bei der Auseinandersetzung mit den fast unüberwindlichen Schwierigkeiten haben soll, sind gewisse Vorbedingungen wesentlich. An erster Stelle steht das Problem der Preise, der Steuern und der Währung. Diese Reformen muß man als Teile eines Gesamtproblems ansehen, und sie müssen mehr oder weniger gleichzeitig verwirklicht werden. Am kritischsten ist aber die Frage der Währungsgesundung. Es besteht die ernste Gefahr, daß eine formell angenommene Währungsreform sozial ungerecht und gleichzeitig nicht imstande ist, die gewünschten Resultate zu sichern. Wenn beispielsweise neun Zehntel der vorhandenen Markbeträge ungültig gemacht werden, und eine neue Währung im Verhältnis von 1 zu 10 zur Ausgabe gelangt, könnten nur die Schieber des Schwarzen Marktes die Nutznießer sein. Viel besser ist ein Plan für zwei gleichzeitige Zahlungsmittel, nämlich für die alte schlechte und für eine neue gute Mark. An einem gegebenen und an wenigen darauf folgenden Tagen hätte jeder das Recht, eine kleine Summe der alten Mark, und zwar in jedem Falle denselben Nennbetrag und nicht eine im Verhältnis zum Gesamtbesitz stehende Summe, gegen einen gleichen Betrag in neuer Mark umzutauschen. Danach wäre die neue Mark die einzige legale Währung, und die alte Mark wäre blockiert. Gleichzeitig würden alle Löhne und Gehälter nach dem Stichtag des Umtausches in neue Mark bis zu einer wöchentlichen oder monatlichen Maximalsumme zahlbar werden. Darüber hinaus notwendige Beträge wären aus der alten blockierten Mark zu bestreiten. In einem späteren Stadium, wenn Lebensmittel und Konsumwaren reichlicher vorhanden sind, wäre eine Kapitalabgabe auf jede Art von Besitz unter Einschluß der alten Mark zu erheben. Der Rest der alten Zahlungsmittel könnte nach dieser Operation in einem passenden Verhältnis oder selbst zu pari in neue Mark umgetauscht werden. Die Dringlichkeit der Währungsreform kann nicht übertrieben werden. Es müßten Pläne zu ihrer Verwirklichung vorhanden sein, wo die Politik von den Vier-Parteien-Notwendigkeiten befreit ist." Vgl. die Wiedergabe im „Tagesspiegel" vom 27. 9. 1947.

Über die neuesten Vorschläge zur Frage der Währungsreform berichtet „O. H." in der ausgezeichneten in Freiburg i. B. erscheinenden Halbmonatsschrift „Die Gegenwart" in Nr. 48/9 vom 15. Dezember 1947 in dem Aufsatz, „Abwertung oder Abschöpfung des Geldes" folgendes:

Abgelehnt werden jetzt:

1. der Staatsbankerott, bei dem die Reichsschulden und das umlaufende Bar- und Bankgeld nicht mehr anerkannt werden;
2. die Abwertung der Geldwerte, d. h. das Verfahren, bei dem alle Preise, Löhne, Mieten usw. um einen einheitlichen Multiplikator von 10 oder 5 erhöht werden;

3. der Gedanke, auf einen operativen Eingriff ganz zu verzichten und die Neuordnung einem langsamen Prozeß zu überlassen, wobei an die Freigabe der Preise und ihre Anpassung an das inflatorische Geldvolumen gedacht wird.

Übrig bleiben jetzt nur zwei Währungsvorschläge:

1. die Abwertung durch Annullierung eines mehr oder weniger großen Teils der Reichsschuld und des Geldes;
2. die Abschöpfung des Geldüberhanges nach vorheriger Blockierung eines entsprechend großen Teiles des zirkulierenden Bar- und Bankgeldes auf den Konten der Geldinstitute, bei grundsätzlicher Anerkennung aller Schulden, auch des Reiches. Hierbei soll die eigentliche Abschöpfung im Wege einer Vermögensabgabe erfolgen.

   Ein anderer Vorschlag geht dahin, nicht zu blockieren, sondern den Geldüberhang als unverzinsliche Reichsschuld im Schuldbuch oder in Form von Zertifikaten festzuschreiben und damit nachzuholen, was während der Inflationsjahre versäumt wurde.

Es mag hier auf den weiteren Aufsatz vom O.H. in der „Gegenwart" Nr. 40/1 vom 31. 8. 1947 S. 37 „Neues Geld kein Allheilmittel" verwiesen werden, wo der Verfasser darauf hinweist, daß zum dauerhaften Erfolg einer Gelderneuerung auch die „Güterseite" der Wirtschaft neu zu ordnen sei, und zwar über die antreibenden Wirkungen einer Geldneuordnung auf das Angebot von Waren, Dienstleistungen und Arbeit hinaus. Der Verfasser führt aus, daß zunächst genügend Nahrungsmittel, sei es aus eigener Erzeugung, sei es aus Einfuhren aus dem Ausland nötig seien, ferner eine genügende Kohlenförderung und eine ausreichende Berücksichtigung der deutschen Wirtschaft bei der Kohlenzuteilung.

Über die „Spareinlagen bei der Geldreform" vgl. den Aufsatz in dem Düsseldorfer Handelsblatt, Westdeutsche Wirtschaftszeitung Nr. 4, Jahrg. 3 vom 22. 1. 1948 S. 6.

In der ersten Exekutivsitzung am 21. 1. 1948 des Alliierten Kontrollrates in Berlin wurde die gesamtdeutsche Währungsreform erörtert. Über den Gang der Verhandlungen und über die Stellungnahme der einzelnen alliierten Delegationen wurde nichts bekanntgegeben. Man beschloß, die Beratungen über die Vorschläge zur Währungsreform auf die nächste Kontrollratssitzung vom 10. 2. 1948 zu verschieben.

XIV. Kultur: Theater, Kino, Presse.

Theater.

a) Nach einer Anordnung des Magistrats der Stadt Berlin, Abteilung für Volksbildung ,vom 11. 6. 1945 mit Rückwirkung vom 1. 5. 1945 (V. 2 S. 22) bedürfen alle Theater und Theater-Unternehmungen, sowie alle Unternehmungen, die gewerblich öffentliche Veranstaltungen zur Unterhaltung durchführen wollen, sowie alle Lehrer und Lehranstalten für künstlerischen und dramatischen Unterricht zu ihrem Betrieb eine Genehmigung des Magistrats (Abteilung für Volksbildung bzw. der von dieser eingesetzten Amtsstelle). Die von der Abteilung für Volksbildung, Abteilung Kammer der Kunstschaffenden, für das Theaterleben als künstlerisch wertvoll und kulturpolitisch notwendig ausgewählten Theaters Berlins werden unter der Leitung der Abteilung für Volksbildung als Berliner Stadttheater organisatorisch zusammengefaßt und verwaltet. Ihre Haushaltsführung erfolgt im Rahmen des Stadthaushaltes.[1])

Die wichtigsten Berliner Theater sind:

1. **Deutsches Theater**, NW 7, Schumannstraße 13a } Intendant:
2. **Kammerspiele**, NW7, Schumannstraße 13, } Wolfgang Langhoff
3. **Deutsche Staatsoper**, NW 7, Friedrichstraße 101/102, Intendant: Ernst Legal,
4. **Städtische Oper**, Charlottenburg, Kantstraße 12, Intendant: Peter von Hamm,
5. **Hebbel-Theater**, SW 11, Stresemannstraße 29, Intendant: Jngenohl,
6. **Schiffbauerdamm-Theater**, NW 7, Schiffbauerdamm 4a, Intendant: Fritz Wisten,
7. **Renaissance-Theater**, Charlottenburg, Hardenbergstraße 6, Intendant: Dr. Kurt Raeck,
8. **Tribüne**, Charlottenburg, Berliner Straße 37, Intendant: Viktor de Kowa,
9. **Schloßpark-Theater**, Steglitz, Schloßstraße 48, Intendant: Barlog.

Im Mai 1947 wurde das Theater des „Hauses der Kultur der Sowjetunion" eröffnet, in der früheren Singakademie am Kastanienwäldchen.

b) **Das Theatergesetz** vom 15. 5. 1943 (RGBl. I S. 411) nebst der Durchführungsverordnung vom 18. 5. 1934 (RGBl. I S. 413) ist grundsätzlich aufgehoben, da es nazistischen Inhalts und anzunehmen ist, daß die A. des Magistrats das Theaterwesen bis zum Erlaß eines neuen Theatergesetzes grundsätzlich erschöpfend regelt. Man wird jedoch § 9 Abs. 2 des Gesetzes für anwendbar halten, welcher die Zuständigkeit der **Polizeibehörden** gegenüber Theatern auf die Erledigung der **künstlerischen Aufgabe** der Theater ausschließt. Theateraufführungen dürfen nach diesem Gesetz von der Polizei nur dann untersagt werden, wenn **unmittelbare Gefahr** für die öffentliche Sicherheit und Ordnung droht[2]).

[1]) Berlin hatte im Herbst 1947 16 der Stadt Berlin unterstellten Theater, sowie 227 Kinos, 2 Varietés und 17 Kabaretts. In den Sommermonaten kamen die beiden Freilichtbühnen (Haus am Waldsee und Rehberge) sowie 4 Zirkusse dazu. Nach einer Notiz in der „Neuen Zeitung" vom 9. 12. 47 hat Berlin im Dezember 1947 30 Theater überhaupt.

[2]) Während nach früherem Polizeirecht die Polizei ein Theaterstück bzw. einzelne Teile daraus verbieten konnte, weil eine Störung der öffentlichen Ordnung aus religiösen Gründen vorlag, die unter den Begriff der öffentlichen Ordnung fielen, ist das weder nach dem Reichstheatergesetz noch aus anderen rechtlichen Gründen zulässig, sofern nicht § 166 RStG. vorliegt, welcher besagt:

„Wer dadurch, daß er öffentlich in beschimpfenden Äußerungen Gott lästert, ein Ärgernis gibt, oder wer öffentlich eine der christlichen Kirchen oder eine andere mit Korporationsrechten innerhalb des Bundesgebietes bestehende Religionsgesellschaft oder ihre Einrichtungen oder Gebräuche beschimpft, ingleichen wer in einer Kirche oder an einem anderen zu religiösen Versammlungen bestimmten Orte beschimpfenden Unfug verübt, wird mit Gefängnis bis zu 3 Jahren bestraft."

Während früher die Polizei in Preußen gegen die Verse eines Theaterstücks von Schönthal-Kadelburg einschreiten konnte und eingeschritten ist, weil durch den Vortrag des Verses auf der Bühne eine unzulässige Lächerlichmachung des Auferstehungsgedankens vorliege, ist heute ein solches Verbot nicht möglich, da keine unmittelbare Gefahr für die öffentliche Sicherheit oder Ordnung droht.

c) **Theaterzensur.**

Die bisher auf § 10 II 17 des Preußischen Allgemeinen Landrechts vom 5. 2. 1794, welches bestimmte:

> „Die nötigen Anstalten zur Erhaltung der öffentlichen Ruhe, Sicherheit und Ruhe sowie zur Abwendung der dem Publiko oder einzelnen Mitgliedern desselbsten bevorstehenden Gefahr zu treffen, ist das Amt der Polizei",

sowie auf § 6 des Gesetzes über die (örtliche) Polizeiverwaltung vom 11. 3. 1850 gestützte **präventive Theaterzensur** wurde bereits durch Art. 118 der Rechtsverfassung von 1919 abgeschafft.

Daß zunächst **Polizei** und **Strafrichter** einschreiten können, wenn eine **unzüchtige**, unter § 183 StrGB fallende Darstellung vorliegt, ist außer Zweifel, da es sich um die Verhinderung strafbarer Handlungen handelt. **Schnitzlers „Reigen"** steht hart an der Grenze. Seinerzeit wurde gegen die Aufführung des Stückes in Berlin strafrechtlich eingeschritten, worauf der Staatsanwalt auch darauf hinwies, daß die Begleitmusik in den Zwischenakten gleichfalls unsittlich sei, weil z. B. nach der Scene der Offiziers bei der Dirne nach schnellem (auch unbedingt nötigem) Fallen des Vorhanges das Orchester die Musik „Auf in den Kampf, Torrero" aus Carmen spielte; das Gericht sprach jedoch den Unternehmer von der Anklage aus § 183 StrGB frei.

Gleichwohl hätte die Polizei das Stück aus Gründen der öffentlichen Ordnung verbieten können, da dieses Einschreiten unabhängig von der Strafbarkeit der Handlung ist. Ein solches damals zulässiges Verbot verstieß auch nicht gegen das Zensurverbot, da dieses der Polizei nur verbietet, **vor** Aufführung eines Theaterstückes eine polizeiliche Genehmigung in jedem Falle einzuholen. Auch das OVG. 76 S. 441 stand auf dem Standpunkt, daß auf Grund der allgemeinen polizeilichen Befugnisse die Polizei nach erfolgter Prüfung der Wirkung eines Theaterstückes bei dessen Aufführung die Weiteraufführung auch damals noch ganz verbieten oder von Textänderungen und anderen Bedingungen abhängig machen können. Sie konnte aber damals auch ,wenn **Tatsachen** vorlagen, welche die Besorgnis einer Störung der öffentlichen Ruhe, Sicherheit und Ordnung, oder von Gefährdungen des Publikums genügend rechtfertigten, **im Voraus** die erste Aufführung eines Stückes verbieten, was nicht gegen Art. 118 der Reichsverfassung von 1919 verstieß. (OVG. 76 S. 442ff.)

Heute ist nach dem Reichstheatergesetz von 1934 die **Polizei** nur bei unmittelbarer Gefahr für die öffentliche Sicherheit und Ordnung zum Verbot befugt, was in dem vorliegenden Fall überhaupt nicht in Betracht kommt.

Das Thüringische OVG. hatte in einer in der JW. 1931 S. 98ff. mitgeteilten Entscheidung das von der Polizei erlassene Verbot der Aufführung des Dramas **„§ 218 (Gequälte Menschen)"** von **Credé** aufgehoben, das auf den dem § 14 des Preußischen Polizeiverwaltungsgesetzes vom 11. 3. 1850 bzw. § 10 II 17 ALR. entsprechenden § 32 Thür. LVO. gestützt war. Es führte aus, daß zunächst weder der Inhalt des Stückes oder die Art seiner Darstellung gegen einen Strafrechtssatz verstoße; von einer Aufforderung zur Abtreibung könne keine Rede sein, auch nicht trotz der vielfach kräftigen Kaschemmensprache. In dem Stück sei von einer Aufreizung zum Klassenkampf keine Rede, auch die Tendenz des Stückes verstieße nicht gegen die öffentliche Ordnung, weil ernstlich aber die Abschaffung des § 218 StrGB. diskutiert werde. Schließlich liege auch in der Sprache und

Darstellungsweise des Stückes keine Gefährdung der öffentlichen Sicherheit auch nicht in der grauenerregenden Abtreibungsscene auf offener Bühne, zumal über 200 Aufführungen des Stückes gezeigt hätten, daß — mit Ausnahme der Stadt Worms — das Publikum an dieser Scene keinen Anstoß genommen hätte.

d) Auch heute kann die Polizei vom Theater-Unternehmer nicht die Einräumung einer Loge im ersten Rang mit 5 Plätzen zur Erfüllung polizeilicher Aufgaben verlangen, was schon nach früherem Polizeirecht unzulässig war. Wenn auch die Theaterzensur als solche durch Art. 118 Abs. 2 der Reichsverfassung von 1919 aufgehoben sei, so beziehe sich dies nur auf die **Vorzensur** als präventive polizeiliche Maßnahme, gleichwohl bleibe aber trotzdem für die Ortspolizeibehörde ein weites Gebiet nur im Theater selbst erfüllbarer Aufgaben gegenüber der öffentlichen Aufführung übrig; und zwar nicht nur gegenüber der äußeren Einrichtung des Theaterbetriebes, während der Vorstellung einschließlich der Pausen, sondern auch gegenüber dem Inhalt der aufgeführten Stücke und der Art und Wirkung der Aufführung. Diese Überwachung müsse durch geeignete Beamten erfolgen, deren Bestimmung den Polizeipräsidenten überlassen bleiben müsse. Die Überwachung der einzelnen Theater-Aufführungen durch die dazu bestimmten Polizeiorgane sei nur dann möglich, wenn diesen **ein angemessener** Platz im Theater dauernd zur Verfügung gestellt werde, der jedoch kein Logenplatz sein müsse. Unter ganz besonderen Umständen, etwa bei Hinzuziehung eines Sachverständigen wären 2 Plätze zu rechtfertigen. Die Polizei brauche aber auch keine Eintrittskarten an der Kasse zu lösen, weil sie den Zutritt nicht als Mitglied des Publikums verlange, sondern auf Grund eigenen Rechts.

Die Frage, ob der Theaterdirektion nach §§ 74, 75 der Einleitung zum Preußischen Allgemeinen Landrecht vom 5. 2. 1794 Entschädigung verlangen könne, wird vom OVG. nicht entschieden, sondern nur gestreift, da hierüber nur ein ordentliches Gericht zu entscheiden habe.

§ 74 Einleitung zum Allgemeinen Landrecht besagt:

„Einzelne Rechte und Vorteile der Mitglieder des Staates müssen den Rechten und Pflichten zur Beförderung des gemeinschaftlichen Wohles, wenn zwischen beiden ein wirklicher Widerspruch (Kollision) eintritt, nachstehen."

§ 75 a. a. O. regelt sodann für diesen Fall die sog. Aufopferungsklage und bestimmt:

„Dagegen ist der Staat denjenigen, welcher seine besonderen Rechte und Vorteile dem Wohle des gemeinen Wesens aufzuopfern genötigt wird, zu entschädigen gehalten."

Ersatzpflichtig ist hier nicht nur der Staat in seiner Allgemeinheit, sondern auch derjenige, in dessen Interesse der Eingriff erfolgt, was sowohl das Reich (RG 79 S. 433, 54 S. 202), der Staat, die Gemeinde oder auch eine Einzelperson sein kann.

Auch die §§ 74, 75 der Einleitung zum Allgemeinen Landrecht gelten heute noch.

e) Die Frage, ob die Polizei anordnen kann, daß die Damen in den Logen **ihre Hüte** abnehmen müssen, hat bereits OVG. 61 S. 332ff. verneint. Der Polizeipräsident Berlin hatte dieses Verbot damit begründet, daß durch das Aufbehalten der Hüte der Unwille der Theaterbesucher über die

Beeinträchtigung des Kunstgenusses erregt würde und zu beleidigenden Auseinandersetzungen führen könne, daß ferner die unbeteiligten, über die Ursache der Störung nicht aufgeklärten Zuschauer beunruhigt und veranlaßt werden könnten, das Theater in Aufregung zu verlassen. Das OVG. führt a. a. O. aus:

„Zuständen und Ereignisse, welche noch nicht vorliegen, sondern erst in der Folge erwartet werden, darf die Polizeibehörde nur dann durch den Erlaß polizeilicher Verfügungen begegnen, wenn für ihren künftigen Eintritt die Wahrscheinlichkeit spricht (OVG. 45 S. 340). Daran fehlt es hier. Die bloße Möglichkeit, daß das Versperren der Bühnenaussicht durch einen Hut zu erregtem Wortwechsel Veranlassung geben kann, ist nicht zu leugnen. Die Wahrscheinlichkeit aber, daß in jedem Falle des Aufbehaltens des Hutes in den hier fraglichen Logen Streitigkeiten entstehen und daß diese ferner zu einer Störung der öffentlichen Ruhe, Sicherheit und Ordnung ausarten werden, läßt sich nicht anerkennen. Dasselbe gilt von der Annahme, daß Angst und Schrecken eine Gefahr für die Theaterbesucher herbeiführen werden. Hier spricht der § 10 II 17 ALR. ausdrücklich von einer „bevorstehenden Gefahr", d. h. von einer, die bei Abwägung der in Betracht kommenden Umstände nach verständigem Ermessen zu gewärtigen ist. Nun ist die Möglichkeit, daß Geräusche, welche durch einen Streit über das Aufbehalten eines Hutes entstehen, falsch aufgefaßt werden und eine Beunruhigung der Theaterbesucher hervorrufen, nicht von vornherein auszuschließen. Die Voraussicht aber, daß in dieser Verbindung das Aufbehalten des Hutes eine Gefährdung der Theaterbesucher, namentlich ein allgemeines schleuniges Verlassen des Theaters und dadurch eine Gefahr für Leben und Gesundheit verursachen werde, ist durchaus fernliegend. Das vollends jeder einzelne, von dem streitigen Hutverbot betroffene Hut eine solche Gefahr herbeiführen werde, ist in hohem Maße unwahrscheinlich und daher nicht in Aussicht zu nehmen."

f) Kann die Polizei anordnen, daß der Theaterunternehmer eine ständige Feuerwehr im Theater bei den Aufführungen und Generalproben halten müsse, die der städtischen Feuerwehr zu entnehmen ist?

Das Preußische OVG. 86 S. 183ff. hat beide Fragen für das damalige Polizeirecht bejaht und dies folgendermaßen begründet:

„Die vorgeschriebene Maßnahme ist eine zulässige „notwendige Maßnahme" im Sinne des Polizeiverwaltungsgesetzes, weil die Ausstattung des Theaters mit Kulissen, Dekorationen, Garderoben usw. stets einen besonderen Gefahrenherd bildet. Die dadurch entstehenden Kosten eines für diese Zwecke nötigen beamteten Feuerwehrmannes muß der Unternehmer tragen, der zur Begleichung dieser Kosten von der Polizei auf dem im § 132 LVG. (jetzt § 55ff. PVG.) vorgesehenem Wege angehalten werden kann.

Voraussetzung für die Berechtigung einer solchen politischen Anordnung an den Unternehmer auf Bereitstellung eines beamteten Feuerwehrmannes bleibt aber, wenn eine amtliche Feuerwehr nicht durch Polizeiverordnung allgemein und unmittelbar vorgeschrieben ist, stets, daß im einzelnen konkreten Falle eine derartige polizeiliche Gefahr tatsachlich vorhanden ist, daß die Bereitstellung anderer Persönlichkeiten als eines beamteten Feuerwehrmannes zur Bedienung der Feuerlöschgerätschaften usw. als eine wirksame „nötige Anstalt" zur Bekampfung der Feuersgefahr nicht betrachtet werden kann."

Auch nach dem Reichstheatergesetz von 1934 § 9 Abs. 2 kann das gleiche angeordnet werden, da es sich um die Abwendung einer unmittelbaren Gefahr für die öffentliche Ordnung und Sicherheit handelt.

Nach OVG. 85 S. 183ff. kann übrigens auch die Gemeinde beschließen, auf Anfordern der Veranstalter von Theatervorstellungen, Konzerten usw.

Feuersicherheitswachen zu stellen und für die Benutzung derselben Gebühren gemäß § 4 des Kommunalabgabengesetzes zu erheben.

g) Verübt jemand „ruhestörenden Lärm" im Sinne des § 360 Ziff. 11 StrGB, wenn er im Theater sein Mißfallen durch lautes Pfeifen, Zischen oder gar Posauneblasen äußert?[1]) Daß an sich auch im Theater ruhestörender Lärm verübt werden kann, wenn jemand z. B. beim Schluß von „Tristan und Isolde" laut mitsingt, ist nicht zu bezweifeln. Es fragt sich jedoch, im übrigen, ob die Äußerung des Mißfallens (wie des Beifalls) rechtswidrig ist. Daß nach einem Aktschluß Beifall und Mißfallen von den Theaterbesuchern geäußert wird, entspricht allgemeiner Sitte und entbehrt daher der Rechtswidrigkeit. Anders ist dies aber, wenn diese Äußerungen bei offener Scene erfolgen. Auch hier wird man noch von mangelnder Rechtswidrigkeit sprechen können, wenn ein prominenter Sänger eine „Bravourleistung" hinter sich hat und nach dieser spontaner Beifall gespendet wird, während das Orchester weiter spielt. Anders ist dies jedoch bei Mißfallensäußerungen mitten in der Aufführung. Hier wird das Theaterpublikum zum größten Teil beunruhigt und belästigt und deshalb die öffentliche Ordnung gestört. Es fragt sich jedoch, ob die Rechtswidrigkeit durch das Vorliegen von „Notwehr" (§ 53 StrGB.) ausgeschlossen wird. Hierzu hat das OLG. Dresden in der JW. 1925 S. 1025, 6 folgendes ausgeführt:

„Kundgebungen des Mißfallens gegenüber Theateraufführungen sind strafrechtlich frei, soweit sie in den Grenzen des Rechts bleiben. Im vorliegenden Falle ist der Vorderrichter vom Rechte der Notwehr ausgegangen. Notwehr ist die Verteidigung, die erforderlich ist, um einen gegenwärtigen rechtswidrigen Angriff von sich oder einem anderen abzuwehren. Ihre Bestimmung, alle rechtlich geschützten Güter, und darunter auch die Ehre, gegen derartige Angriffe zu schützen, ist so gut wie allgemein anerkannt. Streitig ist dagegen, ob und inwieweit das Gleiche von rechtlich nicht geschützten Gütern zu gelten hat."

Das letztere ist in Rechtssprechung und Wissenschaft bejaht worden bezüglich der Keuschheit sowie des sittlichen und religiösen Gefühls. Der Senat ist dem beigetreten und rechnet zu diesen ideellen Gütern auch das von der Parteistellung und der Stellung zum Staate und zur Staatsform unabhängige edle und jedes Schutzes würdige Gefühl der Vaterlandsliebe.

Das Amtsgericht hat festgestellt, daß sich die Angeklagten insbesondere in jenen beiden Scenen in ihrer persönlichen Ehre und in ihrem vaterländischen Empfinden verletzt gefühlt und weitere Angriffe erwartet haben. Ob seine Annahme eines Angriffs auf die persönliche Ehre rechtlich haltbar ist, kann unerörtert bleiben, denn sie ist zum mindesten hinsichtlich des von ihm angenommenen Angriffs auf das vaterländische Gefühl und Empfinden der Angeklagten nach dem oben ausgeführten rechtlich bedenkenfrei.

Danach haben die Angeklagten zur Abwehr von Angriffen gehandelt und zwar von gegenwärtigen Angriffen, in der Budenscene gegen einen wirklich erfolgten, in der Krüppelscene gegen einen mindestens vermeintlichen solchen.

---

[1]) Die Angeklagten hatten im staatlichen Schauspielhaus zu D. eine Aufführung der Tragödie „Hinkemann" von Toller dadurch gestört, daß sie während der Krüppelszene die Nationalhymne sangen und während der Budenszene der Angeklagte K. auf einem Schlüssel gepfiffen hatte. Wegen dieses Pfeifens wurde K. vom Amtsgericht zu Strafe verurteilt, während die übrigen Angeklagten freigesprochen wurden.

Den ersteren hat das Amtsgericht als einen in Anbetracht der von ihm darin gefundenen „unerhörten Beleidigungen" rechtswidrigen angesehen, während es bezüglich des letzteren als glaubhaft angesehen hat, das zum mindesten er von den Angeklagten für rechtswidrig gehalten worden ist. Alles das liegt auf dem Gebiete rein tatsächlicher Würdigung.

Damit war die Notwehr-Voraussetzung bzw. der Budenscene nach § 53 StrGB und hinsichtlich der Krüppelscene nach derselben Bestimmung oder doch nach §§ 53, 59 StrGB gegeben. Daß die Angeklagten die Ruhe und Würde des Theaters sowie unbeteiligte Dritte in deren Rechten auf ungestörte Darbietung des Schauspiels beeinträchtigt haben, war nach der aus den getroffenen Feststellungen sich ergebenden Sachlage unvermeidbar und steht deshalb der Annahme der Notwehr nicht entgegen. Daß aber die Angeklagten etwa auf ihre Verteidigung gegen die Angriffe hätten verzichten und, wenn auch unter Verwahrung gegen diese, das Theater hätten verlassen sollen, war ihnen nicht zuzumuten; denn § 53 StrGB berechtigt gerade zur Verteidigung an Stelle einer bloßen Verwahrung oder gar Flucht.

Die Annahme des Amtsgerichts, daß die Angeklagten mit dem Singen des Deutschlandliedes die Grenzen des zur Abwehr Erforderlichen inne gehalten haben, der Angeklagte K. aber durch das Schlüsselpfeifen diese Grenze überschritten hat, liegt im wesentlichen auf dem Gebiete der Tatsachenwürdigung und läßt keinen Einfluß rechtlichen Irrtums erkennen. Nur ist darauf hinzuweisen, daß die Überschreitung der Notwehr nicht lediglich mit der Würde des Theaters begründet werden kann, weil dafür der Ort des Angriffs, wie der Verteidigung ohne Bedeutung ist. (vgl. VGL. RGStrafs. 21 S. 168.)

Die Verurteilung wegen ungebührlicher Erregung ruhestörenden Lärms erfordert aber nach der herrschenden, auch vom Senate vertretenen Meinung die Feststellung des Vorsatzes und insbesondere auch des Vorsatzes der Ungebührlichkeit und Lärmerregung. Da in dieser Richtung trotz der den Feststellungen entsprechenden Sachlage sowie der Verteidigung der Angeklagten und zumal auch trotz des Umstandes, daß ihre Abwehrmittel den Fortgang der Aufführung nicht gehindert hatten, also erfolglos geblieben waren, das angefochtene Urteil jede Feststellung vermissen läßt, ist der gesetzliche Tatbestand von § 360 Ziff. 11 StrGB gegen den Angeklagten K. nicht erfüllt. Ob die hierzu erforderlichen weiteren Feststellungen zu treffen sind, ist Sache des Strafrichters. Im vorliegenden Falle fragt es sich, ob die Kundgebungen des Mißfallens „in den Grenzen des Rechts" bleiben. Sofern nach Aktschluß auf dem **Hausschlüssel** gepfiffen wurde, wird dagegen nicht zu erinnern sein, da die heutigen Zeiten nicht mehr so zartfühlend sind wie früher; bezüglich der Posaune liegt eine „erhebliche Grenzüberschreitung" vor. Erst recht muß letzteres gelten, wenn die Posaunenklänge in die Vorstellung hineintönen. Auch der **Vorsatz** des „ungebührlicherweise" erregten ruhestörenden Lärms dürfte unschwer festzustellen sein. Wenn A. dagegen **während der Vorstellung** wegen des Angriffs auf seine Keuschheit und sein sittliches und religiöses Gefühl, der unzweifelhaft vorliegt, so wird man auch dies nicht mehr als „in den Grenzen des Rechts" bleibend anerkennen können. Es ist jedoch Sache **tatsächlicher** Würdigung des Instanzrichters festzustellen, ob sich der **Vorsatz** des A. auf den Begriff der „Ungebührlichkeit" seines Lärmens erstreckt hat. Irrte A. hierüber, so ist er nach § 59 StrGB wegen Irrtums über einen Tatumstand, welcher zum gesetzlichen Tatbestand gehört, freizusprechen.

h) Der Kritiker K. hat eine vernichtende **Kritik** über die Theateraufführung verfaßt. Der Theaterunternehmer untersagt ihm den weiteren Zutritt zum Theater.

aa) Ist er hierzu befugt?

bb) Macht es einen Unterschied, wenn es sich um ein städtisches Theaterunternehmen handelt?

cc) Kann K. gegebenenfalls Schadensersatz verlangen?

Zu aa) **Nach dem Grundsatz der Vertragsfreiheit** steht es jedem frei, Verträge abzuschließen, oder den Abschluß solcher mit ihm nicht genehmen Personen abzulehnen (Art. 152 der Reichsverfassung 1919). Die bloße Ankündigung einer Theatervorstellung ist noch keine Offerte, sondern ebenso wie sonstige an die Allgemeinheit ergehende Ankündigungen und Zusendung von Preislisten lediglich eine unverbindliche Bereiterklärung, Theaterbesuchsverträge abzuschließen. (RG 133 S. 391.) Ein Kontrahierungszwang besteht nur ausnahmsweise, z. B. für Eisenbahn (§§ 453, 473 HGB), die Reichspost (§ 3 des RPG. vom 28. 10. 1871), die Telegrafenanstalten (§ 5 Reichstelegr.-G. vom 6. 4. 1892).

Eine Ausnahme hat die Rechtssprechung ferner in denjenigen Fällen gemacht, in denen jemand — auch ein Privatunternehmer — nicht nur eine rechtliche, sondern auch nur eine tatsächliche Monopolstellung einnimmt[1]). Eine solche könnte für den Theaterunternehmer dann in Frage kommen, wenn er das einzige Theater in der Stadt besitzt, ob aber dann für die Anwendung des § 826 BGB — aus dem zwar kein Anspruch auf Zulassung, wohl aber auf Schadensersatz bei **unbegründeter** Nichtzulassung — Raum ist, richtet sich nach der Lage des Einzelfalles. So RG Z, S. 391

„Allerdings ist in der Rechtsprechung des Reichsgerichts anerkannt, daß der Mißbrauch einer rechtlichen oder tatsächlichen Monopolstellung, insbesondere die Weigerung eines in solcher Vorzugsstellung befindlichen Unternehmens, zu den allgemeinen und angemessenen Bedingungen Verträge abzuschließen, eine gegen die guten Sitten verstoßende Handlung darstellen und zur Schadensersatzpflicht führen kann, . . . Verpflichtungen aus dem Mißbrauch einer Monopolstellung können aber nur auf der rechtlichen Grundlage des § 826 BGB entstehen. Ob Raum für die Anwendung dieser Bestimmung ist, richtet sich ganz nach der Lage des Einzelfalles. Ein allgemeiner Satz des Inhalts, daß Unternehmer in Monopolstellung einem Abschlußzwang unterlägen, ist nicht aufzustellen. Das wurde dem schon hervorgehobenen gesetzlichen Grundsatz der Vertragsfreiheit widersprechen."

Nach diesem Grundsatz des Reichsgerichts wäre also zunächst festzustellen, ob T. das einzige Theater in der Stadt besitzt und ob im Einzelfall ein Mißbrauch dieser Stellung vorliegt. Davon kann dann keine Rede sein, wenn T. keinen Druck auf K. ausüben wollte, um unsachliche Kritiken zu erhalten, sondern lediglich eine Schädigung des Theaters und seines Besuches durch Kritiken vermeiden wollte, die er, T. für unsachlich, unrichtig und schädigend hielt. Hier würde T. zum Schutze eigener berechtigter Interessen gehandelt und auch triftige Gründe für sein Verbot gehabt haben, sodaß von einem Mißbrauch einer Monopolstellung keine Rede sein könnte (RG 133 S. 392).

---

[1]) Vgl. Biermann, Rechtszwang zum Kontrahieren in Iherings Jahrb. Bd. 32 S. 286ff.; Opet, Theaterrecht 1897 S. 256ff., RGZ. 48 S. 114, 62 S. 264, 79 S. 229, 99 S. 107, 103 S. 82, 106 S. 386, 115 S. 258, 132 S. 276.

Zu bb) Wenn es sich um ein **städtisches** Theaterunternehmen handelt, so ist die Rechtslage im Ergebnis grundsätzlich keine andere RG 133 S. 388ff.[1]). Es führt in seiner sehr interessanten Entscheidung hierzu folgendes aus:

„Durch den ‚Verkauf‘ der Theatereintrittskarte schließt der Theaterunternehmer einen Werkvertrag des Inhalts ab, daß er dem berechtigten Inhaber der Karte den Besuch der Vorstellung gestatten und ihm das Spiel vorführen werde. Der Kläger wäre aber beim Besuch der Vorstellungen am 15. und 18. 7. 1928 nicht berechtigter Inhaber der Eintrittskarten gewesen und er könnte dies auch in Zukunft nicht mehr sein, wenn die Beklagte berechtigt wäre, ihm den Eintritt in ihr Stadttheater zu untersagen. Dann könnte sich die Beklagte ihm gegenüber, auch wenn er im Besitze einer Eintrittskarte wäre, auf ihre Erklärung berufen, daß sie mit ihm keinen Vertrag abschließen wolle (§§ 807, 796 BGB).

Das Berufs-G. nimmt den der Beklagten günstigen Standpunkt ein, daß diese grundsätzlich frei darüber zu bestimmen habe, mit wem sie einen Theaterbesuchsvertrag abschließen wolle, daß also — abgesehen von etwaiger Anwendung des § 826 BGB — ein Abschlußzwang, auch für städtische Theater zu verneinen sei. Dem ist, entgegen der Ansicht der Revision, beizutreten. Für die Frage, ob ein solcher rechtlicher Zwang besteht, ist, wie das Landgericht zutreffend ausführt, davon auszugehen, daß unser Recht vom Grundsatz der Vertragsfreiheit beherrscht ist (Art. 152 RVerf.) und daß ein Zwang besonderer gesetzlicher Grundlage bedarf.

Man hat einen Abschlußzwang für Theaterunternehmungen, die von öffentlich-rechtlichen Körperschaften betrieben werden, daraus entnehmen wollen, daß sie, aus öffentlichen Mitteln unterhalten und für das Gesamtpublikum bestimmt, ‚publizistische Anstalten‘ seien (Dernburg, Preußisches Privatrecht 1897 Bd. 2 S. 10; Opet, Theaterrecht 1897 S. 254ff.). Die öffentlich-rechtliche Körperschaft untersteht aber für ein solches Unter-

---

[1]) Der Kläger hatte die Aufführungen des Städtischen Theaters in Groß-Berlin abfällig kritisiert. Daher teilte ihm die Stadtverwaltung telefonisch mit, daß ihm der Zutritt zum Theater untersagt werde. Trotzdem besuchte der Kläger die am Abend dieses Tages (15. Juli 1928) veranstaltete Aufführung mit einer Eintrittskarte, die er sich nach Empfang der Mitteilung für 6 RM hatte besorgen lassen. Vor Schluß der Vorstellung wurde er durch ein Mitglied der Theaterleitung unter Zuziehung eines Polizeioffiziers aus dem Theater gewiesen. Dies wiederholte sich bei der Aufführung am 18. Juli 1928, zu der er sich ebenfalls eine Karte besorgt hatte. Er klagte nunmehr auf Verurteilung der beklagten Stadtgemeinde zur Erstattung des Preises der beiden Eintrittskarten (12 RM), ferner auf Feststellung, daß die Beklagte verpflichtet sei, ihm auf gültige Eintrittskarten hin Einlaß in die Vorstellungen zu gewähren, schließlich auf Feststellung, daß ihm die Beklagte allen Schaden zu ersetzen habe, der ihm durch die gewaltsame Entfernung aus den Aufführungen am 15. und 18. 7. 1928 entstanden sei. Er trug vor, daß ein städtisches Theaterunternehmen, zumal wenn es unter Zuschuß öffentlicher Mittel betrieben werde, jeden zum Besuch zulassen müsse. Die Beklagte habe durch ihr Vorgehen auch gegen die guten Sitten verstoßen, indem sie ungerechtfertigt in die Pressefreiheit und in die Ausübung seines Kritikerberufes eingegriffen habe. Die Beklagte leugnete das Bestehen eines Abschlußzwanges, zumal sie guten Grund gehabt habe, dem Kläger den Eintritt zu verwehren. Seine Kritiken seien zuerst lobend gewesen, dann aber unsachlich höhnisch und absprechend geworden, was darauf zurückzuführen sei, daß ihm die Stadtverwaltung eine geldliche Unterstützung seines Zeitungsunternehmens verweigert habe. Der Kläger erwiderte, seine gerechten Kritiken seien nur rein sachlichen Gründen entsprungen. Das Landgericht Bochum wies die Klage auf Zahlung von 12 RM ab, gab ihr aber im übrigen statt. Das OLG. Hamm wies auf die Berufung der Beklagten die Klage gänzlich ab und die Anschlußberufung des Klägers zurück. Seine Revision blieb ohne Erfolg.

nehmen der Privatrechtsordnung, die für solchen Fall keine den Eigentümer und Werkunternehmer zum Vertragsschluß gegen seinen Willen zwingende Vorschriften kennt, wie sie z. B. für die Eisenbahnen . . ., die Reichspost . . ., die Telegraphenanstalten . . . gegeben sind. Die eben erwähnten Vorschriften sind nicht Ausdruck eines allgemeinen Grundsatzes, daß etwa Anstalten, welche ihre Dienste dem gesamten Publikum anbieten und zu diesem Berufe konzessioniert sind, den Abschluß ihrer Geschäfte nicht willkürlich, sondern nur aus guten Gründen verweigern dürfen (so Dernburg a. a. O.); sie sind vielmehr Ausnahmevorschriften zum Grundsatz der Vertragsfreiheit. Wie weit diese Bestimmung des § 826 BGB zu einem anderen Ergebnis führen kann, ist später zu erörtern. Eine verwaltungsrechtlich erteilte Konzession kann nur dann zur Annahme eines Abschlußzwanges führen, wenn sie eine entsprechende Auflage enthält, was aber für das Theaterunternehmen der Beklagten nicht der Fall ist. Die Verwendung öffentlicher Mittel für solche Zwecke kann zu einer öffentlich-rechtlichen Verantwortlichkeit der städtischen Behörden für richtigen Gebrauch des Unternehmens führen, sie bewirkt aber keine Abänderung der hier anzuwendenden Privatrechtsbestimmungen."

Das Reichsgericht geht dann auf den **Mißbrauch einer rechtlichen oder tatsächlichen Monopolstellung ein.** Es kann hierfür auf die Ausführungen zu 7a verwiesen werden. Dann führt es a. a. O. S. 392 fort:

„Eine Schranke für die Ausübung der grundsätzlich bestehenden Vertragsfreiheit der Beklagten ist aber durch die Vorschrift des § 826 BGB gesetzt, nach der die vorsätzliche gegen die guten Sitten verstoßende Schädigung eines anderen schadensersatzpflichtig macht. Als hiergegen verstoßend und daher rechtswidrig könnte es z. B. angesehen werden, wenn eine Stadtverwaltung den Abschluß von Theaterbesuchsverträgen aus willkürlichen oder offensichtlich nichtssagenden Gründen verweigern wollte. § 826 bietet eine Handhabe, unparteiischer Berichterstattung und sachlicher Kritik den nötigen Schutz zu gewähren. Einem Kritiker gegenüber könnte die Verweigerung des Abschlusses eines Theaterbesuchsvertrages gerade dann verwerflich sein, wenn der Unternehmer damit bezwecken würde, sachliche Kritiken zu hindern oder unsachliche Kritiken zu erzielen und so die freie Meinungsäußerung der Theaterkritik zu erschweren oder zu unterbinden.

Um die Ausschließung als rechtswidrig und als unter § 826 BGB fallend zu kennzeichnen, müßte indeß der Kläger darlegen, daß die Beklagte willkürlich oder leichtfertig oder mit den eben als verwerflich bezeichneten Zielen gehandelt habe. Dafür ist aber nach den tatsächlichen Feststellungen des Berufungsgerichts in diesem Fall kein Raum. Dort ist gesagt, nach den Darlegungen der Parteien habe die Beklagte das Verbot nicht aus Willkür ausgesprochen, sondern weil sie sich durch die veränderte kritische Stellungnahme des Klägers benachteiligt fühle. Sie habe auf den Kläger keinen Druck ausüben wollen, um unsachliche Kritiken zu erhalten, sondern lediglich eine Schädigung ihres Theaters durch seine Kritik vermeiden wollen, die sie für unsachlich, unrichtig und schädigend gehalten habe. So habe sie zum Schutze ihrer eigenen berechtigten Belange gehandelt und auch gewichtige Gründe für ihr Vorgehen gehabt.

In diesen Ausführungen sind unangreifbare tatsächliche Feststellungen enthalten. Aus ihnen ergibt sich, daß der Vorderrichter die Frage des Verstoßes gegen § 826 BGB nicht, wie die Revision meint, nach rein subjektiven Gesichtspunkten geprüft hat, sondern daß er annimmt, die Beklagte habe gewichtige Gründe für ihr Vorgehen, also nachprüfbare Unterlagen gehabt, die eben die Annahme der Willkür und Leichtfertigkeit ausschlössen. Das Beruf.-G. verneint auch ausdrücklich den Beweggrund unzulässiger Beeinflussung der Kritik. Deswegen kann die Verweigerung des Vertragsschlusses in diesem Falle nicht als unsittliche Schädigung des Klägers angesehen werden."

Vgl. auch RG JW. 1926 S. 2443 (über die Frage, ob ein Stadttheater sich weigern darf, einem Kritiker Eintrittskarten zu verkaufen, ist im ordentlichen Rechtsweg zu entscheiden).

i) Der Besucher X. hat sich beim Niedersetzen auf den Stuhl im Theater durch einen in diesem befindlichen Nagel das Hinterteil verletzt. Kann er vom Theaterunternehmer (T.) Schadenseratz verlangen?

Der **Theaterbesuchsvertrag** ist ein Werkvertrag[1]), der in der Regel durch Kauf einer Eintrittskarte, die eine Inhaberschuldverschreibung im Sinne des § 793 BGB ist, abgeschlossen wird. Die Überlassung eines bestimmten Platzes stellt sich regelmäßig als eine **Nebenleistung** des Theaterunternehmers und nur ganz ausnahmsweise als eine besondere Platzmiete dar, so daß § 538 BGB als Grundlage für einen Schadensersatz-

---

[1]) Kann der Inhaber eines Theaterbilletts bei nicht angekündigtem Wechsel der Rollenbesetzung das Eintrittsgeld zurückfordern? Das Landgericht III in Berlin hat die Frage mit folgender Begründung bejaht:

„Überall da, wo bei Ensemblevorstellungen die Persönlichkeit eines einzelnen Darstellers durch seine Kunst vor den übrigen hervortritt und für die Wertung der Gesamtwirkung derart entscheidend mitwirkt, daß gerade sein Auftreten das Publikum zum Besuche des Theaters bestimmt, muß die Frage seines Auftretens in gleicher Weise beurteilt werden, wie bei Gastspielen bezüglich des gastierenden Künstlers. In beiden Fällen ist das Auftreten des einzelnen Künstlers dasjenige, was das Hauptinteresse des Publikums an der Vorstellung ausmacht und deshalb ist gleichzeitig ihr Auftreten als ein wesentlicher Bestandteil der Vorstellung zu erachten, für dessen Gewährung der Unternehmer vertragsmäßig einzustehen hat. Dabei ist naturgemäß zwischen Aufführungen wirklicher Kunstwerke und leichter Zugstücke zu unterscheiden. Bei ersteren bestimmt das Werk des Dichters oder Komponisten durch seinen inneren Gehalt derart seinen Eindruck auf die Besucher, daß die einzelne Rolle des Darstellers, auch wenn sie besonders ins Gewicht fällt und durch einen besonderen Darsteller ausgeführt wird, für den Gesamteindruck der Vorstellung regelmäßig nicht ausschlaggebend ist. Dagegen tritt bei so leichten Stücken, wie es die hier in Rede stehende Vorstellung ist, die im wesentlichen dem Vergnügen des Publikums dienen und auf seinen jeweiligen Zeitgeschmack abgestellt sind, die einzelne Darstellung als das Überwiegende hervor. Gerade eine große Anzahl von Berliner Zugstücken ist dies lediglich, weil einzelne Darsteller hier so populär sind, daß das Publikum das Stück nur besucht, um sie in ihrer neuen Rolle zu sehen. Und zu den populärsten Darstellerinnen eines gewissen Berliner Humors gehört die Schauspielerin Cläre Waldorf. Es kann deshalb nicht als bloße persönliche Liebhaberei des Klägers bezeichnet werden, wenn er und seine Bekannten gerade auf ihr Auftreten den wesentlichsten Wert legten, sondern das Verlangen stimmt mit dem überein, was das hiesige Publikum nach der Verkehrsanschauung von dem Beklagten zu fordern berechtigt war. Unerheblich ist, ob die beklagte Direktion für den Rollentausch verantwortlich oder ob dieser infolge plötzlicher Erkrankung der Schauspielerin W. notwendig geworden ist. Unerheblich ist auch, ob die beklagte Direktion den Rollenwechsel abends durch Aushang an der Kasse bekannt gemacht hat. Der Kläger hatte die Billetts bereits am Vormittage gekauft und damit ein Anrecht auf die Vorstellung unter Mitwirkung der W. erworben. Ihr Nichtauftreten gestaltete die Aufführung für ihn zu einer mangelhaften und daher ist sein Anspruch auf Rückerstattung des Eintrittsgeldes berechtigt" (JW. 1921 S. 418). In der Kritik zu dieser Entscheidung weist Opet zutreffend darauf hin, daß der Rollentausch in einem ernsten Kunstwerk ebenso zu beurteilen sei, wie bei einem leichten Zugstück. Wem es ausschließlich darauf ankam, gerade Wegener als Holofernes zu sehen, dem bedeute eine Aufführung mit einem anderen Darsteller des Holofernes keine Vertragserfüllung. Man müsse deshalb auf die Bedeutung der Rolle innerhalb des Stückes und nicht auf dessen literarische Bedeutung bei der rechtlichen Wertung des Rollentausches Rücksicht nehmen. Natürlich kämen nur führende Rollen in Frage. Vgl. hierzu Schreiber. Die Abänderung einer Theatervorstellung, Österr. AllgGerZ. 42 S. 10.

anspruch ausscheidet (RGRK. § 631 Ziff. 1). Gleichwohl wird man eine **Vertragshaftung** aus §§ 276, 278, 249 BGB seitens des Unternehmers annehmen müssen, da dieser — ebenso wie der Schankwirt — vertraglich verpflichtet sein muß, das Theater in einem solchen Zustand zu halten, daß die Besucher nicht zu Schaden kommen. (Bezüglich des Schankwirts vgl. Mohn, Klausurarbeiten 3. Aufl. S. 107ff. Anm. 1). Was die **Beweislast** betrifft, so hätte an sich der Theaterbesucher das **Verschulden** des Unternehmers in bezug auf die mangelhafte Instandhaltung zu beweisen. Das kann er natürlich meist nicht. Nach der Lehre vom „Beweis des ersten Anscheins" (RG 132 S. 388) auch **„Anscheinsbeweis"** (RG JW. 1932 S. 107), oder („prima-facie"-Beweis genannt) muß sich der Unternehmer entschulden, wenn der Kläger ein derartiges äußeres Zusammentreffen von Tatsachen nachweist, das nach den durch die Erfahrung erkannten gewöhnlichen Grenzen der Dinge einen Schluß darauf rechtfertigt, daß sie zueinander im Verhältnis von Ursache und Wirkung stehen (RG JW. 1915 S. 245, 95 S. 69). Es handelt sich hierbei, wie RG 134 S. 241 Abs. 2 zutreffend ausführt, **nicht** um eine **Umkehr** der Beweislast, was man früher annahm:

„Unter Verteilung der Beweislast stellt man sich Rechtssätze vor, welche die Beweislast der einen oder anderen Partei auferlegen. Es trifft auch nicht zu, daß die vom Beruf.-G. herangezogenen Erfahrungssätze und der ihm unterstellte typische Geschehens-Ablauf eine Vermutung in dem Sinne begründeten, daß nun der andere Teil die Vermutung widerlegen müßte, sondern der Beweis des ersten Anscheins gehört lediglich dem Gebiet der richterlichen Beweiswürdigung an. Durch ihn kann der Tatrichter unter Umständen genötigt sein, aus einem Gesamtsachverhalt Schlüsse zugunsten einer Partei zu ziehen, die vornehmlich auf dem Gebiete des Ursachenzusammenhangs und des Verschuldens liegen werden. Diese Schlüsse, wiewohl sie auf tatsächliche Vermutungen beruhen, dürfen aber nicht selbst Vermutungen sein, sondern sie müssen den Ausdruck der tatrichterlichen Überzeugung darstellen. Denn der Beweis des ersten Anscheins kann sich nicht mit einer Wahrscheinlichkeit begnügen; auch er muß zu einer richterlichen Feststellung führen. Sache der Partei, zu deren Ungunsten der Beweis des ersten Anscheins ausschlägt, ist es dann, einen Sachverhalt aufzuweisen, der die richterliche Überzeugung zwar nicht umkehrt, wohl aber zu erschüttern geeignet ist. Schon wenn letzteres der Fall ist, fällt der Beweis des ersten Anscheins zusammen und ist die durch ihn begünstigte Partei genötigt, die Beweisführung von neuem zu übernehmen."

Vgl. ferner RG JW. 1932 S. 1736 mit Kritik von Rosenberg, der zutreffend darauf hinweist, daß der „Beweis des ersten Anscheins" ein **Indizienbeweis** sei, der die Grundlage der richterlichen Schlußfolgerung bilde, aber positiv feststehen müsse, und keine bloße Vermutung sein dürfe.

k) Z. hat für sich und seine Frau eine Eintrittskarte gelöst. Um rechtzeitig zur Vorstellung zu gelangen, muß er sich ein Auto nehmen. Nach dem ersten Akt stirbt der Hauptdarsteller. Die Vorstellung wird abgebrochen. Kann Z. Rückzahlung des Eintritts- und Garderobengeldes sowie der Autokosten verlangen?

Wenn Z. zwei Eintrittskarten für das Theater gelöst hat, so hat er zwei Werkverträge[1]) mit dem Unternehmer abgeschlossen, da anzunehmen ist, daß mit dem Kauf jeder Eintrittskarte ein selbständiger Vertrag geschlossen wird. Der zweite Vertrag ist zugleich zugunsten der Ehefrau

[1]) RG 59 S. 22.

abgeschlossen (§ 328 BGB). Wenn jetzt nach dem ersten Akt die Vorstellung infolge des Todes des Hauptdarstellers abgebrochen wird, so wird das Werk, d. h. die Aufführung zum Teil nicht rechtzeitig hergestellt und Z. und seine Frau haben die im § 636 Abs. 1 BGB geregelten Ansprüche mit der Maßgabe, daß an Stelle des Wandlungsanspruchs das Recht des Bestellers tritt, gemäß § 327 BGB vom **ganzen** Vertrage zurückzutreten, da aus dem im § 325 Abs. 1 Satz 2 enthaltenen Prinzip zu entnehmen ist, daß bei teilweiser nicht rechtzeitiger Herstellung der Rücktritt vom **ganzen** Vertrage dann zulässig sein muß, wenn die teilweise Erfüllung desselben für den Zurücktretenden kein Interesse hat. Dies ist aber bei einer Theatervorstellung anzunehmen, die man nur als Ganzes genießen will. Hiernach könnte Z. zunächst das Eintrittsgeld für beide Karten zurückfordern, für die Frau beim gesetzlichen Güterstand nach § 1380 BGB zugleich im eigenen Namen[1]).

Wegen der **Autokosten,** die Z. aufwenden mußte, um rechtzeitig zur Vorstellung zu gelangen, kann er sich nur dann an den Unternehmer halten, wenn **Verzug** desselben mit der geschuldeten Leistung vorlag (§ 636 Abs. 1 Satz 2 BGB). **Schuldnerverzug** setzt aber **schuldhaftes** Verzögern der Leistung voraus. (§§ 285, 276.) Zwar hätte es keiner Mahnung und Fristsetzung gemäß § 284 Abs. 1 Satz 1 BGB bedurft, weil ja die Zeit der Leistung durch Anschlag auf bestimmte Stunden fetsgesetzt ist, mithin dieselbe nach dem Kalender und der Uhr bestimmt ist. (§ 284 Abs. 2 Satz 1 BGB.) Gleichwohl kann aber von einem Verschulden nicht gesprochen werden, wenn **sittliche** Gründe die Fortführung der Aufführung verbieten, selbst wenn ein „Ersatzmann" zur Stelle sein sollte, Es entspricht den Grundsätzen aller Gesittung, daß das Theater aufhört, wenn der Tod in die Schranken tritt, wenigstens dann, wenn es sich um den Tod eines Hauptdarstellers handelt. So hat auch die Praxis ein mitwirkendes **Verschulden** im Sinne des § 254 BGB, in den Fällen abgelehnt, in denen sich jemand bewußt in eine Gefahr begab, um das Leben anderer zu retten (RG JW. 1902 S. 136). Mithin kann Z. Ersatz für seine Autokosten nicht von T. verlangen.

Was das **Garderobengeld** betrifft, so dürfte es keinen Unterschied machen, ob der entgeltliche **Verwahrungsvertrag** mit dem Theaterunternehmer selbst durch seine Angestellten als Vertreter oder mit einem selbstständigen Pächter abgeschlossen wurde. Aus § 699 Abs. 2 BGB ergibt sich, daß der Verwahrer bei **vorzeitiger** Beendigung der Verwahrung trotzdem die **ganze** vereinbarte Vergütung verlangen kann, denn dies folgt in solchem Falle aus der stillschweigenden Vereinbarung von selbst. Wer vorzeitig das Theater verläßt, bekommt naturgemäß nichts zurück.

1) An wen muß sich Z. halten, wenn der **Pelzmantel** seiner Frau an der **Garderobe vertauscht** worden ist?

Durch den mit den Theaterunternehmer selbst vermittels dessen Angestellten oder mit dem selbständigen Garderobenpächter gleichzeitig zugunsten der Frau abgeschlossenen entgeltlichen Verwahrungsvertrag wurde der Verwahrer, der bei der zu unterstellenden entgeltlichen Verwahrung nach §§ 276, 278 BGB für Vorsatz und Fahrlässigkeit auch seiner Erfüllungsgehilfen — der Garderobenfrauen — haftet, zur Rückgabe des Pelzmantels der Frau Z. verpflichtet. Ist der Verwahrer hierzu nicht in

[1]) Wegen der Formulierung des Antrages vgl. Mohn, Klausur-Arbeiten, 3. Aufl., S. 200.

der Lage, so haftet er nach den Grundsätzen für zu **vertretende** Unmöglichkeit nach §§ 280, 282 BGB, wobei sich der Schuldner entschulden muß. (§ 282 BGB.)

Die Klage auf Schadensersatz kann nach der Ansicht des Kammergerichts sowohl (DJZ. 1919 S. 941) wie des Reichsgerichts (RG 97 S. 196) in **jedem** Falle gegen den Theaterunternehmer gerichtet werden, auch wenn dieser die Garderobe **verpachtet** hatte, weil der Theaterbesucher von dem Verhältnis des Garderobenhalters zum Theaterunternehmer aller Regel nach nichts weiß (so RG a. a. O.) bzw. weil die Angestellten des Pächters zugleich Erfüllungsgehilfen des Theaterunternehmers sind, da die Theaterbesucher auf Grund des Kaufes eines Theaterbilletts das Recht erwerben, während der Vorstellung die Garderobe abzugeben.

Über die Verpflichtung des Unternehmers, Vorsorge gegen Fälschung der von ihm ausgegebenen Garderobenmarken zu treffen vgl. RG. 113 S. 425 und bezüglich der Haftungsbeschränkung desselben RG 113 S. 426,7 (unwirksam bei bloßem Aufdruck der Garderobenmarken, wirksam bei sofort in die Augen fallenden Anschlägen, wobei dann das Nichtlesen im Einzelfalle ohne Bedeutung ist.)

m) Hat Z. Schadensersatzansprüche, wenn er in der Pause versehentlich die **Damentoilette** aufsucht, infolge unzureichender Beleuchtung fünf Stufen hinunterstürzt und sich das Bein verstaucht?

Zu diesem Unfall in der Damentiolette kann man Z. nur die innigste Teilnahme aussprechen, denn er wird keinen Schadensersatzanspruch gegen T. geltend machen können, obwohl an sich der Theaterunternehmer ebenso wie der Schankwirt für die Verkehrssicherheit aller für das Publikum bestimmten Räume und Nebenräume nach §§ 276, 278 BGB, einzustehen hat. So hat auch das RG 87 S. 128, 9 den Schadensersatzanspruch des Klägers, der im Lokal die zum „Damen-Abort" führende Treppe hinuntergefallen war, mit folgender Begründung abgelehnt[1]).

„Der Beklagte hatte den Kläger als Gast in seine Wirtschaft aufgenommen und war deshalb verpflichtet, dafür zu sorgen, daß er sich in den Wirtschaftsräumen ungefährdet bewegen könne. Diese Verpflichtung beschränkt sich aber in der Regel auf diejenigen Räume, die zur Benutzung des Gastes bestimmt sind. Der Kläger verunglückte, als er den „Damen-Abort" betreten wollte. Dort hatte er nichts zu suchen. Er war nicht befugt, diesen nach der Aufschrift erkennbar nur für „Damen" bestimmten Ort zu benutzen, und der Beklagte brauchte auch bei Anwendung der im Verkehr erforderlichen Sorgfalt nicht damit zu rechnen, daß der Klager diesen Ort betreten werde, statt den unmittelbar daneben befindlichen ebenso bequem zu erreichenden, für Männer bestimmten Raum aufzusuchen. Für eine gefahrfreie Beschaffenheit des „Damen-"Abortes hatte daher der Beklagte dem Kläger nicht einzustehen. Daß, wie das Beruf.-G bemerkt, bei dem Eingange zu dem für Männer bestimmten Raum die gleiche Gefahr drohte, ist belanglos, denn der Kläger ist tatsächlich nicht dort, sondern am Eingange zum „Damen-Abort" verunglückt, wo er nichts zu suchen hatte."

n) Der Theaterunternehmer ist pleite. Kann ihm die Konzession entzogen werden?

Nach früherem Recht erfolgte die **Entziehung** der Konzession im Falle des § 32 GewO. nach § 53 Abs. 2 GewO. in Verbindung mit § 120 Ziff. 1

---

[1]) Das Landgericht und Oberlandesgericht Hamburg hatte den Schadensersatzanspruch dem Grunde nach für gerechtfertigt erklärt, während das Reichsgericht die Klage abwies.

des Zust.-G. auf Klage der zuständigen Behörde (Ortspolizeibehörde) durch den Bezirksausschuß (auch in Berlin), gegen dessen Entscheidung die **Berufung** an das OVG. gegeben war. (§ 83 LVG.) **Voraussetzung** der Entziehung ist, daß aus **Handlungen** und **Unterlassungen** des Inhabers der Konzession der Mangel derjenigen **Eigenschaften**, welche bei der Erteilung der Genehmigung nach Vorschrift des Gesetzes vorausgesetzt werden müßten, klar erhält. Nun muß zwar der Schauspielunternehmer nach § 32 Abs. 2 GewO. auch die für den Gewerbebetrieb erforderliche Zuverlässigkeit u. a. in finanzieller Hinsicht besitzen. Die Entziehung wegen unzureichender Geldmittel ist aber nur zulässig, wenn **Handlungen** oder **Unterlassungen** des Unternehmers vorlagen, die den Vermögensverlust zur Folge hatten. Verfehlte Spekulationen, z. B. hinsichtlich eines Ausstattungsstückes oder schlechter Geschäftsgang infolge der Notzeit dürften allein nicht ausreichend esin.

Wohl aber ist die Entziehung der Erlaubnis zulässig wegen eines Mangels in sittlicher Hinsicht, wenn der Unternehmer, zumal wenn er verheiratet ist, mit seinen Schauspielerinnen ein Verhältnis anknüpft und sie zum Geschlechtsverkehr bestimmt, zumal wenn diese noch sehr jugendlich sind (OVG. 55 S. 361ff.).

Auch nach heutigem Recht dürfte die Entziehung der Konzession den früheren Grundsätzen entsprechend erfolgen können.

XV. Gewerberecht.

Nach einer Verordnung des Magistrats von Groß-Berlin vom 16. 1. 1947 (V. 3 S. 21/22) ist mit Zustimmung der Alliierten Kommandantur folgende **Verordnung über die Erteilung und Versagung der Gewerbeerlaubnis erlassen worden:**[1])

§ 1.

Wer innerhalb des Stadtgebietes von Berlin ein selbständiges Gewerbe betreiben will, bedarf hierzu der Erlaubnis.

Die Erlaubnis ist nur zu versagen, wenn

1. der Antragsteller die für die Ausübung des Gewerbes erforderliche persönliche Zuverlässigkeit und fachliche Eignung nicht besitzt. Die persönliche Zuverlässigkeit liegt insbesondere nicht vor:
   a) bei Personen, die von der Entnazifizierungsanordnung der Alliierten Kommandantur BK/O (46) 101 a betroffen werden;
   b) bei Strafgefangenen, aus der Haft vorübergehend Entlassenen oder unter Bewährungsfrist gestellten Personen;
   c) bei Personen, denen die Bürgerrechte aberkannt sind;
   d) bei Personen, die unter Anklage stehen oder ihre Aburteilung erwarten.

---

[1]) Auf Verlangen der Alliierten Kommandantur mußte der Stadtverordnetenversammlung die Verordnung nochmals zur Beratung vorgelegt werden, was am 29. April 1947 geschah. Mit einigen Änderungen ist diese Verordnung jetzt von der Kommandantur genehmigt. Die Änderungen sind:

§ 1 Ziffer 1 ist jetzt auf die Personen beschränkt, deren Berufung durch die Entnazifizierungskommission nicht stattgegeben worden ist. Ferner ist jetzt die persönliche Zuverlässigkeit auch dann zu verneinen, wenn außer den erwähnten Einschränkungen noch die bestehenden deutschen Gesetze zur Versagung der Gewerbeerlaubnis berechtigen. Für gewisse Zweige, z. B. Gaststätten und Apotheken bestehen Sondervorschriften. § 1 Ziffer 4 fällt jetzt weg, was besonders für Importeure und Exporteure wichtig ist.

2. die Rohstofflage die Durchführung der Gewerbetätigkeit voraussichtlich nicht zuläßt oder
3. die erforderlichen Räumlichkeiten, wirtschaftlichen Betriebsmittel und technischen Einrichtungen nicht oder noch nicht vorhanden sind oder
4. ein Bedürfnis für die Errichtung des Gewerbebetriebes nicht nachgewiesen wird oder
5. sie zu irgendeinem Entscheid der Alliierten Kontrollbehörden in Widerspruch steht.

§ 2.

Die Erlaubnis zum Gewerbebetrieb ist zu widerrufen, wenn nachträglich Tatsachen eintreten oder bekannt werden, welche die Versagung der Erlaubnis nach § 1 rechtfertigen würden.

Die Erlaubnis kann bis auf weiteres aufgehoben werden, wenn die Gewerbetätigkeit nicht innerhalb von 2 Monaten nach der Erteilung aufgenommen oder später auf die Dauer von mehr als 6 Monaten unterbrochen wird, auch wenn den Gewerbetreibenden an der Unterbrechung kein Verschulden trifft. Im Falle, daß eine Gewerbeerlaubnis bis auf weiteres aufgehoben worden ist, weil die Gewerbetätigkeit für die Dauer von mehr als 6 Monaten unterbrochen war, ist es dem Betroffenen gestattet, einen neuen Antrag auf Erteilung einer Gewerbeerlaubnis einzureichen.

Ein Anspruch auf Entschädigung kann aus der Aufhebung der Gewerbeerlaubnis nicht hergeleitet werden.

§ 3.

Die Gewerbeausübung hat grundsätzlich durch den Gewerbetreibenden selbst zu erfolgen.

Die Gewerbeausübung durch einen Stellvertreter ist nur aus zwingenden Gründen und mit besonderer Erlaubnis zulässig. Die Gründe müssen mit Ausnahme von Krankheit und Tod außerhalb der Person des Gewerbetreibenden liegen.

Eine Übertretung oder ein Verschulden des Stellvertreters ist vom Inhaber des Gewerbebetriebes zu vertreten, es sei denn, daß dieser der erforderlichen Sorgfalts- und Aufsichtspflicht nachgekommen ist.

Im übrigen unterliegt der Stellvertreter der Bestimmung des § 1 Abs. k Ziff. 1.

Die Stellvertretererlaubnis kann auf Zeit oder auf Widerruf erteilt werden.

§ 4.

Über Erteilung und Widerruf der Gewerbe- und Stellvertretererlaubnis entscheidet die für den Sitz des Gewerbebetriebes zuständige Bezirksverwaltung,[1]) soweit es sich um Einzelhandelsunternehmen und Handwerksbetriebe handelt.

Soweit es sich um Großhandelsunternehmen und Gewerbebetriebe handelt, deren gewöhnliche Tätigkeit über die Grenzen eines Bezirkes hinausreicht, entscheidet an Stelle der Bezirksverwaltung die jeweils zuständige Abteilung des Magistrats.[2])

Soweit nach den bisher geltenden Bestimmungen für die Erteilung und Zurücknahme einer Gewerbeerlaubnis (Konzession) andere als die vorstehend genannten Behörden zuständig sind, verbleibt es hierbei. An die Stelle einer nicht mehr bestehenden Behörde tritt die zuständige Abteilung des Magistrats.

§ 5.

Mit Haft bis zu 6 Wochen oder mit Geldstrafe bis zu 10 000 RM oder mit beiden Strafen zugleich wird bestraft, wer eine nach dieser Verordnung erlaubnispflichtige Gewerbetätigkeit ausübt, ohne im Besitz einer Gewerbeerlaubnis zu sein.

---

[1]) Jetzt: Abteilung für Wirtschaft.
[2]) Jetzt: das Rechtsamt der Abt. Wirtschaft beim Magistrat.

§ 6

Der Widerruf und die Versagung der Gewerbeerlaubnis ist dem Antragsteller unter Bekanntgabe der Gründe mittels eingeschriebenen schriftlichen Bescheides mitzuteilen.

Gegen den Bescheid ist das Rechtsmittel der Berufung zulässig. Die Berufung ist innerhalb von 2 Wochen unter Darlegung der Gründe bei derjenigen Behörde einzureichen, welche den Bescheid erteilt hat. Verweigert oder widerruft ein Verwaltungsbezirk eine Gewerbeerlaubnis, so kann dagegen Berufung an die zuständige Abteilung des Magistrats eingelegt werden, welche dann darüber entscheidet. Gegen die Abweisung einer Berufung durch die zuständige Abteilung des Magistrats kann weitere Berufung (Klage) beim zuständigen Gericht erhoben werden.

Die Berufung hat keine aufschiebende Wirkung.

§ 7

Der Magistrat erläßt die zur Durchführung dieser Verordnung erforderlichen Ausführungsvorschriften.

§ 8

Diese Verordnung tritt am Tage nach ihrer Veröffentlichung im Verordnungsblatt für Groß-Berlin in Kraft. Sie tritt mit dem Ablauf des 31. Dezember 1947 außer Kraft, es sei denn, daß ihre Gültigkeitsdauer ausdrücklich verlängert wird.

Mit dem Inkrafttreten dieser Verordnung verlieren alle Bestimmungen, die dieser Verordnung entgegenstehen, ihre Gültigkeit.

Berlin, den 16. Januar 1947.

Magistrat von Groß-Berlin.
Der Oberbürgermeister
Dr. Ostrowski.

Presse

I. Zunächst gilt die am 16. 8. 1945 veröffentlichte Verordnung der Militärregierung (Handbuch für Gesetzgebung und Gesetzesvorschriften Nr. 1 S. 32,33)

Vorschrift über die Kontrolle von Druckschriften, Rundfunk, Theater und Musik.

1. Niemand darf eine der unter 2 aufgeführten Tätigkeiten ausüben, es sei denn mit Genehmigung oder Ermächtigung der Militärregierung in Übereinstimmung mit den Vorschriften der erteilten Genehmigung oder Ermächtigung sowie den Bestimmungen und Anweisungen der Militärregierung. Außer einer Genehmigung oder Ermächtigung, die von einer deutschen Behörde erteilt oder durch deutsches Recht vorgeschrieben sein mag, ist eine Genehmigung oder Ermächtigung seitens der Militärregierung erforderlich.
2. Folgende Tätigkeiten fallen unter diese Vorschrift
   a) das Veröffentlichen von Zeitungen, Magazinen, Zeitschriften, Büchern, Plakaten, Broschüren, Musikalien und sonstigen Veröffentlichungen.

   Über fertig gedruckte oder noch nicht fertiggestellte Magazine, Zeitschriften, Bücher, Broschüren, Musikalien oder sonstigen Veröffentlichungen, die sich in der Hand des Verlegers, Druckers oder Buchbinders befinden, darf nicht verfügt werden, weder durch Verkauf, noch durch Einstampfen, noch auf andere Art, es sei denn mit Genehmigung der Militärregierung,

   b) der Betrieb von Nachrichtendiensten, Nachrichten- oder Bildagenturen, Rundfunk- oder Fernsehstationen oder Einrichtungen von Drahtfunksendern und Niederfrequenz-Übertragungsanlagen,

   c) die Herstellung von Filmen, Schallplatten und sonstigen Tonaufnahmen, ferner die Veranstaltung von Schauspielen, Konzerten, Opern, Jahrmärkten, Zirkusunternehmungen, Karnevalen oder anderen Aufführungen, bei denen Schauspieler oder Musiker mitwirken.

3. Ist eine Genehmigung oder Ermächtigung oder Erlaubnis zur Ausübung obengenannter Tätigkeiten seitens der Militärregierung oder einer anderen alliierten Behörde vor dem Tage des Inkrafttretens dieser Vorschrift (16. 8. 1945) erteilt worden, ohne daß dieselbe durch die Militärregierung ausdrücklich zurückgenommen wurde, so bleibt sie in Kraft. Jedoch hat jeder, der sich auf eine solche Genehmigung, Ermächtigung oder Erlaubnis beruft, spätestens bis zum 23. 8. 1945 der Nachrichtenkontrollstelle, Berlin-Charlottenburg, Ahorn-Allee 36, hiervon Mitteilung zu machen. Diese Mitteilung hat schriftlich zu erfolgen, unter Angabe von Namen und Anschrift des Berechtigten, ferner des genauen Inhalts der Genehmigung, Ermächtigung oder Erlaubnis, auf die er sich beruft, sowie der genauen Bezeichnung der Behörde, die sie erteilt hat. Jede nicht gemäß dieser Vorschrift bis zum 23. August 1945 gemeldete Genehmigung, Ermächtigung oder Erlaubnis gilt als verfallen.
4. Gesuche um Genehmigung zur Ausübung einer der obengenannten Tätigkeiten sind gemäß einem zu gegebener Zeit zu veröffentlichenden Verfahrens an die Militärregierung zu richten.

Registrierung von Personen, die gewisse, unter der Kontrolle der Nachrichtenkontrollstelle stehende Tätigkeiten ausüben.

5. Niemand, der nicht die Vorschriften unter 6. und 7. erfüllt, darf die folgenden Tätigkeiten ausüben:
   a) das Vertreiben, Verkaufen und gewerbliche Verleihen von Zeitungen, Magazinen, Zeitschriften, Büchern, Broschüren, Plakaten, Musikalien und sonstigen Veröffentlichungen. Buchhändler, seien es Verleger oder Sortimenter, sowie gewerbsmäßige Leihbüchereien, die vom „Amt für Volksbildung" keine Gewerbeerlaubnis erhalten haben, haben dies bei der Registrierung anzugeben und erhalten bis auf weiteres keine Genehmigung zur Wiederaufnahme ihres Betriebes;
   b) das Drucken von Zeitungen, Magazinen, Zeitschriften, Büchern, Plakaten, Broschüren, Musikalien und sonstigen Veröffentlichungen;
   c) die Zurverfügungstellung von Theatern, Konzerträumen, Opernhäusern, Freilichtbühnen und anderen Stätten öffentlicher Unterhaltung;
   d) der Vertrieb und die Vorführung von Filmen;
   e) das Verarbeiten und Kopieren von Filmen;
   f) das Vertreiben, Verkaufen oder gewerbliche Verleihen von Schallplatten oder sonstigen Tonaufnahmen.
6. Vorausgesetzt, daß die folgenden Bedingungen eingehalten werden, kann jede Person, gegen die kein sonstiges Verbot der Militärregierung vorliegt, die in 5. aufgeführten Tätigkeiten ausüben:
   a) die Person muß sich vorher bei der zuständigen Dienststelle der Militärregierung registriert haben;
   b) sie muß alle erlassenen Bestimmungen und Anweisungen genauestens befolgen;
   c) die in Frage kommenden Hersteller und Verleger müssen ordnungsmäßig zugelassen sein.
7. Die Registrierung erfolgt bei den in Frage kommenden Bezirks-Dienststellen der Militär-Regierung zwischen dem 16. August und dem 23. August 1945.
8. Wer es unterläßt, unbeschadet früherer Anmeldung bei einer anderen Behörde, seine Registrierung gemäß 7. durchzuführen, wird hiermit, bis zur Vornahme der Registrierung, von jeder der in 5. aufgezählten Tätigkeiten ausgeschlossen.
9. Musik als Teil eines Gottesdienstes darf ohne schriftliche Genehmigung oder Registrierung aufgeführt werden. Instrumentalmusik darf ohne schriftliche Genehmigung oder Registrierung nur in Verbindung mit einer Tätigkeit einwandfrei nichtmusikalischen Charakters aufgeführt werden, wie z. B. bei dem Verkauf von Speisen und Getränken in Restaurants, Kaffeehäusern und Gasthöfen; oder bei der Aufführung gesprochener Dramen durch einen von der Militär-Regierung zugelassenen Theaterunternehmer; dies gilt aber nur unter

der Voraussetzung, daß diese Musik den Vorschriften und Anweisungen der Militär-Regierung entspricht.

10. Für die Zwecke dieser Vorschrift bedeutet der Ausdruck „Person" jede natürliche Person, Gesamthandsperson oder juristische Person des öffentlichen und privaten Rechts; ferner jede Registrierung einschließlich aller ihr unterstellten politischen Einheiten, jeder öffentlichen Körperschaft und deren Amts- und Dienststellen.

11. Jeder Verstoß gegen eine Bestimmung dieser Vorschrift wird nach Schuldigsprechung des Täters durch ein Gericht der Militärregierung nach dessem Ermessen mit einer von demselben festgesetzten gesetzlichen Strafe bestraft.

12. Diese Verordnung tritt am Tage ihrer Verkündung in Kraft.

Im Auftrage der Militär-Regierung

Veröffentlicht am 16. August 1945, 9 Uhr.

II. Deutsches Presserecht.

Das Reichspressegesetz vom 7. 5. 1874 bestimmt in § 1:

„Die Freiheit der Presse unterliegt nur denjenigen Beschränkungen, welche durch das gegenwärtige Gesetz vorgeschrieben oder zugelassen sind."

Dieser Grundsatz ist auch in Art. 118 der Reichsverfassung von 1919 ausgesprochen. Nach herrschender Ansicht von Wissenschaft und Praxis ist das Pressegesetz durch Art. 118 Abs. 1 nicht außer Kraft gesetzt (vgl. Anschütz, Die Verfassung des Deutschen Reiches, Ziff. 2 zu Art. 118 und die daselbst zit. Judikatur).

Das Pressegesezt findet nach § 2 Abs. 1 Anwendung:

„auf alle Erzeugnisse der Buchdruckerpresse, sowie auf alle anderen, durch mechanische oder chemische Mittel bewirkten, zur Verbreitung bestimmten Vervielfältigungen von Schriften oder bildlichen Darstellungen mit und ohne Schrift und von Musikalien mit Text oder Erläuterungen."

Unter die bildlichen Darstellungen fallen auch Photographien (OVG. 40 S. 296).

Verbreitung ist auch das Anschlagen, Ausstellen oder Auslegen an Orten, wo sie der Kenntnisnahme durch das Publikum zugänglich sind, insonderheit im Schaufenster oder in einem Kalloskop. Nach § 23 des Pressegesetzes findet eine Beschlagnahme von Druckschriften nur statt, wenn es sich um unzüchtige Abbildungen oder Darstellungen im Sinne des § 184 StrGB. handelt. Vgl. hierzu RGStrafsachen 44 S. 178: „Unzüchtig sind Schriften und Abbildungen, sofern sie objektiv (für sich allein) geeignet sind, das im Volke herrschende normale Scham- und Sittlichkeitsgefühl in geschlechtlicher Beziehung zu verletzen."

Die Polizei hat spätestens binnen 12 Stunden das Protokoll über die Verhandlung und die beschlagnahmten Schriften an die Staatsanwaltschaft zu übersenden, die ihrerseits entweder die Wiederaufhebung der Beschlagnahme mittels einer sofort vollstreckbaren Verfügung anzuordnen oder die gerichtliche Bestätigung binnen 12 Stunden nach Empfang der Verhandlungen zu beantragen hat. Das zuständige Gericht hat die Bestätigung oder Aufhebung der vorläufigen Beschlagnahme innerhalb 24 Stunden nach Empfang des Antrages zu erlassen (§ 24 Pressegesetz).

Auch **Denkmünzen** sind nach KG. in der Deutschen Juristenzeitung 1929 S. 317 Preßerzeugnisse, da es sich bei denselben um Vervielfältigungen handelt, die durch mechanische Mittel bewirkt und bestimmt sind, durch Bild und Schrift einen gedanklichen Inhalt zu verbreiten, da sie auch nicht als Wertträger (Geld) in Frage kommen. Unerheblich ist, ob sie aus Aluminium bestehen. Dagegen sind geschriebene oder handgemalte Plakate oder Handschriften keine Preßerzeugnisse (OVG. Jur. Wochenschrift 1925 S. 2508). Eine Beschlagnahme liegt aber dann nicht vor, wenn die Polizei nur aus §§ 40, 41 PVG. vorgegangen ist und sich darauf stützt.

Das **Reichsgesetz zur Bewahrung der Jugend vor Schund- und Schmutzschriften vom 18. 12. 1926** galt nur für Schriften, nicht auch für Abbildungen. Die nach diesem Gesetz für die Entscheidung zuständigen Prüfstellen sowie die Oberprüfstelle in Leipzig sind bisher nicht wieder eingerichtet. Im übrigen ist das Gesetz am 10. 4. 1935 (RGBl. I S. 311) aufgehoben.

Nach Aufhebung der das **Plakatwesen** betreffenden Bestimmungen der §§ 9, 10, 41 des Preußischen Gesetzes über die Presse vom 13. 5. 1851 durch das Gesetz vom 28. 11. 1925 (GS. S. 169) kann eine verkehrspolizeiliche Polizeiverordnung über das Plakatwesen nach § 14 Polizeiverw. vom 1. 6. 1931 erlassen werden, jedoch muß der ungenehmigte Zustand dem geltenden Recht widersprechen. Eie **Plakat** ist eine Mitteilung eines dem Publikum verständlichen Gedankeninhalts oder, wie das OVG. in der Deutschen Juristenzeitung von 1912 S. 878 ausführt:

„Schriftstücke oder Abbildungen, die zum Zwecke der Kenntnisnahme durch das Publikum öffentlich angeschlagen, angeheftet oder sonst ausgestellt werden. Ob das Plakat auf eine Wand aufgemalt, aus welchem Stoff es hergestellt, oder auf welcher Unterlage es angebracht ist, oder welchen Inhalt es hat, ist unerheblich" (OVG 87 S. 307).

Nach bisher feststehender Judikatur ist die Polizei befugt, durch Polizeiverordnung zu bestimmen, daß Plakate jeder Art an die von der Polizei hierfür bestimmten Stellen (Säulen, Tafeln) verwiesen werden (OVG. 87 S. 306 und daselbst zit. Entscheidungen des RG., KG., OVG.). Meist werden jedoch in solchen Polizeiverordnungen Ausnahmen zugunsten der von den Behörden angebrachten Bekanntmachungen und hinsichtlich solcher Plakate vorgesehen, die von Hauseigentümern, an den ihnen gehörigen Häusern oder von Mietern an den von ihnen gemieteten Räumen angebracht sind. Solche Polizeiverordnungen über Plakate beruhen nicht auf presserechtlichen Bestimmungen und werden daher auch durch die Aufhebung der Vorschriften des Preußischen Pressegesetzes nicht berührt (OVG. 87 S. 306). Das Reichspressegesetz steht solchen Vorschriften nicht entgegen, da es in § 30 bestimmt, daß das Recht der Landesgesetzgebung, Vorschriften über das öffentliche Anschlagen, Anheften, Ausstellen, sowie die öffenfliche unentgeltliche Verteilung von Bekanntmachungen, Plakaten und Aufrufen zu erlassen, durch das Pressegesetz nicht berührt wird.

Was die **Einsendung von Verlagswerken an die Bibliotheken** betrifft, so bleiben nach § 30 des Pressegesetzes die Landesgesetze unberührt, welche die Abgabe von Freiexmplaren an Bibliotheken und öffentlichen Sammlungen ergeben. In Preußen sind nach der Kab.-Order vom 28. 12. 1842 und § 6 des preußischen Pressegesetzes vom 12. 5. 1851 die Verleger gesetzlich verpflichtet, von ihren Verlagswerken ein Exemplar an die Staatsbibliothek in Berlin und ein zweites an die Provinzial-Universitätsbibliothek unentgeltlich einzusenden. Diese Pflicht ist durch § 7 Nr. 6 der Gewerbeordnung nicht in Wegfall gekommen. Sie besteht daher als eine auf gesetzlichem Titel beruhende öffentliche Abgabe zur Unterhaltung öffentlicher Anstalten im Sinne des § 1 Nr. 6 der V. wegen exekutischer Beitreibung der direkten und indirekten Steuern vom 30. 7. 1853 fort (OVG. 70 S. 67). Daher ist auch zur Herbeiführung der Verpflichtung das Verwaltungszwangsverfahren zulässig. Die Bibliothek kann also die Einlieferung der Bücher anordnen und durch die Polizei unmittelbaren

Zwang nach § 55 PVG. anwenden. Ein Verw.-Streitverfahren ist jedoch hiergegen unzulässig, nur eine Beschwerde an den Minister für Wissenschaft, Kunst und Volksbildung war gegeben.

III. Dar Lichtbildwesen.

Nach Aufhebung des Lichtspielgesetzes vom 20. 5. 1920 (RGBl. I S. 953ff.) durch das Kontrollratsgesetz Nr. 60 vom 26. 12. 1947 sind auch die AusfBest. vom 16. 6. 1920 (RGBl. I S. 1213ff.), das Gesetz zur Änderung des Lichtspielgesetzes vom 31. 3. 1931 (RGBl. I S. 127) und die 3. V. des Reichspräsidenten vom 6. 10. 1931, VII. Teil § 6 aufgehoben. Es besteht zur Zeit kein neues Lichtspielgesetz. Die Zensur für Lichtspiele ist nach Art. 118 Abs. 2 RVerf. 1919 ausdrücklich zugelassen.

IV. Kino und Feuerwehr.

Die Polizei kann wegen des feuergefährlichen Betriebes des Kinos an die Feuersicherheit erhöhte Anforderungen stellen. Diese müssen aber jeweils eine notwendige Maßnahme im Sinne des § 14 Abs. 1 PVG. bzw des § 41 Abs. 1 erforderlich sein. Die Polizei muß auf ihre Kosten durch genügend häufige und scharfe Kontrolle ihrer Beamten den Vorschriften über den Feuerschutz in Kinos stets und unbedingt Beachtung verschaffen. Die ständige Anwesenheit eines Polizeibeamten kann jedoch nicht verlangt werden, wenn der Unternehmer in seinen Diensten stehende Personen ständig bereit hält, welche die Feuerlöschgeräte sachgemäß zu bedienen und bei Feuerausbruch zweckdienliche Anordnungen zu treffen verstehen. Wohl aber kann die Polizei nach OVG. 77, S. 423ff. die genügende Ausbildung dieser Personen und ihre ständige Anwesenheit ebenso fortlaufend kontrollieren wie die Beschaffenheit und das Vorhandensein der Feuerlöschgerätschaften oder wie die regelmäßige Beobachtung der im Interesse der Feuersicherheit sonst getroffenen Betriebsvorschriften.

Der Magistrat von Berlin hat eine V. vom 10. 9. 1945 (V. 1 S. 161) betr. den **Privatunterricht auf Sondergebieten** mit folgendem Wortlaut erlassen:

§ 1.

Wer eine private Lehranstalt betreiben oder leiten will, in der Sprachunterricht oder Unterricht in gewerblichen, kaufmännischen, land- oder forstwirtschaftlichen und gärtnerischen Fächern erteilt werden soll — sowie, wer in diesen Fächern gewerbsmäßig Privatunterricht erteilen will — bedarf dazu der Erlaubnis des Magistrats, Abt. für Volksbildung bzw. der vom Magistrat bestimmten Dienststelle.

§ 2.

Die Erlaubnis ist zu versagen, wenn

1. Tatsachen vorliegen, welche die politische Unzuverlässigkeit des Nachsuchenden in antifaschistischer Hinsicht dartun,
2. der Nachsuchende die zur Leitung der Lehranstalt oder zur Erteilung des Unterrichts erforderliche Befähigung nicht nachzuweisen vermag,
3. der Nachsuchende den Besitz der zum einwandfreien Betrieb der Lehranstalt erforderlichen Mittel oder Räumlichkeiten nicht nachzuweisen vermag.

Die Erlaubnis kann versagt werden, wenn kein Bedürfnis für die Unterrichtserteilung besteht.

§ 3.

Die Erlaubnis kann unter Bedingungen oder auf Widerruf erteilt werden.

§ 4.

Die Erlaubnis ist zurückzunehmen, wenn Tatsachen vorliegen, die der Erteilung der Erlaubnis (vgl. § 2) entgegengestanden hätten, oder wenn der Unternehmer,

Anstaltsleiter oder Lehrer den Anordnungen der nach § 1 zuständigen Dienststelle nicht nachkommt. Wird die Erlaubnis zurückgenommen, so ist innerhalb der von der zuständigen Dienststelle zu bestimmenden Frist die Lehranstalt zu schließen oder die Unterrichtserteilung einzustellen.

§ 5.

Die Anträge auf Erteilung der Erlaubnis zum Betrieb einer Lehranstalt (Schule) sowie die Gesuche um Erteilung der Erlaubnis zur Unterrichtserteilung als Lehrer sind bei der Volksbildungsabteilung desjenigen Verwaltungsbezirks einzureichen, in dessen Bereich die Anstalt bzw. Wohnung der betreffenden Lehrkraft liegt. Bei Ablehnung eines Antrages ist Einspruch bei der zuständigen Dienststelle des Magistrats zulässig.

§ 6.

Für die Erteilung von Nachhilfeunterricht an Schüler ist die Erlaubnis des für den Wohnsitz des Antragstellers zuständigen Bezirksschulamtes gemäß §§ 2 bis 4 dieser Verordnung erforderlich. In Streitfällen entscheidet das Schulamt des Magistrats, das auch von sich aus unmittelbar die Erlaubnis erteilen kann.

§ 7.

Der Magistrat — Abt. für Volksbildung — erläßt die zur Ausführung dieser Verordnung erforderlichen Bestimmungen.

§ 8.

Zuwiderhandlungen gegen diese Verordnung werden durch Zwangsstrafen im Verwaltungswege geahndet, sofern nicht auf Grund anderer Gesetze eine höhere Strafe verwirkt ist.

Berlin, den 10. September 1945.

Der Magistrat der Stadt Berlin.
Abt. für Volksbildung — Schulamt —

Ferner sind vom Magistrat Berlin Richtlinien für die Behandlung der **Gewerbe-Erlaubnis und des Spruchkammerverfahrens** vom 30. 8. 1945 (V. 1 S. 82ff) **erlassen, die folgenden Inhalt haben:**

Richtlinien für die Behandlung der Gewerbeerlaubnis und das Spruchkammerverfahren.

I. Erteilung und Versagung der Gewerbeerlaubnis.

Nach der Anordnung des Magistrats der Stadt Berlin vom 7. Mai 1945 ist die Erteilung der Gewerbeerlaubnis von der persönlichen Zuverlässigkeit, der fachlichen Eignung, der finanziellen Zuverlässigkeit, der Bedürfnisfrage und von der politischen Zuverlässigkeit des Antragstellers abhängig. In der vorerwähnten Anordnung sind die Voraussetzungen: persönliche und finanzielle Zuverlässigkeit nicht besonders genannt. Sie sind Erfordernisse der fachlichen Eignung.

Bei Nichtvorliegen einer der genannten Voraussetzungen ist nach der angeführten Anordnung des Magistrats der Stadt Berlin das Gewerbe zu untersagen.

Persönliche Zuverlässigkeit.

Die persönliche Zuverlässigkeit des Antragstellers ist unter Berücksichtigung seines Vorlebens und etwaiger Strafverfahren zu prüfen. Sie liegt u. a. nicht vor, wenn der Antragsteller wegen körperlicher Gebrechen oder vorgerückten Alters nicht imstande ist, das Gewerbe ordnungsmäßig auszuüben. Die persönliche Zuverlässigkeit ist gleichfalls in der Regel nicht gegeben, wenn der Antragsteller wegen eines Verbrechens rechtskräftig verurteilt ist oder wegen eines Vergehens, das den Mangel an Zuverlässigkeit erkennen läßt; hierzu gehören stets Vergehen

a) gegen Vermögensrechte (z. B. Betrug, Untreue, Wucher),
b) gegen das Gesetz zur Bekämpfung unlauteren Wettbewerbes,
c) gegen die Bestimmungen über die Verbrauchsregelung bewirtschafteter Waren.

Verstöße gegen die Bewirtschaftungsvorschriften wiegen unter den gegenwärtigen Verhältnissen besonders schwer. Der Kaufmann hat in der heutigen Zeit, in der es sich um die Zuteilung nur geringer Mengen handelt, eine erhöhte Sorgfaltspflicht zu beachten, namentlich wegen richtiger Gewichtsfeststellung.

Fachliche Eignung.

Das Erfordernis der fachlichen Eignung (fachliche Vorbildung, Kenntnisse und Erfahrungen) muß unter den gegenwärtigen Verhältnissen besonders beachtet werden. Neben der allgemein fachlichen Eignung für den Betrieb eines derartigen Gewerbes muß die spezielle Eignung für die Führung gerade des vorliegenden Gewerbebetriebes (z. B. Gaststätte, Großgaststätte) vorhanden sein. Bei Handwerksbetrieben ist die Meisterprüfung erforderlich.

Bei bereits bestehenden Gewerbebetrieben kann einem Angehörigen für die Zeit der Behinderung des Inhabers der Gewerbeerlaubnis eine befristete Gewerbeerlaubnis (Vertretererlaubnis) erteilt werden, wenn die allgemeinen Voraussetzungen der Gewerbeerlaubnis auch bei dem Angehörigen vorliegen.

Finanzielle Zuverlässigkeit.

Wegen der zum Gewerbebetrieb erforderlichen Mittel (Kapital-Kreditverhältnisse) können bei der gegenwärtigen Wirtschafts- und Kreditlage nicht zu scharfe Anforderungen gestellt werden. Vollständig mittellosen Antragstellern ist die Gewerbeerlaubnis nicht zu erteilen.

Politische Zuverlässigkeit.

Gemäß Teil III Kapitel A Punkt 6 der Beschlüsse der Potsdamer Konferenz sind „alle Mitglieder der nazistischen Partei, welche mehr als nominell an ihrer Tätigkeit teilgenommen haben, und alle anderen Personen, die den alliierten Zielen feindlich gegenüberstehen, aus den öffentlichen oder halböffentlichen Ämtern und von den verantwortlichen Posten in wichtigen Privatunternehmen zu entfernen". Dieser Rechtssatz gilt nach seinem Sinn auch für Gewerbetreibende hinsichtlich der Gewerbeerlaubnis.

Eine lediglich „nominelle Teilnahme an der Tätigkeit der „NSDAP" liegt nur dann vor, wenn nicht mehr als eine zahlende Mitgliedschaft zur NSDAP bestand. Jedes darüber hinausgehende wesentliche Verhalten eines Parteigenossen oder einer sonstigen Person, das der Förderung oder Durchsetzung des Nationalsozialismus diente unter Ausnutzung nationalsozialistischer Gesetze oder der Tätigkeit der NSDAP besondere persönliche Vorteile irgendeiner Art erstrebte, ist eine „mehr als nominelle (aktive) Teilnahme an der Tätigkeit der NSDAP oder sonstiger aktiver Faschismus und begründet politische Unzuverlässigkeit. Hierzu ist die Innehabung oder Ausübung eines Amtes in der NSDAP nicht erforderlich.

Zu den Personen, die „den alliierten Zielen feindlich gegenüberstehen" zählen alle Personen, die ihre feindselige Haltung jetzt oder in der letzten Zeit bekundet haben. Darunter fallen alle Parteigenossen, die nicht den Beweis erbringen, daß sie trotz ihrer Parteizugehörigkeit durch ihre Handlungsweise bezeugt haben, daß ihre Gesinnung nicht nazistisch ist. Die Beweislast liegt also bei den Parteigenossen. Zu dem vorerwähnten Personenkreis gehören auch Nichtparteigenossen, die ihre feindselige Haltung jetzt oder in der letzten Zeit zum Ausdruck gebracht haben.

In der Frage der politischen Zuverlässigkeit ist jeder Einzelfall unter Würdigung aller Umstände besonders zu prüfen. Gelegentliche Lieferungen von aktiven Angehörigen der NSDAP oder sonstigen aktiven Faschisten an jüdische Mitbürger oder Antifaschisten begründen keine Ausnahme von der politischen Beurteilung. Derartige Lieferungen können aus verschiedenen Motiven erfolgt sein und lassen keinen sicheren Schluß auf die politische Einstellung des Betreffenden zu.

Die Vermögensbeschlagnahmeverordnung des Magistrats der Stadt Berlin vom 2. Juli 1945 umfaßt nach ihrem speziellen Zweck nur einen besonders aktiven Teil von Angehörigen der NSDAP bzw. Faschisten. Die Versagung oder Entziehung der Gewerbeerlaubnis stellt keine Vermögensbeschlagnahme dar. Die Frage der politischen Zuverlässigkeit richtet sich bei der Erteilung, Versagung oder

Entziehung der Gewerbeerlaubnis sonach nicht nach den besonderen Voraussetzungen der Vermögensbeschlagnahmeverordnung, vielmehr lediglich nach der Regelung von Teil III, Kapitel A Punkt 6 der Beschlüsse der Potsdamer Konferenz.

1. Einzelbetriebe.

Bei diesen Betrieben obliegt die Prüfung der politischen Zuverlässigkeit der Betriebsinhaber und der Angestellten auf verantwortlichen Posten in wichtigen Privatunternehmungen den Bezirksverwaltungen des Magistrats der Stadt Berlin, soweit nicht einzelne Fälle aus besonderen Gründen von dem Magistrat der Stadt Berlin, Abt. für Handel und Handwerk, behandelt werden.

Bei der Prüfung der Frage der politischen Zuverlässigkeit bei Einzelbetrieben ist zu unterscheiden, ob ein Bedürfnis für die Errichtung bzw. Fortführung des Einzelbetriebes vorliegt oder nicht.

a) Bei mangelndem Bedürfnis ist bei diesen Betrieben gemäß der Anordnung des Magistrats der Stadt Berlin vom 7. Mai 1945 ohne Rücksicht auf die Frage der politischen Zuverlässigkeit allgemein (also auch für Angehörige der NSDAP) die Erteilung der Gewerbeerlaubnis zu versagen bzw. die Gewerbeerlaubnis zu entziehen. Sind mehrere Betriebe vorhanden, bei denen die Frage des Bedürfnisses einheitlich zu prüfen ist, so sind bei sonst gleichen Voraussetzungen in erster Linie Betriebe von Angehörigen der NSDAP zu schließen. Ist das Bedürfnis für die Errichtung oder Fortführung des Betriebes nicht gegeben, so kommt es nicht darauf an, ob ein Angehöriger der NSDAP mehr als nominell an der Tätigkeit dieser Partei teilgenommen hat.

b) Wird die Bedürfnisfrage bejaht, so ist gemäß der Anordnung des Magistrats der Stadt Berlin vom 22. Mai 1945 Ziff. 4 in Geschäfte, deren Inhaber aktive Mitglieder der NSDAP, der SA oder der SS waren, ein vorläufiger Treuhänder[1]) einzusetzen. „Aktive Mitglieder" sind alle Angehörigen der NSDAP, welche mehr als nominell an ihrer Tätigkeit teilgenommen haben (vgl. oben).

2. Handelsgesellschaften.

(Unternehmen in der Rechtsform der offenen Handelsgesellschaften, Kommanditgesellschaften, Aktiengesellschaften, Gesellschaften mit beschränkter Haftung).

Die Prüfung der politischen Zuverlässigkeit von Vorstands-, Aufsichtsratsmitgliedern und sonstigen Angestellten in verantwortlichen Posten von Handelsgesellschaften, die ihren Sitz in Berlin haben, erfolgt durch den Magistrat der Stadt Berlin, Abt. für Handel und Handwerk. Gemäß der Anordnung des Magistrats der Stadt Berlin vom 25. Juni 1945 werden die Inhaber derartiger Stellungen vom Magistrat der Stadt Berlin, Abt. für Handel und Handwerk, abberufen und bis zur endgültigen gesetzlichen Regelung neu bestellt.

Die Eintragung der Veränderungen im Vorstand und Aufsichtsrat usw. der Unternehmungen in das Handelsregister erfolgt auf Antrag des Magistrats der Stadt Berlin, Abt. für Handel und Handwerk.

---

[1]) Die Bestellung eines Treuhänders für den Gewerbebetrieb durch das Bezirksamt läßt Rechtsbeziehungen ausschließlich zwischen dem Bezirksamt und dem Treuhänder entstehen. Der Treuhänder ist nur dem Bezirksamt zur Rechnungslegung verpflichtet, das sich seinerseits mit dem jetzigen Geschäftsinhaber auseinanderzusetzen hat. Ein Vergütungsanspruch für seine Tätigkeit kann daher von dem Treuhänder nicht unmittelbar gegen den Geschäftsinhaber geltend gemacht werden, vielmehr hat das Bezirksamt die dem Treuhänder zu zahlende Vergütung festzusetzen.

Dementsprechend kann ein Zurückbehaltungsrecht an den Räumen des Gewerbebetriebes von dem Treuhänder auch nur gegenüber dem Bezirksamt in Anspruch genommen werden, und zwar erst dann, wenn feststeht, daß das Bezirksamt die dem Treuhänder gebührende Leistung (§ 273 BGB) nicht bewirkt (Urteil des Bezirksverw Gerichts im britischen Sektor von Groß-Berlin vom 1. 4. 1947. I. 45. 47).

Bedürfnisfrage.

Auf allen Gebieten des Gewerbes liegt auf Grund der gegenwärtigen Verhältnisse eine starke Übersetzung der Betriebe vor. Die Durchschnittseinkommen der bestehenden Betriebe liegen im Augenblick häufig unter dem Existenzminimum.

Gemäß Anordnung des Magistrats der Stadt Berlin besteht seit dem 1. Juli 1945 eine Sperre für die Erteilung der Gewerbeerlaubnis für neu errichtete Gewerbebetriebe.

Die Frage des Bedürfnisses ist vom Standpunkt des öffentlichen Interesses unter besonderer Berücksichtigung der örtlichen Lage des Betriebes (Zahl der in der Nachbarschaft vorhandenen gleichartigen Geschäfte und Kunden, Entwicklungsmöglichkeiten in der nächsten Zeit) zu beurteilen. Das Eigeninteresse des Gewerbetreibenden an der Errichtung bzw. Fortführung des Betriebes (Alter des Geschäftes, wirtschaftliche Verhältnisse und Lebensalter des Betriebsinhabers usw.) sind zu beachten, müssen jedoch unter den gegenwärtigen Verhältnissen hinter dem Gesichtspunkt des öffentlichen Interesses zurücktreten. Bei der Entscheidung über die Bedürfnisfrage ist jede unnötige wirtschaftliche Härte zu vermeiden.

Bei der Beurteilung der örtlichen Verhältnisse ist zu beachten, daß viele Unternehmen, z. B. Großhandelsgeschäfte, häufig in ihrer Tätigkeit über den Verwaltungsbezirk ihres Geschäftssitzes hinausreichen.

Erteilung und Versagung der Gewerbeerlaubnis.

Die Gewerbeanmeldung bei den Bezirksverwaltungen stellt noch keine endgültige Gewerbeerlaubnis dar.

Die Gewerbeerlaubnis kann auf eine bestimmte Tätigkeit des Gewerbetreibenden beschränkt oder — in Ausnahmefällen — unter Auflagen erteilt werden.

Wegen der Erteilung der Gewerbeerlaubnis für den Betrieb einer Gaststätte, Speisewirtschaft oder des Beherbergungsgewerbes vgl. die Anordnung des Magistrats der Stadt Berlin vom 23. Juli 1945 (Anlage 1).

Bei Handwerksbetrieben ist neben der Gewerbeerlaubnis der Besitz der Handwerkerkarte notwendig. Eine Übereinstimmung der Beurteilung des Gewerbetreibenden zwischen der Bezirksverwaltung des Magistrats der Stadt Berlin und der Handwerkskammer ist anzustreben. Über jede Verweigerung einer Handwerkerkarte ist die zuständige Bezirksverwaltung zu unterrichten, die zu prüfen hat, ob hiernach die Gewerbeerlaubnis noch belassen werden kann.

Die Entscheidung der Spruchkammer des Magistrats der Stadt Berlin, Abt. für Handel und Handwerk, daß eine Gewerbeerlaubnis zu erteilen oder zu belassen ist, ist auch für die Frage der Erteilung der Handwerkerkarte bindend.

Entziehung der Belieferung mit bewirtschafteten Bedarfsgütern.

Nach Ziffer 2 der Anordnung des Magistrats der Stadt Berlin vom 22. Mai 1945 kann bei Geschäften, deren Inhaber aktive Mitglieder der NSDAP, der SA oder der SS waren, von der weiteren Belieferung mit bewirtschafteten Bedarfsgütern Abstand genommen werden. „Aktive Mitglieder der NSDAP, SA oder SS" sind alle Angehörigen dieser Organisationen, welche „mehr als nominell an ihrer Tätigkeit teilgenommen haben" (vgl. oben). Bei SA- und SS-Angehörigen sind auch nominelle Mitglieder als aktiv anzusehen.

Soll in derartigen Fällen das Geschäft geschlossen werden, so ist die Gewerbeerlaubnis zu entziehen. Die Abstandnahme von der Weiterbelieferung mit bewirtschafteten Bedarfsgütern führt hier zu einer unnötigen Unruhe bei den Gewerbetreibenden und unzweckmäßigen Häufung von Einspruchsverfahren.

Einsetzung vorläufiger Treuhänder.

Gemäß der Anordnung des Magistrats der Stadt Berlin vom 22. Mai 1945, Ziffer 1, Ziffer 2 können

1. geschlossene Geschäfte, deren Inhaber geflüchtet und beschlagnahmt sind, zuverlässige Kaufleute als vorläufige Treuhänder in diese eingesetzt werden;
2. in Geschäfte, deren Inhaber aktive Mitglieder der NSDAP, SA oder SS waren,

bei vorliegendem Bedürfnis in die Geschäftsführung vorläufige Treuhänder eingesetzt werden.

Die Bestellung vorläufiger Treuhänder für Einzelbetriebe erfolgt durch die Bezirksverwaltungen, bei Handelsgesellschaften durch den Magistrat der Stadt Berlin, Abt. für Handel und Handwerk.

Die Rechtsstellung der vorläufigen Treuhänder ergibt sich aus der Anlage 2. Diese Anlage ist dem vorläufigen Treuhänder mit seiner Bestellung in 2 Stücken zu übermitteln. Der vorläufige Treuhänder hat ein Stück dem bisherigen Betriebsinhaber gegen Empfangsbestätigung sowie seine eigene Empfangsquittung der Bezirksverwaltung einzureichen.

Bei der Bestellung vorläufiger Treuhänder für Gewerbebetriebe sind die irreführenden Ausdrücke „Einweisung", „Bestellung neuer Geschäftsinhaber", „Einsetzung kommissarischer Leiter" usw. zu vermeiden.

Vor der Bestellung vorläufiger Treuhänder für Gewerbebetriebe ist die persönliche, fachliche, finanzielle und politische Zuverlässigkeit der hierfür in Aussicht genommenen Personen besonders scharf zu prüfen. Bei Handwerksbetrieben sind in jedem Zweifelsfall Stellungnahmen der Innungen vor der Einsetzung der Treuhänder einzuholen.

Die Innungen verfügen auf ihrem Fachgebiet über besonders gute Beurteilungsmöglichkeiten. Eine enge Zusammenarbeit der Bezirksverwaltungen mit den Innungen bei der Auswahl der vorläufigen Treuhänder ist sicherzustellen.

Überprüfung bisher eingesetzter vorläufiger Treuhänder.

In persönlicher, fachlicher und politischer Hinsicht sind die bislang bestellten vorläufigen Treuhänder für Gewerbebetriebe von den Bezirksverwaltungen, bei Handwerksbetrieben im Zusammenwirken mit den Innungen, sofort zu überprüfen. Den Innungen ist hierzu von den Bezirksverwaltungen Aufschluß über die bisherigen Bestellungen vorläufiger Treuhänder zu gewähren. Bei Auffassungsverschiedenheiten entscheidet der Magistrat der Stadt Berlin, Abt. für Handel und Handwerk, Rechtsabteilung.

Hinsichtlich ihres Geschäftsgebahrens werden die gegenwärtigen vorläufigen Treuhänder nach näheren Anweisungen des Magistrats der Stadt Berlin, Abt. für Handel und Handwerk, von Wirtschaftsprüfern bzw. Buchprüfern überprüft werden.

In dieses Verfahren wird der bezirkliche Obmann der Wirtschaftsprüfer zur laufenden Kontrolle der Überprüfungen eingeschaltet werden.

Arisierte Betriebe.

Die Überführung arisierter Betriebe in die Hände ihrer früheren Eigentümer erfolgt durch den Magistrat der Stadt Berlin, Abt. für Handel und Handwerk, an den etwaige Anträge von den Bezirksverwaltungen weiterzuleiten sind.

Prüfung der Voraussetzungen der Gewerbeerlaubnis[1]).

Die Bezirksverwaltungen haben die ihnen unterstellten Stellen bei der Prüfung der persönlichen, fachlichen, finanziellen und politischen Zuverlässigkeit von Gewerbetreibenden sowie bei der Erörterung der Bedürfnisfrage zur Angabe genauer Tatsachen unter Benennung etwaiger Zeugen oder sonstiger Beweismittel in ihren Stellungnahmen anzuhalten. Allgemeine Urteile, wie z. B. „typisch unzuverlässig",

---

[1]) Es wird allgemein anerkannt, daß bloßes Vermieten möblierter Zimmer auch dann eine gewerbliche Betätigung nicht enthält, wenn die Vermietung zum Zwecke dauernder Einnahmen erfolgt. Bei der Vermietung von Wohnräumen an Mieter und Untermieter handelt es sich um eine in den Bahnen der Ausübung der Eigentümerrechte fallende, allgemein übliche Ausnutzung des Eigentums (RGZ. Bd. 94, S. 362). Auch dadurch, daß den Mietern einzelne Mahlzeiten verabfolgt werden, wird der abgeschlossene Miet- und Verpflegungsvertrag nicht zu einem Herbergsvertrag; in dem Abschluß derartiger Verträge aber besteht das charakteristische Merkmal des Betriebes einer Gastwirtschaft (Urteil des Bezirksverw.Gerichts im britischen Sektor von Groß-Berlin vom 1. 4. 1947, I. 10. 47.)

„geringe Mittel", „kein Bedürfnis", „typischer Faschist" und „übler Tyrann" sind ohne jeden Wert. Bei der Anführung von Zeugen ist anzugeben, ob die Zeugen in näheren persönlichen oder geschäftlichen Beziehungen zu den Gewerbetreibenden stehen oder Parteigenossen sind.

Bei einer etwa notwendigen Stellungnahme zu der Frage der finanziellen Zuverlässigkeit sind die vorhandenen Mittel des Gewerbetreibenden nach ihrem Betrage zu ermitteln.

Bei Annahme der aktiven Zugehörigkeit des Gewerbetreibenden zur NSDAP sind genaue Angaben über ausgeübte Ämter bzw. etwaige Vorfälle mit Beweismitteln zu machen. In jedem Falle ist der Zeitpunkt des Eintritts des Gewerbetreibenden in die NSDAP zn ermitteln.

Es ist zu prüfen, ob der Gewerbetreibende dem „Kampfbund des gewerblichen Mittelstandes" angehört hat und ob er ein Fachamt in der früheren Organisation der gewerblichen Wirtschaft innegehabt hat.

Hinsichtlich der politischen Zuverlässigkeit ist unter Beachtung der obigen Gesichtspunkte (Anführung von Tatsachen) eine Beurteilung des Gewerbetreibenden von

1. dem Reviervorsteher,
2. dem Bezirksvertrauensmann bzw. der Zentrale der Selbstverwaltung der Bezirksverwaltung

einzuholen. Beurteilungen der Hausvertrauensleute sind nicht ausreichend.

In mehreren Bezirken besteht zur vorbereitenden Prüfung der Voraussetzungen der Gewerbeerlaubnis ein „Prüfungsausschuß" bei der Bezirksverwaltung, der sich aus mehreren Handelsbeiräten, einem Vertreter freier Berufe sowie einem Vertreter des Freien Deutschen Gewerkschaftsbundes zusammensetzt. Die Entscheidungen derartiger Prüfungsausschüsse, die der Verstärkung der Ermittlungen dienen, haben nur gutachtlichen Charakter; sie binden die Bezirksverwaltung nicht. Die Bezirksverwaltung ist zu eigener Prüfung verpflichtet.

II. Einspruchsverfahren.

Die Versagung oder Entziehung der Gewerbeerlaubnis, die Einweisung eines vorläufigen Treuhänders und die Beschlagnahme von Vermögenswerten des Gewerbetreibenden durch die Bezirksverwaltungen haben in schriftlicher Form zu erfolgen.

Derartige Verfügungen der Bezirksverwaltungen müssen
1. begründet werden,
2. die vorgeschriebene Rechtsmittelbelehrung enthalten.

Die Verfügungen müssen den Vermerk tragen:

> „Gegen diese Entscheidung steht Ihnen der Einspruch bei der Spruchkammer des Amtes Handel und Handwerk zu. Der Einspruch ist binnen 7 Tagen nach Zugang der Entscheidung beim Bezirksamt einzulegen Bei Fristversäumung ist die Entscheidung des Bürgermeisters rechtskräftig und unanfechtbar. Die fälligen Gebühren sind beim Bezirksamt zu erstatten."

Das Ruhen der Gewerbeerlaubnis des bisherigen Betriebsinhabers und die Bestell ng eines vorläufigen Treuhänders für den Betrieb sind in der Regel in einer Verfügung anzuordnen, damit der Betriebsinhaber in demselben Einspruchsverfahren etwaige Einwendungen gegen die Persönlichkeit des vorläufigen Treuhänders mit geltend machen kann. Bei der Einsetzung vorläufiger Treuhänder ist die Gefahr von Regreßansprüchen gegen den Magistrat der Stadt Berlin besonders groß. Vor Ablauf der Einspruchsfrist ist daher die tatsächliche Einführung des vorläufigen Treuhänders in den Gewerbebetrieb nur in dringenden Ausnahmefällen durchzuführen

Es wird besonders darauf hingewiesen, daß nach Ziffer 15 der Verfahrensordnung die erfolgte Einweisung in einen Betrieb während der Dauer des Einspruchverfahrens ruht. Hiernach dürfen nach Einlegung des Einspruchs Einweisungen in den Betrieb bis zur Beendigung des Einspruchverfahrens nicht vorgenommen werden.

Die Gebührenzahlung braucht nicht innerhalb der Einspruchsfrist zu erfolgen. Wird die Gebühr bis zum Verhandlungstermin nicht gezahlt, so wird die Sache trotzdem verhandelt. Die Gebühr wird gegebenenfalls zwangsweise eingezogen. Auf die Zahlung der Gebühr vor dem Verhandlungstermin ist durch die Bezirksverwaltungen hinzuwirken.

Einsprüche der Gewerbetreibenden, die der Entscheidung der Spruchkammer unterliegen, sind der Spruchkammer schnellmöglichst, jedoch spätestens 2 Wochen nach ihrem Eingang bei der Bezirksverwaltung zur Entscheidung zu übermitteln. Dies gilt auch für die gegenwärtig bei den Bezirksverwaltungen vorliegenden Einsprüche.

Mit dem Einspruch des Gewerbetreibenden ist der gesamte Vorgang der Bezirksverwaltung nebst einer zusammenfassenden Stellungnahme der Bezirksverwaltung zu dem Einspruch der Spruchkammer zu übermitteln. Die Stellungnahme der Bezirksverwaltung hat zu enthalten:

1. die angefochtene Verfügung der Bezirksverwaltung,
2. den Zeitpunkt der Einlegung des Einspruchs,
3. Ausführungen zur persönlichen, fachlichen, finanziellen und politischen Zuverlässigkeit des Einspruchstellers sowie zur Bedürfnisfrage.

Hierbei ist auf die in dem Vorgang enthaltenen Tatsachenangaben unter Anführung der Blatt-Nr. zu verweisen. Es ist zu beachten, daß jede Verzögerung in der Übermittlung des Einspruchsvorganges an die Spruchkammer zu wirtschaftlicher Schädigung der Betroffenen führen kann.

Gebührenordnung

(Gewerbeerlaubnis und Einspruchsverfahren).

Eine einheitliche Neuregelung der Gebühren für die Behandlung der Frage der Gewerbeerlaubnis und das Einspruchsverfahren erfolgt in Kürze.

Zuständigkeit der Spruchkammer.

Aufgabe der Spruchkammer ist die endgültige Entscheidung des Magistrats der Stadt Berlin über Zulassung, Konzessionsverweigerung, Ausübungsbeschränkungen, Untersagung und Verhinderung der Ausübung sowie über sonstige Anordnungen gegenüber Handels- und anderen Betrieben aller Art, soweit gegen die Entscheidung einer Dienststelle des Magistrats der Stadt Berlin Einspruch erhoben worden ist.

Der Entscheidung der Spruchkammer unterliegen also insbesondere auch die Anordnung von Beschränkungen der Gewerbeausübung (z. B. Versagung weiterer Zuteilung markenpflichtiger Waren; Einsetzung eines vorläufigen Treuhänders, sogenannte Überwachungsausschüsse; vorläufige Einsetzung oder Abberufung von Vorstands- und Aufsichtsratsmitgliedern oder sonstigen Personen in verantwortlichen Stellungen in einem Gewerbebetrieb), die tatsächliche Verhinderung der Ausübung eines Gewerbebetriebes (z. B. Inanspruchnahme gewerblicher Räume für einen anderen Gewerbebetrieb oder für Wohnzwecke) sowie jede sonstige Anordnung einer Dienststelle des Magistrats der Stadt Berlin gegenüber Handels- und anderen Betrieben aller Art, wie z. B. Aberkennung der Befugnis, Lehrlinge zu halten, behördliche Festsetzung eines Pachtpreises gewerblicher Räume u. a. m. Vorsorgliche Feststellungsanträge (z. B. wegen politischer Zuverlässigkeit) von Gewerbetreibenden behandelt die Spruchkammer nicht. Die Tätigkeit der Spruchkammer setzt das Vorhandensein einer Verfügung einer Dienststelle des Magistrats der Stadt Berlin gegen einen Gewerbetreibenden voraus.

Aussetzung der Vollstreckung.

Der Vorsitzende der Spruchkammer kann in besonders gelagerten Fällen die Vollstreckung der Entscheidung aussetzen.

Berlin, den 30. August 1945.

Der Magistrat der Stadt Berlin.

Anlage 1

Erteilung von Neukonzessionen an Gaststätten und Beherbergungsbetriebe.

1. Personen, die im Gebiet der Stadt Berlin einen Gaststätten- oder Beherbergungsbetrieb eröffnen wollen, reichen einen Antrag in zweifacher Ausfertigung an den Polizeipräsidenten Abt. IV — Gewerbepolizei — und nach Einrichtung der Polizeiämter an das für den Betrieb zuständige Polizeiamt ein
2. Das Polizeiamt prüft nach Anhörung des zuständigen Bezirksbürgermeisters, der Gastwirte-Innung und der Arbeitnehmerorganisation zu Berlin
   a) die Bedürfnisfrage,
   b) die persönliche Zuverlässigkeit.

   Hierzu erhalten der zuständige Bezirksbürgermeister und die Gastwirte-Innung zu Berlin eine Frist von 4 Wochen, anderenfalls können Einwendungen gegen den Bescheid des Polizeipräsidenten nicht mehr erhoben werden.
3. Gegen den Bescheid des Polizeipräsidenten Abt. IV — Gewerbepolizei — können der Antragsteller oder die unter Ziffer 2 Anzuhörenden, wenn sie selbst vorher Einwendungen erhoben hatten, Einspruch bei der

   Spruchkammer beim Magistrat der Stadt Berlin

   Abt. für Handel und Handwerk

   innerhalb von 14 Tagen nach Zustellung des Bescheides einlegen. Die Entscheidung der Spruchkammer ist endgültig.

Berlin, den 23. Juli 1945.

Der Magistrat der Stadt Berlin
Abt. für Handel und Handwerk.
Rechtsabt.

Ausführungsbestimmungen zu der Anordnung des Magistrats der Stadt Berlin betreffend Schankkonzessionen.

Die Erlaubnis zum Betrieb einer Gaststätte oder eines Beherbergungsbetriebes ist zu versagen, wenn Tatsachen bekannt sind, die die Annahme rechtfertigen, daß der Antragsteller die Vorschriften über die Beschäftigung von Arbeitern und Angestellten nicht einhalten wird, wenn die zum Betrieb des Gewerbes oder zum Aufenthalt der Arbeiter und Angestellten bestimmten Räume wegen ihrer Beschaffenheit oder Lage den zu stellenden Anforderungen nicht entsprechen. Es können Auflagen gemacht werden zum Schutze der Gäste, Arbeiter und Angestellten gegen Gefahren für Leben, Gesundheit und Sittlichkeit. Weibliche Arbeitnehmer dürfen nur gegen festen ausreichenden Barlohn beschäftigt werden. Tariflöhne gelten als ausreichend.

Berlin, den 27. August 1945.

Der Magistrat der Stadt Berlin.
Abt. für Handel und Handwerk.
Rechtsabt.

Anlage 2

Aufgaben der vorläufigen Treuhänder der Gewerbebetriebe.

I. Rechte des vorläufigen Treuhänders.

Für die Dauer der Treuhandschaft ruhen die Befugnisse des Betriebsinhabers. Der vorläufige Treuhänder ist zu allen gerichtlichen und außergerichtlichen Geschäften und Handlungen ermächtigt, die der Betrieb des Unternehmens mit sich bringt.

Der Treuhänder bedarf der vorherigen Ermächtigung des Magistrats der Stadt Berlin zur

1. Änderung von Firma, Gegenstand und Rechtsform des Unternehmens,
2. Bestellung oder Abberufung von Handlungsbevollmächtigten oder Prokuristen,
3. ganzen oder teilweisen Veräußerung, Liquidation oder Stillegung des Betriebes,

4. Veräußerung, Sicherungsübereignung oder Belastung von Grundstücken, Sicherungsübereignung oder Verpfändung sonstiger Vermögenswerte des Unternehmens.
5. Veräußerung von Materialien oder Warenvorräten außerhalb des normalen Geschäftsumfanges.
6. Errichtung eines neuen Unternehmens oder kapitalmäßigen Beteiligung bei anderen Unternehmen mit Mitteln des treuhänderisch verwalteten Betriebes.
7. Aufnahme von Krediten,
8. Einleitung eigener geschäftlicher Beziehungen zu den Betriebsinhabern.

II. Pflichten des vorläufigen Treuhänders.

Der Treuhänder ist verpflichtet, seine Tätigkeit mit der Sorgfalt eines ordentlichen Kaufmannes durchzuführen. Er hat die treuhänderische Führung des Unternehmens persönlich vorzunehmen. Zur Bestellung eines Vertreters bedarf der Treuhänder der vorherigen Ermächtigung des Magistrats der Stadt Berlin.

Dem Betriebsinhaber und dem Magistrat der Stadt Berlin ist der Treuhänder für jeden aus der Verletzung seiner Pflichten entstehenden Schaden verantwortlich.

Der Treuhänder untersteht der Aufsicht des Magistrats der Stadt Berlin. Er ist verpflichtet, dem Magistrat der Stadt Berlin jederzeit alle im Zusammenhang mit seiner Treuhandschaft stehenden Auskünfte zu erteilen, zur Durchführung von Prüfungen Bücher und Unterlagen des Unternehmens vorzulegen und dem Beauftragten des Magistrats der Stadt Berlin das Betreten der Betriebsräume zu gestatten.

Bei der Übernahme des Unternehmens hat der Treuhänder dem Betriebsinhaber oder seinem Vertreter eine Abschrift der Bestellung gegen Empfangsbestätigung zu übergeben. Verweigert der Betriebsinhaber die Empfangsbestätigung, so hat der Treuhänder dem Magistrat der Stadt Berlin unter Rückübermittlung der Abschrift der Bestellung unverzüglich Mitteilung zu machen.

Nach der Einsetzung hat der Treuhänder — nach Möglichkeit in Anwesenheit des Betriebsinhabers oder seines gesetzlichen Vertreters — ein Verzeichnis der vorhandenen Vermögenswerte (insbesondere Geschäftseinrichtungen und etwaiger Warenbestand) sowie eine Eröffnungsbilanz aufzustellen. Vermögensaufstellung und Eröffnungsbilanz sind dem Magistrat der Stadt Berlin in doppelter Ausfertigung zusammen mit der Empfangsbestätigung des Betriebsinhabers über die Treuhänderbestellung einzureichen. Je eine Ausfertigung der Vermögensaufstellung und Eröffnungsbilanz erhalten der Betriebsinhaber oder sein gesetzlicher Vertreter und der Magistrat der Stadt Berlin.

Der Treuhänder hat im Abstand von jeweils drei Monaten dem Magistrat der Stadt Berlin einen Bericht über seine Tätigkeit in doppelter Ausfertigung einzureichen.

Sind bei der Übernahme des Betriebes weder eine Geschäftseinrichtung noch ein Lagerbestand vorhanden, so hat der Treuhänder dies unverzüglich dem Magistrat der Stadt Berlin mitzuteilen.

Der Treuhänder hat vorhandenes Inventar pfleglich zu behandeln. Materialien, die außerhalb des Ortes des Geschäftssitzes des Unternehmens lagern, sind von dem Treuhänder in der geeigneten Weise für das Unternehmen sicherzustellen.

Der Treuhänder hat jede Maßnahme zu unterlassen, die geeignet ist, die bisherigen Inhaberverhältnisse im Unternehmen zu verschleiern.

III. Entgelt des Treuhänders.

Die Vergütung dès Treuhänders und der Ersatz seiner Auslagen werden durch den Magistrat der Stadt Berlin festgesetzt.

IV. Kosten der Treuhandschaft.

Die Kosten der Treuhandschaft und ihrer Überprüfung trägt das Unternehmen.

Berlin, den 30. August 1945.

Der Magistrat der Stadt Berlin.
Abt. für Handel und Handwerk.
Rechtsabt.

Genehmigung für Theater usw.

(V. 1 Seite 32).

Alle Theater und Theaterunternehmungen sowie alle Unternehmungen, die gewerblich öffentliche Veranstaltungen zur Unterhaltung durchführen wollen, sowie alle Lehrer und Lehranstalten für künstlerischen und dramatischen Unterricht bedürfen zu ihrem Betrieb einer Genehmigung des Magistrats. Genehmigungsstelle ist die Abteilung für Volksbildung bzw. die von dieser eingesetzte Amtsstelle.

Diese Anordnung hat Rückwirkung vom 1. Mai 1945.

Die von der Abteilung für Volksbildung, Abteilung Kammer der Kunstschaffenden, für das Theaterleben als künstlerisch wertvoll und kulturpolitisch notwendig ausgewählten Theater Berlins werden unter der Leitung der Abteilung für Volksbildung als Berliner Stadttheater organisatorisch zusammengefaßt und verwaltet.

Ihre Haushaltführung erfolgt im Rahmen des Stadthaushalts.

Über die Organisation und die Verwaltungsgrundsätze sowie die Etatsgestaltung m einzelnen wird nach Vorlage der beteiligten Abteilungen besonders beschlossen.

Berlin, den 11. Juni 1945.

Der Magistrat der Stadt Berlin.
Abt. für Volksbildung.
Winzer.

Neuordnung der Zulassungen auf kulturellem Gebiet.

(V. 1 Seite 62).

Der Magistrat, Abteilung für Volksbildung, gibt im Einvernehmen mit dem Hauptamt für Arbeitseinsatz bekannt:

Jede Veranstaltung auf dem Gebiete des Theaters, Varietés, Kabaretts, die gewerbsmäßige Vermittlungstätigkeit hierzu, die Konzertvermittlung und die Erteilung von Unterricht auf dem Gebiet des Theaters (Schauspiel, Oper, Tanz, Artistik), des Konzertwesens ist abhängig von der Erteilung einer Zulassungsurkunde durch den Magistrat der Stadt Berlin, Abteilung für Volksbildung.

Anträge sind zu richten an den Magistrat der Stadt Berlin (Referat Theater, Film, Funk, Musik), Berlin C 2, Parochialstr. 1—3, wo auch Antragsformulare, deren Benutzung notwendig ist, damit zeitraubende Rückfragen vermieden werden, erhältlich sind. Auch die bisher schon tätigen Unternehmungen müssen einen Zulassungsantrag unter Benutzung des angegebenen Formulares stellen. Jede Tätigkeit auf den angeführten Gebieten ohne die erforderliche Zulassung zieht die Schließung des Unternehmens nach sich.

Neben dieser gewerbsmäßigen Vermittlungstätigkeit bleibt für das Gebiet der Artistik und des Films die bisherige Vermittlungstätigkeit in der zentralen Vermittlungsstelle beim Hauptamt für Arbeitseinsatz, Berlin C 2, Georgenkirchplatz 8—10, bestehen.

Berlin, den 20. Juli 1945.

Der Magistrat der Stadt Berlin.
Abt. für Volksbildung.
Winzer.

Preisamt, Preiskontrolle und Preisvorschriften.

Preisgebote
bekanntgegeben vom Preisamt des Magistrats der Stadt Berlin
(V. 2 Seite 198).

1. Jede Ware ist deutlich auszuzeichnen. (Verord. über Preisauszeichnung in der Fassung vom 6. 4. 1944 und Ergänzungsanordnung hierzu vom 10. 1. 1946.)
2. Kauft ein Großhändler von einem anderen Großhändler und jeder berechnet seine volle Verdienstspanne, so ist das verbotener Kettenhandel. (Verordn. über das Verbot von Preiserhöhungen vom 26. 11. 1936 — RGBl. I S. 955 —.)

3. Großhandel ohne Lagerhaltung ist ein „Streckengeschäft“. Die Berechnung der vollen Großhandelsspanne ist verboten. (Verord. über das Verbot von Preiserhöhungen vom 26. 11. 1936 — RGBl. I S. 955 —.)
4. Wer „schwarz“ einkauft oder ohne Rechnung, ist kein seriöser Kaufmann, sondern ein Schieber und wird entsprechend bestraft. (Verord. gegen Preistreiberei vom 28. 9. 1945 — Verordnungsbl. der Stadt Berlin Nr. 10 S. 122 —.)
5. Der fachkundige Kaufmann lehnt minderwertige und überteuerte Erzeugnisse ab. (Verord. über das Verbot von Preiserhöhungen vom 26. 11. 1936 — RGBl. I S. 955 —.)
6. Gebrauchte Waren dürfen auch bei neuwertiger Qualität höchstens dreiviertel des Neupreises kosten — auch bei Vermittlungs- und Kommissionsgeschäften. (Verord. über Höchstpreise für gebrauchte Waren ([Gebrauchtwarenverordnung]) vom 21. 1. 1942 — RGBl. I S. 43 —.)
7. Auf Einkaufspreise, die mit Genehmigung des Preisamtes ab 1. April 1946 erhöht werden, darf nur der am 1. April 1945 zulässig gewesene Aufschlag in absoluter Höhe berechnet werden. (Verord. gegen Preistreiberei vom 28. 9. 1945 — Verordnungsblatt der Stadt Berlin Nr. 10 S. 122 —.)
8. Preissteigerer, die etwas von ihrem mühelosen Gewinn „für wohltätige Zwecke“ abzweigen, machen ihr Tun damit keineswegs weniger strafbar. (Verord. über das Verbot von Preiserhöhungen vom 26. 11. 1936 — RGBl. I S. 955 —.)
9. Strafbar macht sich, wer nur gegen „Höchstgebot“ kauft oder anbietet. (Verord. über das Verbot von Preiserhöhungen vom 26. 11. 1936 — RGBl. I S. 955 —.)
10. Auch der Verbraucher macht sich strafbar, wenn er Überpreise zahlt oder anbietet. (Verord. über das Verbot von Preiserhöhungen vom 26. 11. 1936 — RGBl. I S. 955 —.) Berliner haltet Preisdisziplin! Wer ehrlich arbeitet, darf nicht betrogen werden!
    Wer es auch sein mag — wo oder wann — fasse den Schieber, zeige ihn an!

Durch eine weitere Verfügung des Magistrats der Stadt Berlin ist für Berlin ein **Preisamt** errichtet worden. Die Anordnung enthält folgende Bestimmungen:

1. Zum Schutze der Bevölkerung gegen Preistreiberei wird beim Magistrat der Stadt Berlin ein Preisamt errichtet.
2. Die allgemeinen Grundsätze der Preisbildung und der Preisüberwachung werden von einem Preisausschuß des Magistrats der Stadt Berlin aufgestellt, in den die Abteilungen des Magistrats für Handel und Handwerk, für Wirtschaft und für Ernährung je einen Vertreter entsenden. Außerdem gehört der Leiter des Preisamtes dem Preisausschuß an.
3. Das Preisamt hat die Preisbildung, insbesondere für lebenswichtige Gegenstände des täglichen Bedarfs zu überwachen.
4. Das Preisamt kann zur Durchführung der Preisbildung und Preisüberwachung mit Zustimmung des Preisausschusses Anordnungen erlassen.

Er kann mit Zustimmung des Preisausschusses die Durchführung der Anordnungen anderen Stellen übertragen (V. 1 S. 122). In V. 2 S. 198 ist die erste Durchführungsanordnung gegen die Preistreiberei vom 28. 9. 1945 vom Preisamt der Stadt Berlin erlassen worden.

In den Grenzen des Auftrags zur allgemeinen Preiskontrolle kann der Magistrat im Verwaltungswege die Befugnisse ausüben, die dem früheren Reichskommissar zugestanden haben, aber nur insoweit, als dieser die Verwaltungsmaßnahmen früher tatsächlich vorgenommen hatte. Nur insoweit kann dann auch der Rechtsweg ausgeschlossen werden. Eine Mietsenkung wegen Gebäudeschäden hat der Reichskommissar aber nicht erlassen (Bezirksverwaltungsgericht vom 25. 10. 1936, II 194, 46).

Preisamt gegen überhöhte Unkosten.

Es ist wiederholt die Frage aufgeworfen, ob die Preisämter berechtigt sind, überhöhte Unkosten, z. B. zuviel in Rechnung gestellte Arbeitsstunden, ab zusetzen. Diese Frage ist zu bejahen. In einem jetzt vor dem Bezirksverwaltungsgericht zur Entscheidung gelangten Fall hat eine hiesige Baufirma nach Ansicht des Sachverständigen des Preisamtes beim Magistrat von Groß-Berlin für Arbeiten zuviel Arbeitsstunden berechnet. Den Kostenersatz hatte das Preisamt gestrichen. Der Sachverständige hatte wegen der durch Unterernährung und ungeübte Kräfte bedingten geringeren Leistungsfähigkeit von sich aus bereits eine Verdoppelung der 1940 üblich gewesenen Stundenzahl zugestanden, die noch darüber hinausgehenden Zahlungen aber bei wirtschaftlicher Betriebsführung für nicht gerechtfertigt angesehen. Dem Urteil kommt eine grundsätzliche Bedeutung zu, zumal klargestellt ist, daß das Preisamt nicht nur berechtigt ist, gegen Preisüberschreitungen vorzugehen, sondern auch Leistungswucher oder schlechte Wirtschaftsführung zu ahnden. Dem Unternehmer muß zugemutet werden, selbst tatsächlich entstandene überhöhte Unkosten aus dem Gewinn zu decken.

Grundordnung für die Preiskontrolle und Maßnahmen gegen Preisverstöße.

Zur Durchführung der Anordnung des Magistrats der Stadt Berlin betr. Errichtung von Bezirkspreisstellen und Bezirksstrafausschüssen, sowie der Anordnung des Magistrats der Stadt Berlin betr. Errichtung eines Strafausschusses und eines Berufungsausschusses beim Preisamt des Magistrats der Stadt Berlin, beide vom 23. März 1946, wird mit Zustimmung des Preisausschusses folgende Grundordnung erlassen:

I. Organisation der Kontrolle.

1. Die Innehaltung der festgesetzten Preise wird vom Magistrat der Stadt Berlin, Finanzabteilung, durch das Preisamt und in den Verwaltungsbezirken vom Bezirksbürgermeister, Bezirksrat für Finanzen, durch die Bezirkspreisstellen kontrolliert.
2. Das Preisamt hat
   a) die Arbeit aller Bezirkspreisstellen zu leiten. Es gibt verbindliche Anweisungen für die Durchführung der Preiskontrollen heraus;
   b) die Arbeit aller Bezirkspreisstellen zu prüfen;
   c) die Kontrolle über die Innehaltung der festgesetzten Preise zu verwirklichen, indem es zu diesem Zwecke besondere Revisionen und Prüfungen unmittelbar vornimmt oder durch die Bezirkspreisstellen vornehmen läßt;
   d) diejenigen Personen, die gegen die geltenden Preisgesetze, -verordnungen bzw. -anordnungen verstoßen, unmittelbar oder mittelbar durch die Bezirkspreisstellen zur Verantwortung zu ziehen.
3. Die Bezirkspreisstellen sind verpflichtet, periodisch dem Bezirksbürgermeister über den Stand der Preiskontrollarbeiten nach dem vom Preisamt vorgeschriebenen Muster zu berichten.
4. Das Preisamt führt im Bedarfsfalle Prüfungen in den wichtigsten Industrie- und Handelsunternehmungen selbst durch.

II. Formen der Kontrolle.

1. Preiskontrollen durch das Preisamt oder die Bezirkspreisstellen werden
   a) durch verantwortliche Vernehmungen vorgeladener Personen oder
   b) durch Prüfungen der Preise bei den Unternehmungen durchgeführt.
2. Die Bezirkspreisstellen haben eine Liste sämtlicher Unternehmen privater und öffentlicher Art, die sich in ihrem Verwaltungsbezirk befinden, zu führen und für deren periodische Prüfung zu sorgen.
3. Die Kontrolle wird durchgeführt
   a) durch Einsichtnahme in die Bücher, Kalkulationsunterlagen und Betriebsabrechnungen;
   b) durch Prüfung der Ausgangsrechnungen,
   c) durch Prüfung der Eingangsrechnungen,

d) durch Prüfung der Lagerbücher,
e) durch Einsichtnahme in die Geschäftskorrespondenz,
f) durch Vergleich der heutigen Verkaufspreise mit denen des 1. April 1945, soweit diese zulässig waren;
g) durch Vergleich mit Preislisten ähnlicher Unternehmen,
h) durch Vergleich statistischer Unterlagen,
i) durch Betriebsvergleich,
k) durch Einsichtnahme in frühere Prüfungsberichte privater oder steuerlicher Art.

4. Preise, die über dem Stand vom 1. April 1945 liegen, werden nur dann als gesetzlich zulässig angesehen, wenn eine schriftliche Genehmigung des Preisamtes vorliegt.

5. Werden bei einer Preiskontrolle eines Unternehmens Preisverstöße anderer Unternehmungen festgestellt, so ist hierüber ein Bericht abzufassen, in welchem die dokumentarischen Beweise gesichert werden und den Bezirkspreisstellen, in deren Bezirk die anderen Unternehmen ihren Sitz haben, zuzustellen.

Ist der Sitz derartiger Unternehmen außerhalb der Stadt Berlin, so ist der Bericht an das Preisamt zu senden.

6. Besondere Aufmerksamkeit ist den verdeckten Preiserhöhungen zu widmen, wie z. B. Herstellung und Verkauf von Waren minderer Qualität zu Preisen für vollwertige Qualität oder Hergabe von Waren in Normalpackungen mit Mindergewicht.

7. Die Unternehmen sind verpflichtet, auf Verlangen alle zur Prüfung notwendigen Unterlagen vorzulegen.

Der Prüfer hat das Recht, Orginalpapiere unter Zurücklassung beglaubigter Abschriften zu entnehmen.

8. Durch die Kontrolle soll die Betriebstätigkeit nicht gestört werden. Der Prüfer darf sich nicht in die Tätigkeit des Unternehmens oder in die Anordnungen der Leitung des Unternehmens einmischen.

9. Über das Ergebnis der Prüfung ist ein Bericht abzufassen und der Bezirkspreisstelle bzw. dem Preisamt einzureichen.

Nach der Bestätigung des Berichtes durch den Leiter der Bezirkspreisstelle bzw. den Leiter der Abteilung Preisüberwachung beim Preisamt wird der Bericht im Falle des Vorliegens eines Preisverstoßes dem Bezirksstrafausschuß bzw. dem Strafausschuß des Preisamtes zur Weiterverfolgung zugeleitet. Im anderen Falle ist der Bericht an den Leiter des Preisamtes zur weiteren Bearbeitung zu senden.

Sind in dem Prüfungsbericht bestimmte Auflagen des Prüfers enthalten, so sind diese nach der Bestätigung des Berichtes durch die Leitung des Unternehmens durchzuführen.

10. Das Preisamt ist verpflichtet, durch seine Prüfer die Unternehmen bei der Durchführung der Auflagen zu überwachen.

11. Die hauptamtlichen Prüfer der Bezirkspreisstellen erhalten Dienstausweise lt. beiliegenden Mustern A, die ehrenamtlichen Prüfer solche nach Muster B, beide müssen durch den Bezirksbürgermeister unterschrieben werden und sind von Quartal zu Quartal zu befristen.

Die hauptamtlichen Prüfer des Preisamtes erhalten Dienstausweise nach Muster C. Sie sind durch den Leiter des Preisamtes zu unterschreiben und ebenfalls von Quartal zu Quartal zu befristen.

12. Die Bezirkspreisstellen sind verpflichtet, mit den Organen der Polizei (Gewerbeaußendienst, Schutzpolizei, Kriminalpolizei) des Magistrats (Ernährungsämter, Wirtschaftsämter usw.) und den Prüfungsorganen der Finanzämter und Zolldirektionen zusammenzuarbeiten.

Mit den bezirklichen Einrichtungen des FDGB (Preisausschüsse, Arbeitsausschüsse usw.) ist enge Fühlung zu halten, diese sind zu gemeinsamen Beratungen heranzuziehen.

III. Strafvorschriften.

1. Im Falle eines Verstoßes gegen die geltenden Preisvorschriften sind die verantwortlichen Personen zur Verantwortung zu ziehen.
2. Verstöße werden
   a) im Wege des Ordnungsstrafverfahrens geahndet oder
   b) dem ordentlichen Gericht zur Strafverfolgung übergeben.

IV. Berichterstattung.

Die Bezirkspreisstellen reichen zum 5. jedes Monats dem Preisamt einen Bericht über ihre Kontrolltätigkeit ein.

Berlin, den 2. Mai 1946.

Magistrat der Stadt Berlin.
Preisamt.

Der **Verkauf,** sowie die **Auflassung eines Grundstücks** bedarf der Unbedenklichkeitsbescheinigung der Preisbehörde.[1]) Hierüber ist eine **Verordnung über die Preisüberwachung und die Rechtsfolgen von Preisverstößen im Grundstücksverkehr am 7. 7. 1942 erlassen.** (RGBl. I S. 451/452.) Diese Verordnung enthält folgende Vorschriften:

§ 1.

(1) Ein Vertrag durch den sich jemand verpflichtet, das Eigentum an einem Grundstück gegen Entgelt zu übertragen, ist der Preisbehörde zur Prüfung vorzulegen. Auf Antrag eines Vertragsteils hat die Preisbehörde die Angemessenheit des Entgelts bereits vor Abschluß des Vertrages zu prüfen, wenn ihr ein zur Beurkundung geeigneter Vertragsentwurf vorgelegt wird.

(2) Ergibt sich für das Grundbuchamt (Grundbuchgericht) aus den ihm vorliegenden Unterlagen, daß die Übereignung auf einem Vertrag der im Abs. 1 bezeichneten Art beruht, so soll es den Erwerber nur eintragen, wenn eine Unbedenklichkeitsbescheinigung der Preisbehörde beigebracht worden ist. Als Unbedenklichkeitsbescheinigung der Preisbehörde ist auch ein Bescheid anzusehen, durch den eine Genehmigung nach der Grundstücksverkehrsbekanntmachung vom 26. Januar 1937 (Reichsgesetzbl. I S. 35), dem Gesetz über die Aufschließung von Wohnsiedlungsgebieten vom 22. September 1933 (Reichsgesetzbl. I S. 659) in der Fassung des Gesetzes vom 27. September 1938 (RGBl. I S. 1246) oder der Ersten Durchführungsverordnung zum Gesetz über die Sicherung der Reichsgrenze und über Vergeltungsmaßnahmen vom 17. August 1937 (RGBl. I S. 905) in der Fassung der Bekanntmachung vom 8. Oktober 1941 (RGBl. I S. 623) erteilt wird.

(3) Die Unbedenklichkeitsbescheinigung gilt gegebenenfalls als Bewilligung einer Ausnahme vom Preiserhöhungsverbot.

§ 2.

(1) Beanstandet die Preisbehörde das vereinbarte Entgelt, so ist der Vertrag nichtig.

(2) Es gilt jedoch das von der Preisbehörde als zulässig bezeichnete Entgelt als vereinbart:

---

[1]) Was den Preisstop auf dem Gebiete des Grundstücksmarktes betrifft, so gelten als zulässige Provisionssätze die Grundsätze des Preiskommissars für die Preisbildung im Jahre 1944. Diese betragen in Berlin bei Vermittlung von Miethäusern unter Mitwirkung eines Maklers 3 %, bei Gemeinschaftsgeschäften mehrerer Makler 4 %. Bei Villen und Landhäusern im Werte bis zu 25 000 RM 5 %, bis zu 50 000 RM 4 %, über 50 000 RM 3 %. Beim Verkauf von Parzellen ist eine Höchstprovision von 10 %, mindestens 100 RM zulässig. Bei Geschäftsverkäufen ohne Warenlager können bis zu 5 % Gebühr, mindestens 300 RM gefordert werden. — In Berlin sind rund 3000 Personen mit Grundstücksverkaufsvermittlungen und Hausverwaltungen beschäftigt, während im 1. Halbjahr 1947 nur 70 Grundstücke in den Bezirken 1—6 der Berliner Innenstadt den Eigentümer wechselten, bei einem Vorhandensein von etwa 40 000 Grundstücken.

1. wenn der Veräußerer sich dem Erwerber gegenüber mit diesem Entgelt einverstanden erklärt oder
2. wenn der Erwerber oder ein Dritter als Rechtsnachfolger des Erwerbers im Grundbuch als Eigentümer eingetragen ist.

(3) Der Veräußerer ist zur Erteilung des Einverständnisses (Abs. 2 Nr. 1) verpflichtet, wenn die Verweigerung nach den besonderen Umständen des Falles gegen Treu und Glauben verstoßen würde.

(4) Fordert der Erwerber den Veräußerer zur Erklärung des Einverständnisses auf, so gilt dieses als verweigert, wenn der Veräußerer es nicht innerhalb eines Monats nach dem Empfang der Aufforderung erteilt. Eine Klage auf Erteilung des Einverständnisses kann der Erwerber nur innerhalb eines Monats nach dem Ablauf dieser Frist oder nach dem Empfang einer vorher das Einverständnis verweigernden Erklärung des Veräußerers erheben.

(5) Die Einverständniserklärung des Veräußerers bedarf der öffentlichen Beglaubigung; die Kosten der Beglaubigung fallen dem Erwerber zur Last.

(6) Der im § 1 Abs. 2 vorgesehenen Beibringung einer Unbedenklichkeitsbescheinigung der Preisbehörde bedarf es nicht, wenn dem Grundbuchamt (Grundbuchgericht) nachgewiesen wird, daß der Veräußerer sich mit dem von der Preisbehörde zugelassenen Entgelt einverstanden erklärt hat.

Es folgen noch 5 weitere Paragraphen insbesondere über die Anwendung dieser Verordnung auf Verträge, die **vor** dem Inkrafttreten dieser Verordnung abgeschlossen sind.

Ferner bedarf der Antrag auf Erteilung der **Wohnsiedlungsgenehmigung** für die Auflassung eines Grundstücks oder Grundstücksteils die Teilung eines Grundstücks sowie jede Vereinbarung, durch die einem anderen ein Recht zur Nutzung oder Bebauung des Grundstücks oder Grundstücksteiles eingeräumt werden soll, zu ihrer Wirksamkeit innerhalb des Berliner Wohnsiedlungsgebietes der Genehmigung, die beim zuständigen Bezirksamt (Amt für Planung) einzureichen ist. Über Beschwerden entscheidet der Magistrat (Hauptamt für Planung), Klosterstraße 47/59, Altes Stadthaus (Verordnung des Magistrats der Stadt Berlin vom 31. 1. 1946, V. 2 S. 42).

Die Preisstelle für Grundstücke — das Amt für Vermessung — in jedem Verwaltungsbezirk teilt bei der Genehmigung mit, daß gegen den not. Kaufvertrag und gegen den vereinbarten Kaufpreis von der Preisbehörde Bedenken auf Grund des Preisbildungsgesetzes nicht zu erheben sind.

Die **Wohnsiedlungsgenehmigung** erteilt nach dem Gesetz über die Aufschließung von Wohnsiedlungsgebieten vom 22. 9. 1933—27. 9. 1938 (RGBl. I S. 1246) die Stadt Berlin, Abt. Bau- und Wohnungswesen (Amt für Planungen), zugleich nach der Grundstücksverkehrsgesetzbekanntmachung vom 26. 1. 1937 (RGBl. I S. 35) .Gegen die Genehmigung hat jeder Beteiligte binnen 2 Wochen seit Zustellung der Bescherwde beim Magistrat Berlin (Hauptamt für Planungen I) einzureichen. Die Entscheidung über die Beschwerde ist endgültig. In der Beschwerdeinstanz können Gebühren in Ansatz gebracht werden.

Zur Ermittlung des erlaubten Kaufpreises eines Grundstücks spielt der gerechte Bodenpreis, der Ertragswert und der Wert des Kubikmeters des umbauten Raumes eine Rolle. Für die Stadt Berlin sind 36 Preisstufen vorgesehen, deren teuerste bis zu 2500 RM. je Quadratmeter geht. Im Allgemeinen liegen die Berliner Grundstückspreise innerhalb der Ringbahn höher als außerhalb des Ringes.

Beim Grundstückswechsel ist zu beachten, daß innerhalb der Ringbahn jeweils die Preisgenehmigung als Verwaltungsakt genügt, während außerhalb dieses Bereiches auch noch die Planungsämter der Bezirke die Wohnsiedlungsgenehmigung erteilen müssen. Heute kommen auch reine Trümmerstätten zum Verkauf. Die Preisstellen für Grundstücke kümmern sich in derartigen Fällen nur um die Festsetzung des Stockpreises für das Bauland.

Die Bewertung der darauf liegenden Trümmer ist der freien Preisvereinbarung überlassen. Dem Verkäufer des Grundstücks ist dringend zu empfehlen, vor Abschluß des Kaufvertrages an die Preisstelle für Grundstücke heranzutreten, um sich den erlaubten Kaufpreis errechnen zu lassen. Der Verkäufer muß dann zwar die Verwaltungsgebühr sogleich bezahlen, auch wenn er vom Verkauf Abstand nimmt, aber er braucht sie nur einmal zu entrichten, selbst wenn er sich erst später zum Verkauf entschließen sollte. Der Verkäufer hat hierbei den Vorteil, daß er nicht nur erfährt, welcher Höchstpreis genehmigt werden wird, sondern auch, welchen Wert das Grundstück überhaupt hat. Hierbei wird die Wiederholung eines vorgekommenen Falles vermieden, in dem durch Kaufvertrag ein Preis vereinbart wurde, der um 87000 RM unter dem erlaubten Höchstpreis lag. Da die Preisstelle die Kaufpreise nur nach oben begrenzt, hatte sie in diesem Falle keinen Anlaß, den Vertrag zu beanstanden.

Zwecks Verhinderung der Abgabe von falschen Angaben bei der Veräußerung von Grundstücken hat der Chefpräsident des Landgerichts Berlin an das Präsidium der Rechtsanwaltskammer in Berlin am 22. 7. 1947 den Notaren bei der Beurkundung folgende Form empfohlen

Der Notar hat den Vertragschließenden darauf hingewiesen, daß sie gemäß § 3 Abs. 2 Ziff. 1 der Durchf. V. zum Grunderwerbssteuergesetz verpflichtet sind, jede Erhöhung der Gegenleistung des Erwerbers durch Gewährung von zusätzlichen Leistungen neben der beim Erwerbsvorgang beurkundeten Gegenleistung binnen 2 Wochen anzuzeigen, und zwar auch dann, wenn

der Vorgang von der Besteuerung ausgenommen ist, und daß als Teil der Gegenleistung auch solche Leistungen gelten, die Dritten oder durch Dritte im Zusammenhang mit dem beurkundeten Rechtsgeschäft gewährt werden,

Abschriften dieses Vertrages, die als Steuererklärungen gelten, dem zuständigen Finanzamt zur Erhebung der Grunderwerbs- und Wertzuwachssteuer zu übersenden sind, und daß die Angabe eines falschen Kaufpreises die Einleitung von Strafverfahren wegen Steuerhinterziehung durch das zuständige Finanzamt nach sich zieht,

das Finanzamt von ihnen die Abgabe einer eidesstattlichen Versicherung über die Richtigkeit ihrer Angaben verlangen kann und berechtigt ist, sie eidlich zu vernehmen

die unrichtige Beurkundung des Kaufpreises die Nichtigkeit des Kaufvertrages in seinem ganzen Umfange zur Folge hat,

die preisrechtliche Unbedenklichkeitsbescheinigung bzw. die Wohnsiedlungsgenehmigung wegen falscher Angaben widerrufen werden kann

der Erwerber den schwarz gezahlten Überpreis vom Verkäufer zurückfordern kann (§ 5 der V. über die Preisüberwachung und die Rechtsfolgen von Preisverstößen im Grundstücksverkehr vom 7. 7. 1942, RGB.l I S. 451).

Die Vertragsschließenden erklären:

Wir versichern hiermit, daß außer den vorstehend beurkundeten Vereinbarungen keine für die Bemessung des Entgelts in Betracht kommenden Nebenabreden, insbesondere über weitere Nebenleistungen in der Form von Geldzahlungen, Lieferung von Naturalien oder Sachwerten und über die entgeltliche Abgeltung von Kriegssachschäden getroffen worden sind.

Wir versichern ferner, daß vor Vertragsabschluß keine Leistungen bewirkt worden sind, die den beurkundeten Kaufpreis beeinträchtigen. (Ablösung von Grundpfandrechten usw. auf Kosten des Erwerbers.)

Die Vertragsschließenden erklären weiter, das der — die — Erwerber das nachstehend — in der Anlage — aufgeführte Inventar übernommen haben. Für dieses Inventar ist ein Kaufpreis von ...... RM. vereinbart worden, der im Kaufpreis für das Grundstück nicht enthalten ist.

Das **Preisamt** hat am 4. 6. 1946 (V. 2 S. 198) eine **erste Durchführungsverodnung zur Verordnung gegen Preistreiberei erlassen.**

Diese Anordnung enthält folgende Bestimmungen:

§ 1.

Für Waren und Leistungen jeder Art dürfen die am 1. April 1945 zulässig gewesenen Preise und Entgelte grundsätzlich nicht überschritten werden.

§ 2.

Das Preisamt kann im Falle unvermeidbarer Kostenerhöhungen aus volkswirtschaftlichen Gründen oder zur Vermeidung besonderer Härten Ausnahmen zulassen oder anordnen.

§ 3.

Der Hersteller hat in jedem Falle seine Rechnung mit einem Vermerk zu versehen, daß die von ihm geforderten Preise dem Preisstand vom 1. April 1945 entsprechen oder vom Preisamt beim Magistrat der Stadt Berlin genehmigt worden sind. Im letzteren Falle ist Datum und Registernummer des Genehmigungsbescheides anzugeben.

§ 4.

Der Händler darf nur die Handelsspanne in absoluter Höhe berechnen, die dem Preis des zulässigen Preisstandes vom 1. April 1945 entspricht. Diese gilt auch dann, wenn sein Einkaufspreis mit Genehmigung der hierfür zuständigen Behörden erhöht worden ist. § 2 findet entsprechende Anwendung.

§ 5.

Das Fordern, Gewähren und Bieten erhöhter Preise ohne schriftliche Ausnahmegenehmigung des Preisamtes beim Magistrat der Stadt Berlin ist verboten. Die erste Ergänzungsanordnung zur Verordnung über den Nachweis von Preisen vom 23. November 1940 (RGBl. I S. 1531) enthält folgende Vorschrift: Die Vorschriften der Verordnung über den Nachweis von Preisen vom 23. November 1940 (RGBl. I S. 1531) sind auch auf Lieferungen, die durch Einzelhändler oder auf andere Weise im Kleinhandel erfolgen, anzuwenden. Dies gilt auch für den Einzelhandel mit Lebensmittel (V. 2 S. 198).

Weitere Anordnungen des **Preisamtes** sind am 23. 8. 1946 (V. 2 S. 129—130) erlassen. Es sind folgende:

Errichtung eines Strafausschusses und eines Berufungsausschusses beim Preisamt des Magistrats der Stadt Berlin.

Zur Durchführung der auf Grund der Befehle der Alliierten Kommandantur vom 26. September 1945 BK/O (45) 130 und vom 28. September 1945 Ref. BK/O (45) 137 erlassenen Verordnung gegen Preistreiberei und Anordnung zur Errichtung eines Preisamtes vom 28. September 1945 (Verordnungsblatt der Stadt Berlin Nr. 10 vom 16 Oktober 1945 S. 122) wird folgendes angeordnet:

I. Strafausschuß.

1. Beim Preisamt der Stadt Berlin wird ein Strafausschuß gebildet, der besteht aus dem Vorsitzenden, der höherer Verwaltungsangestellter sein muß, und 6 Beisitzern, nämlich einem Fabrikanten, einem Händler, einem Handwerker, einer Hausfrau, zwei Mitgliedern des FDGB.

Die Berufung der Mitglieder des Strafausschusses erfolgt durch den Leiter des Preisamtes.

Die Vertreter des FDGB werden von dem Vorstand des FDGB, die Hausfrau vom Frauenausschuß, der Fabrikant, Händler und Handwerker von der Abteilung Wirtschaft bzw. Handel und Handwerk des Magistrats der Stadt Berlin vorgeschlagen.

2. Der Strafausschuß ist zuständig
   a) für die Entscheidung über Preisverstöße, die ihm von den Strafausschüssen der Bezirkspreisstellen zugeleitet werden,
   b) für die Entscheidung über Beschwerden, die gegen Ordnungsstrafen und Betriebsschließungen eingelegt werden, soweit sie von den Strafausschüssen bei den Bezirkspreisstellen verhängt worden sind.

   Diese Entscheidung ist endgültig.

3. Personen, die mit Betriebsschließung oder Tätigkeitsverbot oder die wegen Preistreiberei auf dem Schwarz- oder Tauschmarkt bestraft werden, sind sofort dem Arbeitsamt zum Sondereinsatz zu melden.

4. Gegen Entscheidungen der Strafausschüsse nach Ziffer 2a dieser Anordnung steht dem Beschuldigten und dem Leiter des Preisamtes das Recht der Berufung zu. Sie ist innerhalb von 14 Tagen nach Zustellung des Bescheides beim Preisamt schriftlich einzulegen.

II. Berufungsausschuß.

1. Beim Preisamt der Stadt Berlin wird ein Berufungsausschuß gebildet, der besteht aus dem Vorsitzenden, der höherer Verwaltungsangestellter sein muß, und 6 Beisitzern, nämlich einem Fabrikanten, einem Händler, einem Handwerker, einer Hausfrau, zwei Mitgliedern des FDGB.

Die Ernennung der Mitglieder des Berufungsausschusses erfolgt durch den Magistrat der Stadt Berlin.

Die Vertreter des FDGB werden von diesem, die Hausfrau vom Frauenausschuß, die Vertreter der Wirtschaft von den zuständigen Magistratsabteilungen vorgeschlagen.

2. Der Berufungsausschuß ist zuständig für die Entscheidung über die Berufung gegen Entscheidungen des Strafausschusses beim Preisamt der Stadt Berlin. Die Entscheidung ist endgültig.

Diese Anordnung tritt mit dem Tage nach der Veröffentlichung im Verordnungsblatt der Stadt Berlin in Kraft.

Berlin, den 23. März 1946.

Der Magistrat der Stadt Berlin.
Finanzabteilung.

Errichtung von Bezirkspreisstellen und Bezirksstrafausschüssen.

Zur Durchführung der auf Grund der Befehle der Alliierten Kommandantur vom 26. September 1945 BK/O (45) 130 und vom 28. September 1945 BK/O (45) 187 erlassenen Verordnung gegen Preistreiberei und der Anordnung zur Errichtung eines Preisamtes vom 28. September 1945 (Verordnungsblatt der Stadt Berlin Nr. 10 vom 16. Oktober 1945 S. 122) wird folgendes angeordnet:

I. Bezirkspreisstellen.

1. Bei jedem Bezirksamt wird eine Bezirkspreisstelle errichtet.
2. Aufgabe der Bezirkspreisstelle ist die Preisüberwachung innerhalb der Verwaltungsbezirke. Für diese Überwachung sind hauptamtliche und ehrenamtliche Prüfer einzusetzen. Die ehrenamtlichen Prüfer sind von den vier Parteien, dem FDGB und von den Frauenausschüssen vorzuschlagen.

II. Bezirksstrafausschüsse.

1. Bei jeder Bezirkspreisstelle wird ein Bezirksstrafausschuß gebildet, der aus dem Vorsitzenden und 6 Beisitzern besteht.

Vorsitzender des Bezirksstrafausschusses ist der Bezirksbürgermeister oder in seiner Vertretung ein höherer Verwaltungsangestellter.

Die Beisitzer sind ein Fabrikant, ein Händler, ein Handwerker, eine Hausfrau, zwei Mitglieder des FDGB.

Die Beisitzer ernennt der Bezirksbürgermeister. Die FDGB-Vertreter werden vom FDGB, die Hausfrau vom Frauenausschuß und die Vertreter der Wirtschaft vom Wirtschaftsamt des Bezirksamtes vorgeschlagen.

2. Die Strafausschüsse können folgende Strafen verhängen:
   a) gebührenpflichtige Verwarnungen,
   b) Ordnungsstrafen bis zu 10 000 RM im Einzelfall,
   c) Betriebsschließungen bis zu 4 Wochen.

3. Personen, die wegen Preistreiberei auf dem Schwarz- oder Tauschmarkt, und solche, die mit Betriebsschließung bestraft werden, sind sofort dem Arbeitsamt zum Sondereinsatz zu melden.

4. Erscheinen höhere Strafen angebracht, so ist der Ermittlungsvorgang dem Strafausschuß beim Preisamt der Stadt Berlin zuzuleiten.

5. Gegen Verwarnung (II/2a) ist die Beschwerde ausgeschlossen.

Gegen Ordnungsstrafen und Betriebsschließungen (II/2b und c) kann Beschwerde erhoben werden. Sie ist innerhalb von 1 Woche nach Zustellung des Bescheides bei dem Bezirksstrafausschuß schriftlich einzulegen, der die Beschwerde an den Strafausschuß des Preisamtes der Stadt Berlin abzugeben hat.

Die Anordnung tritt mit dem Tage nach der Veröffentlichung im Verordnungsblatt in Kraft.

Berlin, den 23. März 1946.

Der Magistrat der Stadt Berlin.
Finanzabteilung.

In der Hauptsache sind von dem **Preisamt Berlin** folgende **Höchstpreise vorgeschrieden worden:**

1. Über die **Preisbildung für Mieten und Pachten ist folgende Anordnung erlassen worden** (V II S. 181):

I. Die Aufgaben der Preisbildung für Mieten und Pachten bei Wohn-, Geschäfts- und Garagenräumen werden der Abteilung für Bau- und Wohnungswesen des Magistrats Berlin (Hauptamt für Wohnungswesen) übertragen.

Das Hauptamt für Wohnungswesen wird ermächtigt, diese Aufgaben auf die Bezirksämter zu übertragen, soweit es sich hierbei um Einzelmaßnahmen handelt.

II. Die Aufgaben der Preisbildung für Grundstücke sowie Mieten und Pachten bei unbebauten Grundstücken werden der Abteilung für Bau- und Wohnungswesen des Magistrats Berlin (Hauptamt für Vermessung) übertragen.

Das Hauptamt für Vermessung wird ermächtigt, diese Aufgaben auf die Bezirksämter (Ämter für Vermessung) zu übertragen, soweit es sich um Einzelmaßnahmen handelt.

III. Gegen die Entscheidungen der Bezirksämter steht dem Betroffenen das Recht der Beschwerde an die Abteilung für Bau- und Wohnungswesen des Magistrats Berlin zu.

Gegen die Entscheidungen dieser Abteilung findet die Beschwerde und, wenn jene Abteilung bereits als Beschwerdeinstanz entschieden hat, die weitere Beschwerde an das Preisamt statt. Letzteres entscheidet endgültig.

IV. Die Abteilung für Bau- und Wohnungswesen des Magistrats Berlin kann mit Zustimmung des Preisamts allgemeine Grundsätze der Preisbildung für Grundstücke, Mieten und Pachten aufstellen.

V. Die Anordnung tritt mit dem Tage der Verkündung in Kraft.

Am 15. 10. 1946 hat das **Preisamt Berlin eine weitere Verordnung über Preisbildung für Mieten und Pachten** (V. 2 S. 431) folgenden Inhalts erlassen:

2. **Anordnung über Preisbildung für Mieten und Pachten.**

Auf Grund der Anordnung des Magistrats der Stadt Berlin vom 28. September 1945 (VOBl. S. 122) wird mit Zustimmung des Preisausschusses und im Einvernehmen mit der Abteilung für Bau- und Wohnungswesen folgendes angeordnet:

Die Beschwerde gegen die Entscheidungen der Bezirksämter und die Beschwerde bzw. die weitere Beschwerde gegen die Entscheidungen der Abteilung für Bau- und Wohnungswesen des Magistrats der Stadt Berlin gemäß Abschnitt III der Anordnung betr. Preisbildung für Mieten und Pachten vom 21. Mai 1946 (VOBl. 1946 S. 181) ist innerhalb 2 Wochen bei der Stelle einzulegen, die die angefochtene Entscheidung erlassen hat. Die Frist gilt auch dann als gewährt, wenn die Beschwerde bei der zur Entscheidung zuständigen Stelle eingelegt worden ist. Die Stelle, die die angefochtene Entscheidung erlassen hat, kann der Beschwerde selbst abhelfen. Die Beschwerdeentscheidung ist mit Gründen zu versehen und den Beteiligten zuzustellen.

Nach einer in V. 1 S. 123 veröffentlichten Verordnung des Magistrats der Stadt Berlin ist die A. zur Führung der **Untermietbücher** aufgehoben und ein Verbot der Erhebung von Mietzinszuschlägen wegen Untervermietung durch den Hauseigentümer untersagt.

Das **Preisamt** hat u. a. ferner folgende **Höchstpreise** vorgeschrieben:

1. Für das Bestattungsgewerbe (V. 2 S. 190 und Abänd. A. V. 2 S. 432).
2. Für Blumen und Zierpflanzen (V. 2 S. 432).
3. Nach einer V. des Magistrats Berlin vom 27. 12. 1945 wird die Marktordnung für Gebrauchtwaren-Tauch- und Handelsmärkte vom 25. 10. 1945 dahin geändert, daß der Preis der zum Verkauf gelangenden Gegenstände 75 % des Neuwertes nicht übersteigen darf, soweit die Preise vom 1. 4. 1945 maßgebend sind.
4. Nach einer V. des Preisamts Berlin vom 26. 4. 1946 (V. 2 S. 149) ist die Preisregelung für Obst und Gemüse dahin geregelt, daß die Preise monatlich einmal in Preislisten festgesetzt werden. Vgl. die A. vom 27. 5. 47 (V. 3 S. 133).
5. Nach einer V. des Preisamts Berlin vom 19. 6. 1946 (V. 2 S. 214/15) sind Höchstpreise für Schuhreparaturen, nach einer V. vom gleichen Tage (V. 2 S. 215) Höchstpreise im Friseurgewerbe festgesetzt.
6. Nach einer weiteren V. des Preisamtes Berlin (V. 2 S. 215—217) ist die Preisregelung für Blumen und Zierpflanzen sowie für Erzeugnisse der Blumenbinderei geregelt.
7. Nach einer Verordnung des Preisamts Berlin vom 21. 6. 1946 (V. 2 S. 219) sind die Ausschankpreise für Bier mit einem Stammwürzegehalt von 2 % in Gaststätten innerhalb Berlins in drei Preisgruppen geregelt.
8. Nach einer V. des Magistrats Berlin vom 22. 6. 1946 (V. 2 S. 227—229) sind die Preise für Tabakwaren geregelt. Vgl. die A. vom 27. 5. 47 (V 3 S. 132) über die Preisregelung für Gemüse und Tabakpflanzen und weitere V. in den folgenden V.Blättern.

Nach einer A. des Preisamtes Berlin vom 3. 9. 1946 (V. 2 S. 361/379) ist ein Merkblatt für Preisanträge von industriellen und handwerklichen Unternehmungen auf Preisfestsetzung oder auf Bewilligung von Ausnahmen vom Preiserhöhungsverbot veröffentlicht worden.

XVI. Die Grundsätze für das Entnazifizierungsverfahren.

A. Einleitung.

In Deutschland gibt es keine einheitlichen Entnazifizierungsvorschriften, da es an einem entsprechenden Gesetz des K. bisher fehlt. Jedoch hat der K. durch eine „Direktive Nr. 38" vom 12. 10. 1946 (V. 3 S. 33ff.) für ganz Deutschland gemeinsame Richtlinien erlassen, die nachfolgend abgedruckt werden.

In Groß-Berlin wird in dem Entnazifizierungsverfahren der Angeklagte entweder völlig oder garnicht entlastet, ohne daß es irgendwelche Abstufungen gibt, wobei jedoch zu beachten ist, daß auch die genehmigte Entnazifizierung keinen Rechtsanspruch auf Wiedereinstellung gewährt, da für jede Einstellung die Anordnung 209/46 der Kommandantur dies festlegt und zwar:

1. OdF.,
2. alle, die nie in der Partei waren und nie eine Position innehatten, die sie als Aktivisten charakterisiert. Von der Wiedereinstellung der Entnazifizierten ist keine Rede.

In der **britischen Zone** haben die Spruchgerichte (1. Instanz: Spruchkammer, 2. Instanz: Spruchsenate) eine rein strafrichterliche Funktion, d. h. sie haben lediglich die Mitglieder derjenigen Organisationen abzuurteilen, die das Urteil in Nürnberg für verbrecherisch erklärt hat. Als Strafen kommen daher hier nicht Wiedergutmachungsleistungen oder Sühnemaßnahmen in Frage, sondern nur Gefängnis- und Geldstrafen, die bisher in Deutschland nur von den ordentlichen Strafgerichten verhängt werden. Jedoch sind auch die Spruchgerichte frei und unabhängig und die Verordnung 69 verlangt bei einer Aburteilung die Feststellung der objektiven und subjektiven Schuldvoraussetzungen für jedes einzelne Mitglied der verbrecherischen Organisationen.

In **Bayern** und **Hessen** dagegen werden Strafen, Sühnemaßnahmen, Arbeitslager und Vermögenseinziehung ausgesprochen.

B. Alliierte Kontrollbehörde

Kontrollrat.

Direktive Nr. 38.

Verhaftung und Bestrafung von Kriegsverbrechern, Nationalsozialisten und Militaristen und Internierung, Kontrolle und Überwachung von möglicherweise gefährlichen Deutschen.

Der Kontrollrat erläßt folgende Direktive:

Abschnitt I.

1. Zweck. Der Zweck dieser Direktive ist es, für ganz Deutschland gemeinsame Richtlinien zu schaffen betreffend:
   a) die Bestrafung von Kriegsverbrechern, Nationalsozialisten, Militaristen und Industriellen, welche das nationalsozialistische Regime gefördert und gestützt haben;
   b) die vollständige und endgültige Vernichtung des Nationalsozialismus und des Militarismus durch Gefangensetzung oder Tätigkeitsbeschränkung von bedeutenden Teilnehmern oder Anhängern dieser Lehren;
   c) die Internierung von Deutschen, welche, ohne bestimmter Verbrechen schuldig zu sein, als für die Ziele der Alliierten gefährlich zu betrachten sind, sowie die Kontrolle und Überwachung von Deutschen, die möglicherweise gefährlich werden können.

2. Verweisungen:
   a) Potsdamer Abkommen, Art. III § 3 (I) a;
   b) Potsdamer Abkommen, Art. III § 3 (III),
   c) Potsdamer Abkommen, Art. III § 5,
   d) Direktive Nr. 24 des Kontrollrats,
   e) Kontrollratsgesetz Nr. 10 Art. II § 3 und Art. III § 1 und 2.

3. Das Problem und die allgemeinen Grundsätze.

Zwecks Durchführung der in Potsdam aufgestellten Grundsätze wird es für notwendig erachtet, Kriegsverbrecher und Personen, die möglicherweise gefährlich werden können, in fünf Hauptgruppen einzuteilen und einer jeden Gruppe angemessene Strafen und Sühnemaßnahmen festzusetzen.

Wir sind der Ansicht, daß die Gruppeneinteilung und die Art der Strafen und der Sühnemaßnahmen in einem Übereinkommen einheitlich festgesetzt werden müssen, ohne aber dabei das freie Ermessen, das den Zonenbefehlshabern durch das Kontrollratsgesetz Nr. 10 eingeräumt wurde, einzuschränken.

4. Eine klare Definition der Alliierten Politik hinsichtlich Deutscher, die offensichtlich gefährlich sind oder möglicherweise gefährlich werden können, ist jetzt erforderlich, um eine einheitliche Behandlung in den verschiedenen Zonen hinsichtlich dieser Personen zu gewährleisten.

5. Gruppen und Sühnemaßnahmen.

Die Zusammensetzung der Gruppen und der Sühnemaßnahmen wird im einzelnen in Abschnitt II dieser Direktive behandelt. Sie soll gemäß den nachstehenden allgemeinen Grundsätzen erfolgen:

a) Ein Unterschied soll zwischen der Gefangensetzung von Kriegsverbrechern und der Internierung von Personen gemacht werden, die gefährlich werden und deshalb in Haft gehalten werden können, weil ihre Freiheit eine Gefahr für die Sache der Alliierten bedeuten würde.

b) Die Zonenbefehlshaber können nach ihrem Ermessen eine Person bewährungsweise in eine niedrigere Gruppe versetzen, ausgenommen hiervon sollen Personen sein, die wegen ihrer Beteiligung an bestimmten Verbrechen als Hauptschuldige überführt worden sind.

c) In jeder Gruppe bleibt es im Ermessen der Zonenbefehlshaber nötigenfalls Sühnemaßnahmen im Rahmen der in dieser Direktive gesetzten Grenzen abzuändern, um Einzelfällen gerecht zu werden.

d) Die Einteilung aller Schuldigen, sowie der Personen, die gefährlich werden können, die Festsetzung der Sühnemaßnahmen sowie die Nachprüfung der einzelnen Fälle ist von den Stellen durchzuführen, die von den Zonenbefehlshabern mit der verantwortlichen Anwendung dieser Direktive beauftragt werden.

e) Die Zonenbefehlshaber und die Spruchkammern sollen berechtigt sein, Personen von einer Gruppe in eine andere einzureihen, sei es in eine niedrigere oder in eine höhere.

   Die Zonenbefehlshaber können sich nach ihrem Ermessen für die Einreihung, Verhandlung und Nachprüfung deutscher Gerichte bedienen.

f) Um zu verhindern, daß Personen, die unter diese Direktive fallen, sich den Folgen der Direktive durch Umzug in eine andere Zone entziehen, hat jeder Zonenbefehlshaber dafür zu sorgen, daß die anderen Zonen die von ihm angewendeten Methoden für die Ausstellung von Ausweispapieren eingruppierter Personen kennen und verstehen.

g) Für die Durchführung dieser Direktive empfiehlt es sich, daß jeder Befehlshaber in seiner eigenen Zone Befehle oder Gesetze erläßt, die mit den Bestimmungen und Grundsätzen dieser Direktive übereinstimmen. Die Zonenbefehlshaber sollen untereinander Abschriften solcher Befehle und Gesetze austauschen.

h) Vorausgesetzt, daß derartige Zonengesetze in ihrem wesentlichen Inhalt mit den hier niedergelegten Grundsätzen übereinstimmen, sind die Einzelheiten der Anwendung dem freien Ermessen der Zonenbefehlshaber überlassen, um den örtlichen Bedingungen ihrer Zone gerecht zu werden.

i) In Berlin soll die Alliierte Kommandantur für die Durchführung der Grundsätze und Bestimmungen dieser Direktive verantwortlich sein und die zu diesem Zweck erforderlichen Verordnungen und Befehle erlassen. Das in dieser Direktive den Zonenbefehlshabern für die Durchführung eingeräumte freie Ermessen übt für Berlin die Alliierte Kommandantur aus.

j) Abgesehen von den in Abschnitt II dieser Direktive bestimmten Gruppen und Sühnemaßnahmen sollen diejenigen Personen, die Kriegsverbrecher oder Verbrechen gegen den Frieden oder gegen die Menschlichkeit gemäß Kontrollratgesetz Nr. 10 begangen haben, nach den Bestimmungen und den im Gesetz Nr. 10 vorgeschriebenen Verfahrensregeln behandelt werden.

Abschnitt II.

Artikel I.

Gruppen der Verantwortlichen.

Zur gerechten Beurteilung der Verantwortlichkeit und zur Heranziehung zu Sühnemaßnahmen (ausgenommen in dem unten folgenden Falle 5) werden folgende Gruppen gebildet:

1. Hauptschuldige,
2. Belastete (Aktivisten, Militaristen und Nutznießer),
3. Minderbelastete (Bewährungsgruppe),
4. Mitläufer,
5. Entlastete (Personen der vorstehenden Gruppen, welche vor einer Spruchkammer nachweisen können, daß sie nicht schuldig sind).

Artikel II.

Hauptschuldige.

Hauptschuldiger ist:

1. Wer aus politischen Beweggründen Verbrechen gegen Opfer oder Gegner des Nationalsozialismus begangen hat.
2. Wer in Deutschland oder in den besetzten Gebieten ausländische Zivilpersonen oder Kriegsgefangene völkerrechtswidrig behandelt hat.
3. Wer für Ausschreitungen, Plünderungen, Verschleppungen oder sonstige Gewalttaten verantwortlich ist, auch wenn diese Akte bei der Bekämpfung von Widerstandsbewegungen begangen worden sind.
4. Wer sich in einer führenden Stellung in der NSDAP, in einer ihrer Gliederungen oder angeschlossenen Verbände oder in irgendeiner anderen nationalsozialistischen oder militaristischen Organisation betätigt hat.
5. Wer sich in der Regierung des Reiches, der Länder oder in der Verwaltung der früher besetzten Gebiete in einer führenden Stellung, die nur von führenden Nationalsozialisten oder bedeutenden Anhängern der nationalsozialistischen Gewaltherrschaft bekleidet werden konnte, betätigt hat.
6. Wer der nationalsozialistischen Gewaltherrschaft außerordentliche politische, wirtschaftliche, propagandistische oder sonstige Unterstützung gewährt hat oder wer aus dieser Zusammenarbeit für sich oder andere erheblichen Nutzen gezogen hat.
7. Wer in der Gestapo, dem SD, der SS, der Geheimen Feld- oder Grenzpolizei für die nationalsozialistische Gewaltherrschaft aktiv tätig war.
8. Wer sich in einem Konzentrations-, Arbeits-, Internierungslager, in einer Heil- oder Pflegeanstalt an Tötungen, Folterungen oder sonstigen Grausamkeiten in irgendeiner Form beteiligt hat.
9. Wer aus Eigennutz oder Gewinnsucht aktiv mit der Gestapo, dem SD, der SS oder mit ähnlichen Organisationen zusammengearbeitet hat, indem er Gegner der nationalsozialistischen Gewaltherrschaft denunzierte oder sonst zu ihrer Verfolgung beitrug.
10. Jedes Mitglied des Oberkommandos der deutschen Wehrmacht, als solches gekennzeichnet.
11. In Abschnitt 1 des Anhangs „A" ist ein Verzeichnis der Personengruppen enthalten, welche in Anbetracht der ihnen zur Last gelegten Verbrechen, wie sie

in den Ziffern 1 bis 10 dieses Artikels näher bezeichnet sind, und in Anbetracht der von ihnen besetzten Stellen sorgfältig zu prüfen sind, und welche, falls die Ergebnisse der Untersuchung eine Anklage notwendig machen, als Hauptschuldige vor ein Gericht zu stellen und im Falle der Schuld zu bestrafen sind.

Artikel III.
Belastete.

A. Aktivisten.

I. Aktivist ist:

1. Wer durch seine Stellung oder Tätigkeit die nationalsozialistische Gewaltherrschaft wesentlich gefördert hat;
2. Wer seine Stellung, seinen Einfluß und seine Beziehungen zur Ausübung von Zwang, Drohung, Gewalttätigkeiten, Unterdrückung oder sonst ungerechten Maßnahmen ausgenutzt hat.
3. Wer sich als überzeugter Anhänger der nationalsozialistischen Gewaltherrschaft, insbesondere ihrer Rassenlehre, offen bekannt hat.

II. Aktivist ist insbesondere, soweit er nicht Hauptschuldiger ist:

1. Wer durch Wort oder Tat, insbesondere öffentlich durch Reden oder Schriften oder freiwillige Zuwendungen aus eigenem oder fremden Vermögen oder durch Einsetzen seines persönlichen Ansehens oder seiner Machtstellung im politischen, wirtschaftlichen oder kulturellen Leben wesentlich zur Begründung, Stärkung und Erhaltung der nationalsozialischen Gewaltherrschaft beigetragen hat;
2. wer durch nationalsozialistische Lehre oder Erziehung die Jugend an Geist und Seele vergiftet hat;
3. wer zur Stärkung der nationalsozialistischen Gewaltherrschaft unter Mißachtung anerkannter sittlicher Grundsätze das Familien- und Eheleben untergraben hat;
4. wer im Dienste des Nationalsozialismus ungesetzlicherweise in die Rechtspflege eingegriffen oder sein Amt als Richter oder Staatsanwalt politisch mißbraucht hat;
5. Wer im Dienste des Nationalsozialismus hetzerisch oder gewalttätig gegen Kirchen, Religionsgemeinschaften oder weltanschauliche Vereinigungen aufgetreten ist;
6. wer im Dienste des Nationalsozialismus Werte der Kunst oder Wissenschaft verhöhnt, beschädigt oder zerstört hat;
7. wer sich führend oder aktiv an der Zerschlagung der Gewerkschaften, der Unterdrückung der Arbeiterschaft und der mißbräuchlichen Verwendung der Gewerkschaftsvermögen beteiligt hat;
8. Wer als Provokateur, Spitzel oder Denunziant der Einleitung eines Verfahrens zum Schaden eines anderen wegen seiner Rasse, Religion, oder seiner politischen Gegnerschaft gegen den Nationalsozialismus oder wegen Zuwiderhandlungen gegen nationalsozialistische Anordnungen herbeigeführt oder herbeizuführen versucht hat;
9. wer seine Stellung oder seine Macht unter der nationalsozialistischen Gewaltherrschaft zur Begehung von Straftaten, insbesondere Erpressungen, Unterschlagungen oder Betrügereien, ausgenutzt hat;
10. wer durch Wort oder Tat eine gehässige Haltung gegenüber Gegnern der NSDAP in Deutschland oder im Ausland, gegen Kriegsgefangene, die Bevölkerung der ehemals besetzten Gebiete, gegen ausländische Zivilarbeiter, Häftlinge oder ähnliche Personen eingenommen hat;
11. wer die Versetzung zum Frontdienst von Personen wegen ihrer Gegnerschaft zum Nationalsozialismus begünstigt hat.

III. Aktivist ist auch, wer nach dem 8. Mai 1945 durch Propaganda für den Nationalsozialismus oder Militarismus oder durch Erfindung und Verbreitung tendenziöser Gerüchte den Frieden des deutschen Volkes oder den Frieden der Welt gefährdet hat oder möglicherweise noch gefährdet.

B. Militaristen.

I. Militarist ist:

1. Wer das Leben des deutschen Volkes auf eine Politik der militärischen Gewalt hinzulenken versucht hat;
2. Wer für die Beherrschung fremder Völker, ihre Ausbeutung und Verschleppung eingetreten oder verantwortlich ist;
3. Wer die Aufrüstung für diese Ziele gefördert hat.

II. Militarist ist:

1. Wer durch Wort oder Tat militaristische Lehren oder Programme aufgestellt oder verbreitet hat oder in einer Organisation (mit Ausnahme der Wehrmacht), die der Förderung militaristischer Ideen diente, aktiv tätig war;
2. wer vor 1935 die planmäßige Ausbildung der Jugend für den Krieg organisiert oder an einer solchen Organisation teilgenommen hat;
3. wer in befehlender Stellung für sinnlose Zerstörungen von Städten und Dörfern nach dem Einmarsch in Deutschland verantwortlich ist;
4. wer, ohne Rücksicht auf seinen Dienstgrad, als Angehöriger der Wehrmacht, des Reichsarbeitsdienstes, der Organisation Todt (OT) oder Transportgruppe Speer seine Dienstgewalt dazu mißbraucht hat, persönliche Vorteile zu erlangen oder seine Untergebenen brutal zu mißhandeln;
5. wer auf Grund seiner Ausbildung und früheren Tätigkeit im Generalstab oder in anderer Weise nach der Ansicht des (zuständigen) Zonenbefehlshabers zur Förderung des Militarismus beigetragen hat, und wer von dem Zonenbefehlshaber als möglicherweise den Zielen der Alliierten gefährlich erachtet wird.

C. Nutznießer.

I. Nutznießer ist:

wer unter Ausnutzung seiner politischen Stellung oder seiner Beziehungen aus der nationalsozialistischen Gewaltherrschaft, der Aufrüstung oder aus dem Kriege für sich selbst oder andere persönliche oder wirtschaftliche Vorteile erlangt oder herausgeschlagen hat.

II. Nutznießer ist insbesondere, soweit er nicht Hauptschuldiger ist:

1. wer ausschließlich auf Grund seiner Zugehörigkeit zur NSDAP ein Amt oder eine Stellung erhalten hat oder bevorzugt befördert worden ist;
2. wer erhebliche Zuwendungen von der NSDAP oder von ihren Gliederungen oder angeschlossenen Verbänden erhalten hat;
3. wer mittelbar oder unmittelbar auf Kosten der politisch, religiös oder rassisch Verfolgten, insbesondere mittels Enteignungen, Zwangsverkäufen und aller sonstigen ähnlichen Rechtsgeschäfte Vorteile für sich selbst oder für andere erlangt oder erstrebt hat;
4. wer bei der Aufrüstung oder in Kriegsgeschäften unangemessen hohen Gewinn erzielt hat;
5. wer sich im Zusammenhang mit der Verwaltung ehemals besetzter Gebiete in ungerechtfertigter Weise bereichert hat.

D. In Abschnitt II des Anhanges „A" ist ein Verzeichnis der Personengruppen enthalten, welche in Anbetracht der ihnen zur Last gelegten Verbrechen, wie sie in den Absätzen A, B und C dieses Artikels näher bezeichnet sind, sorgfältig zu prüfen und, falls die Ergebnisse der Untersuchung eine Anklage notwendig machen, als Mitschuldige vor ein Gericht zu stellen und im Falle der Schuld zu bestrafen sind.

Artikel IV.
Minderbelastete.
(Bewährungsgruppe).

I. Minderbelastet ist:

1. Wer an sich zur Gruppe der Belasteten gehört, jedoch wegen besonderer Umstände einer milderen Beurteilung würdig erscheint und nach seiner Persönlichkeit erwarten läßt, daß er nach einer Bewährungsfrist seine

Pflichten als Bürger eines friedlichen demokratischen Staates erfüllen wird. Dies bezieht sich auch auf ehemalige Angehörige der Wehrmacht.

2. Wer an sich zur Gruppe der Mitläufer gehört, jedoch wegen seines Verhaltens und seiner Persönlichkeit sich erst bewähren soll.

II. Minderbelastet ist insbesondere:

1. wer nach dem 1. Januar 1919 geboren ist, nicht zur Gruppe der Hauptschuldigen gehört, jedoch als Belasteter erscheint, ohne aber ein verwerfliches oder brutales Verhalten gezeigt zu haben und nach seiner Persönlichkeit eine Bewährung erwarten läßt.
2. wer ohne Hauptschuldiger zu sein zwar als Belasteter erscheint, sich aber frühzeitig vom Nationalsozialismus und seinen Methoden unzweideutig und offenkundig abgewandt hat.
3. Im Abschnitt III des Anhangs „A" ist ein Verzeichnis der Personengruppen enthalten, welche sorgfältig zu prüfen und falls Beweise für ihre Schuld nach den Bestimmungen der Absätze I und II dieses Artikels vorhanden sind, als Mitbelastete anzuklagen und im Falle der Schuld zu bestrafen sind.

Artikel V.
Mitläufer.

I. Mitläufer ist:

Wer nur als nomineller Parteigänger an der nationalsozialistischen Gewaltherrschaft teilgenommen oder sie unterstützt hat.

II. Demgemäß ist insbesondere als Mitläufer zu betrachten:

1. Wer als Mitglied der NSDAP oder einer ihrer Gliederungen — ausgenommen HJ und BDM — lediglich Mitgliedsbeiträge bezahlt, an Versammlungen, deren Besuch obligatorisch war, teilgenommen oder unbedeutende oder laufende Obliegenheiten, wie sie allen Mitgliedern vorgeschrieben waren, wahrgenommen hat;
2. wer, ohne Hauptschuldiger, Belasteter oder Minderbelasteter zu sein, Anwärter der NSDAP, aber noch nicht endgültig als Mitglied aufgenommen war;
3. wer, nach Ansicht des Zonenbefehlshabers, als früherer Angehöriger der Wehrmacht auf Grund seiner Fähigkeiten die Ziele der Alliierten gefährden könnte.

Artikel VI.
Entlastete.

Entlasteter ist:

Wer trotz seiner formellen Mitgliedschaft oder Anwartschaft oder eines anderen äußeren Merkmals sich nicht nur passiv verhalten, sondern auch aktiv nach besten Kräften der nationalsozialistischen Gewaltherrschaft Widerstand geleistet und dadurch Nachteile erlitten hat.

Artikel VII.
Sühnemaßnahmen[1]).

Nach dem Grade der Verantwortlichkeit sind die Sühnemaßnahmen (Artikel VIII bis XI) in gerechter und billiger Weise zu verhängen, um die Ausschaltung des Nationalsozialismus und Militarismus aus dem Leben des deutschen Volkes und die Wiedergutmachung des verursachten Schadens zu erzielen.

Artikel VIII.
Sühnemaßnahmen gegen Hauptschuldige.

I. Gegen Hauptschuldige, die bestimmte Kriegsverbrechen begangen haben, sind folgende Sühnemaßnahmen zu verhängen:

a) Todesstrafe;

---

[1]) Die von den Landtagen der Sowjetzone verabschiedeten Verordnungen für politische Befreiung der Jugendlichen bestimmen, daß die Jugendlichen des Jahrganges 1919 und jüngere Jahrgänge fortan nicht den gesetzlichen Sühnemaßnahmen unterliegen, die allen ehemaligen Mitgliedern der NSDAP auferlegt sind, wenn sie nicht „Führerstellen" inne hatten, sich der Kriegsverbrechen schuldig machten, oder freiwillig den verbrecherischen Organisationen SS, SD und Gestapo angehörten.

b) Zuchthaus oder Gefängnis auf Lebenszeit oder für die Dauer von 5 bis 15 Jahren;

c) Zusätzlich können alle im Absatz II dieses Artikels aufgeführten Sühnemaßnahmen verhängt werden.

II. Die folgenden Sühnemaßnahmen können gegen sonstige Hauptschuldige verhängt werden:

a) Gefängnis oder Internierung bis zu 10 Jahren. Internierung nach dem 8. Mai 1945 kann angerechnet werden; körperlich Behinderte sind entsprechend ihrer Leistungsfähigkeit zu besonderen Arbeiten heranzuziehen;

b) ihr Vermögen kann eingezogen werden. Es ist ihnen jedoch der unter Berücksichtigung der Familienverhältnisse und ihrer Erwerbsfähigkeit zum notdürftigen Lebensunterhalt erforderliche Betrag zu belassen;

c) Unfähigkeit, ein öffentliches Amt einschließlich des Notariats und der Rechtsanwaltschaft zu bekleiden;

d) Verlust ihrer Rechtsansprüche auf eine aus öffentlichen Mitteln zahlbare Pension oder Zuwendung;

e) Verlust des aktiven und passiven Wahlrechtes und des Rechtes sich irgendwie politisch zu betätigen oder Mitglied einer politischen Partei zu sein;

f) Verbot der Mitgliedschaft in einer Gewerkschaft oder in einer wirtschaftlichen oder beruflichen Vereinigung;

g) Verbot auf die Dauer von mindestens 10 Jahren nach ihrer Freilassung:

1. in einem freien Beruf oder selbständig in irgendeinem gewerblichen Betriebe tätig zu sein, sich an einem solchen zu beteiligen oder dessen Aufsicht oder Kontrolle auszuüben;
2. In nichtselbständiger Stellung anders als in gewöhnlicher Arbeit beschäftigt zu werden;
3. als Lehrer, Prediger, Schriftsteller, Redakteur oder Rundfunkkommentator tätig zu sein.

h) Sie unterliegen Wohnraum- und Aufenthaltsbeschränkungen und können zu gemeinnützigen Arbeiten herangezogen werden;

i) Sie verlieren alle ihnen erteilten Approbationen, Konzessionen und Vorrechte, sowie das Recht, ein Kraftfahrzeug zu halten.

Artikel IX.

Sühnemaßnahmen gegen Belastete.

1. Sie können auf die Dauer bis zu 10 Jahren in einem Gefängnis oder in einem Lager interniert werden, um Wiedergutmachungs- und Wiederaufbauarbeiten zu verrichten. Internierung aus politischen Gründen nach dem 8. Mai 1945 kann angerechnet werden.
2. Ihr Vermögen kann als Beitrag zur Wiedergutmachung ganz oder teilweise eingezogen werden. Bei teilweiser Einziehung des Vermögens sind insbesondere die Sachwerte einzuziehen. Die notwendigen Gebrauchsgegenstände sind ihnen zu belassen.
3. Sie dürfen kein öffentliches Amt, einschließlich Notariat und Anwaltschaft bekleiden.
4. Sie verlieren alle Rechtsansprüche auf eine aus öffentlichen Mitteln zahlbare Pension oder Zuwendung.
5. Sie verlieren das aktive und passive Wahlrecht, das Recht, sich irgendwie politisch zu betätigen oder Mitglied einer politischen Partei zu sein.
6. Sie dürfen weder Mitglieder einer Gewerkschaft noch einer wirtschaftlichen oder beruflichen Vereinigung sein.
7. Es ist ihnen auf die Dauer von mindestens fünf Jahren nach ihrer Freilassung untersagt:

a) in einem freien Beruf oder selbständig in irgendeinem gewerblichen Betriebe tätig zu sein, sich an einem solchen zu beteiligen oder dessen Aufsicht oder Kontrolle auszuüben;

b) in nichtselbständiger Stellung anders als in gewöhnlicher Arbeit beschäftigt zu sein;

c) als Lehrer, Prediger, Redakteur, Schriftsteller oder Rundfunk-Kommentator tätig zu sein.

8. Sie unterliegen Wohnraum- und Aufenthaltsbeschränkungen.
9. Sie verlieren alle ihnen erteilten Approbationen, Konzessionen und Vorrechte, sowie das Recht, ein Kraftfahrzeug zu halten.
10. Nach Ermessen der Zonenbefehlshaber können in die Zonengesetze Sühnemaßnahmen aufgenommen werden, die es den Belasteten untersagen, eine Zone ohne Genehmigung zu verlassen.

Artikel X.

Sühnemaßnahmen gegen Minderbelastete.

Wer nach dem Spruch einer Kammer in die Gruppe der Minderbelasteten einzureihen ist, kann einer Bewährungszeit unterworfen werden. Diese Bewährungszeit soll mindestens zwei und in der Regel nicht mehr als drei Jahre betragen. Von dem Verhalten während der Bewährungszeit hängt es ab, welcher Gruppe der Betroffene endgültig zugewiesen wird. Während der Bewährungsfrist sind die folgenden Sühnemaßnahmen anwendbar:

1. Es ist den Minderbelasteten während der Bewährungszeit untersagt:
   a) ein Unternehmen als Inhaber, Beteiligter, Leiter oder Bevollmächtigter zu führen oder es zu beaufsichtigen oder zu kontrollieren, ein Unternehmen oder eine Beteiligung daran ganz oder teilweise zu erwerben;
   b) als Lehrer, Prediger, Redakteur, Schriftsteller oder Rundfunk-Kommentator tätig zu sein.
2. Ist der Minderbelastete zur Zeit der Einreihung in die Bewährungsgruppe an einem Unternehmen als Inhaber oder Gesellschafter beteiligt, so kann seine Beteiligung an dem Unternehmen gesperrt werden.
3. Der Begriff „Unternehmen" im Sinne der Paragraphen 1 (a) und 2 dieses Artikels umfaßt nicht notwendigerweise Kleinbetriebe, insbesondere Handwerksbetriebe, Einzelhandelsgeschäfte, Bauernhöfe und ähnliche Betriebe mit weniger als 20 Arbeitnehmern.
4. Vermögenswerte, deren Erwerb auf Ausnutzung politischer Beziehungen oder besonderer nationalsozialistischer Maßnahmen, wie Arisierung und Aufrüstung, beruhen, sind einzuziehen.
5. Für die Dauer der Bewährung können zusätzlich einzelne der im Artikel XI bezeichneten Sühnemaßnahmen in gerechter Auswahl und Anpassung verhängt werden, insbesondere:
   a) Beschränkungen in der Ausübung eines freien Berufes und Verbot der Ausbildung von Lehrlingen;
   b) bei Beamten: Kürzungen des Ruhegehaltes, Versetzung in den Ruhestand oder in ein Amt mit geringerem Rang oder in eine andere Dienststelle unter Kürzung der Bezüge, Rückgängigmachung einer Beförderung, Überführung aus dem Beamtenverhältnis in ein Angestelltenverhältnis.
6. Internierung in einem Arbeitslager oder Einziehung des gesamten Vermögens sind nicht anzuordnen.
7. Nach dem Ermessen der Zonenbefehlshaber können in die Zonengesetze Sühnemaßnahmen aufgenommen werden, die es den Minderbelasteten untersagen, eine Zone ohne Genehmigung zu verlassen.
8. Nach dem Ermessen der Zonenbefehlshaber können Sühnemaßnahmen in die Zonengesetze aufgenommen werden, welche den Minderbelasteten die Wählbarkeit und das Recht zu politischer Betätigung jeglicher Art, sowie das Recht, Mitglieder von politischen Parteien zu sein, absprechen; auch kann ihnen das Wahlrecht entzogen werden.
9. Sie können angehalten werden, sich an ihrem Wohnort regelmäßig bei der Polizei zu melden.

Artikel XI.

Sühnemaßnahmen gegen Mitläufer.

Die folgenden Sühnemaßnahmen gegen Mitläufer können nach dem Ermessen der Zonenbefehlshaber verhängt werden:

1. Sie können angehalten werden, sich an ihrem Wohnort regelmäßig bei der Polizei zu melden;
2. Sie dürfen weder eine Zone noch Deutschland ohne Genehmigung verlassen.
3. Zivilpersonen dieser Gruppe sind bei keiner Wahl wählbar, sie können aber wählen.
4. Bei Beamten kann zusätzlich Versetzung in den Ruhestand oder in ein Amt mit geringerem Rang oder an eine andere Dienststelle, gegebenenfalls unter Kürzung der Bezüge oder Rückgängigmachung einer während der Zugehörigkeit zur NSDAP erlangten Beförderung angeordnet werden. Bei Personen der Wirtschaft einschließlich Land- und Forstwirtschaft können entsprechende Maßnahmen angeordnet werden.
5. Mitläufern kann die Zahlung einmaliger oder laufender Beträge zu einem Wiedergutmachungsfonds auferlegt werden. Bei der Bemessung sind die Dauer der Mitgliedschaft, die Höhe der Beiträge und sonstigen Zuwendungen sowie die Vermögens-, Erwerbs- und Familienverhältnisse und andere wichtige Umstände zu berücksichtigen.

Artikel XII.

Entlastete Personen.

Gegen Personen, welche von einer Kammer als entlastet erklärt werden, dürfen keine Sühnemaßnahmen verhängt werden.

Artikel XIII.

Personen der vorstehend in Artikel II bis VI bezeichneten Gruppen, welche bestimmter Kriegsverbrechen oder sonstiger Vergehen schuldig sind, können ungeachtet ihrer gemäß dieser Direktive vorgenommenen Eingruppierung strafrechtlich verfolgt werden. Die Verhängung von Sühnemaßnahmen auf Grund dieser Direktive schließt eine strafrechtliche Vertolgung wegen des gleichen Vergehens nicht aus.

Ausgefertigt in Berlin am 12. Oktober 1946.

(Die in den drei offiziellen Sprachen abgefaßten Originaltexte sind von

R. Noiret, Divisionsgeneral,
P. A. Kurochkin, Generaloberst,
Lucius D. Clay, Generalleutnant,
G. W. E. J. Erskine, Generalmajor

unterzeichnet.)

Anhang „A".

Abschnitt I.

Die folgende Liste führt Personengruppen auf, die wegen der Art der ihnen gemäß den Paragraphen 1 bis 10 des Artikels II des Abschnitts II dieser Direktive zur Last gelegten Verbrechen und wegen der von ihnen innegehabten Stellungen sorgfältig zu prüfen sind; wenn die Ergebnisse der Untersuchung eine Anklage notwendig machen, muß gegen diese Personen als Hauptschuldige verhandelt werden und sie müssen, falls schuldig befunden, bestraft werden.

A. Deutscher Geheimdienst einschließlich Abwehrämter:
1. Alle leitenden Beamten des Reichssicherheitshauptamtes (RSHA), dessen Organisationen und Dienststellen, die dem RSHA direkt unterstellt waren.
2. Alle Beamten der Geheimen Feldpolizei (GFP) bis herunter und einschließlich des Ranges des Feldpolizeidirektors.
3. Alle leitenden Beamten des Forschungsamtes des Reichsluftfahrtministeriums.

B. Sicherheitspolizei (SIPO):
1. Alle Angehörigen der Geheimen Staatspolizei (Gestapo).
2. Leitende Beamte der Grenzpolizei-Kommissariate (GREKO).
3. Alle Leiter der Stellen und Leitstellen der Kriminalpolizei.

C. Ordnungspolizei (ORPO):

Alle Beamten, die seit 1935 nachstehenden Abteilungen der Polizei als Oberst, im Range eines solchen oder in höherem Range angehörten:

a) Schutzpolizei (SCHUPO),
b) Gendarmerie (GEND),
c) Wasserschutzpolizei (SW),
d) Luftschutzpolizei (L.Schupo),
e) Technische Nothilfe (TENO).

D. Die NSDAP:

1. Alle Amtsträger der NSDAP bis herunter und einschließlich des Postens eines Amtsleiters bei der Kreisleitung.
2. Alle Mitglieder des Korps der Politischen Leiter der Partei bis herunter und einschließlich des Ranges eines politischen Einsatzleiters und alle Mitglieder der Ausbildungsstäbe der Ordensburgen, Schulungsburgen, Adolf-Hitler-Schulen und nationalpolitischen Erziehungsanstalten (NAPOLAS).
3. Alle Mitglieder der Reichstagsfraktion der NSDAP vor dem 30. Januar 1933.
4. Die nachstehenden Amtsträger des Reichsnährstandes:
   a) alle Landesbauernführer und ihre Stellvertreter,
   b) alle Leiter der Hauptvereinigungen und Wirtschaftsverbände,
   c) alle Kreisbauernführer,
   d) alle Leiter der Landesforstämter.
5. Beamte der Gauwirtschaftskammern, die mit der parteipolitischen Ausrichtung beauftragt waren.
6. Gauwirtschaftsberater.

E. Die NSDAP-Gliederungen:

1. Die Waffen-SS:
   Alle Offiziere bis herunter und einschließlich Sturmbannführer (Major), alle Mitglieder der Totenkopfverbände, alle SS-Helferinnen, SS-Kriegshelferinnen der Konzentrationslager.
2. Allgemeine SS:
   Alle Offiziere abwärts bis einschließlich Untersturmführer.
3. SA:
   Alle Führer abwärts bis einschließlich Sturmbannführer.
4. HJ:
   Alle Führer abwärts bis einschließlich Bannführer, alle entsprechenden Führerinnen im BDM und alle vor dem 1. Januar 1919 geborenen Mitglieder der der SS unterstellten Schnellkommandos (HJ-Streifendienst).
5. NSKK:
   Alle Führer abwärts bis einschließlich Standartenführer.
6. NSFK:
   Alle Führer abwärts bis einschließlich Standartenführer.
7. NS-Deutscher Studentenbund:
   Alle leitenden Amtsträger der Reichsstudentenführung und der Gaustudentenführungen.
8. NS-Dozentenbund:
   Alle leitenden Amtsträger in der Reichs- und Gaustufe.
9. NS-Frauenschaft:
   Alle leitenden Amtsträger in der Reichs- und Gaustufe.

F. Der NSDAP angeschlossene Verbände:

1. Deutsche Arbeitsfront (DAF):
   a) alle leitenden Beamten der DAF im Zentralbüro der DAF,
   b) alle leitenden Beamten der DAF in den Kriegshauptarbeitsgebieten I. II, III und IV,
   c) alle Mitglieder des obersten Ehren- und Disziplinarhofes,
   d) alle leitenden Beamten der DAF-Gauwaltungs-Auslandsorganisation.
   NS-Volkswohlfahrt (NSV):
2. Alle leitenden Amtsträger abwärts bis einschließlich Reichsabteilungsleiter.
   Kriegsopferversorgung:

3. Alle Amtsträger abwärts bis einschließlich Reichsabteilungsleiter.
NS-Bund Deutscher Technik:
4. Alle Amtsträger abwärts bis einschließlich Reichsabteilungsleiter.
Reichsbund der Deutschen Beamten (RDB):
5. Alle Amtsträger abwärts bis einschließlich des Abteilungsleiters in der Reichs- und Gaustufe.
6. NS-Deutscher Ärztebund:
Alle Amtsträger abwärts bis einschließlich des Abteilungsleiters in der Reichs- und Gaustufe.
7. NS-Lehrerbund (NSLB):
Alle Amtsträger bis einschließlich Abteilungsleiter in der Reichs- und Gaustufe.
8. NS-Rechtswahrerbund:
Alle Amtsträger abwärts bis einschließlich Abteilungsleiter in der Reichs- und Gaustufe.

G. Von der NSDAP betreute Organisationen:
1. NS-Altherrenbund:
Alle Angehörigen des Führerkreises herunter bis zur Gaustufe.
2. Reichsbund Deutscher Familie (RDF):
Alle leitenden Amtsträger in der Reichsstufe.
3. Deutscher Gemeindetag (DGT):
Alle leitenden Amtsträger des Deutschen Gemeindetages.
4. Reichsbund für Leibesübungen (NSRL):
Reichssportführer und alle Sportbereichsführer.

H. Andere nationalsozialistische Organisationen:
1. Reichsarbeitsdienst (RAD):
Alle Offiziere herunter bis zum Rang eines Oberstarbeitsführers bei Männern und einer Stabsoberführerin bei den Frauen einschließlich.
2. Reichskolonialbund:
Alle leitenden Beamten des Kolonialpolitischen Amtes in der Reichsleitung der NSDAP.
3. Volksbund für das Deutschtum im Ausland (VDA):
Alle Beamten in Reichs- und Gauämtern seit 1935 innerhalb Deutschlands und alle Volks- und Landesgruppenführer außerhalb Deutschlands.
4. NS-Reichskriegerbund (Kyffhäuserbund):
Alle Beamten herunter bis zum Gaukriegerführer einschließlich.
5. Reichskulturkammern:
Alle Präsidenten, Vizepräsidenten und Geschäftsführer. Alle Mitglieder des Reichskulturrates, des Reichskultursenats und die Präsidialräte.
6. Deutscher Fichtebund:
Alle leitenden Beamten.
7. Reichssicherheitsdienst:
Alle Beamten herunter bis zur Stellung eines Dienststellenleiters einschließlich.

I-J. Auszeichnungen der NSDAP:
1. NS-Blutorden (vom 9. November 1923):
Alle Inhaber.
2. Ehrenzeichen für Mitglieder unter Nr. 100 000 (Goldenes Parteiabzeichen):
Alle Inhaber.
3. NSDAP-Dienstauszeichnungen:
Alle Inhaber der Klasse I (25 Jahre Dienst).

K. Regierungsbeamte:
Bemerkung: Die angegebene Klassifizierung bezieht sich nur auf diejenigen Personen, die zu einer der in der Liste aufgeführten Stellungen nach dem 30. Januar 1933 ernannt worden sind, oder die eine solche Stellung bereits innehatten und sie trotz wiederholter nationalsozialistischer Säuberungsaktionen beibehalten haben.

1. Alle politischen Beamten einschließlich Reichsminister, Staatsminister, Staatssekretäre, Reichsstatthalter, Oberpräsidenten und Beamten, Amtsträger, Beauftragte oder Kommissare von entsprechendem Rang.
2. Alle früheren deutschen Botschafter und Gesandten seit dem 30. Januar 1933.
3. Alle Beamten abwärts bis Ministerialdirektor einschließlich in Reichsbehörden oder in einem gleich hohen Range in Regierungsbehörden, die vor dem 30. Januar 1933 bestanden haben, alle Beamten abwärts bis Ministerialrat einschließlich in Reichs- oder Regierungsbehörden, die nach dem 30. Januar 1933 zur Erfüllung neuer Aufgaben geschaffen wurden, und ebenso in solchen, die in Ländern und Gebieten eingerichtet wurden, die früher von Deutschland besetzt oder beherrscht waren.
4. Alle Beamten, welche seit 1934 eine der folgenden Stellen innehatten:
   a) Reichsbevollmächtigter, Sonderbevollmächtigter,
   b) Reichskommissar,
   c) Generalkommissar,
   d) Generalinspekteur,
   e) Beauftragter, ebenso Wehrkreisbeauftragter,
   f) Reichstreuhänder der Arbeit und Sondertreuhänder der Arbeit,
   g) Generalreferenten.

L. Deutsche Wehrmacht- und Militärpersonen:

1. NS-Führungsoffiziere:
   Alle hauptamtlichen NS-Führungsoffiziere bis einschließlich Division im OKW, OKH, OKM OKL.
2. Generalstabsoffiziere:
   Alle Offiziere des Deutschen Generalstabs, die seit 4. Februar 1938 dem Wehrmachtführungsstab zum OKW, OKM, OKH oder OKL angehörten.
3. Alle Leiter und stellvertretenden Leiter von Militär- und Zivilverwaltungen in Ländern und Gebieten, die früher von Deutschland besetzt waren.
4. Alle früheren Offiziere des Freikorps „Schwarze Reichswehr".

M. Wirtschaft und freie Berufe:

1. Wehrwirtschaftsführer:
   Alle Wehrwirtschaftsführer, die seit dem 1. Januar 1942 ernannt wurden.
2. Wirtschaftskammern:
   Alle Leiter und stellvertretenden Leiter von Reichs- und Gauwirtschaftskammern.
3. Reichsgruppen gewerblichen Wirtschaft:
   Alle Präsidenten, Direktoren und stellvertretenden Leiter.
4. Reichsverkehrsgruppen:
   Alle Präsidenten, Direktoren und stellvertretenden Leiter.
5. Wirtschaftsgruppen:
   Alle Präsidenten, Direktoren und stellvertretenden Leiter, in der Reichsstufe.
6. Reichsvereinigungen:
   Alle Präsidenten, Direktoren und stellvertretenden Leiter.
7. Werberat der deutschen Wirtschaft:
   Alle Präsidenten und geschäftsführenden Direktoren.
8. Reichskommissare:
   Alle für die Beschaffung von Rohstoffen und Industrieprodukten verantwortlichen Personen.

N. Juristen:

1. Präsident und Vizepräsident der Akademie für Deutsches Recht.
2. Kommandanten und alle hauptamtlichen Leiter des Gemeinschaftslagers Hanns Kerrl.
3. Alle Richter, der Oberreichsanwalt und alle Staatsanwälte, sowie der Direktor der Geschäftsstelle des Volksgerichtshofes.
4. Alle Richter, Staatsanwälte und Beamte der Partei-, SS- und SA-Gerichte.
5. Präsident und Vizepräsident des Reichsjustizprüfungsamtes.

6. Präsidenten:
   a) des Reichsgerichts,
   b) des Reichsarbeitsgerichts,
   c) des Reichserbhofgerichts,
   d) des Reichserbgesundheitsgerichts,
   e) des Reichsfinanzhofes,
   f) des Reichsverwaltungsgerichts,
   g) des Reichsehrengerichtshofs,
   h) der Reichsrechtsanwaltskammer,
   i) der Reichsnotarkammer,
   j) der Reichspatentanwaltskammer,
   k) der Reichskammer der Wirtschaftsprüfer.
7. Präsidenten der Oberlandesgerichte, die seit dem 31. Dezember 1938 hierzu ernannt wurden.
8. Oberreichsanwälte, Reichsanwälte und Generalstaatsanwälte bei den Oberlandesgerichten, soweit sie nach dem 31. März 1933 ernannt wurden.
9. Vizepräsidenten:
   a) des Reichsarbeitsgerichts,
   b) des Reichserbhofgerichts,
   c) des Reichserbgesundheitsgerichts,
   d) des Reichsverwaltungsgerichts.
10. Vorsitzende:
   a) des Sondersenats beim Reichsgericht,
   b) Personalreferenten des Reichsjustizministeriums.

O. Sonstige Personengruppen:
1. Kriegsverbrecher.
2. Alle Personen, die Gegner des Nationalsozialismus denunziert oder sonst zu ihrer Verhaftung beigetragen oder die Zwang gegen politische oder religiöse Gegner der nationalsozialistischen Gewaltherrschaft verursacht oder veranlaßt haben.
3. Führer von betrieblichen Stoßtrupps und Werkscharen.
4. Rektoren von Universitäten und Vorsitzende von Kuratorien, Leiter von Lehrerseminaren und von Institutionen im Universitätsrang seit 1934, wenn sie Mitglieder der NSDAP oder einer ihrer Gliederungen waren, und alle seit 1938 ernannten Personen ohne Rücksicht auf Parteizugehörigkeit.

Abschnitt II.

Die folgende Liste führt Personengruppen auf, die wegen der Art der ihnen zur Last gelegten Verbrechen, wie sie im Artikel III § A, und C des Abschnitts II dieser Direktive aufgeführt sind, sorgfältig zu prüfen sind; wenn die Ergebnisse der Untersuchung eine Anklage notwendig machen, sind diese Personen zur Aburteilung als Belastete zu behandeln und falls für schuldig befunden, zu bestrafen.

A. Deutscher Geheimdienst einschließlich Abwehrämter:
1. Alle leitenden Beamten und sonstigen Personen des RSHA, dessen Organisationen und Dienststellen, die dem Reichssicherheitshauptamt direkt unterstellt waren, soweit sie nicht unter die Gruppe der Hauptschuldigen fallen.
2. Alle Beamten der Geheimen Feldpolizei, die nicht unter die Gruppe der Hauptschuldigen fallen.
3. Alle Personen, die seit dem 30. Januar 1933 in ihrem Lande für den Deutschen Geheimdienst einschließlich Abwehr oder für irgendeine Organisation oder Abteilung, welche der Kontrolle oder Aufsicht des deutschen Geheimdienstes unterstellt war, tätig waren.

B. Sicherheitspolizei (SIPO):
1. Alle Personen, die Mitglieder der Grenzpolizei seit dem 1. Juni 1937 waren, soweit sie nicht unter die Gruppe der Hauptschuldigen fallen.
2. Alle Beamten der Kriminalpolizei bis herunter und einschließlich des Ranges eines Kriminalkommissars, soweit sie nicht unter die Gruppe der Hauptschuldigen fallen.

3. Alle leitenden Beamten der Briefprüfungsstellen, soweit sie nicht unter die Gruppe der Hauptschuldigen fallen.

C. Ordnungspolizei (ORPO):

1. Alle Polizeioffiziere (Schutzpolizei, Gendarmerie, Wasserschutzpolizei, Luftschutzpolizei, Technische Nothilfe, Feuerschutzpolizei, Verwaltungspolizei, Kolonialpolizei, Sonderpolizei, Hilfspolizei), die nach dem 30. Januar 1933 zum Offizier ernannt worden sind oder, ohne Rücksicht auf den Zeitpunkt der Ernennung, nach dem 31. Dezember 1937 trotz der wiederholt vorgenommenen Reinigungsaktionen im Amt verblieben sind.
2. Alle Polizeioffiziere, die zu irgendeiner Zeit in dieser Eigenschaft in einem der früher von Deutschland besetzten Gebiete bei einer Einsatzgruppe oder einem Einsatzkommando, die Sipo oder dem SD Dienst getan haben.
3. Alle Angehörigen der Verwaltungspolizei, die der Gestapo und dem SD zugeteilt waren.

D. Die NSDAP:

1. Alle ehrenamtlichen und besoldeten Beamten und Amtsträger der NSDAP bis herunter zur untersten Stufe der Parteiämter (Haupt- und Nebenämter) sowie der Anstalten und Akademien, die von der NSDAP gegründet wurden.
2. Alle Mitglieder des Korps der Politischen Leiter, die nicht unter die Gruppe der Hauptschuldigen fallen.
3. Alle Mitglieder der Reichstagsfraktion der NSDAP, die nicht unter die Gruppe der Hauptschuldigen fallen.
4. Alle Mitglieder der NSDAP vor dem 1. Mai 1937.
5. Alle Mitglieder der NSDAP, die nach vierjähriger Dienstzeit in der Hitlerjugend nach Erreichen des 18. Lebensjahres in die Partei aufgenommen wurden.
6. Alle Mitglieder der NSDAP ohne Rücksicht auf den Zeitpunkt des Eintritts, sofern sie einer der nachstehenden Organisation angehörten:
   a) Reichspressekammer,
   b) Reichsrundfunkkammer,
   c) Deutsche Akademie München,
   d) Deutsche Christenbewegung,
   e) Deutsche Glaubensbewegung,
   f) Institut zur Erforschung der Judenfrage,
   g) Kameradschaft USA.,
   h) Osteuropäisches Institut (seit 1935),
   i) Staatsakademie für Rassen- und Gesundheitspflege.
7. Alle aktiven Offiziere der Wehrmacht, die Mitglieder der NSDAP wurden und solche Offiziere, die vor Eintritt in die Wehrmacht Mitglieder der NSDAP waren und nach dem Eintritt ihre Verbindung mit der NSDAP nicht gelöst haben.
8. Alle leitenden Beamten des Reichsnährstandes, die nicht unter die Gruppe der Hauptschuldigen fallen, und die leitenden Beamten der Regierungsforstämter.

E. Die NSDAP-Gliederungen:

1. Die Waffen-SS:
   Alle Angehörigen, die nicht unter die Gruppe der Hauptschuldigen fallen (mit Ausnahme derjenigen, die zu dieser Organisation eingezogen wurden, es sei denn, daß sie nach ihrer Einziehung zum Unteroffizier befördert wurden); das gesamte Personal der Konzentrationslager, soweit es nicht unter die Gruppe der Hauptschuldigen fällt.
2. Allgemeine SS und ihre sonstigen Gliederungen:
   Alle Angehörigen, die nicht unter die Gruppe der Hauptschuldigen fallen, einschließlich fördernder Mitglieder, die nach dem 31. Dezember 1938 als solche beigetreten sind oder bei früherem Beitritt mehr als 10 RM monatlichen Beitrag gezahlt oder sonst eine erhebliche Zuwendung an die SS gemacht haben.

3 SA:
Alle Führer bis herunter zum Rang eines Scharführers einschließlich, soweit sie als solche in der SA Dienst getan haben und nicht unter die Gruppe der Hauptschuldigen fallen, sowie Mitglieder, die der SA vor dem 1. April 1933 beitraten.

4 HJ und BDM·
Alle nicht unter die Gruppe der Hauptschuldigen fallenden Führer bis herunter und einschließlich der bestätigten hauptamtlichen Scharführer (innen). Alle Führer der HJ und des Deutschen Jungvolks auf dem Gebiet der Erziehung und des Nachrichtendienstes und alle Mitglieder des der SS unterstellten Schnellkommandos (HJ Streifendienst), soweit sie nach dem 1. Januar 1919 geboren sind.

Anmerkung: Siehe Anhang „A", Abschnitt I, Absatz E, § 4 betreffend die Hauptschuldigen zum Vergleich mit diesem Abschnitt bezüglich Belasteter.

5. NSKK:
Alle Führer bis zum Sturmführer einschließlich, soweit sie nicht unter die Gruppe der Hauptschuldigen fallen.

6 NSFK:
Alle Führer bis zum Sturmführer einschließlich, soweit sie nicht unter die Gruppe der Hauptschuldigen fallen.

7 NS-Deutscher Studentenbund:
Alle Amtsleiter, soweit sie nicht unter die Gruppe der Hauptschuldigen fallen.

8 NS-Dozentenbund
Alle Amtsleiter, soweit sie nicht unter die Gruppe der Hauptschuldigen fallen.

9 NS-Frauenschaft·
Alle Amtsleiter bis zur Block-Frauenschaftsleiterin einschließlich, soweit sie nicht unter die Gruppe der Hauptschuldigen fallen.

F Der NSDAP angeschlossene Verbände:

1. Deutsche Arbeitsfront einschließlich „Kraft durch Freude":
a) alle Amtsträger, die nicht unter die Gruppe der Hauptschuldigen fallen,
b) alle 'eltenden Amtsträger des Arbeitswissenschaftlichen Instituts,
c) alle Betriebsobmänner, Betriebswarte und Betriebswalter in den Betrieben der DAF.

2. NS-Volkswohlfahrt (NSV)
Alle Amtsträger, soweit sie nicht unter die Gruppe der Hauptschuldigen fallen:

3. NS-Kriegsopferversorgung:
Alle Amtsträger, soweit sie nicht unter die Gruppe der Hauptschuldigen fallen.

4 NS-Bund Deutscher Technik:
Alle Amtsträger, soweit sie nicht unter die Gruppe der Hauptschuldigen fallen.

5. Reichsbund der Deutschen Beamten:
Alle Amtsträger, soweit sie nicht unter die Gruppe der Hauptschuldigen fallen.

6. NS-Deutscher Ärztebund:
Alle Amtsträger, soweit sie nicht unter die Gruppe der Hauptschuldigen fallen.

7. Reichsbund Deutscher Schwestern:
NS-Schwestern:
Alle Amtsträger.

8. NS-Lehrerbund:
Alle Amtsträger, soweit sie nicht unter die Gruppe der Hauptschuldigen fallen.

9. NS-Rechtswahrerbund:
Alle Amtsträger, soweit sie nicht unter die Gruppe der Hauptschuldigen fallen.

G Von der NSDAP betreute Organisationen:

1 NS-Altherrenbund.
Alle Amtsträger, soweit sie nicht unter die Gruppe der Hauptschuldigen fallen.

2 Reichsbund Deutscher Familie:
Alle Amtsträger, soweit sie nicht unter die Gruppe der Hauptschuldigen fallen.

3. Deutscher Gemeindetag:
   Alle Amtsträger, soweit sie nicht unter die Gruppe der Hauptschuldigen fallen.
4. NS-Reichsbund für Leibesübungen:
   Alle Amtsträger, soweit sie nicht unter die Gruppe der Hauptschuldigen fallen.
5. Alle Amtsträger der folgenden Organisationen:
   a) Deutsches Frauenwerk,
   b) Deutsche Studentenschaft,
   c) Deutscher Dozentenbund,
   d) Reichsdozentenschaft,
   e) Deutsche Jägerschaft.

H. **Andere nationalsozialistische Organisationen:**

1. Reichsarbeitsdienst (RAD):
   Alle Offiziere herunter bis zum Feldmeister bei den Männern und Maidenführerinnen bei den Frauen einschließlich, soweit sie nicht unter die Gruppe der Hauptschuldigen fallen.
2. Reichskolonialbund:
   Alle Amtsträger, die nach dem 1. Januar 1935 Amtsträger wurden, soweit sie nicht unter die Gruppe der Hauptschuldigen fallen.
3. Volksbund für das Deutschtum im Ausland:
   Alle nach dem 1. Januar 1935 ernannten Amtsträger, soweit sie nicht unter die Gruppe der Hauptschuldigen fallen.
4. NS-Reichskriegerbund (Kyffhäuserbund):
   Alle leitenden Beamten bis herunter zur Kreisstufe einschließlich.
5. Reichskulturkammern usw. und Hilfs- und Zweigstellen (Reichsschrifttumskammer, Reichspressekammer, Reichsrundfunkkammer):
   Alle Amtsträger, soweit sie nicht unter die Gruppe der Hauptschuldigen fallen.
6. Deutscher Fichtebund:
   Alle Mitglieder, soweit sie nicht unter die Gruppe der Hauptschuldigen fallen.
7. Reichssicherheitsdienst:
   Alle Mitglieder, soweit sie nicht unter die Gruppe der Hauptschuldigen fallen.
8 Alle Amtsträger der folgenden Institute:
   a) Institut zur Erforschung der Judenfrage,
   b) Weltdienst,
   c) Deutsche Akademie München,
   d) Staatsakademie für Rassen- und Gesundheitspflege,
   e) Amerika-Institut,
   f) Osteuropäisches Institut,
   g) Ibero-Amerikanisches Institut,
   h) Deutsches Auslands-Institut.

I-J. **Auszeichnungen der NSDAP:**

Alle Inhaber der nachstehend aufgeführten Auszeichnungen:
1. Coburger Abzeichen,
2. Nürnberger Parteitag — Abzeichen von 1929,
3. Abzeichen vom SA-Treffen Braunschweig 1931,
4. Goldenes HJ-Abzeichen,
5. NSDAP-Dienstauszeichnungen:
   Alle Inhaber, soweit sie nicht unter die Gruppe der Hauptschuldigen fallen.
6. Gauehrenzeichen der NSDAP.

K. **Regierungsbeamte:**

1. Alle Beamten des Auswärtigen Dienstes (Botschaften, Gesandtschaften, Generalkonsulate, Konsulate und Missionen) im Rang eines Ministerialrats oder in der Stellung eines Attachés.
2. Alle Beamten des höheren Dienstes, die nach dem 1. April 1933 außerplanmäßig und außer der Reihe und ohne die fachliche Eignung zu besitzen in den höheren Dienst befördert wurden.

3. Alle Beamten, die folgende Stellungen seit 1934 inne hatten:
   a) Bevollmächtigter,
   b) Inspektor,
   c) Treuhänder der Arbeit und Treuhänder in sonstigen Gebieten und ihren Beauftragten,
   d) Kommissar,
   e) Stellvertreter von Inhabern von Titeln und Stellungen, die unter die Gruppe der Hauptschuldigen fallen.
   f) Reichseinsatzingenieure und Arbeitseinsatzingenieure,
   g) Obmann einschließlich Rüstungsobmann.
4. Alle Mitglieder des Deutschen Reichstages oder des Preußischen Staatsrats seit 1. Januar 1934.
5. Alle Beamten des Reichsministeriums für Volksaufklärung und Propaganda und Leiter seiner Bezirksämter und Nebenämter herunter bis zum Kreis einschließlich, außerdem alle Angestellten von NSDAP-Dienststellen, die sich mit der politischen Ausrichtung in Wort und Schrift befaßt haben.
6. Die Beamten des höheren Dienstes im Reichsministerium für Rüstung und Kriegsproduktion, im Kirchenministerium, die Gauwohnungskommissare und ihre Stellvertreter.
7. Oberfinanzpräsidenten.
8. Regierungspräsidenten, Landräte und Bürgermeister.

L. Deutsche Wehrmacht und Militärpersonen:

1. NS-Führungsoffiziere:
   Alle Offiziere, gleichgültig, ob sie Berufs- oder Reserveoffiziere waren, die nicht unter die Gruppe der Hauptschuldigen fallen.
2. Generalstabsoffiziere:
   Alle Offiziere, die dem Generalstab seit dem 4. Februar 1938 angehörten und nicht unter die Gruppe der Hauptschuldigen fallen.
3. Alle Militär- und Zivilbeamten mit besonderen Befugnissen einschließlich der Leiter und stellvertretenden Leiter bei einer Sach- oder Betriebsabteilung der Militär- oder Zivilverwaltung von besetzten Ländern oder Gebieten, sowie leitende Beamte des RuK (Rüstungs- und Kriegsproduktion), außer denen, die unter die Gruppe der Hauptschuldigen fallen.
4. Alle Beamten der Rohstoffhandelsgesellschaft.
5. Militärkommandanten von Städten und Gemeinden und ihre Stellvertreter.
6. Die Wehrmacht:
   Alle Berufsoffiziere der deutschen Wehrmacht bis einschließlich des Ranges eines Generalmajors oder eines entsprechenden Ranges, wenn sie diesen Rang nach dem 1. Juni 1936 erreichten, ebenso alle Wehrmachtsbeamten bis zu Beamten im Range eines Oberst einschließlich.
7. Organisation Todt (OT); Transportgruppe Speer:
   Alle Offiziere bis herunter und einschließlich des Ranges eines Einsatzleiters.
8. Alle Angehörigen der Ausbildungsstäbe und le tenden Beamten der Kriegsakademien und Kadettenanstalten.
9. Alle Lehrpersonen, Redner und Schriftsteller auf dem Gebiete der Militärwissenschaft seit 1933.
10. Alle Angehörigen der Schwarzen Reichswehr und alle Angehörigen der Frei korps, soweit sie Mitglieder der NSDAP geworden sind und nicht unter die Gruppe der Hauptschuldigen fallen.

M. Wirtschaft und freie Berufe.

1. Alle Wehrwirtschaftsführer, die vom Wirtschaftsministerium bestellt wurden, soweit sie nicht unter die Gruppe der Hauptschuldigen fallen.
2. Wirtschaftskammern:
   Alle leitenden Beamten der Gruppen, Hauptausschüsse, Sonderausschüsse, Hauptringe und Sonderringe.
4. Reichsverkehrsgruppen:
   Alle leitenden Beamten der Verkehrsgruppen.

5. Wirtschaftsgruppen:
Alle leitenden Beamten der Wirtschaftsgruppen.
6. Reichsvereinigungen:
Alle leitenden Beamten der Reichsvereinigungen einschließlich Abteilungsleiter und Vorsitzenden, Stellvertreter, Geschäftsführer der Hauptausschüsse, Sonderausschüsse, Hauptringe und Sonderringe.
7. Werberat der Deutschen Wirtschaft:
Alle leitenden Beamten, soweit sie nicht unter die Gruppe der Hauptschuldigen fallen.
8. Weisunggebende Beamte der Reichsstellen und Bewirtschaftungsstellen.
9. Geschäftsunternehmungen einschließlich der Geldinstitute, bei denen das Reich, die NSDAP, ihre Gliederungen oder angeschlossenen Verbände an der tatsächlichen oder interessengemeinschaftlichen Betriebsführung zu irgendeiner Zeit seit dem 1. April 1933 beteiligt waren. Alle Präsidenten, Mitglieder des Aufsichtsrats oder des Vorstandes und leitende Direktoren und Abteilungsleiter.
10. I. Geschäftsunternehmen der freien Wirtschaft in Industrie-, Handel, Gewerbe, Handwerk, Land- und Forstwirtschaft, Banken, Versicherungen, Verkehr u. dgl. Unternehmungen, die wegen des investierten Gesellschaftskapitals, der Anzahl der Beschäftigten, der Art der Produktion oder aus einem sonstigen Grunde an sich bedeutend und wichtig sind:
Alle Inhaber, Eigentümer und Pächter, Gesellschafter, einschließlich Aktionäre mit einer Beteiligung von mehr als 25 %, Vorsitzende des Vorstandes oder Aufsichtsrats oder sonstige Personen, die auf die Geschäftsleitung maßgebenden Einfluß haben, soweit diese Personen Mitglieder der NSDAP oder einer ihrer Gliederungen waren oder, ohne Mitglieder zu sein, ihre Stellung ihren Beziehungen zur NSDAP verdankten.
II. Gemeinnützige Unternehmungen und Wohlfahrtseinrichtungen: Unternehmungen, die wegen ihres Umfangs oder ihrer Tätigkeit bedeutend oder wichtig sind:
Alle Leiter, Geschäftsführer, Vorsitzenden des Vorstandes und Aufsichtsrats, Beiräte und sonstige Personen, die auf die Geschäftsleitung einen maßgebenden Einfluß haben oder eine beaufsichtigende Tätigkeit ausüben, soweit diese Personen Mitglieder der NSDAP oder einer ihrer Gliederungen waren oder, ohne Mitglieder zu sein, ihre Stellung ihren Beziehungen zur NSDAP verdankten.
11. Freie Berufe (Ärzte, Anwälte, Apotheker, Architekten, Ingenieure, Künstler, Schriftsteller, Journalisten u. dgl.):
a) alle Leiter, Vorstandsmitglieder, Geschäftsführer, leitende Angestellte und Vorstandsmitglieder der Standesvertretungen einschließlich der Ehrengerichte, ferner alle vor den Partei-, SA- oder SS-Gerichten zugelassenen Rechtsbeistände,
b) alle andere Angehörigen der freien Berufe, die auf Grund ihrer Mitgliedschaft in der NSDAP oder einer ihrer Gliederungen besondere Vorteile hatten.

N. Juristen:
1. Direktoren und Schatzmeister der Akademie für Deutsches Recht.
2. Vorsitzende, sonstige ständige Richter und die ständigen Leiter der Anklagebehörden der Sondergerichte.
3. Vorsitzende, Richter und Staatsanwälte der Standgerichte.
4. Präsidenten und Vizepräsidenten:
a) des Reichspatentamts,
b) des Reichsversicherungsamts und Reichsversorgungsgerichts,
c) des Landeserbhofgerichts in Celle.
5. Senatspräsidenten und Vizepräsidenten beim Reichsgericht, die seit dem 31. Dezember 1933 hierzu ernannt wurden, ferner die ständigen Mitglieder des obersten Dienststrafsenats beim Reichsgericht.

6. Vizepräsidenten:
   a) des Reichserbgesundheitsgerichtes,
   b) des Reichsfinanzhofes,
   c) der Reichsrechtsanwaltskammer,
   d) der Reichsnotarkammer,
   e) der Reichspatentanwaltskammer,
   f) der Reichskammer für Wirtschaftsprüfer,

   ferner alle ständigen Mitglieder der obersten Ehrengerichtshöfe für Rechtsanwälte, Notare und Wirtschaftsprüfer.
7. Präsidenten der Oberlandesgerichte und Generalstaatsanwälte, soweit sie nicht unter die Gruppe der Hauptschuldigen fallen, sowie die Vizepräsidenten der Oberlandesgerichte.
8. Präsidenten der Dienststrafkammern für richterliche Beamte.
9. Präsidenten der Landgerichte.
10. Oberstaatsanwälte bei den Landgerichten.
11. Personalreferenten der Gerichte.
12. Hauptamtliche Leiter und ständige Mitglieder der Prüfungsstellen des Reichsjustizprüfungsamtes.
13. Präsidenten der Rechtsanwaltskammern, Notarkammern und Patentanwaltskammern in den Oberlandesgerichtsbezirken.
14. Präsidenten und Vizepräsidenten:
    a) des obersten Fideikommißgerichtes,
    b) des Schiffahrtsobergerichts,
    c) des Oberprisenhofs.
15. Präsidenten, Vizepräsidenten und die ständigen Mitglieder der Ehrengerichte der freien Berufe in der Reichs- und Gaustufe.

O. Sonstige Personengruppen:

1. Unterführer von betrieblichen Stoßtrupps oder Werkscharen.
2. Personen, die das Amt eines Vertrauenslehrers oder Jugendlehrers oder Jugendwalters in irgendeiner Schule inne hatten.
3. Rektoren von Universitäten und Vorstände von Kuratorien, Leiter von Lehrerseminaren und Leiter von Institutionen im Universitätsrang, die seit 1934 ernannt wurden, soweit sie nicht unter die Gruppe der Hauptschuldigen fallen.
4. Alle sonstigen Personen, die die nationalsozialistische oder faschistische Weltanschauung verbreitet haben.
5. Personen, die nach dem 1. April 1933 die deutsche Staatsangehörigkeit nachgesucht, angenommen oder anders als durch Eingliederungsgesetze, Heirat oder Annahme an Kindes Statt erworben haben.

Abschnitt III.

Die folgende Liste führt Personengruppen auf, die sorgfältig zu prüfen und, falls Beweise ihrer Schuld gemäß den Bestimmungen der Paragraphen I und II des Artikels IV des Abschnittes II dieser Direktive vorliegen, als Minderbelastete anzuklagen und, wenn schuldig, zu bestrafen sind:

1. Anwärter der SS oder ihrer Gliederungen.
2. Mitglieder der SA nach dem 1. April 1933.
3. Mitglieder der HJ oder des BDM vor dem 25. März 1939.
4. Unteroffiziere des RAD mit einem Dienstgrad geringer als Feldmeister oder Maidenführerin.
5. Mitglieder der NSDAP nach dem 1. Mai 1937 sowie alle Mitgliedschaftsanwärter der NSDAP.
6. Personen, die als Beamte im Erziehungswesen oder in der Presse nach dem 1. Mai 1933 außergewöhnlich schnell befördert wurden.
7. Alle Personen, die Nutzen gezogen haben aus der Annahme oder Übertragung von Vermögen, das durch Ausbeutung der ehemals besetzten Gebiete, Arisierung oder Konfiszierung aus politischen, religiösen oder rassischen Gründen angefallen ist.

8. Personen, die in der Militär- oder Zivilverwaltung der ehemals besetzten Gebiete beschäftigt waren, soweit sie über die Grundsätze der Verwaltung bestimmt haben oder sonst in leitender Stellung waren.
9. Personen, die wesentliche Zuwendungen an die Partei gemacht haben.
10. Mitglieder von politischen Parteien oder Organisationen in Deutschland, die zur Machtergreifung durch die NSDAP beigetragen haben z. B. Tannenberg-, bund, Alldeutscher Verband.
11. Leitende Angestellte beim Deutschen Roten Kreuz, insbesondere solche, die nach dem 1. Januar 1933 bestellt wurden.
12. Mitglieder der Deutschen Christenbewegung und der Deutschen Glaubensbewegung.
13. Mitglieder des NSKK, des NSFK, des NSDStB, des NSDoB, des NSF.
14. Inhaber des Spanienkreuzes, der österreichischen, sudetendeutschen oder Memel-Erinnerungsmedaille, des Danziger Kreuzes, des SA-Wehrsportabzeichens, der Verdienstauszeichnung des RAD.
15. Eltern und Vormünder, die ausdrücklich ihre Genehmigung zur Ausbildung ihrer Kinder in nationalpolitischen Erziehungsanstalten, Adolf-Hitler-Schulen und Ordensschulen erteilt haben.
16. Personen, die infolge nationalsozialistischen Einflusses sich dem Militärdienst oder Frontdienst entzogen haben.
17. Personen, die finanzielle Vorteile durch die NSDAP erhalten haben.
18. Angestellte bedeutender industrieller, landwirtschaftlicher oder Handelsbetriebe oder Geldinstitute mit dem Titel Generaldirektor, Präsident, Vizepräsident, Geschäftsführer, Betriebsleiter, ferner alle Mitglieder des Vorstandes, der Vorsitzende, der stellvertretende Vorsitzende des Aufsichtsrats, ferner Chefingenieure, Oberingenieure, soweit sie die technische Richtung des Betriebes bestimmten. Alle Personen mit der Befugnis zur Einstellung oder Entlassung des Personals.

Die Alliierte Kommandantur Berlin hat am 24. 12. 1946 (V. III S. 5) folgende Anordnung über das Datum des Eintritts in die Partei erlassen:

Mit Rücksicht auf die Meinungsverschiedenheiten betr. das Datum des Eintritts in die NSDAP ist der Tag, an dem die Parteimitgliedschaft beantragt wurde, als effektives Datum des Beitritts zu betrachten, selbst wenn die betreffende Person erst nach Ablauf einer gewissen Zeit als Mitglied der NSDAP angenommen wurde.

Nr. 201 — Richtlinien zur Anwendung der Direktiven Nr. 24 und Nr. 38 des Kontrollrats über die Entnazifizierung.

In der sowjetischen Besatzungszone wurde vom Augenblick der bedingungslosen Kapitulation Deutschlands an eine große Arbeit zur Säuberung der öffentlichen Behörden, staatlichen und wichtigen Privatbetrieben von ehemaligen aktiven Faschisten, Militaristen und Kriegsverbrechern und zur Ersetzung dieser Personen durch Menschen, die fähig sind, bei den demokratischen Umbildungen in Deutschland im Interesse des deutschen Volkes behilflich zu sein, geleistet.

Durch die Bodenreform wurde der Landbesitz der Junker und der Faschisten und Kriegsverbrecher in die Hände der Bauern übertragen. Kredit- und Bankeinrichtungen sowie Industrieunternehmungen ehemaliger aktiver Faschisten und Militaristen gingen in das Eigentum des Volkes über. Damit wurde in der sowjetischen Besatzungszone die Grundlage des Faschismus, Militarismus und der Reaktion ernsthaft erschüttert.

Unter diesen Umständen ist es unbedingt erforderlich, entsprechend den Bestimmungen der vierten Sitzung der Außenminister in Moskau einen Unterschied zu machen; einerseits zwischen ehemaligen aktiven Faschisten, Militaristen und Personen, die wirklich an Kriegsverbrechen und Verbrechen anderer Art, die von den Hitleristen begangen wurden: schuldig sind; andererseits zwischen den nominellen, nicht aktiven Faschisten, die wirklich fähig sind, mit der faschistischen Ideologie zu brechen und zusammen mit den demokratischen Schichten des deutschen

Volkes an den allgemeinen Bemühungen zur Wiederherstellung eines friedlichen demokratischen Deutschlands teilzunehmen. Eine allgemeine gerichtliche Belangung sämtlicher ehemaliger nominellen nicht aktiven Mitglieder der Nazipartei würde nur der Sache des demokratischen Aufbaus Deutschlands schaden und dazu beitragen, daß die Positionen der Überbleibsel der faschistischen militaristischen Reaktion gefestigt werden.

Auf Grund des Punktes 5 Teil 1 der Direktive Nr. 38 des Kontrollrats und den Wünschen der antifaschistischen demokratischen Parteien, die die breite Öffentlichkeit der sowjetischen Besatzungszone darstellen, entgegenkommend, befehle ich:

1. den ehemaligen Mitgliedern der Nazipartei, die sich nicht an Verbrechen gegen den Frieden und die Sicherheit anderer Völker oder an Verbrechen gegen das deutsche Volk selbst vergangen haben, nicht nur das aktive, sondern auch das passive Wahlrecht zu gewähren.

   Die von den deutschen Verwaltungsorganen oder den Organen der sowjetischen Militärverwaltung der sowjetischen Besatzungszone herausgegebenen Verordnungen, Bestimmungen und Instruktionen über die Beschränkung der politischen und bürgerlichen Rechte der Personen oben angeführter Art aufzuheben.
2. Die deutschen Verwaltungsorgane und Entnazifizierungskommissionen zu verpflichten, notwendige Maßnahmen zu ergreifen, die die Beschleunigung der Durchführung und den Abschluß der Entnazifizierung in der sowjetischen Besatzungszone entsprechend den Direktiven Nr. 24 und 38 des Kontrollrats und dem vorliegenden Befehl sichern.
3. Die deutschen Gerichtsorgane zu verpflichten, ihre Aufmerksamkeit darauf zu konzentrieren, daß die Kriegsverbrecher, Mitglieder der verbrecherischen Naziorganisationen und führende Persönlichkeiten des Hitlerregimes zur gerichtlichen Verantwortung gezogen und ihre Angelegenheiten beschleunigt durchgeprüft werden, zugleich ist eine allgemeine gerichtliche Heranziehung der nominellen, nicht aktiven Mitglieder der Nazipartei nicht zulässig.
4. Die deutschen Verwaltungsorgane damit zu betrauen, daß in einer dreimonatigen Frist eh ,alige aktive Faschisten und Militaristen von allen öffentlichen und halböffentlichen Posten und entsprechenden „Posten in den wichtigen Privatbetrieben entfernt werden.
5. Die deutschen Verwaltungsorgane zu verpflichten, keine Beschlagnahmen, Sequestrierungen des Eigentums und Zwangsausweisungen aus Wohnungen ehemaliger Faschisten anders vorzunehmen als auf Grund von Verfügungen gerichtlicher oder entsprechender Verwaltungsorgane.
6. festzusetzen, daß die Entnazifizierungskommissionen, ihre Tätigkeit lediglich in Zentralpunkten der Bezirke, Länder und Städte der Länderzugehörigkeit fortführen. Der Kompetenz dieser Kommissionen die Prüfung der Fälle zu übertragen, die mit Verbrechen zusammenhängen, welche von den ehemaligen aktiven Mitgliedern der Nazipartei begangen wurden.

   Die Wahl des Personalbestandes der neu festgesetzten Entnazifizierungskommissionen den örtlichen Organen der deutschen Selbstverwaltung mit anschließender Bestätigung durch die übergeordneten deutschen Verwaltungsorgane und die leitenden Organe der sowjetischen Militärverwaltung der Länder zu übertragen. Als Kommissionsmitglieder nur diejenigen Personen zuzulassen, die tatsächlich ihre demokratische Überzeugung bewiesen haben und ihren moralischen und politischen Eigenschaften nach fähig sind, eine gerechte Lösung der Fragen zu sichern.
7. Die Prüfung der dem Gericht durch die Entnazifizierungskommissionen, Staatsanwaltschaften oder anderen entsprechenden Organe übergebenen Fälle zur Feststellung der Schuld und zur Bestrafung der Kriegsverbrecher, ehemaligen Nazis, Militaristen, Schieber und Industriellen, welche das Hitlerregime anregten und unterstützten, von deutschen Gerichten unter Anwendung der in der Direktive Nr. 38 des Kontrollrats vorgesehenen Sanktionen durchzuführen. Die Zuständigkeit des Gerichtes bestimmt sich nach dem Wohnort des Angeklagten. Die Prüfung besonders wichtiger Fälle ist durch Militärgerichte

auf Anordnung der entsprechenden Organe der sowjetischen Militärverwaltung durchzuführen.

8. Alle Angelegenheiten über Verbrechen, die in den Direktiven Nr. 24 und 38 des Kontrollrats angeführt werden, sind den deutschen Untersuchungsbehörden zur Bearbeitung zu übergeben.
9. Die Verantwortung für die Durchführung des vorliegenden Befehls wie auch für die Durchführung der Direktiven Nr. 24 und 38 des Kontrollrats sind den deutschen Verwaltungsorganen für Inneres und für Justiz und den Länderregierungen der sowjetischen Besatzungszone zu übertragen.

   Die allgemeine Kontrolle für die Durchführung des vorliegenden Befehls wird den Verwaltungschefs der sowjetischen Militärverwaltung der Länder auferlegt.
10. Der Stab der sowjetischen Militärverwaltung ist beauftragt, Instruktionen zur Anwendung des vorliegenden Befehls herauszugeben.

Oberster Chef der sowjetischen Militärverwaltung
Oberkommandierender der sowjetischen Besatzungstruppen in Deutschland
Marschall der Sowjetunion W. Sokolowskij.

Chef des Stabes der sowjetischen Militärverwaltung in Deutschland
Generalleutnant G. Lukjantchenko.

Berlin, 16. August 1947.

Ausführungsbestimmungen Nr. 1 zum Befehl des Obersten Chefs der Sowjetischen Militärverwaltung in Deutschland Nr. 201 vom 16. August 1947 über die Richtlinien zur Anwendung von Punkt 1 des Befehls über das Wahlrecht.

1. Das passive Wahlrecht, d. h. das Recht, in alle beliebigen deutschen Vertretungsorgane gewählt zu werden, wird neben dem aktiven Wahlrecht allen nicht aktiven (nominellen) Mitgliedern der faschistischen Partei (NSDAP) zuerkannt, die auf Grund von früher herausgegebenen Gesetzesanordnungen und Befehlen der Sowjetischen Militärverwaltung in Deutschland oder Landtagen und Länderregierungen nicht ihres aktiven Wahlrechtes verlustig geworden sind.
2. Somit wird das Wahlrecht Kriegs- und Naziverbrechern, die unter das Gesetz Nr. 10 des Kontrollrats fallen, ehemaligen Mitgliedern der SS, SD, Gestapo und anderer verbrecherischer Organisationen, leitenden Persönlichkeiten des Hitlerregimes abgesprochen sowie denjenigen faschistischen Aktivisten und Kriegsschiebern, denen sowohl das aktive wie auch das passive Wahlrecht bei den Landtags-, Kreistags-, Stadt- und Gemeindewahlen entzogen wurde.

Ausführungsbestimmungen Nr. 2 zum Befehl des Obersten Chefs der Sowjetischen Militärverwaltung in Deutschland Nr. 201 vom 16. August 1947 über die Richtlinien zur Anwendung der Direktive Nr. 24 des Kontrollrats.

Aufbau und Zusammensetzung der Kommissionen.

1. Die Entnazifizierungskommissionen werden nur in den Zentralpunkten der Länder, Bezirke und Städte der Landeszugehörigkeit gebildet.
2. Die Auswahl der Personen und die Besetzung der Posten in den Entnazifizierungskommissionen wird den örtlichen Organen der deutschen Selbstverwaltungen mit anschließender Bestätigung der übergeordneten deutschen Verwaltungsorgane sowie den Chefs der Sowjetischen Militärverwaltungen der Länder übertragen.
3. Zu den Kommissionen werden nur Personen zugelassen, die ihre demokratische Gesinnung tatsächlich bewiesen haben und ihren moralischen und politischen Eigenschaften nach fähig sind, die richtigen Entscheidungen zu treffen.
4. Es wird empfohlen, für die Entnazifizierungskommissionen Vertreter der antifaschistischen demokratischen Parteien, Gewerkschaften, Frauenorganisationen,

der Ausschüsse der gegenseitigen Bauernhilfe und der demokratischen Jugendorganisationen einzusetzen.

5. Die Entnazifizierungskommissionen in den Bezirkszentren und in den Städten der Landeszugehörigkeit werden von den Bezirks- und Stadträten in einer Stärke von einem Vorsitzenden und fünf bis sieben Mitgliedern festgesetzt.

6. An der Spitze der Entnazifizierungskommissionen der Länder stehen die Innenminister oder ihre Stellvertreter.

Die Zahl der Kommissionsmitglieder wird von den Länderregierungen bestimmt, sie hat sich zwischen sieben und elf Personen zu bewegen.

Funktionen und Vollmachten.

7. Den Entnazifizierungskommissionen wird die Prüfung der Fälle zur Pflicht gemacht, die verbunden sind mit der Versetzung, der beruflichen Nichtzulassung, der Amtsenthebung, mit dem Verbot der Bekleidung von Posten, die von den Entnazifizierungskommissionen als wichtig bezeichnet werden, in Organisationen und Behörden oder Betrieben ehemaliger aktiver Faschisten, Militaristen, Schieber und Industriellen, welche das Hitlerregime inspirierten und unterstützten und sich durch den Krieg bereicherten, sowie derjenigen Mitglieder der faschistischen Partei und ihrer Organisationen, gegen die andere persönliche Beschuldigungen wegen verbrecherischer Handlungen vorliegen.

8. Leitendes Prinzip bei der Prüfung der Angelegenheiten der Mitglieder der faschistischen Partei und ihrer Organisationen, gegen die belastende Unterlagen vorliegen, soll in allen Fällen eine sorgfältige Prüfung und gerechte Entscheidung sein.

Richtlinien für die Untersuchung und Zwangsmaßnahmen.

9. Den Entnazifizierungskommissionen wird bei der Untersuchung der Fälle und bei der Beschlußfassung das Recht auf folgende Zwangsmaßnahmen zuerkannt: fristlose Entlassung aus dem Dienst, Nichtzulassung zur Bekleidung der als wichtig von den Entnazifizierungskommissionen bezeichneten Posten in Behörden, Organisationen und Betrieben; Verbot, eine kontrollierende, leitende oder andere organisatorische Stellung in öffentlichen oder privaten Betrieben innezuhaben, Entziehung des Rechts zur Bekleidung von Posten oder zur Ausübung einer Tätigkeit, die mit Anstellung oder Entlassung von Arbeitern oder Angestellten oder mit der Ausarbeitung der Anstellungsbedingungen verbunden ist, Versetzung auf einen kleineren Posten.

10. a) Die Entnazifizierungskommissionen prüfen das Anklagematerial, Anzeigen und andere Dokumente, die den Kommissionen zugehen, und die Anklagen gegen ehemalige Mitglieder der faschistischen Partei oder ihrer Organisationen entsprechend Paragraph 7 dieser Ausführungsbestimmungen.

b) Wenn Anzeigen oder Mitteilungen zugehen, die eine Anklage gegen ehemalige Mitglieder der faschistischen Partei oder ihrer Organisationen enthalten, sind die Kommissionen verpflichtet, diese unverzüglich zu prüfen. Die Kommissionsmitglieder, welche die Prüfung durchführen, haben das Recht, alle benötigten Dokumente und Erklärungen, die auf vorliegenden Fall Bezug haben, von allen Personen, Organisationen und Behörden anzufordern.

c) Bei der Prüfung der Fälle in den Kommissionen müssen unbedingt die Erklärungen der Personen, deren Fall zur Verhandlung steht, angehört werden, sowie auf Beschluß der Kommissionen auch andere Personen, deren Angaben nach Ansicht der Kommissionen wichtige Unterlagen für die objektive und gerechte Entscheidung liefern können.

d) Die Kommissionen führen Sitzungsprotokolle und treffen ihre Entscheidung mit Stimmenmehrheit.

e) Die Entscheidungen der Kommissionen werden den daran interessierten Personen und Behörden entsprechend den in Punkt 14 angeführten Richtlinien mitgeteilt.

11. Für den Fall, daß die Entnazifizierungskommissionen im Verlauf der Untersuchung oder bei Prüfung der Unterlagen Tatsachen feststellen, die auf eine strafrechtliche Verfolgung schließen lassen, übergeben sie unverzüglich das Material den entsprechenden Gerichtsorganen und wenden gleichzeitig die in § 9 angeführten Zwangsmaßnahmen an.

Berufungsordnung.

12. a) Die Entnazifizierungskommission der Länder überprüft die Entscheidungen der Kommissionen der Bezirke und Städte der Landeszugehörigkeit auf Grund eingelaufener Berufungen. Sie hat gleichfalls das Recht, diese Entscheidungen aus eigener Initiative zu überprüfen.

b) Gegen die Beschlüsse der Entnazifizierungskommissionen der Bezirke und Städte der Landeszugehörigkeit kann innerhalb einer Frist von einem Monat, vom Tage der Entscheidung an gerechnet, Berufung eingelegt werden.

c) Gegen die Beschlüsse der Entnazifizierungskommissionen der Länder kann sowohl gegen die von ihnen selbst untersuchten Fälle als auch gegen die Entscheidungen der Bezirks- und Städtekommissionen, gegen die Beschwerde eingelegt worden ist, eine weitere Berufung nicht eingelegt werden.

Sie können von den Regierungen und Landtagen der Länder auf ihre Initiative niedergeschlagen oder abgeändert werden.

Durchführung der Entscheidungen.

13. Die Entscheidungen der Kommissionen werden den angeschuldigten Personen mündlich mitgeteilt, sowie die Leiter der entsprechenden Organisationen, Behörden oder Betriebe davon in Kenntnis gesetzt mittels eines festgelegten Formulars, zwecks Beifügung zu den Personalakten. Die Entscheidungen über Zwangsmaßnahmen müssen unbedingt innerhalb der von den Kommissionen festgesetzten Frist durchgeführt werden.

Registrierung und Rechenschaftsbericht.

14. a) Die Personen, deren Fälle vor den Bezirks-, Stadt- oder Länderkommissionen untersucht wurden, werden in den Entnazifizierungskommissionen der Länder registriert. Die Kommissionen der Bezirke und Städte registrieren die von ihnen untersuchten Fälle.

b) Das Archivmaterial über die von den Kommissionen geprüften Fälle wird in den Innenministerien der Länder sowie in der Verwaltung für innere Angelegenheiten der sowjetischen Besatzungszone aufbewahrt. Diese Behörden erteilen auf Anforderung der offiziellen deutschen Organisationen und Behörden Auskünfte entsprechend der festgelegten Richtlinien.

In Übereinstimmung hiermit legen die Entnazifizierungskommissionen die Akten über jeden Fall in drei Exemplaren an, von denen zwei an die in diesem Punkt angegebenen Stellen geschickt werden.

c) Die Kommission der Bezirke und Städte überreicht den Kommissionen ihres Landes monatliche Rechenschaftsberichte über den Gang der Entnazifizierung entsprechend der festgesetzten Form.

Die Entnazifizierungskommission des entsprechenden Landes reicht einen monatlichen Rechenschaftsbericht über die Entnazifizierung bei den Länderregierungen und der Sowjetischen Militärverwaltung ein.

Berlin, 19. August 1947.

Ausführungsbestimmung Nr. 3 zum Befehl des Obersten Chefs der Sowjetischen Militärverwaltung in Deutschland Nr. 201 vom 16. August 1947 über die Richtlinien zur Anwendung der Direktive Nr. 38 des Kontrollrats in Deutschland vom 12. Oktober 1946.

1. Hauptverbrecher und Verbrecher, die in der Direktive Nr. 38 des Kontrollrats erwähnt sind, müssen festgestellt und durch die Organe der Innenministerien der Länder registriert werden.

Anmerkung: Die Bestimmungen über die Feststellung und die Form der Registrierung der Verbrecher wird durch eine besondere Ausführungsbestimmung festgelegt, die von der Deutschen Verwaltung für innere Angelegenheiten ausgearbeitet und von der Verwaltung für innere Angelegenheiten und von der Rechtsabteilung der Sowjetischen Militärverwaltung Deutschlands bestätigt wird.

2. Gründe zur Registrierung der bezeichneten Personen sind:
   a) Schuldbekenntnis,
   b) schriftliche oder mündliche Anzeigen von Bürgern,
   c) Mitteilungen demokratischer Organisationen oder Behörden,
   d) andere Urkunden oder Mitteilungen, die die Zugehörigkeit der bezeichneten Kategorien beweisen.
3. Leiter von Behörden, Unternehmen, Organisationen und andere Amtspersonen sind verpflichtet, die Untersuchungsorgane bei der Feststellung aller Personen, die im Punkt 1 der vorliegenden Ausführungsbestimmung bezeichnet sind, zu unterstützen.
4. Auf Grund der eingegangenen Unterlagen leiten die Organe der Innenministerien der Länder die Untersuchung ein und berichten hierüber dem Staatsanwalt, der die Aufsicht über die Untersuchung zu führen hat.
5. Für die Zuständigkeit der Untersuchungsbehörde und der Gerichte für diese Fälle ist der Aufenthaltsort des Beschuldigten maßgebend.

   Die Verhandlungen dieser Fälle vor den Gerichten haben nach den geltenden Bestimmungen der Deutschen Strafprozeßordnung zu erfolgen, wenn in der vorliegenden Ausführungsbestimmung kein anderes Verfahren vorgesehen ist.
6. Zugleich mit der Aufnahme der gerichtlichen Verfolgung einer bestimmten Person hat die Behörde, welche die Untersuchung führt, alle erforderlichen Maßnahmen zur Auffindung, zur vorläufigen Festnahme und zur Inhaftierung des Verbrechers und zur Sicherstellung seines Eigentums zu ergreifen.
7. Gegen Hauptverbrecher muß neben der Eröffnung des Strafverfahrens wegen der Verdunkelungsgefahr Untersuchungshaft verfügt werden, worüber die Untersuchungsbehörde Beschluß zu fassen hat. Dieser Beschluß unterliegt der Bestätigung des aufsichtsführenden Staatsanwalts.
8. Personen, die gemäß § 7 der vorliegenden Ausführungsbestimmung verhaftet worden sind, müssen in Einzelhaft gehalten werden.
9. a) Bei Prozessen gegen Hauptverbrecher und Verbrecher hat die untersuchungsführende Behörde auf Grund der beschafften Beweise, die die Person des Angeklagten und die Art seiner verbrecherischen Tätigkeit nachweisen, eine Anklageschrift abzufassen, die vom Staatsanwalt bestätigt werden muß. Alsdann erfolgt die Weitergabe der Anklage an das deutsche Gericht zwecks Eröffnung des Hauptverfahrens.
   b) Bei Prozessen gegen Hauptverbrecher und Verbrecher haben die untersuchungführenden Behörden vor Übergabe an das Gericht die erforderlichen Informationen an die örtlichen Organe der Militärverwaltung zu geben.
   c) Wenn durch das Prozeßmaterial festgestellt wird, daß die gegebene Person sich zeitweise in dem von den Deutschen besetzt gewesenen Gebiet eines der alliierten Staaten aufgehalten hat, so ist unabhängig vom Vorhandensein oder Nichtvorhandensein von Beweismaterial, das die verbrecherische Tätigkeit im besetzten Gebiet bestätigt, die Sache zur weiteren Überprüfung an die örtlichen Organe der Militärverwaltung zu übergeben.

      Die erwähnten Personen, die sich in Untersuchungshaft befinden, dürfen nicht aus der Untersuchungshaft entlassen werden, bis ihre Angelegenheit durch die Organe der Militärverwaltung entschieden worden ist
   d) In den Fällen, in denen die Untersuchungsbehörden über Unterlagen verfügen, die die Zugehörigkeit der Person zu der in der Direktive Nr. 38 des Kontrollrats bezeichneten Kategorie der Hauptverbrecher und Verbrecher beweisen, und, falls sich diese Person zur Zeit der Untersuchung in einer anderen Besatzungszone oder außerhalb Deutschlands befinden sollte auf

Grund der Schwere des Anklagematerials aber zur Verantwortung zu ziehen ist, sind die untersuchungsführenden Behörden verpflichtet, das Beweismaterial unverzüglich an die örtlichen Organe der Sowjetischen Militärverwaltung zu übergeben.

10. Die Untersuchung einer Sache durch die Untersuchungsbehörden muß in einer bestimmten möglichst kurz zu bemessenden Frist abgeschlossen werden.

Wenn die Untersuchung im Laufe der festgesetzten Frist nicht abgeschlossen wurde, hat die untersuchungsführende Behörde einen besonderen Beschluß über die Verlängerung der Untersuchungsfrist mit Angabe der Gründe zu fassen, die die Verlängerung der Untersuchungsfrist bedingen. Der erwähnte Beschluß unterliegt der Bestätigung des Staatsanwalts.

11. Die deutschen Verwaltungsorgane haben innerhalb einer Dreimonatsfrist die Arbeiten zur Entfernung von aktiven Faschisten und Militaristen aus allen öffentlichen und halböffentlichen Stellungen und von verantwortlichen Posten in wichtigen Privatunternehmen durchzuführen.

12. Die strafrechtliche Verfolgung von Personen, die zur Kategorie der sogenannten „Verbrecher der zweiten Stufe" gehören, kann nur erhoben werden, wenn Unterlagen vorhanden sind, die sich auf die persönliche Schuld der betreffenden Person beziehen. In diesem Fall eröffnen die Organe der Innenministerien der Länder die Untersuchung, worüber dem Staatsanwalt zu berichten ist, der die Aufsicht über die Untersuchung zu führen hat.

13. Sofern gegen die laut Punkt 12 zur Kategorie der sogenannten „Verbrecher der zweiten Stufe" zu zählenden Personen kein Material über ihre persönliche Schuld an Verbrechen vorliegt, genießen diese Personen die gleichen politischen und bürgerlichen Rechte wie alle übrigen Bürger gemäß Punkt 1 des Befehls des Obersten Chefs der Sowjetischen Militärverwaltung Nr. 201 vom 16. August 1947.

Anmerkung: Punkt 13 der vorliegenden Ausführungsbestimmung bezieht sich jedoch nicht auf Personen, die in den Punkten 7, 8, 9 und 16, Teil III der Anlage „A" zur Direktive Nr. 38 des Kontrollrats erwähnt sind. Diese Personen unterstehen der Gerichtsbarkeit gemäß den Bestimmungen der genannten Direktive. Auf sie erstrecken sich auch die Punkte 1, 2, 3, 4 der vorliegenden Ausführungsbestimmung.

14. Auf alle Personen, die gemäß der Direktive Nr. 38 des Kontrollrats zur Kategorie der sogenannten Mitläufer gehören, erstreckt sich in vollem Umfang Punkt 1 des Befehls des Obersten Chefs der Sowjetischen Militärverwaltung Deutschlands Nr. 201 vom 16. August 1947.

15. Die deutschen Verwaltungs-, Untersuchungs- und Gerichtsbehörden, die ihr Augenmerk auf die gerichtliche Verfolgung und die Beschleunigung der gerichtlichen Untersuchungen gegen Hauptkriegsverbrecher, Mitglieder von verbrecherischen Organisationen und führende Aktivisten des Hitlerregimes zu konzentrieren haben, sollen keine generelle Untersuchung und keine gerichtliche Verfolgung von nominellen nichtaktiven Mitgliedern der Nazipartei zulassen.

16. a) Die Prozesse gegen Hauptverbrecher werden vor den Strafkammern der Landgerichte verhandelt, die sich aus zwei Berufsrichtern und drei Schöffen zusammensetzen.

Die Prozesse gegen die übrigen Verbrecher werden vor den Kleinen Strafkammern der Landgerichte verhandelt, die sich aus einem Berufsrichter und zwei Schöffen zusammensetzen

Die Schöffen zur Verhandlung der bezeichneten Fälle werden von den demokratischen Parteien und Organisationen benannt und sind von den Regierungen der Länder zu bestätigen.

Als Berufsrichter und Schöffen können nur solche Personen zugelassen werden, die der NSDAP oder einer ihrer Gliederungen nicht angehört haben und die gemäß ihrer politischen und moralischen Qualitäten geeignet erscheinen, eine demokratische Rechtsprechung zu verwirklichen

b) Im Gerichtsurteil sind anzugeben: das Geburtsjahr, die Mitgliedschaft in der faschistischen Partei oder ihren Gliederungen, welche Stellung, und seit welcher Zeit der Angeklagte im Hitlerregime bekleidete, worin seine verbrecherische Tätigkeit und die Gefährlichkeit seiner Person besteht, welcher Gruppe von Verbrechern der Angeklagte angehört sowie die durch das Gericht festgesetzte Strafe.

c) Gerichtsurteile gegen Verbrechen der zweiten Stufe müssen die Dauer der Bewährungsfrist und die Sanktionen, denen die betreffende Person unterworfen wird, festsetzen.

d) Wenn sich ein mit Bewährungsfrist Verurteilter im Laufe dieser Bewährungszeit in seiner Führung von der positiven Seite gezeigt hat, können auf Vorschlag des Staatsanwalts auf die betreffenden Strafen durch Gerichtsbeschluß die Bestimmungen des Punkt 14 der vorliegenden Ausführungsbestimmung angewendet werden.

Wenn der mit Bewährungsfrist Verurteilte während der Bewährungszeit das in ihn gesetzte Vertrauen nicht rechtfertigt, wird durch den Staatsanwalt auf Grund des früheren Anklagematerials und unter Berücksichtigung der negativen Führung eine Anklageschrift verfaßt und die Sache dem Gericht übergeben, das den mit Bewährungsfrist Verurteilten in die Gruppe der Verbrecher einreiht und in Verbindung hiermit für die betreffende Person das entsprechende Strafmaß festsetzt.

e) Die Anklagen werden innerhalb von 15 Tagen nach Eingang beim Gericht verhandelt.

17. Bei den Gerichtsverhandlungen sind Verteidiger auf Antrag des Angeklagten oder nach Ermessen des Gerichts zuzulassen.

Das Gericht fällt die Urteile gemäß den Forderungen der Direktive Nr. 38 des Kontrollrats.

18. Wenn Gerichtsurteile ergehen, die den Anforderungen der Direktive Nr. 38 nicht entsprechen, und wenn die im § 16 der vorliegenden Ausführungsbestimmung genannten Vorschriften nicht beachtet werden, ist der Staatsanwalt verpflichtet, bei der nächsthöheren Gerichtsinstanz Einspruch zu erheben und die Aufhebung oder Abänderung des Urteils zu verlangen.

19. Gegen das Gerichtsurteil kann innerhalb von sieben Tagen gemäß der Revisionsordnung Berufung beim Strafsenat des Oberlandesgerichts eingelegt werden. Über die Berufung verhandelt der Strafsenat des Oberlandesgerichts in seiner üblichen Zusammensetzung.

20. Anordnungen über Beschlagnahme von Vermögen werden künftig nur durch deutsche Untersuchungsbehörden, durch die Regierungen der Länder oder durch Beschlüsse der Landtage oder durch die Zentrale Kommission für Sequestrierungen bei der Sowjetischen Militärverwaltung in Deutschland erlassen.

21. Die Beschlüsse der Entnazifizierungskommissionen können nicht Anlaß zur Rückgabe oder zur Erhebung von Ansprüchen auf Rückgabe von Unternehmen oder irgendwelchen anderen Vermögens und Aktiva dienen, die durch gesetzliche Maßnahmen, insbesondere im Zusammenhang mit der Durchführung der Bodenreform und der Gesetze zur Übergabe der Unternehmen von Nazi- und Kriegsverbrechern in das Eigentum des Volkes, beschlagnahmt wurden und die früher Nazi- oder Kriegsverbrechern oder Rüstungsindustriellen und Spekulanten gehörten, die sich am Kriege bereichert haben.

22. Das gesamte beschlagnahmte Vermögen mit Ausnahme der Kategorien, die im § 23 vorgesehen sind, wird in das Eigentum der Länder übergeben. Die Länder übernehmen alle mit dem Vermögen verbundenen Verpflichtungen.

23. Indas Eigentum der Länder werden folgende Vermögenskategorien nicht übergeben:

a) Vermögen, das auf Konto der Reparationen entnommen wird,

b) Anteile von Ausländern an konfisziertem und in das Eigentum der Länder überführten Vermögen,

c) Vermögen, das früher Eigentum demokratischer Organisationen war,

d) Edelmetalle und Edelsteine. Erzeugnisse hieraus und andere Devisenwerte

24. Im Punkt b) des § 23 bezeichnetes Vermögen wird an die Landesverwaltungen übergeben, die bevollmächtigte Personen zur Verwaltung dieses Vermögens ernennen und die Verantwortung für seinen Bestand und seine zweckmäßige Verwendung tragen.

25. Das im Punkt c) des § 23 erwähnte Vermögen wird in das Eigentum der demokratischen Organisationen übergeführt, die es früher besessen haben. Wenn diese Organisationen nicht mehr bestehen, fällt das Vermögen solchen Organisationen zu, deren Zweck sich mit denen der früheren Organisationen deckt.

26. Das im Punkt d) des § 23 bezeichnete Vermögen wird entsprechend seinem Standort an die zuständigen deutschen Banken übergeben.

27. Die Kontrolle über die Verteilung und die Nutznießung des konfiszierten Vermögens wird den Chefs der Verwaltungen der SMV in den Ländern und der Kommission für Sequestrierung und Konfiszierung bei der Sowjetischen Militärverwaltung in Deutschland übertragen.

28. Der Befehl Nr. 201 und die Ausführungsbestimmungen, die auf Grund dieses Befehls herausgegeben worden sind, berühren nicht die Maßnahmen im Zusammenhang mit der Durchführung der Befehle des Obersten Chefs der Sowjetischen Militärverwaltung in Deutschland Nr. 124 vom 30. Oktober 1945 und Nr. 154/181 vom 21. Mai 1946 und der Befehle des Chefs der Verwaltungen der SMV der Länder, die in Ausführung der genannten Befehle des Obersten Chefs der Sowjetischen Militärverwaltung in Deutschland erlassen worden sind.

29. Die Organe der Innenministerien der Länder sind verpflichtet, die Organe der Sowjetischen Militärverwaltung der Länder systematisch über den Gang der Durchführung des Befehls des Obersten Chefs der Sowjetischen Militärverwaltung Deutschlands Nr. 201 vom 16. August 1947 zu informieren.

In Übereinstimmung mit den Gesetzen Nr. 4 und Nr. 10 des Kontrollrats in Deutschland beschränkt die vorliegende Ausführungsbestimmung nicht die Jurisdiktionen und die Vollmachten der Sowjetischen Militärverwaltung über die Verantwortlichmachung von Kriegsverbrechern und Verbrechern gegen die Menschlichkeit oder anderen Naziverbrechern, die im Gesetz Nr. 10 und in der Direktive Nr. 38 des Kontrollrats in Deutschland bezeichnet sind.

Alle derartigen Verfahren können auf Weisung der Sowjetischen Militärverwaltung den sowjetischen Untersuchungsorganen und Gerichten überwiesen werden.

30. Die Verantwortung für die Durchführung des Befehls Nr. 201 des Obersten Chefs der Sowjetischen Militärverwaltung in Deutschland und der vorliegenden Ausführungsbestimmung wird den Chefs der deutschen Verwaltungen für innere Angelegenheiten und für Justiz sowie den Innenministern und Justizministern der Länder auferlegt, die verpflichtet sind periodisch Informationen an die Chefs der Verwaltung für Inneres und an die Juristische Abteilung der Sowjetischen Militärverwaltung in Deutschland über den Gang der Durchführung des oben bezeichneten Befehls zu geben.

Berlin, 21. August 1947.

Alliierte Kommandantura Berlin.

Betrifft: Verletzung der Anordnung BK/O (46) 101a.

An den Oberbürgermeister der Stadt Berlin.

1. Die Alliierte Kommandantura hat in Erfahrung gebracht, daß in einer Anzahl von Fällen Personen, die gemäß den Bestimmungen der Entnazifizierungsanordnung BK/O (46) 101a zu entlassen waren, von ihren Posten bei Behörden und öffentlichen oder privaten Unternehmen entlassen wurden, jedoch von diesen selben Behörden und öffentlichen oder privaten Unternehmen in untergeordneten Stellungen wieder eingesetzt worden sind.

2. Eine solche Wiedereinstellung früherer Nazis steht im Widerspruch zu den deutlich ausgedrückten Bestimmungen des § 4, BK/O (46) 101a, welcher lautet: „Solche Personen dürfen in anderen Unternehmen, außer denen, von welchen sie entfernt worden sind, in untergeordneten Stellungen als gelernte oder ungelernte

Arbeiter oder für Bürodienste angestellt werden oder ihren Beruf oder Handwerk als Privatpersonen nachgehen, vorausgesetzt, daß sie keine anderen Personen beschäftigen oder beaufsichtigen" — und des § 1 der Bestimmung Nr. 1 zu BK/O (46) 101a, welcher lautet: „Der Ausdruck ‚Entlassung', wie er in der Anordnung der Alliierten Kommandantura sowie in dieser Bestimmung Anwendung findet, erhält hierdurch folgende Auslegung: Die sofortige auf der Stelle stattfindende Entlassung der Person und die Beendigung seines Einflusses und unmittelbaren oder mittelbaren Teilnahme an der Organisation oder Unternehmen, mit der er in Verbindung stand. Wo es sich um die Ausübung eines Berufes oder Führung eines Privatunternehmens handelt, ist der Ausdruck dahin auszulegen, daß die in Frage kommende Person bei der Ausübung ihres Berufes oder Führung ihres Privatunternehmens in der Weise disqualifiziert und eingeschränkt wird, daß sie in keiner anderen, als in einer privaten Eigenschaft tätig sein kann, in der sie nicht in irgendwelcher Aufsicht ausübenden, leitenden oder organisierenden Eigenschaft handelt, oder bei der Anstellung oder Entlassung Dritter, oder bei der Festsetzung von Beschäftigungs- oder anderen Richtlinien mit tätig ist."

3. Die Alliierte Kommandantura ordnet wie folgt an: I. Sie haben die deutschen Behörden und Inhaber von Unternehmen auf die Bestimmungen der Anordnung BK/O (46) 101a aufmerksam zu machen und sie zu warnen, daß Personen, welche diese Bestimmungen verletzen, zur vollen Verantwortung herangezogen werden, und daß unrechtmäßig eingestellte Personen sofort zu entlassen sind. II. Sie haben diese Anordnung in allen Berliner Zeitungen zu veröffentlichen.

4. Bestätigen Sie den Empfang dieser Anordnung unter Nummer- und Datumsangabe.

Im Auftrage der Alliierten Kommandantura:

gez. P. C. Bullard, Oberst, Vorsitzführender Stabschef.

Über die in Württemberg erfolgte Verurteilung gegen **Aktivisten** gibt das Urteil gegen **Schacht** vom 13. 5. 1947 der Spruchkammer Stuttgart-Untertürkheim Auskunft. Es lautet:

I. Der Betroffene wird in die Gruppe der Hauptschuldigen eingereiht.

II. Es werden gegen ihn folgende Sühnemaßnahmen verhängt:

1. Er wird auf die Dauer von 8 Jahren in ein Arbeitslager eingewiesen. Als körperlich Behinderter ist er entsprechend seiner Leistungsfähigkeit zu Sonderarbeiten heranzuziehen. 2 Jahre der erlittenen politischen Haft werden auf die Zeit der Einweisung angerechnet.
2. Sein Vermögen wird als Beitrag zur Wiedergutmachung eingezogen. Zum notdürftigen Lebensunterhalt wird ihm ein Betrag von 10 000 RM belassen. Er unterliegt laufenden Sonderabgaben zu einem Wiedergutmachungsfonds, soweit er Einkommen bezieht.
3. Er ist dauernd unfähig, ein öffentliches Amt einschließlich des Notariats und der Anwaltschaft zu bekleiden.
4. Er verliert seinen Rechtsanspruch auf eine aus öffentlichen Mitteln zahlbare Pension oder Rente.
5. Er verliert das Wahlrecht, die Wählbarkeit und das Recht, sich irgendwie politisch zu betätigen und einer politischen Partei als Mitglied anzugehören.
6. Er darf weder Mitglied einer Gewerkschaft noch einer wirtschaftlichen oder beruflichen Vereinigung sein.
7. Es wird ihm auf die Dauer von 10 Jahren untersagt:
   a) in einem freien Beruf oder selbständig in einem Unternehmen oder gewerblichen Betrieb irgendwelcher Art tätig zu sein, sich daran zu beteiligen oder die Aufsicht oder Kontrolle hierüber auszuüben.
   b) in nichtselbständiger Stellung anders als in gewöhnlicher Arbeit beschäftigt zu werden.
   c) als Lehrer, Prediger, Redakteur, Schriftsteller oder Rundfunkkommentator tätig zu sein.

8. Er unterliegt Wohnungs- und Aufenthaltsbeschränkungen und kann zu gemeinnützigen Arbeiten herangezogen werden.
9. Er verliert alle ihm erteilten Approbationen, Konzessionen und Berechtigungen, sowie das Recht, einen Kraftwagen zu halten.

III. Die Kosten des Verfahrens werden dem Betroffenen auferlegt. Der Streitwert beträgt 1 192 000 RM.

Anmeldung und Beschlagnahme von Naziverмögen.

Der Magistrat von Berlin hat am 2. 1. 1945 eine Verordnung erlassen (V. 1 S. 45), die folgenden Wortlaut hat:

Verordnung über die Anmeldung und die Beschlagnahme des Vermögens der Personen, die sich aktiv faschistisch betätigt haben.

Auf Grund des dem Magistrat der Stadt Berlin durch den Obersten Chef der Sowjetischen Militärischen Administration, vertreten durch den Stadtkommandanten der Stadt Berlin, erteilten Auftrags auf Selbstverwaltung der Stadt Berlin erlassen wir mit Zustimmung des Stadtkommandanten folgende Verordnung:

§ 1. Grundsatz.

Das Vermögen der Personen, die sich aktiv faschistisch betätigt haben, und das ihrer Ehegatten unterliegt nach näherer Bestimmung der folgenden Vorschriften

a) der Anmeldepflicht,

b) der Beschlagnahme.

§ 2. Kreis der betroffenen Personen.

Als führende oder aktivistische Nationalsozialisten (im folgenden abgekürzt „Naziführer" genannt) gelten:

1. alle Personen, die zu irgendeinem Zeitpunkt Mitglieder der NSDAP, der SA, des Nationalsozialistischen Kraftfahrerkorps, des NS-Fliegerkorps, der Hitlerjugend vom Unterbannführer aufwärts, des NS-Studentenbundes, der hauptamtlichen Führung der Deutschen Arbeitsfront in einer Stellung vom Zellenleiter oder Untersturmführer oder einem entsprechenden Rang an aufwärts gewesen sind, und sämtliche Blutordensträger und Träger des goldenen Parteiabzeichens;
2. alle Personen, die zu irgendeinem Zeitpunkt Angehörige der SS, des SD oder der Gestapo gewesen sind. Hierunter fallen nicht diejenigen, die als Wehrpflichtige ohne eigene Mitwirkung zur Waffen-SS gezogen worden sind und sich nicht aktiv faschistisch betätigt haben;
3. alle Personen, die als Verfechter des Nationalsozialismus aktiv hervorgetreten sind und die sich gegen andere brutal oder gemein verhalten haben;
4. alle Personen, die durch Ausnutzung der ihnen vom Naziregime gegebenen Stellung in Partei, Staat, Wehrmacht oder Wirtschaft Vorteile für sich oder ihre Angehörigen gezogen haben, die nach gesunder Volksanschauung unangemessen sind.

§ 3. Räumlicher Anwendungsbereich.

Die Anmeldepflicht und die Beschlagnahme erstrecken sich auf das Vermögen aller Nationalsozialisten (§ 2) und ihrer Ehegatten, das sich am 1. Mai 1945 im Stadtgebiet Berlin befand.

§ 4. Anmeldepflicht dritter Personen.

Anmeldepflichtig sind auch:

1. Die Erben eines Naziführers (§ 2) oder seines Ehegatten hinsichtlich des Nachlasses;

2. jede Person, an die Vermögensgegenstände einer der in § 2 bezeichneten Personen nach dem 31. Dezember 1943 unentgeltlich übereignet worden sind, hinsichtlich dieser Gegenstände;
3. jede Person, die Vermögensgegenstände einer der in § 2 bezeichneten Personen in Gewahrsam hat, hinsichtlich dieser Gegenstände.

§ 5.
Stichtage für die Anmeldepflicht und ihr Inhalt.

(1) In der Anmeldung ist das in Berlin befindliche Vermögen nach vorgeschriebenem Muster anzumelden und zu bewerten, und zwar nach den beiden Stichtagen:
a) 1. Januar 1933,
b) 1. Mai 1945.

(2) Anmeldepflichtig ist das gesamte Vermögen, ohne Rücksicht darauf, ob es von irgendeiner Steuer befreit ist oder nicht.

(3) Ausgenommen von der Anmeldepflicht sind bewegliche Gegenstände, die ausschließlich zum persönlichen Gebrauch des Anmeldepflichtigen bestimmt sind, soweit es sich nicht um Wert- oder Luxusgegenstände handelt.

§ 6.
Bewertung.

Jeder Vermögensbestandteil ist in der Anmeldung mit dem gemeinen Wert anzusetzen, den er an dem nach § 5 maßgebenden Stichtag hatte.

§ 7.
Frist für die Anmeldung.

(1) Die Anmeldung ist bis zum 31. Juli 1945 bei der zuständigen Meldebehörde (§ 14) abzugeben. Anmeldepflichtige Personen, die sich beim Inkrafttreten dieser Verordnung außerhalb Berlins befinden, haben unbeschadet der Anmeldepflicht der gegenwärtigen Verwahrer oder Verwalter die Anmeldung innerhalb eines Monats abzugeben. Diese Frist beginnt mit dem Zeitpunkt, von dem ab ein regelmäßiger Postverkehr zwischen dem Aufenthaltsort und Berlin möglich ist.

(2) Die zuständige Meldebehörde kann eine andere Frist bestimmen, insbesondere in den Fällen des § 8.

§ 8.
Bestimmung der Anmeldepflichtigen in besonderen Fällen.

(1) In den Fällen des § 2 Ziffern 3 und 4 bestimmt die Meldebehörde die zur Anmeldung verpflichteten Personen durch Einzel- oder Sammelaufforderung. Zur Bekanntgabe der Aufforderung an die Verpflichteten genügt öffentliche Bekanntmachung.

(2) Auf Antrag, der binnen zwei Wochen nach der Bekanntgabe bei der Meldebehörde zu stellen ist, sind den Verpflichteten die Umstände mitzuteilen, auf die die Anwendung des § 2 Ziffer 3 oder 4 gestützt wird. Es ist ihnen Gelegenheit zur Äußerung und zur Beibringung von Beweismitteln innerhalb der Frist von zwei Wochen zu geben. Für Personen, die sich beim Inkrafttreten dieser Verordnung außerhalb Berlins aufhalten, gilt hinsichtlich des Beginns der Frist von zwei Wochen § 7 Absatz 1 Satz 3.

§ 9.
Änderungsanzeige.

Jeder, der nach den §§ 1, 2 und 4 anmeldepflichtig ist, hat der Meldebehörde unverzüglich jede Veränderung (Erhöhung oder Verminderung) des anmeldepflichtigen Vermögens anzuzeigen, die nach dem Inkrafttreten dieser Verordnung eintritt, sofern die Vermögensveränderung über den Rahmen einer angemessenen Lebensführung oder des regelmäßigen Geschäftsverkehrs hinausgeht.

§ 10.
Erzwingung der Anmeldung.

Die Meldebehörde kann die Abgabe der Anmeldung erzwingen. § 202 der Reichsabgabenordnung gilt sinngemäß.

§ 11.
Beschlagnahme.

(1) Das anmeldepflichtige Vermögen, das sich innerhalb des Gebiets der Stadt Berlin befindet, wird beschlagnahmt.

(2) Steht das anmeldepflichtige Vermögen im Eigentum einer der in § 2 Ziffer 1 oder Ziffer 2 genannten Personen oder ihrer Erben oder einer der in § 4 Ziffer 2 bezeichneten Personen, so tritt die Beschlagnahme kraft Gesetzes mit Wirkung vom 1. Mai 1945 ein. Die Beschlagnahmebehörde kann zur Feststellung des Eintritts der Beschlagnahme einen Bescheid erlassen. Die Bekanntgabe des Bescheids kann mündlich oder schriftlich oder durch öffentliche Bekanntmachung erfolgen.

(3) Steht das anmeldepflichtige Vermögen im Eigentum einer der in § 2 Ziffer 3 oder Ziffer 4 bezeichneten Personen oder ihrer Erben, so tritt die Beschlagnahme mit der Bekanntgabe der in § 8 Absatz 1 vorgesehenen Aufforderung durch die Meldebehörde ein.

§ 12.
Wirkung der Beschlagnahme.

(1) Mit dem Eintritt der Beschlagnahme verlieren die bisher Berechtigten die Befugnis, über das beschlagnahmte Vermögen durch Rechtsgeschäft zu verfügen. Der rechtsgeschäftlichen Verfügung steht eine Verfügung gleich, die im Weg der Zwangsvollstreckung oder der Arrestvollziehung erfolgt.

(2) Die Beschlagnahmebehörde (§ 14) kann auf Antrag Ausnahmen zulassen, sie kann insbesondere, etwa zur Aufrechterhaltung eines lebenswichtigen Betriebs, Verfügungen in den Grenzen ordnungsmäßiger Wirtschaft allgemein gestatten, soweit ein Ersatz durch einen entsprechenden Gegenwert gesichert ist.

(3) Ist in den Fällen des § 11 Absatz 2 in der Zeit vom 1. Mai 1945 bis zum Inkrafttreten dieser Verordnung über einen der beschlagnahmten Gegenstände verfügt worden, so bedarf diese Verfügung der Genehmigung der Beschlagnahmebehörde (§ 14).

§ 13.
Verwaltung des beschlagnahmten Vermögens.

(1) Wer beim Inkrafttreten dieser Verordnung oder bei Eintritt der Beschlagnahme Vermögensgegenstände, die der Beschlagnahme unterliegen, im Besitz hat, hat diese Vermögensgegenstände ordnungsmäßig aufzubewahren. Er haftet der Stadt Berlin gegenüber für den Vorsatz und Fahrlässigkeit jeder Art, in den Fällen des § 4 Ziffer 3 wie ein Verwahrer ohne Anspruch auf Entgelt, soweit nicht auf Grund eines zu dem Eigentümer bestehenden Rechtsverhältnisses eine weitergehende Haftung begründet ist.

(2) Die Stadt Berlin kann das beschlagnahmte Vermögen ganz oder zum Teil in Verwaltung und zu diesem Zweck in Besitz nehmen.

§ 14.
Meldebehörde, Beschlagnahmebehörde, Verwaltungsbehörde.

(1) Meldebehörden und Beschlagnahmebehörden sind die Bezirksämter der Stadt Berlin.

(2) Verwaltungsbehörde in den Fällen des § 13 Absatz 2 ist die Vermögensverwertungsstelle des Oberfinanzpräsidiums.

§ 15.
Zuständigkeit der Meldebehörden und der Beschlagnahmebehörden.

Als Meldebehörden und Beschlagnahmebehörden sind zuständig,

a) wenn der Naziführer (§ 2) oder sein Ehegatte seinen Wohnsitz oder seinen gewöhnlichen Aufenthalt in Berlin hat oder bis zum 1. Juli 1943 oder später gehabt hat:
das Bezirksamt, in dessen Verwaltungsbezirk der Wohnsitz oder der Aufenthalt liegt oder zuletzt gelegen hat,

b) in anderen Fällen:
das Bezirksamt, in dessen Verwaltungsbezirk sich anmeldepflichtiges Vermögen befindet. Der Magistrat kann für besondere Fälle die Zuständigkeit eines bestimmten Bezirksamts anordnen, auch wenn sich das Vermögen außerhalb des Verwaltungsbezirks dieses Bezirksamts befindet.

§ 16.

Rechtsmittel.

(1) Gegen die Beschlagnahme ist das Rechtsmittel des Einspruchs an das zuständige Bezirksamt zulässig, wenn ein Beschlagnahmebescheid ergangen ist. Der Anmeldepflichtige kann den Erlaß eines Beschlagnahmebescheids beantragen.

(2) Die Einspruchsfrist beträgt eine Woche von der Bekanntgabe des Bescheids ab.

(3) Über den Einspruch entscheidet der bei den Bezirksämtern zu bildende Spruchausschuß.

§ 17.

Beistandspflicht.

Alle Behörden und Selbstverwaltungsorgane innerhalb der Stadt Berlin haben den Melde- und Beschlagnahmebehörden jede zur Durchführung der Vermögensanmeldung und der Beschlagnahme dienliche Hilfe zu leisten, insbesondere Vermögensgegenstände, deren anmeldepflichtiger Eigentümer sich nicht in Berlin aufhält, und die ihnen bekannt werden, unverzüglich zu melden.

§ 18.

Strafbestimmungen.

(1) Wer vorsätzlich oder fahrlässig die nach den vorstehenden Vorschriften bestehende Anmelde-, Bewertungs- oder Anzeigepflicht nicht, nicht richtig oder nicht rechtzeitig erfüllt, wird mit Gefängnis und mit Geldstrafe oder mit einer dieser Strafen bestraft, in besonders schweren Fällen vorsätzlicher Zuwiderhandlung kann auf Zuchthaus bis zu zehn Jahren erkannt werden. Der Täter ist auch strafbar, wenn er die Tat im Ausland begangen hat.

(2) Der Versuch ist strafbar.

(3) Neben der Strafe aus Absätzen 1 und 2 kann auf Einziehung des Vermögens erkannt werden, soweit es Gegenstand der strafbaren Handlung war, neben der Zuchthausstrafe ist auf Einziehung zu erkennen Kann keine bestimmte Person verfolgt oder verurteilt werden, so kann auf Einziehung auch selbständig erkannt werden, wenn im übrigen die Voraussetzungen für die Einziehung vorliegen.

§ 19.

Durchführung der Verordnung.

Der Magistrat kann zur Durchführung und zur Ergänzung dieser Verordnung Rechts- und Verwaltungsvorschriften erlassen.

§ 20.

Verwertung des beschlagnahmten Vermögens.

Die Bestimmung über die Verwertung des beschlagnahmten Vermögens bleibt einer besonderen Verordnung vorbehalten.

§ 21.

Inkrafttreten.

Diese Verordnung tritt am 1. Juli 1945 in Kraft.

Berlin, den 2. Juli 1945.

Der Magistrat der Stadt Berlin.
Dr. Werner.

XVII. Der Ausverkauf Deutschlands.

Solange in Deutschland eine doppelte Währung besteht, nämlich eine reguläre, mit der die Lebensmittel auf Grund der Karten, die Mietzinsen, die Gehälter, Pensionen, und alle anderen Schulden bezahlt werden, sowie eine andere Währung, die für die Lebensmittel auf dem Schwarzen Markte gilt, und meist das hundertfache des regulären Preises erreicht, werden sich immer Leute mit Sachwerten finden, welche diese im Eintausch gegen Mangelware hingeben werden. Soweit diese Mangelware von Deutschen gegen Eintausch von Gold, Silber, Schmucksachen, Markenporzellan, Teppichen und dergl. an Ausländer verkauft wird, gelangen die Sachwerte in der Regel für einen geringen Bruchteil des Betrages, den der Ausländer im Ausland für gleichwertige Gegenstände zahlen muß, in das Ausland.

Da auch Grundstücke, besonders Geschäftshäuser im Zentrum Berlins, von Ausländern in großem Umfang erworben werden, geht also mit dem beweglichen Vermögen auch das Grundvermögen in ausländische Hände über. Das Ergebnis ist also, daß Deutschland von Tag zu Tag weiter verarmt, wozu noch die zahlreichen Demontagen großer und kleinerer Unternehmen kommen. Letzten Endes verbleibt also Deutschland nur noch in der Hauptsache die eigene Arbeitskraft, um neben seiner eigenen kümmerlichen Existenz die hohen Reparationen aufzubringen.

Schlußwort.

Wer heute am Bahnhof Zoologischer Garten in Berlin aussteigt, die Joachimsthalerstraße und den Kurfürstendamm hinuntergeht, wird, wenn er seit einem Jahr nicht in dieser Gegend war, erstaunt und erfreut sein, über die Ordnung und Sauberkeit der Straßen, die heute so aufgeräumt sind, daß man allenthalben auf den Bürgersteigen gehen kann, da der Schutt auf diesen völlig weggeräumt ist, während man im Vorjahr noch infolge der Schuttmassen auf den Bürgersteigen häufig auf dem Fahrweg gehen mußte. Ebenso ist es im allgemeinen auch in allen Stadtteilen Berlins. In einem Jahr ist also eine sehr erhebliche Aufräumungsarbeit geleistet worden. Auch sonst sind erfreuliche Fortschritte zu verzeichnen. Die U-Bahn verkehrt wieder in ihrem ganzen Netz pünklich und sicher, ebenso fahren die Eisenbahnen wieder pünktlich von Berlin ab, die Betriebe arbeiten wieder, soweit sie nicht wegen Kohlenmangels zur Zeit noch feiern müssen.

Der Schul- und Hochschulbetrieb ist wieder in Gang gekommen, wobei die Studierenden durch Schuttwegräumen an der Säuberung der Universitäten sich maßgebend beteiligt haben.

Die Zeitungen und Zeitschriften erscheinen regelmäßig in steigender Zahl, Theater und Konzerte sind gut besucht trotz hoher Eintrittspreise mit unterschiedlichen Leistungen.

Die Bodenreform ist in der Ostzone restlos durchgeführt, während sie im Westen, besonders in der britischen Zone, eine andere Lösung finden wird.

Der Welt-Gewerkschaftsbund hat erfreulicherweise den Freien Deutschen Gewerkschaftsbund als ordentliches Mitglied aufgenommen und damit den Anschluß Deutschlands an das Ausland begründet.

Die Moskauer Friedenskonferenz berät über die künftige Gestaltung Deutschlands. Wenn wir auch neben den schmerzlichen Gebietsverlusten sehr schwere Lasten übernehmen müssen, um wenigstens teilweise die ungeheuren, garnicht ersetzbaren Schäden wieder gut zu machen, welche das Hitlerregime den meisten Staaten Europas verursacht hat, so ist doch zu hoffen, daß nach pflichtgemäßer Erfüllung aller Bedingungen des Friedensvertrages Deutschland wieder in die Reihe der friedliebenden Völkergemeinschaft aufgenommen werden wird.

Daß der Deutsche als fleißiger Arbeiter auch bereits jetzt von den ehemaligen Feindstaaten geschätzt wird, zeigt der Umstand, daß Amerika, Rußland und Großbritanien eine ganze Reihe deutscher Gelehrter, Ingenieure und hochqualifizierte Arbeiter beschäftigen.

Freilich dürfen auch andererseits die Schattenseiten nicht verschwiegen werden. Der allgemeine Gesundheitszustand der Bevölkerung vor allem in den Großstädten ist beängstigend schlecht, zahlreiche Menschen müssen immer noch am Hungertod zugrundegehen. Auch Krankheiten wüten noch in der geschwächten Bevölkerung, besonders die Tuberkulose, die hohe Zahl der Geschechtskranken nimmt immer noch zu.

Die Kriminalität, besonders der Jugendlichen, ist immer noch sehr hoch und die allgemeine Moral hebt sich nur langsam. Dies ist aber die allgemeine Erscheinung jedes verlorenen Krieges. Die Zonensperre, die hoffentlich bald verschwinden wird, verhindert den freien Handelsverkehr in Deutschland selbst.

Alles in Allem darf man nach der Neuregelung der Währung, der Aufhebung der Zonensperre und der Besserung der allgemeinen Lebensmittelzuteilung einen neuen Aufstieg Deutschlands trotz aller persönlichen und räumlichen schwerwiegenden Verluste mit Bestimmtheit erwarten. Der Deutsche ist kein Mann, der sich durch noch so schwere Lebensbedingungen unterjochen läßt und verzweifelt die Hände in den Schoß legt oder seinem Leben ein Ende macht. Das gleiche gilt auch für die deutsche Frau, deren Hilfe bei dem Wiederaufbau Deutschlands unersetzlich ist.

Fleißige Arbeit, Mut und Gottvertrauen wird den Deutschen nicht untergehen lassen.

Verzeichnis der wörtlich abgedruckten Gesetze, Verordnungen usw.

Sachregister.

FSC
www.fsc.org
MIX
Papier | Fördert gute Waldnutzung
FSC® C083411

Kolibri 360 GmbH
Ferdinand-Jühlke-Straße 7
99095 Erfurt, Deutschland
produktsicherheit@kolibri360.de